普通高等职业教育
“十三五”规划教材

电子商务运营实务

孔令建　陈瑞丰　管应琦　主　编
马士伟　张立平　吴雪毅　林　梅　詹桂芬　冯　珺　副主编
周秋利　参　编

清华大学出版社
北　京

内容简介

本书针对“电子商务”相关课程的教学内容和企业实际需求脱节的问题，以衔接学校教育和企业人才需求为目标，将基本理论与实践操作有效结合起来，从电子商务领域的实际应用出发，重点讲解实际工作中所需要的基础知识和操作技能。本书共包含八个项目，分别是电子商务认知、网络营销、电子支付、电子商务安全、电子商务物流、移动电子商务、网店运营和跨境电子商务。

本书适合高职高专院校电子商务、市场营销等专业的学生阅读，也适合其他跨专业的学生选修使用。

图书在版编目(CIP)数据

电子商务运营实务 / 孔令建，陈瑞丰，管应琦主编. —北京：清华大学出版社，2018(2024.1重印)
(普通高等职业教育“十三五”规划教材)
ISBN 978-7-302-49528-4

Ⅰ.①电… Ⅱ.①孔… ②陈… ③管… Ⅲ.①电子商务-运营管理-高等职业教育-教材 Ⅳ.①F713.365.1

中国版本图书馆 CIP 数据核字(2018)第 029368 号

责任编辑：刘志彬
封面设计：汉风唐韵
责任校对：王荣静
责任印制：丛怀宇

出版发行：清华大学出版社
网　　址：https://www.tup.com.cn，https://www.wqxuetang.com
地　　址：北京清华大学学研大厦 A 座　　**邮　　编**：100084
社 总 机：010-83470000　　**邮　　购**：010-62786544
投稿与读者服务：010-62776969，c-service@tup.tsinghua.edu.cn
质量反馈：010-62772015，zhiliang@tup.tsinghua.edu.cn
印 装 者：三河市人民印务有限公司
经　　销：全国新华书店
开　　本：185mm×260mm　　**印　　张**：17.5　　**字　　数**：424 千字
版　　次：2018 年 3 月第 1 版　　**印　　次**：2024 年 1 月第 4 次印刷
定　　价：49.00 元

产品编号：076845-01

前 言

随着互联网技术的发展，电子商务已经成为我国经济发展过程中不可缺少的驱动力之一，而新型电子商务人才的培养则是这种驱动力长久不衰的根本保证。在这种背景下，“电子商务”相关课程的教学内容应顺应时代的发展而不断更新。

本书针对“电子商务”相关课程的教学内容和企业实际需求脱节的问题，以衔接学校教育和企业人才需求为目标，将基本理论与实践操作有效结合起来，从电子商务领域的实际应用出发，重点讲解实际工作中所需要的基础知识和操作技能。在内容安排上，首先，通过“项目导入”模块的案例引入各项目的重点内容；其次，通过适当的理论讲解、知识链接和拓展阅读，加深对各项目中知识点的理解；再次，通过实训加强学生对基本技能的掌握；最后，通过每个项目后的思考与练习巩固所学知识。

本书共包含八个项目。项目一为电子商务认知，主要介绍电子商务的产生与发展、电子商务的模式，以及电子商务的发展趋势；项目二为网络营销，主要介绍网络市场调查、电子邮件营销和搜索引擎营销等网络营销技巧；项目三为电子支付，主要介绍第三方支付、网上银行支付和移动支付等电子支付方式；项目四为电子商务安全，主要介绍数字证书、电子邮件证书和防火墙技术等；项目五为电子商务物流，主要介绍电子商务物流信息系统、电子商务物流运输与配送，以及电子商务物流商品的存放；项目六为移动电子商务，主要介绍移动电子商务的概念和移动电子商务营销的方式，如微博营销、微信营销等；项目七为网店运营，以淘宝平台为例，介绍开店流程和店铺运营管理；项目八为跨境电子商务，分别介绍出口跨境电子商务和进口跨境电子商务，以及购物平台的操作技巧。

在编写本书的过程中，作者参考了大量的电子商务方面的教材和网络资料，在此向这些参考文献的作者深表谢意。同时，对因工作疏漏而未能列出的参考文献的作者表示歉意。由于编者水平有限，加之电子商务发展迅速，书中难免有不当之处，敬请广大读者提出宝贵意见和建议，以便日后修改和补充。

编 者

目　录

项目一　电子商务认知　1

任务一　电子商务概述　2
任务二　电子商务模式概述　10
任务三　电子商务的发展趋势　18
项目小结　23
思考与练习　23

项目二　网络营销　25

任务一　网络营销概述　27
任务二　网络市场调查　33
任务三　电子邮件营销　45
任务四　搜索引擎营销　58
项目小结　71
思考与练习　71

项目三　电子支付　73

任务一　电子支付概述　74
任务二　第三方支付　77
任务三　网上银行支付　86
任务四　移动支付　98
项目小结　105
思考与练习　106

项目四　电子商务安全　107

任务一　电子商务安全概述　109
任务二　数字证书的申请　114
任务三　电子邮件证书的申请和使用　119
任务四　防火墙技术　129
项目小结　140
思考与练习　141

项目五 电子商务物流 142
任务一 电子商务物流概述 …… 143
任务二 电子商务物流信息系统 …… 152
任务三 电子商务物流运输与配送 …… 161
任务四 电子商务物流商品的存放 …… 174
项目小结 …… 183
思考与练习 …… 183

项目六 移动电子商务 185
任务一 移动电子商务概述 …… 186
任务二 移动电子商务营销 …… 191
任务三 微博营销 …… 195
任务四 微信营销 …… 207
项目小结 …… 220
思考与练习 …… 221

项目七 网店运营 222
任务一 淘宝网上开店 …… 223
任务二 淘宝网店管理 …… 233
项目小结 …… 241
思考与练习 …… 242

项目八 跨境电子商务 243
任务一 跨境电子商务概述 …… 244
任务二 出口跨境电子商务 …… 251
任务三 进口跨境电子商务 …… 259
项目小结 …… 270
思考与练习 …… 271

参考文献 …… 272

1 项目一 电子商务认知

学习目标

【知识目标】

1. 掌握电子商务的基本概念。
2. 了解电子商务产生的背景。
3. 熟悉电子商务的模式。
4. 认识电子商务的发展趋势。

【技能目标】

1. 能判别不同企业的电子商务模式。
2. 能利用电子商务的优势，回避其不足。
3. 能根据自身需要，选择合适的网站完成电子商务活动。

【素质目标】

1. 培养对电子商务的兴趣。
2. 掌握学习电子商务知识的正确方法。
3. 养成良好的电子商务职业素养。

项目导入

我国电子商务的繁荣发展和未来规划

2016年12月末，我国商务部、中央网络安全和信息化领导小组办公室、发展和改革委员会三部门联合发布《电子商务“十三五”发展规划》(以下简称《规划》)。《规划》遵循中央建设网络强国的目标和《国民经济和社会发展第十三个五年规划纲要》的总体要求，以适应经济发展新常态、壮大电子商务新动能、围绕全面建成小康社会目标创新电子商务民生事业为主线，对于推进我国电子商务领域政策环境创新，指导电子商务健康有序地快速发展，引领电子商务全面服务国民经济和社会发展起着非常重要的作用。

《规划》全面总结了“十二五”期间(2011—2015年)电子商务发展取得的成果，例如，我国电子商务交易规模从 2011 年的 6 万亿元增至 2015 年的 21.8 万亿元，已经成为全球规模最大、发展速度最快的电子商务市场。其中，网络零售额从 7 500 亿元猛增至 3.88 万亿元，实物商品网络零售额为 3.24 万亿元，在社会消费品零售总额中占比达 10.8%。以实物商品、在线服务及数字产品交易为代表的互联网创业年投资额达 153.62 亿美元，占全国创业投资总额的 28.5%。全国开展在线销售的企业比例增至 32.6%，电子商务服务业市场规模达到 1.98 万亿元，传统产业与新兴业态相关从业者达 2 690 万人。并在此基础上分析了“十三五”期间电子商务发展面临的机遇和挑战。

《规划》以“创新、协调、绿色、开放、共享”的发展理念贯穿全文，树立“发展和规范并举、竞争和协调并行、开放和安全并重”三大原则，形成明确的政策导向，首次赋予电子商务服务经济增长和社会发展的双重目标，确立了 2020 年电子商务交易额 40 万亿元、网络零售总额 10 万亿元和相关从业者 5 000 万人的三个发展指标。

《规划》提出了“十三五”时期建设电子商务发展框架的五大任务，包括：①加快电子商务提质升级，全方位提升电子商务市场主体竞争层次；②推进电子商务与传统产业深度融合，全面带动传统产业转型升级；③发展电子商务要素市场，推动电子商务人才、技术、资本、土地等要素资源产业化；④完善电子商务民生服务体系，使全体人民在电子商务快速发展中有更多的获得感；⑤优化电子商务治理环境，积极开展制度、模式和管理方式的创新。

围绕“十三五”时期我国电子商务发展目标和主要任务，《规划》从电子商务信息基础设施建设、新业态与新市场培育、电子商务要素市场发展和电子商务新秩序建设等四个方面共部署了 17 个专项行动，并提出了加强组织领导、完善顶层设计、推进试点示范、优化资金投入、建立监督机制和增进国际合作六个方面的保障措施。

资料来源：三部门联合发布《电子商务“十三五”发展规划》. 商务部网站 .

任务一 电子商务概述

一、电子商务的定义、构成要素及优势

(一) 部分权威机构对电子商务的定义

▶ 1. 世界贸易组织

电子商务是通过网络进行的生产、营销、销售和流通活动，它不仅指基于互联网的交易活动，还包含所有利用电子信息技术解决问题、降低成本、增加价值、创造商业和贸易机会的商业活动，包括利用互联网实现从原材料查询、采购、产品展示、订购到出品、储运、电子支付等一系列的贸易过程。

▶ 2. 国际商会

电子商务是指对整个贸易活动实现电子化。从涵盖范围的角度可以定义为：交易各方以电子交易方式而不是通过当面交易方式或直接面谈方式进行的任何形式的商业交易；从技术角度可以定义为：电子商务是一种多技术的集合体，是交换数据（如电子数据交换、

电子邮件)、获得数据(如共享数据、电子公告牌),以及自动捕获数据(如条形码)等过程的集合。

▶ 3. 欧盟

电子商务是通过电子手段进行的商务活动。基于对包括文本、声音和图像等数据的电子化处理和交换,电子商务包括商品和服务的电子贸易、数字内容的网上交易、电子资金转移、电子股票交易、电子提单、商品拍卖、合作设计开发,以及针对用户的广告和售后服务等各种各样的商业行为。

(二)电子商务的构成要素

电子商务是信息流、资金流和物流三种要素的整合。

信息流是电子商务活动各个主体之间的信息传递与交流过程,包含商家和消费者之间的信息传递、商家与物流企业之间的信息传递、商家与支付企业之间的信息传递、经销商与供货商之间的信息传递等。

资金流是指资金的转移,包括支付、转账、结算等,包含消费者与银行或第三方支付公司间的资金转移、银行或第三方支付公司与电子商务企业间的资金转移等。

物流是因人们的商品交易行为而形成的物质实体的物理性移动过程,它由一系列具有时间和空间效用的经济活动组成,包含包装、存储、装卸、运输、配送等多项基本活动。此外,随着消费者对电子商务服务要求的不断提高,"最后一公里"配送服务在电子商务中的作用越来越被重视。

电子商务的信息流、资金流和物流三种要素中,其中信息流最为重要,它对整个电子商务活动起着监视的作用,而资金流和物流则是实现电子商务的保证,代表商品所有权的转移,标志着交易的达成。三者的关系可以表达为:以信息流为依据,通过资金流实现商品的交换价值,通过物流实现商品的使用价值。

(三)电子商务的优势

电子商务是依托信息化技术所进行的商务活动,与传统商务有很大的区别,主要体现在信息提供、流通渠道、交易对象、交易时间、销售方式、营销活动、对应顾客和销售地点等多个方面,如表 1-1 所示。

表 1-1 电子商务与传统商务的区别

项 目	传统商务	电子商务
信息提供	根据销售商的不同而不同	透明、准确
流通渠道	企业→批发商→零售商→消费者	企业→消费者
交易对象	部分地区	全球
交易时间	规定的营业时间内	24 小时
销售方式	通过各式各样的关系买卖	完全自由购买
营销活动	销售商的单方营销	双向通信,一对一
对应顾客	需要较长时间才能掌握顾客需求	能够及时捕捉顾客需求,及时应对
销售地点	需要销售空间	虚拟空间

与传统商务相比，电子商务的优势如下。

▶ 1. 突破地域和时间的限制

一般来说，传统商务在很大程度上受地域、时间的限制，因此消费者只能在相对固定的地点和时间范围内进行交易活动；而电子商务不仅超越了传统商务的地域障碍和时间障碍，在价格和品质信息对比等方面也有优势。电子商务可以 24 小时不间断服务和全天候营业，在更高层次上方便消费者，满足消费者的需求。

▶ 2. 简化流通环节，降低流通成本

电子商务简化了企业与政府、企业与企业、企业与个人、个人与个人之间的信息交流方式，减少了商品流通环节，最大限度地降低了流通成本和营业成本，能有效地提高企业在现代商业活动中的竞争力。因为减少了流通的中间环节，实现零库存，降低经营成本，从而可以使消费者和企业双双得利。电子商务企业利用电子化手段将大部分商务活动转移到网上进行，使企业实施无店铺化经营和无纸化办公，从而节约了经营性开支。

▶ 3. 丰富信息资源，增加商业机会

电子商务是基于互联网的一种商务活动，由于互联网本身具有开放性、全球性的特点，所以电子商务可以为企业提供丰富的信息资源，为企业创造更多的机会。企业也可以通过自己的网站收集访问顾客的资料，建立顾客数据库，分析顾客的兴趣爱好，进而有针对性地进行商务活动。

▶ 4. 提高商务活动的透明性和效率性

基于互联网，消费者进行产品选择的空间更大，也可以对众多的产品进行比较，使得消费者的购买行为更加合理。另外，由于实现了电子数据交换的标准化，使得商业报文能通过计算机在瞬时间完成传递与自动处理，极大地缩短了交易时间，提高了商务活动的效率。

二、电子商务的产生背景

任何一种新的商业模式的产生，其背后必然存在潜移默化的推动力量，电子商务也不例外。电子商务这种商业模式于 20 世纪 90 年代产生于美国，可以从宏观和微观两个方面分析该商业模式的产生背景。

（一）宏观方面

▶ 1. ubiquitious 社会的到来

ubiquitious 是拉丁语，意思是“无处不在”。这个词语于 1988 年被用于情报通信领域，当时美国施乐公司（Xerox）的 Mark Weiser 研究人员提出了 ubiquitious computing 的概念，是指在未来的社会中，计算机、网络会无意识地融入人们的生活中，计算机设备互相连接影响着人们的生活。ubiquitious 社会就是指人们可以不受时间和地点的限制，随时随地获取自己所需要的信息或服务的社会。在 ubiquitious 社会里，人们会在无意识的状态下享受网络通信技术带来的各种便利。

▶ 2. 网络商业利用的解禁

计算机网络的起源是 1969 年美国国防部高等计划局实施的阿帕网（ARPANET），

当时基于国防安全的需要将加利福尼亚大学洛杉矶分校、斯坦福大学、加州大学圣巴巴拉分校、犹他州大学的大型计算机连接在一起。当时的网络主要起到两个作用：首先是军事紧急状况时强有力的通信网络；其次是大学之间实验交流的通信系统。以通信和科研为主要目的的网络开发和利用为今天网络技术的实用化奠定了重要的基础。当时，计算机网络的运营和维护由美国国家科学基金会出资，美国国家科学基金会出于成本、技术和安全的原因，明确提出了禁止网络商业利用的条例。1994 年，美国政府通过资助的方式取消了禁止网络商业利用的条例，正式实施网络民营化，并可以用于商业目的。1997 年 5 月，由美国 VISA 和 MasterCard 等公司联合制定的 SET(电子安全)协议出台，该协议得到大多数厂商的认可和支持，为基于开放性网络的电子商务的发展提供了一个安全的环境。

▶ 3. 物流的发展

在美国，随着网络技术的进步，物流条件也在不断完善。20 世纪 70 年代，美国开始物流改革。后来，在石油危机、经济发展停滞，以及物价持续上升所带来的商品销售状况不佳等外部背景下，企业自身开始重新审视本公司的物流系统和物流成本，同时要求美国政府放松一直以来收紧的物流政策。80 年代初期，美国政府允许物流行业自由化，美国联邦快递和美国 UPS 公司等民营企业纷纷加入物流行业。1994 年，克林顿政府进一步着手物流改革，不仅放松对州内物流运输的管制，而且对在库管理和物流成本控制也进行合理化放松。1995 年，美国州间交通委员会废除了对陆运、海运和空运的主要管制。在美国政府的支持下，制定了一系列政策，使美国的物流行业得到显著的发展。

(二) 微观方面

▶ 1. 时间节约消费

20 世纪五六十年代，美国家庭中一般由女性打理家庭琐事和照顾孩子，但 60 年代以后，情况发生了很大的变化。例如，调查显示，1960—1995 年，美国已婚女性进入社会工作的比例由 31.9%增加到 60.1%。因为家庭中的男女双方同时参与工作，导致休闲和社交时间减少。60 年代之前，购物为美国居民提供了休闲和社交的机会，60 年代以后，购物却占用了很多休闲和社交时间。在女性参加工作的人数不断增加和休闲时间逐渐变短的背景下，为了更好地享受休闲和社交活动，时间节约消费的意识不断提高。为了迎合消费者观念的变化，零售业需要通过各种方式提供一系列便利性服务或实施一些能达到时间节约目的的替代方案。

▶ 2. 御宅化倾向

20 世纪 90 年代之后，美国有御宅化倾向的居民不断增加。御宅化是指在良好、安全的家庭氛围中，充分享受重要的休闲时光的一种生活方式。这种现象产生于传统价值观念的回归，晚婚和高龄化社会背景中所产生的对人生价值的重新认识。御宅化倾向的产生刺激了一些家用电子设备的需求，如计算机、家用安全监视设备和应答设备等。

▶ 3. 价值消费和个性消费

价值消费主要是指高品质、低价格的消费。这种消费特点在 20 世纪 90 年代后期表现得非常突出。调查发现，80 年代，美国消费者在衣服等生活用品的选购方面，不仅注重品质，同时还注重自我地位的显示，因此无论商品价格多么昂贵，如果能外在显示出大品牌、高品质的印象，消费者都会努力购买。90年代以后，消费者不仅重视品质，也开始出现低价格消费的倾向。因此，该时期的美国零售业通过扩大对信息技术的投资来降低成本，把利润还给消费者。并且，90年代以后，美国消费者对环境的关心、资源再利用的重视和个性化消费的追求等价值观念的变化，使得传统的同质化市场不断向细分化市场演变。在这种背景下，能够满足细分化市场需求的电子商务出现了。

知识链接

我国主要电子商务企业介绍

1. 阿里巴巴集团

阿里巴巴集团由以马云为首的18人于1999年在杭州创立。阿里巴巴集团经营多项业务，另外也从关联公司的业务和服务中取得经营商业生态系统上的支援，集团业务和关联公司的业务包括淘宝网、天猫、聚划算、全球速卖通、阿里巴巴国际交易市场、1688、阿里妈妈、阿里云、蚂蚁金服、菜鸟网络等。2014年9月19日，阿里巴巴集团在纽约证券交易所正式挂牌上市，股票代码“BABA”，创始人和董事局主席为马云。2015年全年，阿里巴巴总营收943.84亿元人民币，净利润688.44亿元人民币。2016年4月6日，阿里巴巴正式宣布已经成为全球最大的零售交易平台。2016年8月，阿里巴巴集团在“2016中国企业500强”中排名第148位。

2. 京东集团

1998年，刘强东在中关村成立京东公司。2007年，京东多媒体网正式更名为京东商城，以全新的面貌屹立于国内B2C市场。同年7月，京东集团建成北京、上海、广州三大物流体系。10月，京东集团在北京、上海、广州三地启用移动POS机上门刷卡服务，开创了中国电子商务的先河。2008年，京东商城完成了3C产品的全线搭建，成为名副其实的3C网购平台。2014年5月22日上午9点，京东集团在美国纳斯达克挂牌上市。2015年，京东集团市场交易额达到4 627亿元，净收入达到1 813亿元，年交易额同比增长78%，增速是行业平均增速的2倍，成为中国收入规模最大的互联网企业之一。2016年7月，京东入榜2016年《财富》世界500强，成为中国首家、唯一入选的互联网企业。

资料来源：阿里巴巴集团官网和京东商城官网.

三、我国电子商务的发展及阻碍

(一)我国电子商务的发展

20世纪90年代末，我国从美国引入了电子商务这种商业模式。中国内地第一笔网上交易发生在1998年3月18日下午3点30分，交易者是浙江电视台的王轲平先生，他使用中国银行长城卡购买了世纪互联网通信技术有限公司的100元上网机时[①]。

▶ 1. 导入期(1997—2002年)

1997—2000年是我国电子商务导入期的狂热阶段，在这个阶段，我国电子商务的开

① 曹彩杰，臧良运. 电子商务支付与安全[M]. 北京：电子工业出版社，2014.

拓者参考美国的电子商务模式，建立了一大批电子商务企业，电子商务企业的数量从1998年的530家增加到2000年的1 500家。这段时间电子商务经营的主要特点是重技术、轻商务，直接模仿国外的电子商务模式及经营方式等。

2000—2002年是我国电子商务导入期的困惑阶段，受美国网络经济泡沫破灭的影响，我国一大批电子商务企业开始倒闭，因此我国电子商务的开拓者开始重新审视这种商业模式。

2. 成长期(2003年至今)

2003年SARS(传染性非典型肺炎)在中国的流行是电子商务进入成长期的推动力之一。当时，很多消费者为防止病菌传染，控制外出购物的时间和频率，通过电子商务在非面对面的条件下进行交易，因此刺激了电子商务的复苏。同时，传统企业也改变了对电子商务这种非面对面交易模式的认识，调查数据显示，SARS事件过后，60%的中国企业对电子商务的认可度增加。另外，2008年的金融危机使我国的中小企业陷入了发展的困境，中小企业为了摆脱这种局面，积极利用网上销售的经营方式打开销路。电子商务所包含的范围很广，在此以网络购物为例，分析我国电子商务在成长期的主要发展特点。

(1) 国外网络购物企业积极参与。国外的网络购物企业被中国巨大的市场所吸引，通过合并、收购、直接投资等手段进入中国市场。例如，2004年，美国亚马逊收购卓越网，把亚马逊的经营模式带入中国。2010年，日本雅虎和淘宝网合作，提供可供中日消费者购买双方购物网站中的商品的服务；日本乐天与中国百度合资建立乐酷天商城。但因为一些国外企业的经营理念和方式不适合中国国情，最后以失败告终。

(2) 传统企业加速进入网络购物领域。2010年以前，新兴的网络购物企业在网络购物企业中占的比例比较大。2010年以后，传统企业也开始认识到网络购物的重要性，积极加入网络购物领域，如实力雄厚的制造企业TCL、格兰仕，传统电器商店国美电器、苏宁电器，连锁百货店物美、银泰，民营物流企业申通、圆通等纷纷建立自家网站或加大对已有购物网站的投入。2012年，淘宝、天猫“双十一”特卖创下191亿元的纪录，震惊传统零售业，加速了传统零售企业进入网络购物领域的步伐。2012年，老字号百货店王府井投资1亿元建立网上店铺，国美电器和苏宁电器进一步加大对本公司网络平台的投入。2013年，传统零售企业主要通过建立本公司购物网站的形式拓展网络购物业务。2013年以后，O2O模式开始普及，如王府井和天虹商场与腾讯合作，通过微信扩大网络购物的普及范围。

(3) 平台开放竞争日趋激烈。平台开放主要是指大型网络购物企业为提高本公司的竞争力，向传统制造企业和零售企业提供收费的空间，便于传统制造企业和零售企业销售自家商品。网络购物企业通过开放平台可以增加商品的数量、吸引消费者，同时平台的加盟商家可以利用平台的客源集中优势，减少宣传投入。2010年，京东商城、凡客诚品平台开放；2012年，腾讯、苏宁易购、国美电器等企业平台也纷纷开放。调查显示，2014年，B2C网上购物企业排名前9家中，有7家开放了平台。

(4) 价格竞争白热化。中国消费者通过网络购物的主要原因是价格比较便宜，因此各大网络购物企业之间的价格竞争日益激烈，代表性事件有2012年网络购物家电企业间的价格竞争。2012年，以书籍、杂志销售为主的当当网为了进入家电行业，发布“电器产品最高降价 1 700 元”的销售方案，并且为进一步对网络购物家电行业首位的京东商城形成包围网，与国美电器合作，投资 5 000 万元实施家电产品半额计划。随之而来的是，国美旗下库巴网打出“所有产品降价 10%”的旗号；苏宁易购发布“同行业价格最低”销售方案；阿里巴巴旗下天猫也加入“价格战”，投资 1 000 万元降低计算机的价格；京东宣布“大型家电 3 年零利润”方案与其他企业抗衡。但是，国家发展和改革委员会调查发现，在网络购物领域的家电“价格战”中，很多商家通过二重价格设定的方式欺骗消费者，最后在政府的干预下，“价格战”告一段落。

(二) 我国电子商务发展的阻碍

目前，我国已经成为全球电子商务规模最大、发展速度最快的国家。2015 年，我国电子商务交易规模达到 21.8 万亿元。电子商务为我国经济发展做出巨大贡献的同时，一些问题也呈现出来，如法制建设相对滞后、安全问题日益突出、信任缺失问题明显、基础设施不完备、市场准入和服务监督体系欠缺、电子商务的城乡和地区发展不平衡、网络购物中知识产权侵犯问题严重、交易纠纷处理困难等，以下对其中的几个突出问题进行分析。

▶ 1. 法制建设相对滞后

随着电子商务在技术和商业模式上的不断创新，随之而来的法律问题日益突出。电子商务从美国引入初期，我国主要通过扩大传统法律适用范围的形式，加强对电子商务领域的规范管理，但是这种对传统法律适用范围进行修改的立法方法难以跟上电子商务快速发展的节奏。为消除电子商务快速发展的法律障碍，第十届全国人民代表大会常务委员会第十一次会议于 2004 年 8 月 28 日通过了《中华人民共和国电子签名法》，并于 2005 年 4 月 1 日开始实施，该法是我国第一部真正意义上的电子商务领域的法律。随后，我国陆续出台了一些有关电子商务的法律法规，但因为电子商务发展速度快，相关法律法规还须进一步完善。

▶ 2. 安全问题日益突出

电子商务是基于开放性、虚拟性、无缝链接性和共享性的互联网的商业活动，互联网技术不断进步的同时，技术方面的安全问题日益突出。目前，国际上通常采用的访问控制、授权、身份认证、防火墙、加密、数据备份等技术手段只能在一定程度上实现电子商务的安全性。另外，我国企业的安全意识比较薄弱，使不法分子有机可乘。360 互联网安全中心发布的《中国网站安全报告 2015》显示，被调查的 231.2 万个网站中超 4 成存在漏洞，而平均的修复率不到一成。根据中国最大的漏洞播报平台补天平台记录显示，2015 年可能泄露的个人信息高达 55.3 亿条，这意味着平均每个网民至少泄露 8 条个人信息。

▶ 3. 信任缺失问题明显

电子商务的健康发展，离不开可信、安全、便利的电子商务交易环境。一些不良商户利用电子商务活动易于参与、不易监管等特点，进行虚假宣传、制假、售假等活动，欺骗消费者。另外，我国社会信用环境不成熟，电子商务交易过程的非对面性等因素，导致电子商务领域的信任缺失问题十分突出。这种信任缺失问题最终导致了消费者在电子商务交易过程中出现了各种各样的担心，如图 1-1 所示。这些担心大体上可以分为消费者对电子商务商家的信任问题(如购买前不能确认商品、信息泄露、不能与店员面对面咨询、售后服务的担心等)和物流问题(如配送时损坏、配送不及时等)。

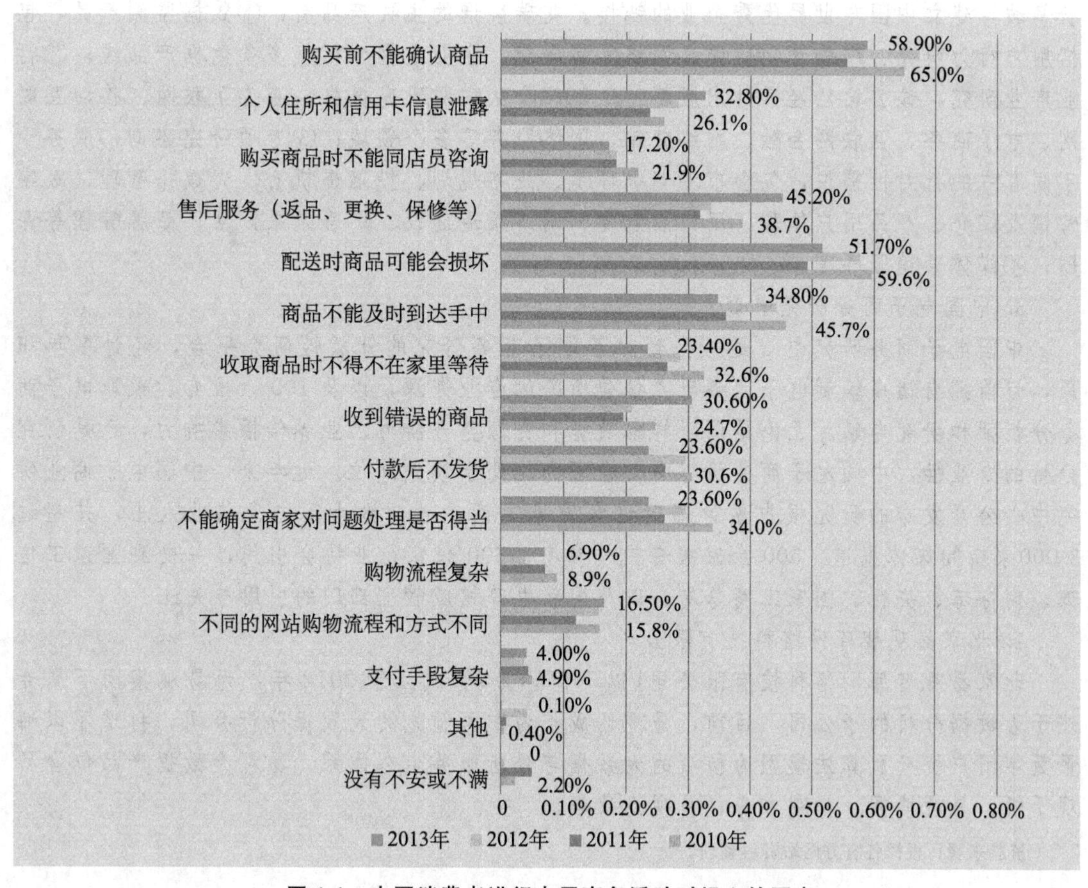

图 1-1　中国消费者进行电子商务活动时担心的因素

资料来源：日本经济产业省商务情报局．2013 年中国经济社会的情报化，服务的基础设施（关于电子商务的调查）[R]. 115.

拓展阅读

国内主要的电子商务研究网站

1. 中国互联网络信息中心

中国互联网络信息中心（CNNIC）是经国家主管部门批准，于 1997 年 6 月 3 日组建的管理和服务机构，行使国家互联网络信息中心的职责。作为中国信息社会重要的基础设施建设者、运行者和管理者，中国互联网络信息中心在“国家公益、安全可信、规范高效、服务应用”方针的指导下，负责国家网络基础资源的运行管理和服务，承担国家网络基础资源的技术研发并保障安全，开展互联网发展研究并提供咨询，促进全球互联网开放合作和技术交流，不断追求成为“专业·责任·服务”的世界一流互联网络信息中心。该中心每年 1 月和 7 月定期发布《中国互联网络发展状况统计报告》，并适实推出其他关于电子商务领域的报告。

2. 艾瑞咨询

艾瑞咨询成立于 2002 年，是最早涉及互联网研究的第三方机构，累计发布数千份互联网行业研究报告。2015 年，艾瑞咨询在海外建立研究中心，研究范围扩展至全球高成长领域，建立中国与世界优秀企业的链接。艾瑞咨询的主要产品有：①数据监测产品，包括用户行为研究、广告营销监测、网络零售研究、企业数据分析等多条数据产品线；②行业产业研究，该公司已经累计出版超过1 500份互联网研究报告，涵盖互联网、移动互联网、电子商务、互联网金融、网络营销、网络服务等多个领域；③专项研究咨询，服务于不同客户的针对性需求，包含市场竞争环境、战略规划、投融资机会、大数据管理、数字营销及媒介、产品用户体验、用户满意度、网络渠道建设、广告效果评估、品牌管理等课题；④媒体营销服务等。

3. 中国电子商务研究中心

中国电子商务研究中心是一个致力于电子商务研究的开放性研究平台，经过多年积累，目前拥有诸多编制电子商务研究报告所需的专业资源，以及100余位专、兼职电子商务分析师和研究专家。无论是调研样本数据和资源整合能力、业界传播影响力，还是研究分析的专业性，中国电子商务研究中心在国内均处于领先地位。近年来，中国电子商业研究中心公开发布的研究报告累计辐射近2万家电商企业、数十万电商从业人士，并超过3 000家新闻媒体报道、500余家投资机构参考、300余家行业协会引用，并受到国家工信部、商务部、央行、国家工商总局，以及国新办等权威管理部门的引用与关注。

4. 北京易观智库网络科技有限公司

北京易观智库网络科技有限公司(以下简称易观)成立于2012年，为易观集团下属专注于大数据分析的子公司。目前，易观已成长为中国领先的大数据分析公司，打造了以海量数字用户资产及算法模型为核心的大数据与分析服务生态体系。易观大数据产品包含易观千帆、易观博阅、易观方舟、易观万象等。

资料来源：根据各官方网站资料整理.

任务二 电子商务模式概述

一、商务模式和电子商务模式的含义

(一) 商务模式的含义

“商务模式”源于英文“business model”，对应的中文解释有“商业模式”“业务模式”“经营模式”等。国内外学者从商业模式的运行机制、在价值链中的作用及模式功能等方面，对商务模式进行了描述，包括商务模式的体系结构、价值创造和商业策略等内容。

商务模式是一种反映企业产品流(服务流)、资金流、信息流及其价值创造过程的经营运作机制，该机制中包含制定盈利目标、市场定位，以及为了满足目标客户主体需要所采取的一系列的整体战略组合。商务模式也是一套价值创造系统，包含价值体现、盈利模式、市场机会、竞争环境、竞争优势、营销战略、组织发展、管理团队八大核心要素。

(二) 电子商务模式的含义

电子商务模式也是一种利润获取方式，与传统的商务模式不同的是，电子商务模式是基于网络实现的，即企业运用信息技术特别是网络技术从事生产经营和服务活动、创造利润以维持自身生存与发展所采取的方法与策略的组合。电子商务模式是在网络环境下，通过对企业经营方式和价值增值过程的仔细分析，确定企业如何将信息技术尤其是网络技术与企业生产经营过程紧密结合，实现企业利润目标最大化、赢得企业核心竞争力的战略组合。

电子商务的模式按照参与者的不同，可分为B2B电子商务模式、B2C电子商务模式、C2C电子商务模式、G2B电子商务模式等，这些都是较为传统的电子商务模式。如今，新型的电子商务模式也在悄然兴起，如O2O电子商务模式等。

二、传统的电子商务模式

(一) B2B电子商务模式

B2B(business to business)电子商务模式是指商家对商家的电子商务，商家通常指企业或公司，因此是一种企业间的电子商务交易模式。企业的交易活动需要借助互联网技术或各种商务网络平台完成，交易活动的实现过程包括发布供求信息，订货及确认订货，支付过程，票据的签发、传送和接收，确定配送方案并监控配送过程等。B2B电子商务模式的典型企业有阿里巴巴、环球资源、金泉网、我的钢铁网、中国供应商、中国制造商、敦煌网、慧聪网等。

1. B2B电子商务模式的分类

B2B电子商务模式按照行业性质可以分为垂直B2B电子商务和水平B2B电子商务。

(1) 垂直B2B电子商务。垂直B2B电子商务主要面向实体企业，如制造业、商业等行业的企业。这种模式追求的是行业内的“专业性”，它们将自己定位在一个特定的专业领域内，如IT、化学、钢铁或农业等领域，使处于该产业的上下游厂商聚集到一起，让各厂商快速找到相关产品、互补产品或服务。生产商或零售商可以与上游的供应商形成供货关系，生产商可以与下游的经销商形成销货关系。例如，中国化工网、易创化工网、中国粮食贸易网、中国纺织在线、中国纸网等。

垂直B2B电子商务模式的优点在于对商品和企业客户的聚集性，易建立起忠实的用户群体，较易形成竞争优势。但是，随着专业化程度的加深，垂直B2B电子商务网站需要投入昂贵的人力资本来处理较狭窄、专门性的业务。

(2) 水平B2B电子商务。水平B2B电子商务面向所有行业，将各个行业中相近的交易过程集中到一个场所，为买方和卖方构建信息和交易平台。有交易需求的买卖双方可在此分享信息、发布广告、竞拍投标、实现交易。水平B2B电子商务网站并不是拥有或经营商品的企业或商家，它们只是提供一个交易平台，使买卖双方能在该网站上找到产品或找到买家，产品的多样化决定了此类网站对客户的吸引力。因此，水平B2B电子商务模式追求的是全面性，涵盖不同的行业和领域，服务于不同行业的从业者。典型的水平B2B电子商务网站有阿里巴巴、慧聪网、全球制造网、敦煌网等。

与垂直B2B电子商务相比，水平B2B电子商务的优点在于能够获得更多的收益机会，而且潜在的用户群体也比较大，能够迅速获得收益。但是，水平B2B电子商务的用户群体不如垂直B2B电子商务的用户群体稳定，被模仿的风险也很大。

2. B2B电子商务模式的交易流程

B2B电子商务的参与方有认证中心、供应商、采购商、网上商城、网上银行和物流商，其交易流程大致分为认证阶段、信息发布阶段、网上支付阶段和物流配送阶段，如图 1-2 所示。

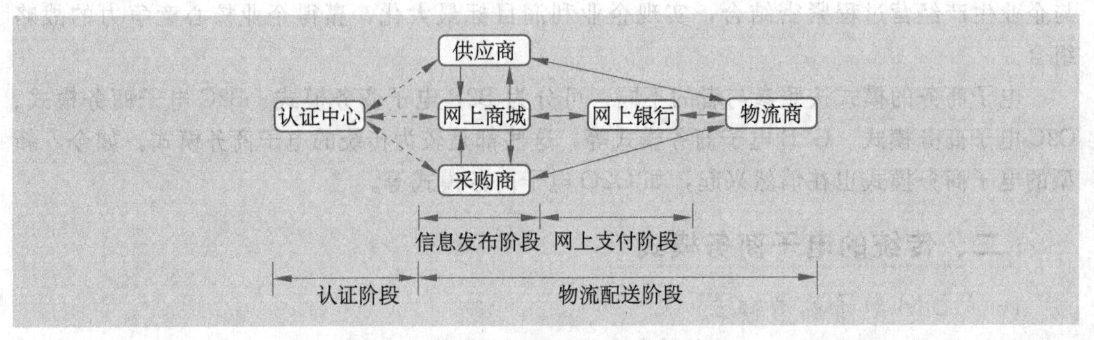

图 1-2　B2B 电子商务模式的交易流程

(1) 认证阶段。供应商、采购商、网上银行、物流商和网上商城获得来自认证中心的数字认证。

(2) 信息发布阶段。供应商与采购商在网上商城注册，并绑定银行账号；供应商利用互联网和各种电子商务网络发布商品信息；采购商根据自己要购买的商品价格、数量，准备购货款，在网上商城寻找自己满意的商品。网上商城为客户提供 24 小时方便、快捷的在线订购服务，对商品信息进行维护与管理，提供高效的商品数据方案，方便客户查找所需商品，并为客户提供基本的订单管理服务，实时将支付信息告知采购商，并将支付结果实时转交供应商。

(3) 网上交易阶段。采购商与供应商谈判，对合同条款进行详细约定，通过电子数据交换(EDI)或数字签名等方式签订合同，并选择网上银行支付方式。网上银行将支付信息实时转交给网站。

(4) 物流配送阶段。供应商负责备货、组货、发货至物流商处，物流商收到货物后进行订单处理，将其发送至采购商处，完成配送任务。在这个过程中，物流信息实时转交给网上商城、采购商和供应商，完成运输货物款项结算或代收货款的款项结算。

B2B 电子商务模式主要面向中小企业，大型企业或公司一般拥有自己的专属平台进行采购，从而忽略网上商城的中介作用。

知识链接

南京贝登医疗股份有限公司创新商业模式

——“自营+撮合”，打造医疗器械 B2B 电商平台

南京贝登医疗股份有限公司(以下简称贝登)通过创新商业模式，打造了国内最大的医疗器械电商平台，成为南京白下高新技术产业园区创业创新扶持发展的代表型成长企业。“通过这个平台，减少了医疗器械的交易环节和成本，未来可以在一定程度上缓解看病贵的问题。”贝登 CEO 丁海波说。

2009 年，丁海波来到南京创业，做过婚庆、工业品、仪器等综合品类的 B2B 电商平台，由于经营类目过多、精力分散，一直业绩平平。2014 年，贝登公司全面聚焦医疗器械领域，上游整合国内医疗器械产品，下游为医疗机构提供快速、低成本一站式采购服

务，开始做专业性、有特色的B2B电商平台。

"现在国内医疗器械领域每年有3 000亿元的销售市场，但中间流通环节却没有一家上市公司，这不正常。"丁海波告诉记者，据相关数据统计，目前国内约有1.5万家医疗器械生产商，且90%以上年销售额不超过1 000万元，它们没有能力建立全国性的销售渠道。从事医疗器械销售的企业全国有18万家，但普遍规模小，基本上通过和医疗机构的私人关系销售，存在灰色不透明行为，最终增加了交易成本。而当前国内医疗机构总计约98万家，它们对于公开透明、性价比高的一站式医疗器械的采购需求越来越大。"我们正是抓住了医疗器械领域的这个入口，建立生产商、代理经销商、医疗机构都欢迎的全国性交易渠道。"丁海波说。

"让医疗器械采购更简单"是丁海波一直以来的创业理念。目前，贝登公司电商平台已整合1 000多个厂家的医疗器械主流品牌，为医疗器械行业的买家和卖家提供"自营＋撮合"的交易服务。该平台为上游厂商提供了一个全国性的销售渠道，也使下游经销商、医疗机构能够快速地找到所需的医疗器械，不再需要一家家跑生产商，减少了交易环节和交易成本。以一台国际一线品牌的尿液分析仪为例，传统渠道采购需要4万元以上，通过贝登电商平台购买，则在3万元以内。

目前，贝登电商平台上的产品能基本满足全国90%以上医疗机构的需求，并为全国300多个城市的1 500多家中小型医疗机构、近2万家医疗器械经销商提供服务。同时，贝登公司还打造了以"医疗解决方案"为主的线上线下结合的服务模式。线上销售医疗器械，线下在全国各地设立子公司，提供医疗器械的安装调试、技术支持、售后维修等服务。

资料来源：王璐．"自营＋撮合"，打造医疗器械B2B电商平台[N]．南京日报，2015-11-23(A02).

(二) B2C电子商务模式

B2C(business to customer)电子商务模式是指企业通过互联网向个人消费者销售产品和提供服务的一种商务模式。

▶ 1. B2C电子商务模式的分类

B2C电子商务模式主要分为以下三大类。

(1) 商品直销模式。商品直销模式是指企业通过互联网直接对消费者开展商务活动，实现商品交易的模式。该模式的最大特点是减少了传统流通的中间环节，具有交易成本低、受时空限制小、交易速度快等优点，代表企业有戴尔公司、凡客诚品等。

(2) 中间商模式。网络中间商主要为生产商和消费者提供信息平台，实现为消费者传递商品和服务信息，为生产者传递需求和购买信息的功能。常见的中间商模式有两种：一种是仅在网络条件下经营的中间商，这种模式的中间商通常向消费者提供多种类别的商品；另一种是通过网络环境实现中间商功能的传统中间商，例如，天猫商城里有些店铺并非生产商，只是被生产商授权在天猫商城销售产品，这种店铺会提供统一的配送和售后服务，有较好的信誉保障。

(3) 第三方交易平台模式。第三方交易平台的本质属于商品信息服务性网站，通过吸引众多加盟者实现消费者对第三方交易平台上产品的订购，最后由加盟企业配送实现交易，B2C第三方交易平台再从企业提取一定比例的费用，从而达到盈利目的。典型的第三方交易平台有天猫、京东、亚马逊中国等网站。

2. B2C 电子商务模式的交易流程

B2C 电子商务的参与方主要有生产商、中间商、企业自营商城、网上商城、消费者、银行、认证中心等，其交易流程大致分为网上注册、商品选定、物流配送、支付结算和购后评价 5 个环节，如图 1-3 所示。

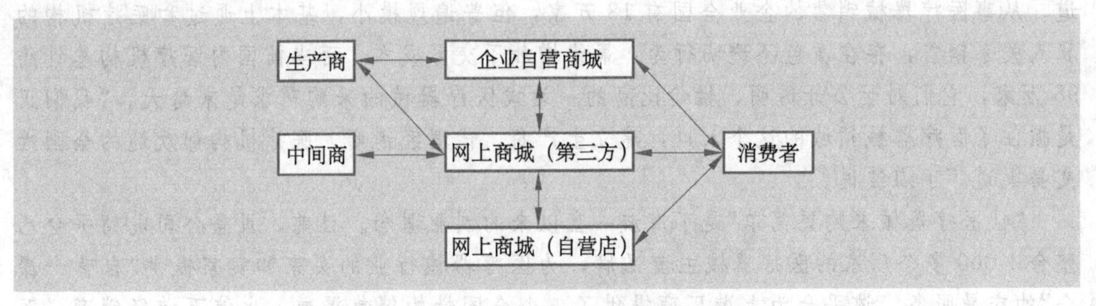

图 1-3　B2C 电子商务模式的交易流程

(1) 网上注册。消费者与生产商、中间商需要先注册成为该网上商城的会员，关联交易银行卡，填写配送地址等相关信息。如果生产商通过企业自营商城或者在网上商城(自营店)销售商品，可省略注册环节。

(2) 商品选定。生产商或中间商在网站上发布想要销售的商品，消费者浏览并搜索想要购买的商品。消费者可以通过网站联系卖家询问商品情况，选定想要的商品，并确认订单信息，即完成购买。

(3) 物流配送。已与商家签约的物流商，将所售商品配送至消费者处。B2C 电子商务模式下的物流配送有两种常用方式：第一种是自营物流配送，网上商城(第三方)有自己的仓储及配送服务系统，由网上商城直接发货给消费者；第二种是企业通过与第三方物流公司合作，实现货物的仓储及配送服务。

(4) 支付结算。消费者可根据到账速度或信贷需要选择合适的支付方式进行结算。以天猫购物平台为例，天猫商城的商品除了可以使用各大银行的银行卡进行结算外，还可以使用支付宝。支付宝属于延时到账的支付类型，同时它还推出了信贷消费产品——蚂蚁花呗，用户可以根据个人需要进行选择。

(5) 购后评价。消费者确认收货后，可以对此次购物进行购后评价，不仅可以供他人参考，而且对商家改善产品或服务质量也起到督促作用。商家也可以对消费者进行评价，商家的评价会影响消费者的信誉等级。

(三) C2C 电子商务模式

C2C(customer to customer)电子商务模式是指个人对个人的电子商务模式，卖家本身就是个人，由他们提供服务或产品给消费者。

1. C2C 电子商务模式的分类

C2C 电子商务模式主要分为网络拍卖模式和店铺模式两种。

(1) 网络拍卖模式。网络拍卖模式是指利用网络进行在线交易，可以让商品所有者或某些权益所有人在其平台上独立开展以竞价、议价方式为主的在线交易模式。

(2) 店铺模式。店铺模式是指电子商务企业为个人提供开设网上商店的平台，以收取会员费、广告费或其他服务费用来获取利润的模式。

2. C2C 电子商务模式的交易流程

C2C 电子商务模式的交易流程包括实名认证、商品购买、物流配送、交易支付和售后评价五个环节，如图 1-4 所示。

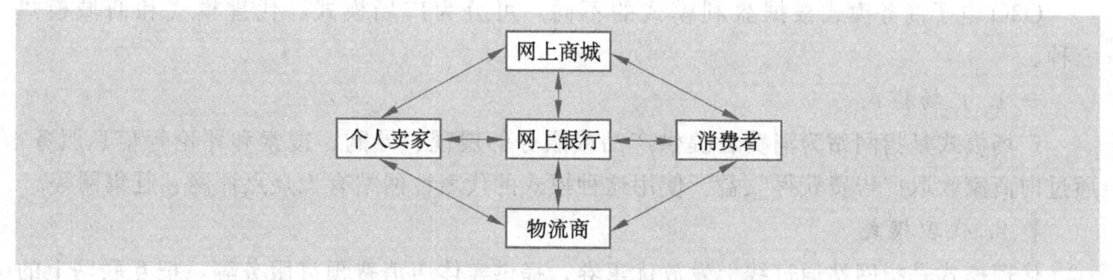

图 1-4 C2C 电子商务模式的交易流程

(1) 实名认证。C2C 电子商务模式的销售方为个人，这就需要进行卖家个人注册信息的认证。在淘宝网或易趣网，新用户只需要一个电子邮箱地址就可以注册成为该网站的会员，然后还需要实名认证才能享受购买物品的权利。

(2) 商品购买。个人卖家在网站上发布想要销售的商品，消费者浏览并搜索想要购买的商品。消费者可以通过查看商品详细信息或联系卖家了解商品情况，选择想要的商品并确认订单信息，即可完成购买。

(3) 物流配送。物流商收到个人卖家的商品会及时将其配送给消费者，运输过程中的物流信息也会及时反馈给网上商城，实现消费者对商品派送状态的实时查询。个人卖家常与几家物流商保持合作，按发件量的多少，物流商会给予一定的折扣，合作物流商服务的好坏也会影响消费者对个人卖家所出售商品的评价。

(4) 交易支付。为了建立买卖双方的信任，网上商城一般采取三种支付方式：一种是以 C2C 网站的单方信誉为基础，在订单确认和商品成交之后，买方依照网站的要求将所购买商品的货款支付到网站指定的账户中，网站在收到货款后立即发货给买方，这种交易方式对于买方的风险较大，而且网站需要有良好的口碑与信誉；第二种是 C2C 网站通过制定交易规则要求买卖双方按预设条件在协议银行建立交易公共账户；第三种是以第三方中介管理机构的信用为基础，例如支付宝。

(5) 购后评价。消费者对个人卖家所销售的商品或服务给出评价。

(四) G2B 电子商务模式

G2B(government to business)电子商务模式是指政府与企业之间通过网络进行交易活动的商务模式，如电子保税、电子通关、电子采购等。

G2B 电子商务模式比较典型的例子是政府网上采购。G2B 模式操作相对透明，不仅能有效降低采购成本，而且有利于找到更加合适的供应商。

三、新型的电子商务模式

随着信息技术与电子商务的发展，新型的电子商务模式也在悄然兴起，下面介绍一种新型的电子商务模式——O2O 电子商务模式。

(一) O2O 电子商务模式的含义

O2O(online to offline)电子商务模式是一种将线上虚拟经济与线下实体店面经营相结

合的商业模式，这一模式的核心就是把线上的消费者带到现实的商店中去，消费者可以在线上筛选线下的商品和服务，然后成交、在线支付、结算，最后在线下自主享受服务。

（二）O2O 电子商务模式的分类

O2O 电子商务模式根据盈利模式的不同，可分为广场模式、代理模式和商城模式三种。

▶ 1. 广场模式

广场模式是指网站为消费者提供产品或服务的展现、导购、搜索和评论等信息服务，通过向商家收取广告费获得收益。使用这种模式的代表性网站有大众点评网、赶集网等。

▶ 2. 代理模式

代理模式是指网站通过线上发放优惠券、提供实体店消费预订服务等，把互联网上的浏览者引导到线下去消费，网站通过收取佣金分成来获得收益。使用这种模式的代表性网站有拉手网、美团网、酒店达人、布丁优惠券等。

▶ 3. 商城模式

商城模式是指由电子商务网站整合行业资源做渠道，用户可以直接在网站购买产品或服务，企业向网站收取佣金分成。使用这种模式的代表性网站有到家美食会、易到用车等。

（三）O2O 电子商务模式的交易流程

O2O 电子商务模式的交易流程如图 1-5 所示。

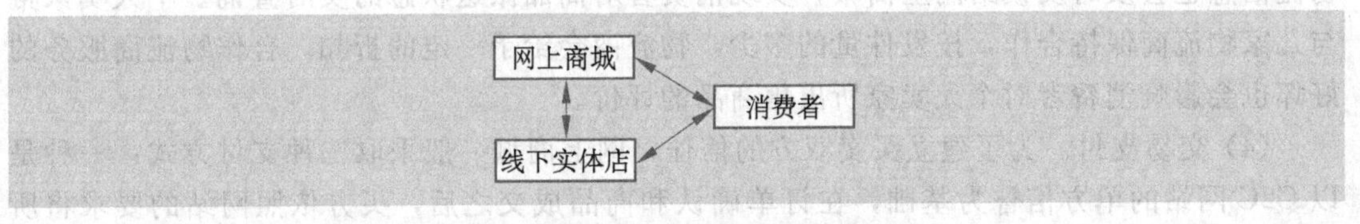

图 1-5　O2O 电子商务模式的交易流程

▶ 1. 消费者下单

消费者从网上商城(或品牌的官方商城)下单。

▶ 2. 订单处理

网上商城(或品牌的官方商城)，根据消费者所选择的提货商店的商品情况进行订单处理。

▶ 3. 消费者取货/体验

消费者去本地最近的商家提货，并体验商家服务。

▶ 4. 购后评价

消费者消费结束后，在网上商城(或品牌的官方商城)反馈并分享消费服务体验。

（四）O2O 电子商务模式的优势

O2O 电子商务模式的商品交易多以服务类交易为主，能给用户带来便捷、优惠和消费保障。例如，团购型网站多以销售美食、景区门票和其他服务型商品为主，这些商品大多与用户日常生活息息相关。因此，与 B2C、C2C 电子商务模式相比，O2O 电子商务模式更能吸引大量高黏性用户。

对商家而言，O2O 电子商务模式有更强大的推广作用及可衡量的推广效果，可吸引大量线下生活服务商家加入。

四、电子商务网站的收入来源

电子商务网站的收入来源有交易手续费、广告费、赞助费、会员费(订阅费)、竞价排名费，以及其他专业费用等。

(一) 交易手续费

有的网站按照销售价格的一定比例收取费用，例如，在eBay网站，25美元以下的交易要缴纳5%的交易服务费；以中介代理方式经营的网站，则以向买卖双方收取相应的手续费作为网站的主要收入来源，如网上证券、网上拍卖、网上旅游等。

(二) 广告费

电子商务网站可在自己的网页上留出一部分空间提供给广告主，以此获得广告收入。一般根据网站的流量来确定广告的价格，广告形式不同，价格也不同。一般情况下，网站可提供弹出广告、漂浮广告、Banner广告、文字广告、视频广告等。

(三) 赞助费

犹如电视节目中的赞助商一样，企业和广告主可利用网页中的内容、论坛，以及网站的活动等形式来宣传企业的产品，同时向网站支付一定的费用。

(四) 会员费(订阅费)

一些网站采用会员制的方式为会员提供服务，会员需要每年缴纳一定的会员费才能享受网站提供的各种服务。

(五) 竞价排名费

商家为了使商品信息在信息搜索中排名靠前，一些电子商务网站推出了竞价排名的服务。例如，阿里巴巴的竞价排名是诚信通会员专享的服务，当买家在阿里巴巴搜索供应信息时，参与竞价的诚信通会员企业的信息将会排在非诚信通会员企业之前。淘宝直通车也是一种搜索竞价服务，申请开通直通车服务需要符合两个基本条件：店铺信誉为两星级或两星级以上；描述、服务、物流三项分值均在4.4分或4.4分以上，首次充值最低500元。

(六) 其他专业费用

其他专业费用多表现在电商企业通过提供专业服务获得的收入，如增值服务费，增值服务主要包括电子商务网站为企业提供的企业认证、独立域名、行业数据分析报告、搜索引擎优化等。还有通过线下服务，如以展会、期刊、研讨会等形式获得的收入等。

拓展阅读

苏宁云商集团

苏宁云商集团(以下简称苏宁)北京公司总经理助理车洪亮：“2013年，苏宁有一个‘大动作’——把整个线上线下价格进行了统一。这是基于2012年苏宁历时一个月的一场实验，通过人为促销，把价格进行了线上线下统一的尝试。”

在历时一个月的实验中，消费者到门店后看到的价格和线上是一样的，消费者不需要考虑线上线下价格因素的影响，只需要考虑哪个渠道更方便，并且消费者只要来到门店，基本上没有出现过“回去再找一个地方下单”的情景。这坚定了苏宁2013年线上线下价格统一战略的出炉。

2013年，苏宁进行了集团更名，由以前的苏宁电器更名为苏宁云商，这也是为了告诉消费者——苏宁不光做电器，也很明确地进入全品类领域。现在，超市商品、百货商品，包括母婴商品都已经在操作。为实现线上线下的融合，苏宁还把后台系统进行了打通，所有消费者在门店都可以买到任何一种在苏宁线上销售的商品。消费者来到门店，想购买某一款门店没有展示和陈列的商品时，苏宁可引导他在线上了解产品，并直接在线上下单，然后由苏宁送货到家。

苏宁也在考虑线上线下融合的另外一个重要方面——服务。为此，苏宁目前做了几项尝试：①消费者一旦对商品不满意，可就近去实体店进行退换货；②消费者线上下单后，苏宁抓取离消费者最近的门店，直接从门店库房出货，让所有门店充当“快递点”，提供线上下单到收货只要一个小时的“极速达”服务；③消费者在网上购买商品后，若对产品不了解，可预约实体店专业人员上门指导产品操作，以及进行产品讲解；④消费者若习惯线下购物，苏宁提供“微购”服务——消费者去实体店之前利用苏宁的App与销售人员预约，选择以前接触过或满意度高的某位销售员为自己服务。

目前，苏宁云商旗下的网络购物平台——苏宁易购，在整个北京已经全面实施“极速达”服务。2014年“双十一”期间，北京虽然有APEC会议的交通限行，但苏宁最快的配送时间是26分钟，这些都是苏宁O2O较好融合的表现。

资料来源：颜菊阳．中国零售业O2O全渠道实践录[N]．中国商报，2015-01-16(09)．

任务三 电子商务的发展趋势

一、价值共创模式的探索

(一) 价值共创的含义和产生背景

在传统经济学的研究领域，一般认为企业是商品价值的生产者，而消费者是商品价值的消费者，企业和消费者通过交易活动，实现商品价值的转移，而交易中的商品价值通过商品价格表示。

20世纪90年代末，关于价值共创的研究开始盛行，价值共创是指企业和消费者共同合作，实现商品价值的生产和消费过程。价值共创产生的背景主要有两个。

(1)“生产消费者”(prosumer)概念的产生。“生产消费者”这个词由生产者(producer)和消费者(consumer)组成，由美国未来学者托夫勒在其著作《第三次浪潮》中首次提及。他指出，未来社会的发展趋势是以货币为代表的金钱经济将被货币无法实现的价值经济所替代，在这种变革中，生产消费者的数量会不断增加。

(2) 当今社会中，消费者的力量不断增强，这主要归结于互联网技术的诞生和普及。在传统商业往来中，企业占有主导地位，力量比较强大。而随着互联网技术的诞生和普及，消费者对情报的获取次数和选择量不断增多，消费者与消费者沟通的便捷性不断提高，消费者防范手段多样化，在这种背景下，消费者的力量不断增强。一般来说，企业与消费者之间价值共创的实现形式有两种：一种是消费者参与到企业的经营活动中；另一种是企业参与到消费者的消费过程中。

(二) 电子商务领域的价值共创

就目前电子商务领域的价值共创的实现形式来看，消费者参与到企业经营活动中的情况比较多，并且主要集中在一些小商品，如消费者定制手机壳、定制衣服上的图案等。与此同时，消费者参与到大型商品的价值共创活动也初见端倪，例如，2012 年 9 月，天猫与海尔集团旗下品牌统帅联合举行的彩电百万网友新品定制活动(见图 1-6)，8 天内通过 100 万天猫网友投票决定电视的 6 项定制点，分别为电视尺寸、边框、清晰度、能耗、色彩、接口，然后根据最终得票数最高的 3 款进行生产和销售。这种定制方式极大地激发了网友的热情，在短短 5 小时，共有超过万人购买定制的统帅彩电，成交突破 2 000 万元，其中统帅 LE39PUV3 39 寸 LED 节能平板电视机成交 5 000 台。2014 年 4 月，天猫与美的、九阳、苏泊尔等 10 家家电厂商达成了协议，包下了 12 条小家电生产线，根据天猫消费者的反馈进行深度的定制生产，定制商品于 5 月 7 日开卖，仅一天时间，包括电烤箱、吸尘器、扫地机、电风扇在内的小家电就卖出 18 万台。

图 1-6　天猫家电定制销售页面

基于网络大数据开展的定制服务，将开启新的电子商务销售模式。事实上，随着消费者个性化需求的持续增长，互联网使得消费者能够发出自己的声音，真正从消费流通领域进入生产制造和销售环节。互联网正在改变人们的生产和生活方式，未来的市场一定是消费者驱动的市场，消费者驱动企业将会是主流。但从目前来看，电子商务领域价值共创的实现形式主要集中在消费者参与到企业的生产经营活动中，即集中在 C2B 模式。而企业也应积极参与到消费者的消费过程中，通过各种途径与消费者建立长期的联系，这是企业成功的关键，也是企业未来的发展方向。

知识链接

关于价值共创模式的研究

澳大利亚悉尼大学教授弗劳等指出，在企业经营活动中，从一个商品的概念形成到生命周期结束，企业与消费者的价值共创活动可以归纳为共同命名(co-conception)、共同设计(co-design)、共同生产(co-production)、共同宣传(co-promotion)、共同定价(co-pricing)、共同流通(co-distribution)、共同体验(co-experiencing)、共同意义创造(co-meaning creation)、共同外包(co-outsourcing)、共同维护(co-maintenance)、共同作废(co-disposal)等。共同命名是指消费者参与商品或服务的概念开发;共同设计是指消费者参与商品或服务的设计活动;共同生产是指商品或服务的一部分由消费者负责完成;共同宣传是指消费者通过口碑、网络等手段为企业的商品或服务进行宣传;共同定价是指消费者参与到商品和服务的价格制定过程中;共同流通是指消费者参与商品的流通环节;共同体验是指企业和消费者共同对商品或服务进行实际体验;共同意义创造是指企业以消费者的精神享受为经营理念,同时消费者从企业提供的商品或服务中得到精神上的升华;共同外包是指企业与消费者共同探讨企业的外包业务;共同维护是指商品使用过程中的保全工作由企业和消费者共同完成;共同作废是指商品作废的一部分由消费者承担。以上环节中,共同命名、共同设计、共同生产、共同宣传、共同定价、共同流通是消费者参与到企业活动中去的价值共创活动;共同体验、共同意义创造、共同维护、共同作废是企业参与到消费者的消费活动中的价值共创活动。

资料来源:Frow, Penie, Adrian Payne, Kaj Storbacka. A Conceptual Model for Value Co-Creation: Designing Collaboration within a Service System. Proceedings of the 39th European Marketing Academy Conference, 2010.

二、虚拟现实技术的应用

(一) 虚拟现实技术的含义

足不出户就能买到全世界的产品,却遗憾没有实体店购物的乐趣,便利的网络购物一直存在着体验上的小遗憾。然而,借助于虚拟现实技术和实景技术,消费者未来可以在一个忠于现实又超越现实的网上空间里尽情购物。虚拟现实技术(virtual reality, VR)是计算机与消费者之间的一种更为理想化的人机界面形式,是借助计算机技术和硬件设备,使消费者可以通过视觉、听觉、触觉、嗅觉等感受到的虚拟幻境,因此虚拟现实技术又称幻境技术或灵境技术。虚拟现实技术的主要特征为多感知性、沉浸感、交互性和构想性。通过虚拟现实技术可以实现电子商务中的虚物实化,也可以实现常见虚拟购物场景。可以说,虚拟现实技术的应用为电子商务的发展带来了新的生机。

(二) 虚拟现实技术在电子商务中的应用

目前,很多大型电子商务企业正在计划或已经对依托于虚拟现实技术的商务活动进行尝试。例如,2016 年 5 月,在线传统零售巨头 eBay 和澳大利亚百货公司 Myer 联手推出“世界首个虚拟现实百货商店”,购物者可以使用安卓或苹果智能手机和一个免费的虚拟现实头盔虚拟一个现实百货商店,可以在虚拟现实的空间里浏览 12 500 件商品,凝视商品即可完成购买。2016 年 3 月,阿里巴巴宣布成立虚拟现实实验室,该实验室成立后的第一个项目就是“造物神”计划,目标是联合商家建立世界上最大的 3D 商品库,加速实现虚拟世界的购物体验。阿里巴巴的技术人员目前已完成数百件高度精细的商品模型,下一步将为商家开发标准化工具,实现快速批量化 3D 建模,敢于尝新的商家很快就能为用户提供虚拟现实购物选择。2016 年 11 月 1 日,淘宝“Buy+”上线,利用虚拟现实技术,还原购物场景,让用户有机会在家游美国 Target、梅西百货、Costoco、澳洲牧场、Chemist Warehouse、日本松本清和东京宅等 7 个商场。淘宝虚拟现实购物频道“Buy+”提供 360°全景浸入式的购物体验(见图 1-7),用户可以通过“扫描”了解产品的价格、质量、试穿评价等信息,它能让用户在虚拟商店里在线购物。2017 年 2 月 20 日,阿里巴巴与全国最大的零售企业百联集团达成集团层面战略合作，双方将基于大数据和互联网技术，在业态融合创新、新零售技术研发、高效供应链整合、会员系统互通、支付金融互联、物流体系协同等六个领域开展全方位合作。未来，人们可以躺在家里，戴上虚拟现实头盔，足不出户，逛遍百联集团旗下的商城。

2016年9月，京东也宣布加入虚拟现实的战场，并发布虚拟现实产品“VR购物星系”（见图1-8），将消费者的虚拟现实购物过程模拟成星际漫游，消费者的购物车就是宇宙飞船，星空之中充满四维虫洞，虫洞将跟踪消费者的行为动态。星球是商家接入的基本单位，一个星球就是一个店铺，每个星球具有唯一的地址编码，类似于URL，客户端相当于3D浏览器，当消费者选择进入一个星球时，客户端从服务器动态加载内容，当消费者离开星球时，内容从客户端释放，这样周而复始可以访问无数个星球。阿里巴巴和京东对虚拟现实购物的不同定位，迎合了淘宝商品偏零售而京东商品偏大客户的需求，可谓是“各取所需”。

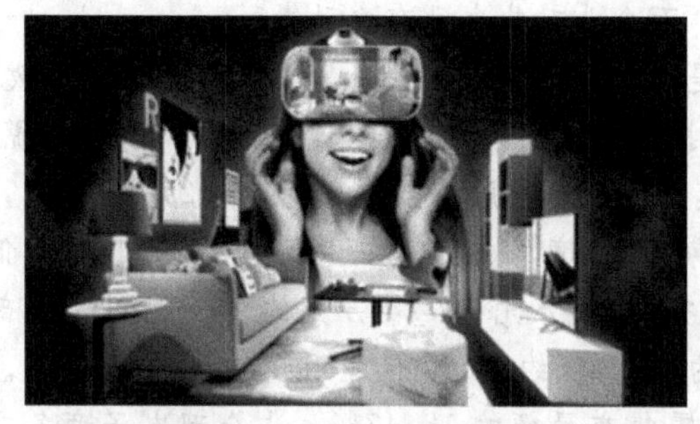

图1-7　淘宝“Buy+”宣传图

图1-8　京东“VR购物星系”宣传图

虚拟和现实是两极分化比较严重的领域，通过科学技术的发展和应用场合的灵活运用却赋予了它新的意义。在全球经济转型的大背景下，新科技在各国都受到追捧，新科技在为电子商务带来无限发展空间的同时，也改变着人们的消费习惯。

拓展阅读

电子商务税收问题探讨

2016年7月，在G20财长和央行行长会议上，有官员提出：“税收政策首先应该体现公平，其次是鼓励创新。数字经济包括电子商务都是创新，对于这些新兴行业应该收税，否则就不公平。”这种说法立刻引起对电子商务免税的讨论。

电子商务的税收问题实际上是一个老问题，早在2003年就开始讨论，十几年来一直没有停止。当时的电子商务刚刚起步，对传统行业的冲击还远远没有现在严重。时隔13年，国家没有出台有关电子商务的征税政策。正是因为政策的明智和宽松，使得我国电子商务得到长足的发展，进而在世界上产生了巨大影响，并开始与世界电子商务大国抗衡。

1. 电子商务应缴税比例仅占全部总交易额的2.88%

2015年，我国电子商务交易额达到20.8万亿元人民币，已经相当于当年国内生产总值(67.67万亿元)的30.7%。其中，网络零售交易额为38 773亿元，占全部电子商务交易额的18.64%。在网络零售交易额中，实物商品网上零售额为32 424亿元，占网络零售交易额的83.63%，占全部电子商务交易额的15.59%，占社会消费品零售总额(300 931亿元)的10.8%。

电子商务交易额主要由三部分构成：B2B交易、B2C交易和C2C交易。在B2B交易中，由于交易的参与者都是企业，并且都需要通过转账和发票报账，较少存在逃税的情况，所以，电子商务不缴税的问题集中在B2C和C2C领域，即网络零售领域。根据艾瑞咨询的统计和预测，B2C和C2C交易在网络零售交易额中的占比，2014年是45.3%和54.7%，2015年是51.0%和49.0%，2016年是56.0%和44.0%。平均来说，B2C为50.77%，C2C为49.23%，即B2C交易额为16 461亿元，C2C交易额为15 962亿元。对B2C实物商品网络零售交易额16 461亿元进行分析，可以发现，这部分交易额中，很大一部分是要缴税的。因为作为销售方的企业，当顾客提出索取发票的要求时，必须提供正式发票。特别是电子发票的推行，使得缴税的手续大大简便，费用也更低，越来越多的企业更乐于采用电子发票。B2C网站京东商城全部实施电子发票就是一个典型例子，其销售的全部商品都要求通过电子发票缴税。在这部分的交易中，也有约1/5的交易(约3 000亿元)，消费者没有明确提出开具发票的要求，而企业对此也没有主动缴税。

另外一半的实物销售额(15 962亿元)是由C2C交易完成的。按照现在的征税政策，小型微利企业减半征收所得税优惠政策范围扩大到年应纳税所得额30万元以下的纳税人。现有的C2C网站，除淘宝网外，其他的规模都很小。按照淘宝网2011年12月的统计，全网有640万家店铺，其中95%(也即606万家)的月度总成交额在2万元人民币以下，低于国家小微企业免税标准。按照每个店铺每年交易16万元(占24万元的2/3)估计，这部分交易额约为1万亿。剩余35万家活跃商铺的交易额(约6 000亿元)应在缴税的范围内。所以，C2C交易中没有缴税的交易额仅占网络零售交易额的15.47%，占全部电子商务交易额的2.88%。按照现行的商业零售税率4%计算，漏税的总额大概在240亿元左右。

所以，总体来看，电子商务企业漏税的情况确实存在，但对整个经济的影响还是比较小的，远远没有达到巨额逃税的程度。中央财经大学税收筹划与法律研究中心电商税收流失课题组的《电商税收流失测算与治理研究报告》指出："随着电子商务的飞速发展和日趋成熟，越来越多的交易在互联网上进行，一方面，使传统贸易方式的交易量不断减少，现行税基受到侵蚀；另一方面，由于电子商务是一个新生事物，税务部门对其进行征管存在一定的时滞效应，加上互联网、大数据技术在税收领域的应用还需要一个不断完善的过程，电商交易活动在某种程度上成为税务机关的'征税盲区'，形成一定程度的税收流失。"

2. 鼓励电子商务创新应放在第一位

当前，我国经济发展进入速度变化、结构优化和动力转换的新常态。推进供给侧结构性改革、保证经济稳定增长、应对人口老龄化等，都迫切需要依靠创新的支撑。然而，制约创新发展的思想观念和深层次体制的机制障碍依然存在，创新体系整体效能不高，严重阻碍了我国经济的转型发展。战略性新兴产业的高投入、高风险和高收益的特点，需要有税收优惠政策的支持，以激发创业者的创业激情，缓解投资者对创业风险的顾虑，减轻技术和模式创新的成本负担。对于战略性新兴产业发展的税收支持，人们似乎没有过多的指责。电子商务正是以现代网络信息技术为基础发展起来的一个新兴行业，对经济社会的全局和长远发展产生着巨大的引领作用，已经成为先进技术的聚集地和协同枢纽。

资料来源：中国电子商务研究中心网站.

项目小结

电子商务这种商业模式于20世纪90年代诞生于美国，不同的组织机构对电子商务下了不同的定义，但其共同点可以归纳为依托于互联网的商务活动，其构成要素包含信息流、资金流和物流。电子商务与传统商务活动的区别主要体现在信息提供、流通渠道、交易对象、顾客忠诚度、交易时间、销售方式、营销活动、对应顾客、销售地点等多个方面。电子商务具有突破地域、时间的限制；简化流通环节，降低流通成本；丰富信息资源，增加商业机会；提高商务活动的透明性和效率性等特点。任何新的商业模式的诞生，其背后都有推动力量，电子商务也不例外，其推动力量主要体现在20世纪90年代的美国，ubiquitious社会的到来、网络商业利用的解禁、物流的发展、时间节约消费、御宅化倾向，以及价值消费和个性消费等宏观因素和微观因素。20世纪90年代末，我国从美国引进电子商务模式，开始电子商务尝试，在经过1997—2003年的导入期后，目前处于成长期。我国电子商务在飞速发展的同时，法律问题、安全问题、信任缺失问题等日益突出。

电子商务模式也是一种利润获取方式，与传统的商业模式相比，电子商务模式是基于网络实现的，其目标是实现企业利润目标最大化、赢得企业核心竞争力。电子商务的传统模式按照电子商务活动参与者身份的不同，可分为B2B、B2C、C2C、G2B等类型，同时O2O等新型的电子商务模式也在悄然兴起，这些商务模式有着不同的特点及交易流程。不同的电子商务模式下，众多的电商企业通过收取交易手续费、广告费、赞助费、会员费、竞价排名费和其他专业费用等方式获取利润。

价值共创的经营模式和虚拟现实技术的应用是电子商务的发展趋势，目前价值共创主要体现在消费者参与到企业生产经营活动中，如消费者定制商品等。而企业参与到消费者的消费活动中的模式也有很大的探索空间，并且这种方式更利于企业与消费者建立长期、稳定的关系。另外，虚拟现实技术的应用可以改善顾客的购物体验，随着各实力雄厚的电子商务企业在虚拟现实购物方面的开发力度不断加大，其体验效果会不断提高，必将成为新的发展趋势。

思考与练习

一、单项选择题

1. 电子商务诞生于(　　)。

A. 美国　　B. 中国　　C. 英国　　D. 法国

2. 目前，我国电子商务领域主要的价值共创形式为(　　)。

A. 消费者定制　　B. 共同作废　　C. 共同定价　　D. 共同作废

3. 下列选项中，(　　)不是B2B电子商务模式的参与者。

A. 消费者　　B. 供应商　　C. 购买商　　D. 网上商城

4. O2O电子商务模式与B2C、C2C电子商务模式的关键区别在于(　　)。

A. 交易方便　　B. 安全保证　　C. 省去物流环节　　D. 实时查询

5. 下列选项中，属于B2B电子商务模式的企业有(　　)。

A. 当当网　　B. 美团网　　C. 阿里巴巴　　D. 滴滴打车

二、多项选择题

1. 电子商务的构成要素包含(　　)。

A. 信息流　　B. 物流　　C. 资金流　　D. 电子流

2. 虚拟现实技术的特点有(　　)。

A. 多感知性　　B. 沉浸感　　C. 交互性　　D. 构想性

3. B2C电子商务模式主要分为(　　)。

A. 中间商模式　　B. 采购商模式

C. 商品直销模式　　D. 第三方交易平台模式

4. 下列各项中，B2C电子商务模式的企业有(　　)。

A. 淘宝　　B. 京东　　C. 敦煌网　　D. 天猫

5. 下列各项中，属于电子商务企业收入来源的有(　　)。

A. 弹出广告费　　B. 赞助费　　C. 竞价排名费　　D. 交易手续费

三、思考题

1. 如何理解电子商务是技术进步和商务发展融合的产物？

2. 电子商务能否取代传统商务活动？请说明理由。

3. 电子商务的模式有哪些？

4. 谈谈你对未来电子商务发展趋势的看法。

5. 根据自己的网络购物体验，列举几个网络购物过程中，企业与你进行价值共创的例子。

2 项目二 网络营销

学习目标

【知识目标】

1. 掌握网络营销的含义和特点。
2. 了解网上市场调研的方法和优势。
3. 掌握电子邮件营销的技巧。
4. 了解搜索引擎营销的主要方法。

【技能目标】

1. 能够利用第三方平台工具进行网上市场调研。
2. 能够利用邮件群发软件进行邮件地址收集、邮件编辑和群发邮件。
3. 能够利用搜索引擎工具查询关键词。

【素质目标】

1. 养成利用互联网进行市场调研的工作习惯。
2. 提高使用电子邮件进行信息发布的重视度。
3. 提高对搜索引擎营销的认知度。

项目导入

小米手机的新媒体营销策略及得失

第一部小米手机于2011年8月正式面世。2015年全年，小米共售出6 190万台手机。多家机构表明：小米手机销售量在2015年排名中国第一。小米手机不打广告，却有着如此巨大的销售业绩，为什么？抛开其优质的产品性能，小米手机之所以能够在短时间内席卷电子市场，绝大部分要归功于基于互联网的高效宣传方式，且正是基于互联网这一快速、便捷的服务平台，才能够在成本有限的前提下做到这点。

一、从米聊开始

米聊最早出现在2010年12月，它是小米公司为了迎合iPhone、Android、Symbian多种手机操作系统而专门开发的手机平台。米聊不仅适合多种手机操作系统，还具备独特的全网通特性，各大通信企业都能使用该平台的语音通信和图片通信功能。这个做法非常贴近社会现状，不仅有利于广大消费者更加了解小米，还大大提升了企业亲和力。

二、社区战略

1. 论坛沉淀

小米的社群运营首先是从论坛开始的。小米的论坛是小米用户的沉淀基地，其第一拨50万用户都是在论坛里积累的。经过2015年的酝酿经营，小米社区已经拥有3 000万的社区成员和2亿多的发帖总数，且日发帖量已经突破10万。论坛的核心技术板块有效黏着粉丝，形成口碑传播。

2. 微博拉新

在微博搜索“小米手机”有1 200多万条相关信息，小米手机官方微博有1 507万粉丝，共发布过1 300万条微博，发布内容包括新产品预定、新产品售卖、有奖活动转发、互动话题及手机常识等。每当小米微博平台上发布相关主题活动，转发量达成千上万条，传播效果显著，传播速度迅速，传播方式主动。

3. 微信客服

论坛适合沉淀、持续维护内容运营，保持已有用户的活跃度；微博能够让产品信息在大范围人群中迅速传播从而吸引用户；微信则被小米当成了一个超级客服平台。相比其他的电商企业，小米的微信营销显得特立独行。它在营销过程中极其关注用户的兴趣喜好，善于参照社会群体的生活习惯和生活规律。

4. 话题与互动

2012年5月，小米手机面对即将饱和的市场，推出了小米手机青春版，主打校园人群。在这个想法正式推行之前，小米提出了一个问题让人眼前一亮：“传说人的灵魂是21克，那为什么是150克呢?”引发了广大用户的积极讨论。而后，雷军携小米的其他6位创始人，拍摄了一部名为《我们的150克青春》的微电影，在影片中，7个老男孩用自己生涩的演技集体卖萌，为即将发布的小米手机青春版造势，话题感十足。小米公司在手机的发行日揭晓了问题的答案：“所谓150克，是指手机重量。”这个巧妙的说法将商业和艺术有机地结合了起来。

三、小米手机营销模式的弊端

“米粉”总是很饥饿——这一营销模式的运用是小米公司获得空前发展前景的关键一步。在产品推出之前，运用各种媒体进行大力宣传，制造“卖点”，促使消费者产生迫不及待得到该产品的冲动，人为制造供不应求的“假象”，有意降低产量，促使消费者面对“缺货”不得不提前预订，这导致了小米手机官网新手机上架几分钟即被抢购完的情况时有出现。但是，这种营销模式也有一定的弊端。

1. 专注炒作和专注产品的本末倒置

从“互联网思维”到“为发烧而生”，从“参与感”到“风口飞猪”，小米从火到现在炒作了多少词汇？小米卖手机用了多少概念？然而，当人们都在热切期待“专注于高端智能手机自主研发”团队带来优质低价的国产“发烧友手机”时，拿到的手机却有诸多问题。巨大的心理落差导致了人们的失望甚至愤怒，这就导致一个问题，手机品牌会因为社会舆论而失去信誉度，这种炒作本来就难以避免，而出现问题的地方在于产品质量和炒作的侧重点发生了偏移，过分依赖炒作，而对产品少了那么一点专业的精神。

2.“米粉”经济难以维系

小米的成功离不开粉丝，但粉丝的基础却不牢靠，如果经营不慎，粉转黑的速度一样很快。近几年，黑小米的文章已屡见不鲜，不能不怪自己树大招风。在抢购模式的推行初期，小米就一直饱受诟病：购买难，买不到就要加价买。不是所有粉丝都会一直这样心甘情愿等下去，那些只是受低价驱使的用户会因为种种不稳定因素而放弃对品牌的支持。

综上所述，一个企业无论是做手机还是做其他互联网产品，能否拥有稳定的用户忠诚度和足够的市场竞争力取决于其产品生产能否做到不断创新。营销策略毕竟只是辅助产品销售的一种方式，而要想稳定获得可观的企业绩效，产品的性能和性价比才是硬实力。

资料来源：贺唯嘉．小米手机的新媒体营销策略及得失．新媒体研究[J]，2017(02).

任务一 网络营销概述

一、市场营销的产生与发展

(一) 市场营销的产生和定义

1. 市场营销的产生

市场营销于20世纪初诞生于美国，当时资本主义国家已经完成工业革命，产品生产效率不断提高，生产规模不断扩大，出现了商品积压，因此企业开始关心商品销路。1902年，美国密执安大学、加利福尼亚大学、伊利诺斯大学开设市场营销课程。随着时代的进步，对市场营销的研究不断深入，尽管研究的方向有所不同，但都是对市场营销内容的巩固和提高。

2. 美国市场营销协会(AMA)对市场营销的定义

(1) 1948年和1960年的定义：市场营销是将货物和服务从生产者流转到顾客或使用者过程中的一切企业活动。根据这个定义可以看出，市场营销活动的内容主要集中在销售环节。这个市场营销的定义是在美国市场营销教师协会(美国市场营销协会的前身)对市场营销定义的基础上，进行适当修改而成的，它于1948年公布，1960年被再次承认并一直沿用到1985年。

(2) 1985年的定义：市场营销是指通过对货物、服务和计谋的构想、定价、分销、促销等方面的计划和实施，以实现个人和组织的预期目标和交换过程。根据此定义可以看出，市场营销活动已超越了流通过程，进入了组织的运营和管理层面，从而成为以分析、计划、执行和控制为主线的系统的管理过程。

(3) 2004年的定义：市场营销既是一种组织职能，也是为了组织自身及利益相关者的利益而创造、沟通、传递客户价值、管理客户关系的一系列过程。

(4) 2007年、2013年的定义：市场营销是向顾客、生意伙伴及社会大众创造、传达、传递、交换有价值商品的一系列活动和制度的过程。

(二) 市场营销观念的变化

市场营销观念是企业开展营销活动时的主导思想，随着时代的发展和社会的进步，企业的市场营销观念在不断变化，一般来说，市场营销观念经历了从生产观念、产品观念、推销观念、市场营销观念、社会营销观念到大营销观念的变化过程。

▶ 1. 生产观念

生产观念产生的前提是商品供不应求，销售不成问题。企业市场营销的基本策略是扩大商品规模、提高生产效率、降低产品价格、扩大销售网络等。在这种观念下，市场营销活动的开展基于"厂家生产什么，消费者就购买什么"的理念。生产观念的不足主要体现在忽视消费者的需求。

▶ 2. 产品观念

产品观念下，企业认为顾客喜欢质量好、款式新、有特色的产品，所以企业以品质为中心，经营重心在于产品功能的创新和产品质量的提高。在这种观念下，市场营销活动的开展基于"酒香不怕巷子深"的理念。产品观念的不足主要体现在过分重视产品质量和功能，容易产生营销近视症的弊端。

▶ 3. 推销观念

推销观念是供过于求的市场环境下的基本策略，企业通过大规模的促销或推销刺激消费者的购买欲望，以销售为中心，重心在于推销，并注重销售渠道的关系。在这种观念下，市场营销活动的开展基于"我卖什么，消费者就买什么"的理念。推销观念的不足主要体现在忽视产品是否满足消费者需求。

▶ 4. 市场营销观念

市场营销观念的产生在市场营销发展史上具有重要意义，是市场营销研究的一次革命。该观念以消费者为中心，以需求为导向，强调发现消费者需要，满足消费者需要。在这种观念下，市场营销活动的开展基于"需要什么，我就生产什么"的理念。市场营销观念的不足主要体现在企业认为消费者永远是对的，企业不切实际地盲目满足消费者需求，会使企业迷失方向。

▶ 5. 社会营销观念

社会营销观念产生的背景是随着全球环境破坏、资源短缺、人口数量急剧上升等问题日益严重，要求企业顾及消费者需求与社会利益的呼声越来越高。在这种观念下，市场营销活动兼顾企业利润、消费者需要的满足和社会的利益。目前，很多企业以社会营销观念为企业经营活动的指导思想。

▶ 6. 大营销观念

大营销观念产生于20世纪80年代，核心内容是强调企业的市场营销既要有效地适应外部环境，又要能够在某些方面发挥主观能动作用并使外部环境朝着有利于企业的方向发展。大营销观念主要包含整合营销、关系营销、内部营销、绩效营销等内容。

（三）市场营销研究内容的变化

现代市场营销学之父菲利普·科特勒在其著作 *Marketing* 3.0：*From Products to Customers to the Human Spirit* 中指出市场营销研究内容的演变过程和趋势，20世纪五六十年代以商品管理为中心，七八十年代以消费者管理为中心，90年代到21世纪品牌管理被重视，未来市场营销的研究重点向共创、生态化和角色构筑方向发展。各个时期的主要研究内容如图2-1所示。

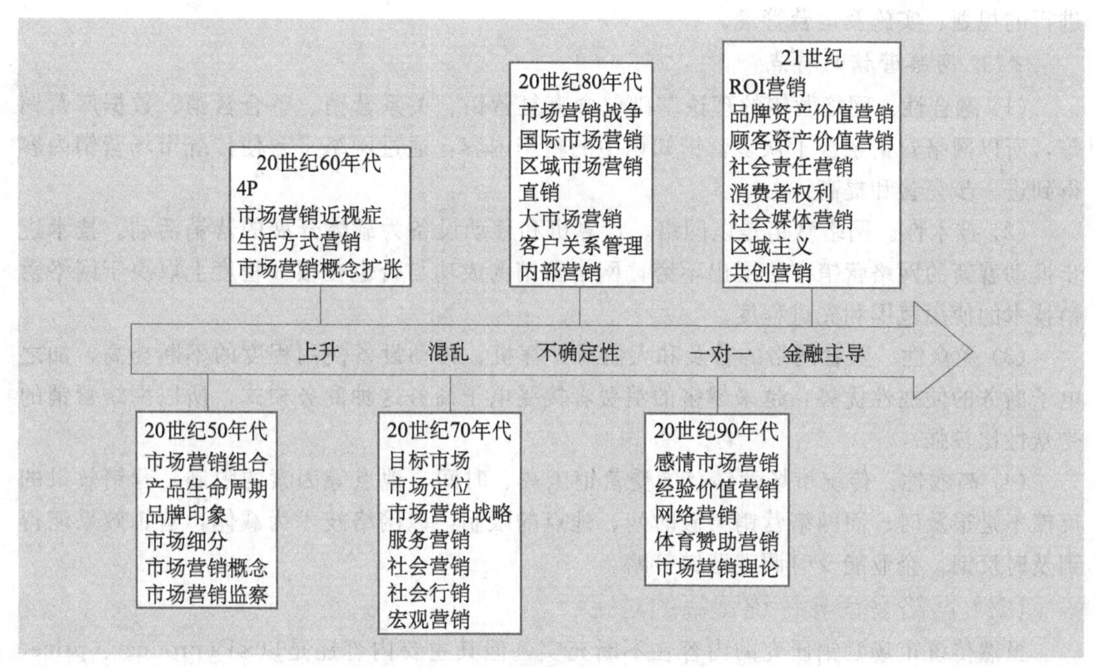

图 2-1 市场营销研究内容演变图

二、网络营销的产生与发展

（一）网络营销产生的理论基础、定义与特点

1. 网络营销产生的理论基础

（1）直复营销。直复营销是指依靠产品目录、印刷品邮件、电话或附有直接反馈信息的广告及其他交流形式的媒体所进行的大范围营销活动，其特点为互动性、跨时空、一对一、效果可测量性等。

（2）关系营销。关系营销把营销活动看成企业与消费者、供应商、分销商、竞争者、政府机关及其他公众互动的一个过程。在宏观上，强调顾客市场、劳动力市场、供应商市场、内部市场、政府机关、金融机构等对企业的营销活动产生的影响。在微观上，强调与消费者建立长久的关系。

（3）软营销。相对于“强势营销——硬广告”而言，软营销是指企业向顾客传送的信息及采用的促销手段更理性化，易于被客户接受，实现与顾客价值共创的营销活动。企业多以友好的方式宣传自己，淡化营销过程中的商业活动，尊重消费者的感受与体验，打造社会型企业。

（4）整合营销。整合营销是指一个营销传播计划的概念，即通过评价广告、直复营销、销售促进和公共关系等传播手段的战略运用，将不同的信息进行完美的整合，从而提供明确、一致、有效的传播影响力。

（5）数据库营销。企业收集和积累会员信息，经过对会员消费的历史数据筛选后，有针对性地通过电子邮件、短信、电话、信件等方式进行客户深度挖掘与关系维护的营销方式。

2. 网络营销的定义

我国网络营销专家冯英健指出，网络营销是基于互联网络和社会关系网络，连接企业、用户及公众，向用户及公众传递有价值的信息和服务，为实现顾客价值及企业目标所进行的规划、实施及运营管理。

▶ 3. 网络营销的特点

(1) 融合性。网络营销的理论基础包含直复营销、关系营销、整合营销、数据库营销等，所以网络营销融合了众多营销知识中的精华内容，通过网络平台使传统市场营销内容得到进一步完善和提高。

(2) 技术性。网络营销是以网络、计算机和移动设备为载体开展的营销活动。技术进步推动着新的网络营销方法层出不穷，网络营销的成功与否也在很大程度上取决于网络营销技术的使用范围和先进程度。

(3) 受众性。随着网络的普及和人们对计算机、移动设备使用程度的不断提高，加之电子商务的便捷性优势，越来越多的消费者接受电子商务这种商务模式，所以网络营销的受众性比较强。

(4) 高效性。传统市场营销范围受营销工具、时间、地点等因素的限制，营销效果的反馈不是很及时；而网络营销突破时间、地点的限制，以网络技术为载体，营销效果能得到及时反馈，企业能及时调整营销策略。

(二) 网络营销与传统营销的对比

虽然传统市场营销研究的内容在不断充实，但其主要内容还是以 4P(product、price、place、promotion，即产品、价格、渠道和促销)营销组合为核心展开的，4P 营销组合理论对市场营销的理论的发展和实践产生了深远影响，许多营销管理学者把它看作营销领域的经典理论。在互联网环境中，一些学者认为 4C(consumer、cost、convenience、communication，即顾客、成本、便利性和沟通)应为网络营销的核心。因此，本书通过 4P 与 4C 的对比，介绍网络营销与传统营销的不同。

▶ 1. 产品与顾客的对比

一般来说，4P 营销理论中的产品指的是市场营销对象，即产品或服务，既可以是有形的也可以是无形的，强调重视产品的质量、外观、风格、品牌、包装、生命周期、保证等要素；而 4C 营销理论中的顾客指的是市场营销的服务对象，即消费者的需求和欲望，强调消费者的需求和欲望才是企业一切经营活动的核心，企业制定产品策略前，首先应了解消费者的需求和欲望，企业所生产的产品是建立在消费者的需求和欲望基础上的。

▶ 2. 价格与成本的对比

4P 营销理论中的价格指的是消费者购买商品的价格，包含影响商家定价的因素、定价策略、折扣方法、付款方式、信用条件等，企业的定价策略主要以企业的经营投入成本和预期利润为中心；而 4C 营销理论中的成本指的是企业应该暂时把定价策略放在一边，而应研究消费者为满足其需求所愿付出的成本，除购买商品所需要花费的金钱成本外，还包含时间成本、风险成本等。网络营销中的定价策略更为灵活，如免费定价策略、定制生产定价策略、使用定价策略、拍卖定价策略等。

▶ 3. 渠道与便利性的对比

4P 营销理论中的渠道指的是商品进入或到达企业的目标市场所经过的途径，包括中间商类型的选择、仓储管理、运输服务等；而 4C 营销理论中的便利性指的是着重考虑交易中怎样给消费者带来方便，强调在正确的时间，把正确的商品，以合适的方式送到消费者手中，在网络营销中，中间商环节越来越少，物流配送环节的作用日益突出。

▶ 4. 促销与沟通的对比

4P营销理论中的促销指的是企业进行宣传活动，通过展示其商品的优点来说服消费者购买商品，包含广告、销售推广、个人推销等活动。而4C营销理论中的沟通指的是着重加强与消费者的双向沟通，协调矛盾，培养消费者的感情和忠诚度。

知识链接

亚马逊与长尾理论

亚马逊创始人贝索斯(电子商务之父)1964年出生于美国墨西哥州。1986年，他在名校普林斯顿大学取得了电子工程学和计算机系双学士学位。毕业后，他进入纽约的一家新成立的高科技公司，随后在纽约银行信托公司和知名券商公司从事高薪工作，1994年，贝索斯辞职。这一次，他倾其所有，甚至包括父母的退休金(24.5万美元)，创办了全球第一家电子商务公司——Amazon(亚马逊)。贝索斯用南美洲第一大河流命名自己的公司，是希望它成为出版界名副其实的亚马逊。那时贝索斯已经30岁。贝索斯认为书籍是最常见的商品，标准化程度高，而且美国书籍市场规模大，十分适合创业。经过大约一年的准备，亚马逊网站于1995年7月正式上线。2003年亚马逊实现盈利，亚马逊实现盈利的因素有很多，如购物方便、支付安全、物流畅通等。这里主要分析长尾理论在亚马逊的应用及其对企业盈利的贡献。

长尾理论是指由于成本和效率的因素，当商品储存、流通、展示的场地和渠道足够宽广时，商品生产成本急剧下降以至于个人都可以进行生产，并且商品的销售成本急剧降低时，以前看似需求极低的商品，只要有人卖，都会有人买。这些需求和销量不高的商品所占据的共同市场份额，可以和主流商品的市场份额相当，甚至更大。

在传统书店中，因为店铺面积的限制，经营者倾向于销售畅销的书籍，因为根据"二八定律"，20%的畅销书籍可以为企业带来80%的营业收入。而像亚马逊这样的电子商务企业，店铺空间无限大，不畅销的书籍虽然销售得不多但也有需求，通过积少成多，实体书店不畅销的书籍可以为亚马逊贡献销售额的30%～40%，如图2-2所示。

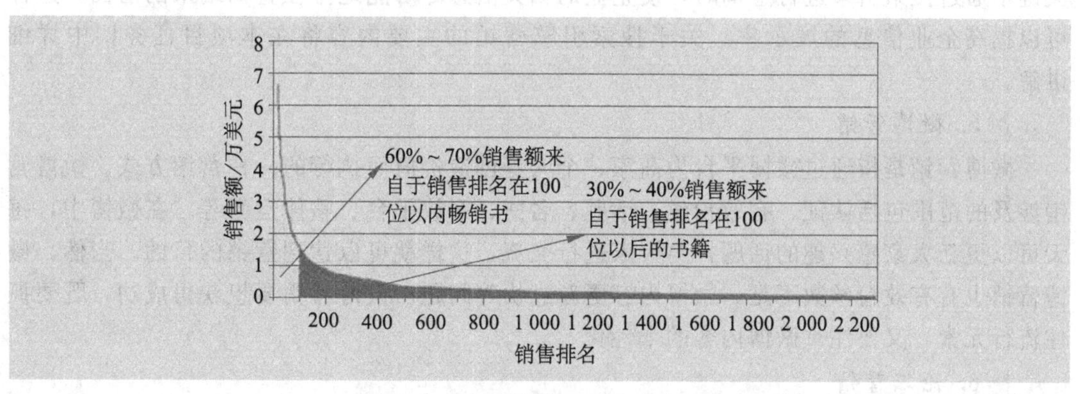

图2-2 长尾理论在亚马逊中的体现

资料来源：Erik Brynjolfsson. Yu (Jeffrey), Hu. Michael D. Smith. Consumer Surplus in the Digital Economy: Estimating the Value of Increased Product Variety at Online Booksellers. management science, 2003, 49(11): 1580-1596.

三、网络营销的主要方法和功能

(一) 网络营销的主要方法

▶ 1. 微信营销

微信营销是基于腾讯公司的微信软件而开展的营销模式，是网络经济时代企业营销模式的一种创新。用户注册微信后，可与周围同样经过微信注册的“朋友”形成一种联系，订阅自己所需的信息，商家通过提供用户需要的信息，推广商家的商品，从而实现点对点的营销。微信一对一的互动交流方式具有良好的互动性，精准推送信息的同时更能形成密切关系。微信营销过程中，信息传达一般以内容简单、灵活为原则。

▶ 2. 病毒营销

病毒营销并非通过传播计算机病毒的方式进行营销活动，是指向用户提供一些有价值的免费信息的同时，附加一些推广信息，主要是利用网络使用者之间的主动传播，使信息内容像病毒一样蔓延，从而达到推广的目的。病毒营销具有费用低廉、传播速度快、可信度高等特点。

▶ 3. 水军营销

企业通过雇用的方式，让更多的人参与商业信息的推广，例如水军顶贴，让商业信息始终排在前面，从而获得更多的关注。网络水军可以为企业提供品牌炒作、产品营销、口碑维护、危机公关等，也可按客户指令捏造负面新闻，诋毁竞争对手。水军为企业炒作时，会事先分析网民的心理，按照愤青、同情弱者等因素发布网贴；发布帖子时每个帖子一定要有错别字、语句不通等问题，这样才能让人相信发帖人是由普通人一个字一个字敲出来的；水军多是大学生、残疾人、闲散人员，并以小组为单位进行团队合作。

▶ 4. 搜索引擎营销

搜索引擎是指根据一定的策略，运用特定的计算机程序搜集互联网上的信息，在对信息进行组织和处理后，为用户提供检索服务的系统。搜索引擎营销的实质是网络用户利用关键字通过搜索引擎进行查询时，使企业的相关信息尽可能地排在查询结果的前面，这样可以提高企业信息的展示率。关于搜索引擎营销的主要内容将在本项目任务四中详细讲解。

▶ 5. 微博营销

微博营销是指通过微博平台为商家、个人等创造价值而执行的一种营销方式。微博营销涉及的范围包括认证、有效粉丝、话题、名博、开放平台、整体运营等。在微博中，每天可以更新大家感兴趣的话题，与大家进行交流，这样就可以达到营销的目的。当然，微博营销也有有效粉丝数不足、微博内容更新过快等问题。微博营销要想获得成功，既要抓住流行元素，又要注重微博内容的个性化。

▶ 6. 论坛营销

论坛是网络上的一块公共电子白板或网络交流平台，任何人都可以利用这种网络交流平台，通过文字、图片、视频等方式发布产品或服务信息。进行论坛营销时，首先要寻找合适的论坛和板块，然后设计帖子的话题、发布帖子并回复，最后进行论坛推广效果评估。在论坛里，参与者之间打破了时间、空间、年龄、身份、社会背景等客观因素的限制，使信息交流起来更加方便、快捷。进行论坛营销时，为了提高帖子的关注度和可见度，应该重视话题的设计，一般的论坛话题类型可以分为故事型、发问型、探讨型、求助型、知识型。通常，还会通过雇用水军回复和转发帖子来达到推广效果。

（二）网络营销的主要功能

▶ 1. 信息发布

信息发布是网络营销的基本功能。一般来说，根据信息发布的载体不同，主要可以分为通过企业自身网站发布信息和借助第三方网站发布信息两种形式。企业通过自身网站发布信息具有方便、灵活等特点，为了提高公司自身网站的曝光度，需要进行网站的搜索引擎优化、关键词广告投放等方式提高网站在搜索结果中的排名，我国著名的搜索引擎有百度、搜狗等。通过第三方网站发布信息时既有免费的也有付费的，信息发布网站分为综合性的第三方平台和专业性的第三方平台。

▶ 2. 网上直接销售

网上直接销售的实现形式有很多，例如，一般实力雄厚的公司网站多具有网上销售的功能，2003 年以后，那些原本只销售企业自身商品的网站逐渐开放网上销售平台，通过收费的方式为其他公司提供销售空间一些资金有限的中小企业，也可以通过付费方式在淘宝、天猫、京东等网上销售平台销售企业产品。随着智能手机的不断普及，通过微商形式销售商品的个人也在不断增加。

▶ 3. 网上调研

企业通过市场调研可以挖掘消费需求、发现企业问题，为企业管理决策提供依据。通过网络进行市场调研的途径有通过企业自身网站、各大门户网站、专业网上市场调研网站、电子邮件等方式发送和回收调查问卷。通过企业自身网站发布调查问卷具有目标准确、可信度高等特点；通过门户网站发布调查问卷具有调查范围广、费用高等特点；通过专业网上市场调研网站进行市场调研既有付费的方式也有免费的方式，网上调研的主要内容将在本项目任务二中详细讲解。

▶ 4. 信息沟通

因为互联网交易双方的非对面性，消费者在网上购物时往往对商家、商品、售后服务等存在很大疑虑。企业有必要通过实时、高效的信息沟通提高服务质量，化解消费者的疑虑。与传统的信息沟通方式相比，互联网中的信息沟通主要通过文字信息来完成，与消费者的互动性更强，消费者对信息反馈的及时性要求也比较高。

任务二 网络市场调查

一、市场调查概述

（一）市场调查的概念

市场调查（marketing research）是指运用科学的方法，有目的地、系统地收集、记录、整理有关市场营销信息和资料，分析市场情况，了解市场的现状及其发展趋势，为市场预测和营销决策提供客观、正确的资料的工作过程。

（二）市场调查的作用

▶ 1. 市场调查有助于企业分析和研究营销环境的变化

市场环境是指经营活动所处的环境因素，其中包含政治、法律、经济、社会文化、科技、自然、竞争对手、顾客、营销渠道等方面的因素。企业通过市场调查洞察市场环境的变化，既可以帮助企业寻找新的市场机会，又可以帮助企业规避市场威胁。

▶ 2. 市场调查有助于企业针对市场需求做出准确的反应

市场需求是指一定时期、一定市场范围内有货币支付能力的购买商品（或服务）的总量，又称市场潜力。企业通过调查市场需求量、需求结构、消费动机、消费行为、市场需求变动等因素，使企业在调整投资决策、资源配置和战略研发等方面做出准确的反应。

▶ 3. 市场调查有助于企业制定营销策略

营销策略是消费者购买决策过程中非常重要的影响因素，主要包含产品或服务、定价、分销渠道的选择和促销活动等。

(1) 企业通过调查产品或服务的概念、特点、功能、效用等，进行产品市场定位，分析消费者需求的满足程度和价值接受程度，可以帮助企业确定产品的市场前景，预测市场潜在的销售能力，为企业开发新产品和制定有效的营销决策提供依据。

(2) 企业的定价策略直接影响企业的产品销售和获利水平。企业对市场供求情况及其变化趋势、影响价格变化的各种因素（如产品成本、流通费用、市场状况）、替代产品价格、新产品定价等进行的调查，有利于企业制定适时、适宜的定价策略。

(3) 分销渠道是企业产品流向市场的生命线，企业需要调查中间商的种类及影响分销渠道的因素等，实现对流通渠道的把控。

(4) 促销活动是营销者与购买者之间建立的一种信息沟通与传递的活动。促销策略的制定与促销手段的选择，需要以市场调查结果作为依据。

▶ 4. 市场调查有助于企业进行市场预测

通常情况下，市场预测的对象包括市场环境、市场需求、市场供给、市场运行、市场价格、市场竞争力等方面。市场预测需建立在市场调查的基础上，才能对企业和市场未来发展变化的趋势做出适当的分析与判断，为企业选择目标市场、制定营销战略提供可靠的判断。

（三）市场调查的方法

根据收集资料信息的来源不同，市场调查的方法可分为间接资料调查法和直接资料调查法。

▶ 1. 间接资料调查法

间接资料调查法也称为文案调查法或二手资料法，是通过收集内部资料和外部资料来了解有关市场信息，把握市场机会，目的是收集已经加工过的次级资料，而不是对原始资料的收集。因此间接资料调查法主要以收集文献性信息为主，偏重于从动态角度收集各种反映市场变化的历史与现实资料。

2. 直接资料调查法

直接资料调查法也称为实地调查法或称第一手资料法，主要有访问法、观察法和实验法三种。直接资料调查法是在没有明确理论假设的基础上，研究者直接参与调查活动、收集资料，依靠本人的理解和抽象概括，从收集的资料中得出一般性结论的研究方法。直接资料调查法所收集的资料常常不是数字而是描述性材料，并且研究者对现实的体验和感性的认识也是直接资料调查法的特色。

二、网络市场调查概述

（一）网络市场调查的概念

网络市场调查是传统调查在新的信息传播媒体上的一种应用，是指在互联网上针对调查问题进行的调查设计、整理资料等活动。

（二）网络市场调查法与传统市场调查法的比较(见表 2-1)

表 2-1　网络市场调查法与传统市场调查法的比较

调研项目	网络市场调查法	传统市场调查法
调研成本	调查成本较低。网络市场调查法的调查费用主要包括问卷设计费和数据处理费，在问卷投放、回收与数据整理方面节省了大量的人力和物力	调查成本较高。传统市场调查法的调查费用包括问卷设计、印刷、发放、回收、聘请和培训专访员、录入调查结果、数据整理等方面
调研速度	网上信息的传播速度快，因此调查速度也较快	受调查地点的范围、调查人员的人数和回收问卷的时间等限制，调研速度进展慢
调研范围	被调查人群为网民，使调查范围受限	可调查广泛的群体特征
调查问卷	网上调查问卷可以附加全面规范的指标解释，有利于消除因对指标理解不清或调查员解释口径不一而造成的调查偏差；调查问卷的回收率较低	调查过程中，有些调查方法需直接与调查对象交流，可对调查问题进行灵活处理，准确率较高；调查问卷的回收率相对较高
调查结果	调查结果的准确性一方面受被调查者对互联网技术和操作方法熟练程度的影响；另一方面也受被调查者态度的影响	调查结果的准确性受调查者和被调查者双方素质的影响较大

（三）网络市场调查的流程

网络市场调查的整个过程都需要在接入互联网的计算机上进行，其流程与传统调查类似，都需要在明确调查课题的基础上，确定调查项目，选择合适的调查方法，对收集的数据进行整理、分析，最后形成调查报告。网络市场调查的流程如图 2-3 所示。

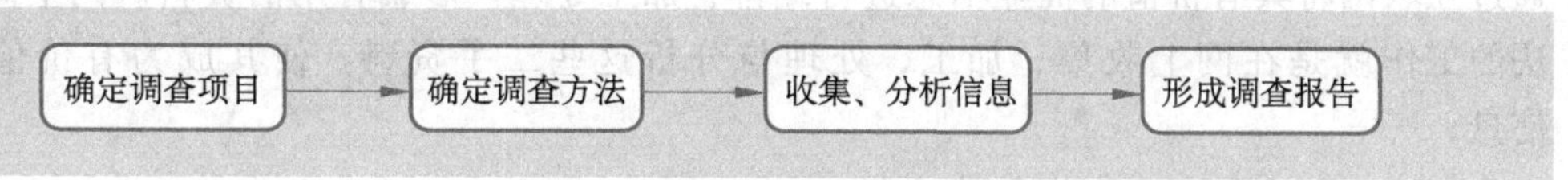

图 2-3　网络市场调查的流程

三、网络市场调查的方法

(一) 网上直接调查法

▶ 1. 网上直接调查法的含义

网上直接调查法是利用互联网直接进行问卷调查，收集第一手资料的方法。例如，将问卷设计好后，按照选定的 E-mail 地址发给接受者，或者直接发布在自己的网站上。

▶ 2. 网上直接调查法的分类

网上直接调查法可分为网上问卷调查法、网上实验法和网上观察法，常用的是网上问卷调查法。这种方法是将问卷在网上发布，被调查对象通过互联网完成问卷调查。

▶ 3. 网上直接调查法的实施途径

(1) 利用企业自己的网站。网站本身就是宣传媒体，如果企业网站已经拥有了固定的访问者，完全可以利用自己的网站开展网上调查。这种方式要求企业的网站必须有调查分析的能力，对企业的技术要求比较高，但可以充分发挥网站的综合效益。

(2) 借用别人的网站。如果企业没有自己的网站，可以利用别人的网站进行调查，例如访问者众多的互联网内容提供商(Internet Content Provider，ICP)。这种方式比较简单，企业不需要建设网站，不用进行技术准备，但需要付给网站一些费用。

(3) 混合型。如果企业的网站已经建设好，但是还没有固定的访问者，可以在自己的网站上调查，但需要与一些其他著名的 ISP/ICP 网站建立广告链接，以吸引访问者参与调查。这种方式是目前常用的方式。需要注意的是，传统的优势品牌并不一定是网上的优势品牌，因此，需要在网上重新发布广告来吸引顾客。

(4) 电子邮件。直接向潜在客户发送调查问卷，这种方式比较简单、直接，而且费用非常低廉，但要求企业必须积累有效客户的电子邮件地址。这种方式得到的客户反馈率一般不会非常高。

(5) 讨论组型。在相应的讨论组中发布问卷信息或者调查题目，这种方式与电子邮件类型的网上调查一样，成本费用比较低廉，而且属于主动调查方式。但是 Web 网站上的问卷在新闻组(Usernet News)和公告栏(BBS)上发布信息时，要注意网上行为的规范，调查的内容应与讨论组主题相关，否则可能会导致被调查对象的反感甚至是抗议。

(二) 网上间接调查法

▶ 1. 网上间接调查法的含义

网上间接调查主要利用互联网收集与企业营销相关的市场、竞争者、消费者，以及宏观环境等信息。互联网作为一种信息载体，其涵盖的信息远远超过任何传统媒体，调查者通过互联网将具有价值的商业信息进行编排、加工处理，形成有用的资料。网上间接调查法的工作就是在网上收集、加工、处理与分析这些二手资料，使其成为有价值的商业信息。

▶ 2. 网上间接信息收集的途径

(1) 利用搜索引擎收集信息。搜索引擎是一种供浏览者查询信息的系统，其工作原理是自动搜寻 Web 服务器的信息，并将信息进行分类、建立索引，然后把索引的内容放到数据库中。通过搜索引擎可以获得网上发布的各种商业信息，还可以借助搜索引擎推广网站和产品。常用的中文搜索引擎有百度(www.baidu.com)、360 搜索(www.so.com)、搜狗搜索(www.sogou.com)等；常用的外文搜索有 Yahoo!(www.yahoo.com)等。

(2) 利用公告栏收集资料。BBS 是互联网上最常见的一种公告栏，是一种电子信息服务系统。它的用途具有多样性：首先，作为留言板，它提供一块公共电子白板，每个用户可以在上面发布信息、留言、发表意见或者回答问题，也可以查看其他人的留言；其次，可作为聊天、讨论的场所，好像在一个公共场所进行的讨论一样，任何人都可以随意参加讨论也可以随意离开。

(3) 利用电子邮件收集资料。电子邮件是互联网中使用最广泛的通信方式之一，利用电子邮件系统，用户可以迅速与世界上任何一个角落的网络用户联络。许多 ICP 和传统媒体都会利用电子邮件发布信息，信息的内容大多是以文字、图像、视频、音频等方式表现出来的企业信息。

(4) 利用相关的网上数据库查找资料。国外的网上数据库有美国专利数据库(USPTO)、MEDLINE、化学文摘(Chemical Abstracts，CA)等。例如美国专利数据库 USPTO(www.uspto.gov)，该数据库收集了自 1976 年至今的所有美国专利数据，可检索授权专利数据库和专利申请数据库。国内的数据库，例如知网，就是一种文献性数据库，可查询期刊、论文、报纸等多种文献资料。

四、网络市场调研报告

网络市场调研报告是以网络调查内容为基础，对所获得的数据资料进行整理分析后做出的书面报告。网上市场调研报告可以从不同的角度撰写，主要包括以下几个方面的内容。

(一) 标题

标题是网络市场调研报告的题目，通常有两种：第一种是单标题，如《大学生网络购物调查报告》；第二种是双标题(正副标题)，如《大学生网络购物调查报告——针对××网站调查分析》。

(二) 目录

当网络市场调研报告的内容过多时，就需要使用目录表明每个组成部分的起始页码。中、小型的网络市场调研报告通常以一份目录涵盖报告内各部分的页码，而大型的调查报告会有内容目录、表目录、图目录、附件目录等多种目录形式。

(三) 摘要

网络市场调研报告的摘要是对调研报告正文部分的一个简要陈述，如果报告本身较短时，可以省略此部分，如果报告较长，摘要可以方便读者对全文的内容、意义等获得初步的了解。摘要内容主要包括调研的目的、时间、地点、对象与范围、方法、结论及营销建议等。

(四) 主体

网络市场调研报告的主体是市场调研报告的核心，需要具体地说明调研的基本情况，进行科学合理的分析预测，提出对策和建议并总结。通常情况下，主体应包括以下4个方面的内容。

▶ 1. 调查背景

此部分主要对调查的基本情况进行介绍，是全文的基础，主要内容包括：明确调查活动的目的、意义及重要作用，说明具体调查的宏观环境和微观环境，介绍调查对象的范围和特征，以及委托单位的基本信息。

▶ 2. 分析与预测

首先对调查方法和资料分析方法进行介绍；其次在对网络调查基本情况进行分析的基础上，对网上市场发展趋势做出预测。

▶ 3. 对策与建议

对策与建议的内容是网上市场调研报告写作目的和宗旨的体现，应注意建议的针对性和可行性，以切实解决所调查的问题。

▶ 4. 结尾

结尾一般是对全文内容进行的总结概括，篇幅较短，以突出重点、强调意义或展望未来为主。

知识链接

《2016年度中国大宗电商发展报告》格式介绍

2016年，中国电子商务研究中心深度解析钢铁、塑化、农业等大宗电商领域数十家领先企业的调研数据，于2017年5月，在中国电子商务研究网站发布《2016年度中国大宗电商发展报告》。下面以此调研报告为例，简单介绍调研报告的撰写格式。

一、报告概述

（一）报告声明（包括数据来源等内容）

（二）相关报告

（三）报告目录

1. 中国大宗电商行业发展环境

2. 中国大宗电商交易规模及融资情况

3. 中国大宗电商模式及细分市场

4. 中国大宗电商行业影响及趋势

（四）核心数据

（五）核心观点

二、报告主体内容

（一）发展环境

1. 政策环境

2. 行业环境

3. 资本环境

4. 应用环境

（二）规模融资

1. 交易规模

2. 融资规模

3. 融资领域

4. 融资金额

5. 融资轮次

6. 融资地域

7. 月度分布

（三）模式/细分市场

1. 商业模式

2. 细分市场：钢铁电商、塑化电商、农业电商、纺服电商、能源电商、建材电商、有色电商

（四）影响/趋势

趋势一：大宗电商直击大宗市场痛点

趋势二：大宗电商平台将切入交易环节

趋势三：金融服务成为大宗电商 2.0 的重头戏

趋势四：大宗电商部分品种已过烧钱阶段

趋势五：SaaS 或将成为行业突围的最佳路径

趋势六：产业电商将迎来“大时代”

（五）报告附录

1. 概念界定

2. 关于我们

3. B2B 电商部

4. 联系我们

资料来源：2016 年度中国大宗电商发展报告．中国电子商务研究中心网站．

五、网络调查实训

（一）实训目的

通过问卷星平台的实训操作，能够进行调查问卷的编写、发布、回收、导出及分析等。

（二）实训工具

网络设备、计算机设备、手机等。

（三）实训内容

问卷星(www. sojump. com)是一个专业的在线问卷调查、测评、投票平台。据问卷星网站的数据显示，问卷星累计发布超过 1 300 万份问卷，回收超过 8 亿份答卷。目前，许多学校、企业等单位使用问卷星产品和服务，用于课堂教学、商业分析等。

问卷星的服务内容有免费版服务、企业版服务和样本服务三种。免费版服务适合学生或个人用户，可用于各类公开的在线调查、投票、评选、测试、报名、信息登记等。与免费版相比，企业版服务增设的内容有：包含考试题、矩阵题和高级题型；可限制页面填写

时间；使用筛选规则自动筛选无效答卷；设置配额，限定每类人群填写数量；设置甄别页，自动标记无效答卷等。样本服务通过对 260 万样本库成员的筛选，选出符合顾客在样本服务订单中对目标人群的要求。

问卷调查部分的功能有：①提供单选、多选、矩阵、排序、量表、比重、表格、文件上传等 32 种题型；②有关联逻辑、引用逻辑和跳题逻辑三种问卷逻辑；③通过 QQ 好友、QQ 群、空间、微信好友、微信群、朋友圈、发送问卷二维码、好友扫一扫填问卷、群发短信邀请、群发邮件邀请等多渠道推送问卷、收集答卷；④问卷可设置密码，轻松保护问卷；⑤系统默认抽奖和自定义抽奖两种形式让填写者更有动力；⑥可对回收的问卷进行频数分析、分类统计、交叉分析等分析操作，分析结果也可以下载。

本实训主要通过问卷星网络平台完成对网络调查的数据收集与分析操作。

（四）实训步骤

第一步：在问卷星平台注册用户，编辑调查问卷。

（1）登录问卷星平台，单击“免费使用”按钮，如图 2-4 所示。

图 2-4　登录问卷星平台

（2）填写注册信息，单击“创建用户”按钮，完成注册，如图 2-5 所示。

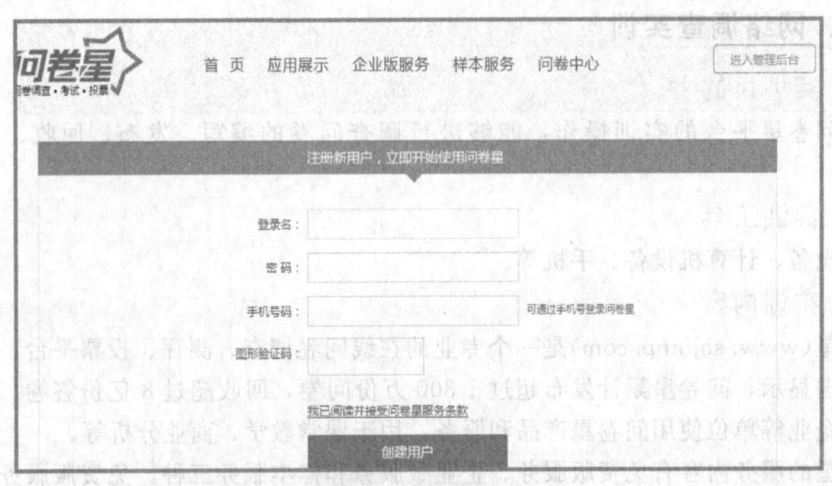

图 2-5　创建用户

（3）进入问卷星个人界面，单击“创建问卷、考试、投票”按钮，如图 2-6 所示。

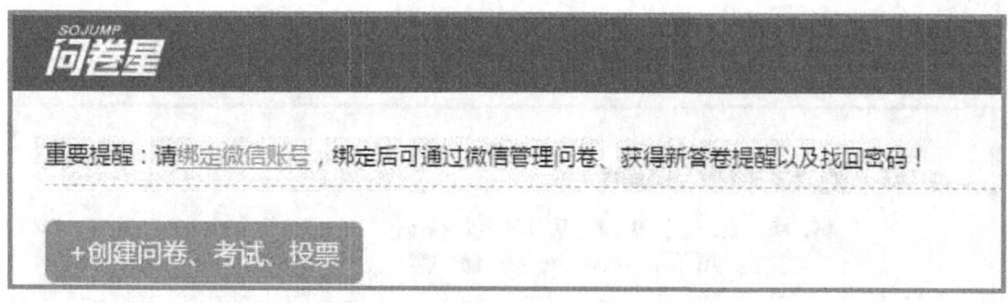

图 2-6 创建问卷、考试、投票

(4) 选择“调查”，单击“下一步”按钮，如图 2-7 所示。

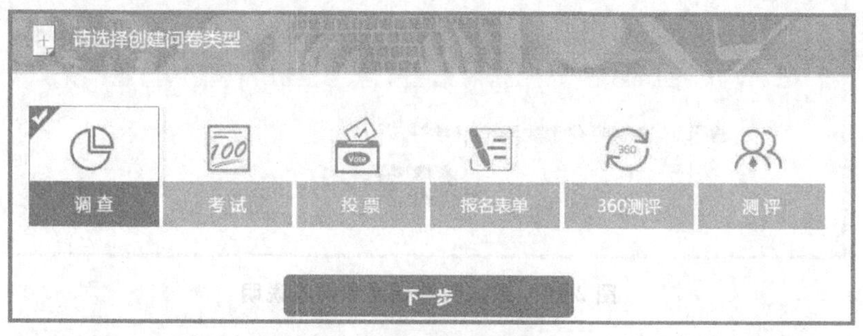

图 2-7 选择创建问卷类型

(5) 输入调查名称，选择问卷模板，如图 2-8 所示。

图 2-8 输入调查名称，选择问卷模板

(6) 进入编辑页面，通过使用界面中的菜单功能，完成对问卷的编辑，如图 2-9 所示。

图 2-9 编辑问卷

（7）添加问卷标题和问卷说明，如图 2-10 所示。

图 2-10　添加问卷标题和问卷说明

（8）选择菜单中的"单选"选项，完成对单选题的编辑，如图 2-11 所示。

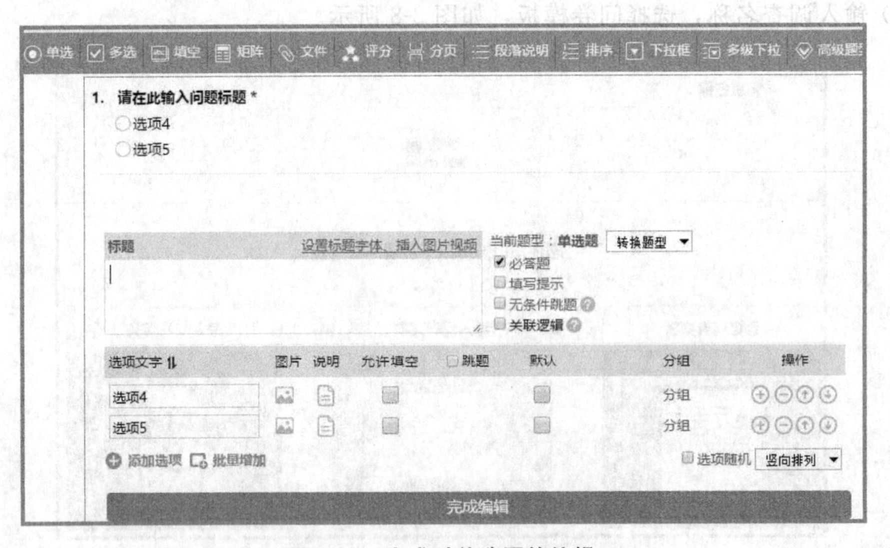

图 2-11　完成对单选题的编辑

依此类推，可以完成多选、填空等多种类型问题的编辑，最后单击"完成编辑"按钮，结束问卷的编辑。

第二步：发布调查问卷。

（1）返回首页，进入"后台管理"，刚添加的问卷会显示在第一条，可自定义"设计问卷"，设置"回收答卷"的形式和"红包"金额等，如图 2-12 所示。

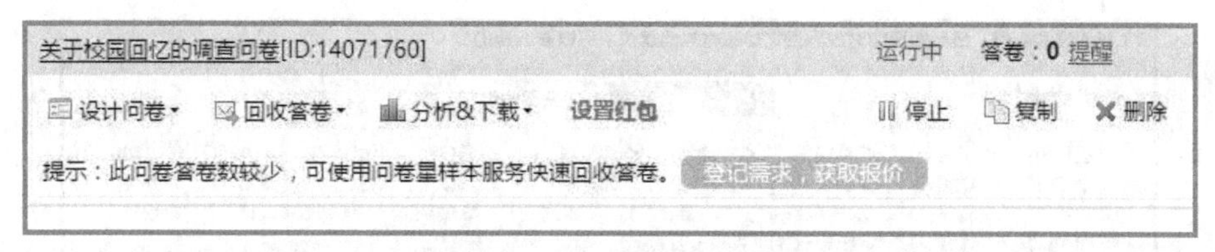

图 2-12 自定义“设计问卷”

(2) 将生成的问卷链接发送至微信、QQ、微博等网络平台，或将二维码发送给朋友，还可以进入问卷社区“互填问卷”，如图 2-13 所示。

图 2-13 发送问卷链接

第三步：分析调查问卷的结果。

(1) 调查问卷发布完毕后，对回收问卷进行分析。进入“分析 & 下载”页面，选择分析类型，系统显示“默认报告”，封闭式问题可根据需要选择不同的图形描述。还可选择“下载报告到 Word”或“下载原始答卷”，如图 2-14 所示。

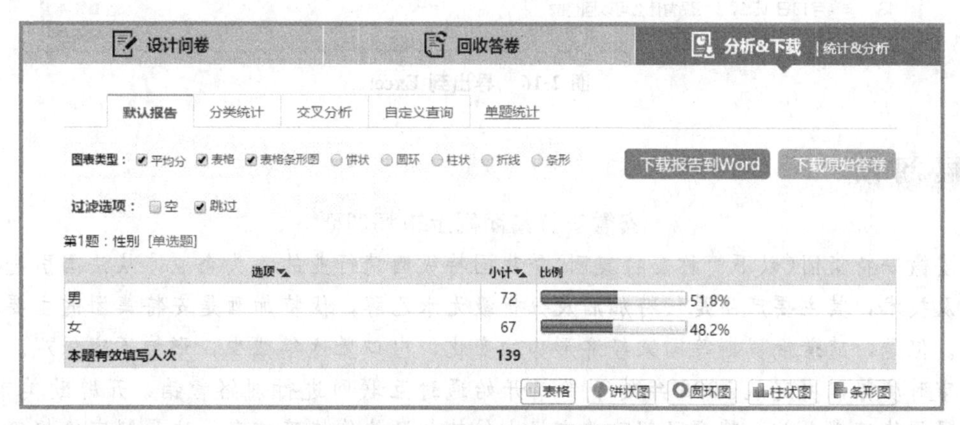

图 2-14 对回收问卷进行分析

(2) 开放式问题，可通过输入关键字搜索答案文本，也可单击“获取关键字”按钮，实现对文本内容的归类整理，如图 2-15 所示。

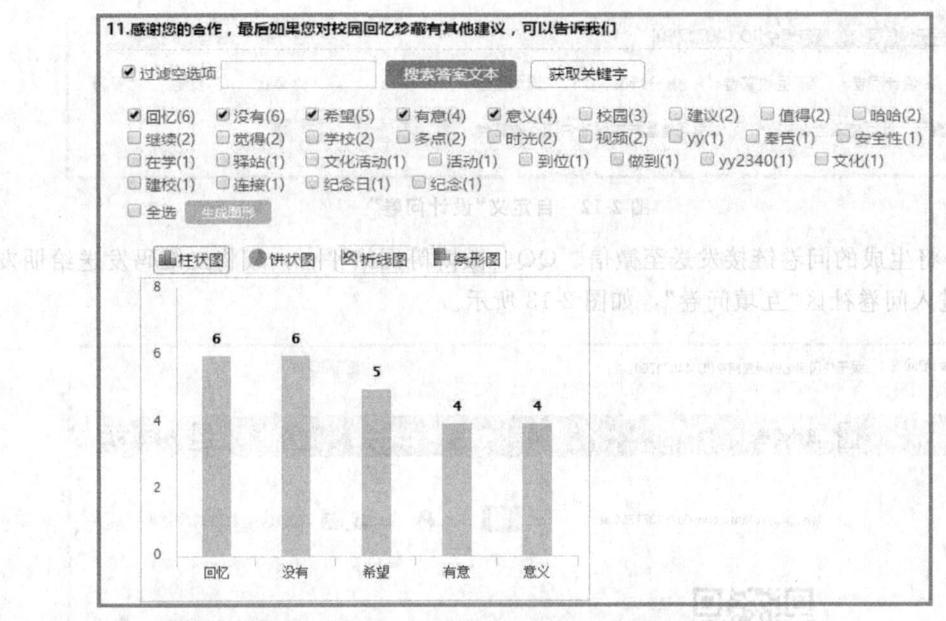

图 2-15 对文本内容进行归类整理

(3) 将调查报告“导出到 Excel”，完成网络市场调研，如图 2-16 所示。

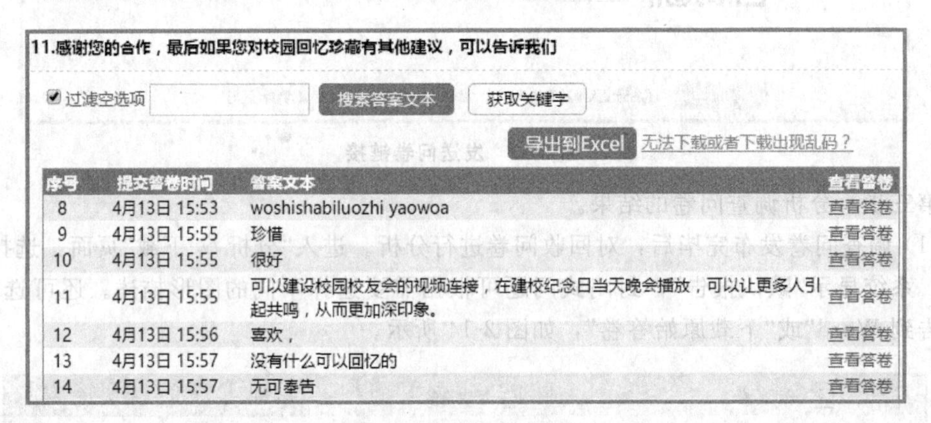

11.感谢您的合作，最后如果您对校园回忆珍藏有其他建议，可以告诉我们

过滤空选项 搜索答案文本 获取关键字

导出到Excel 无法下载或者下载出现乱码？

序号	提交答卷时间	答案文本	查看答卷
8	4月13日 15:53	woshishabiluozhi yaowoa	查看答卷
9	4月13日 15:55	珍惜	查看答卷
10	4月13日 15:55	很好	查看答卷
11	4月13日 15:55	可以建设校园校友会的视频连接，在建校纪念日当天晚会播放，可以让更多人引起共鸣，从而更加深印象。	查看答卷
12	4月13日 15:56	喜欢，	查看答卷
13	4月13日 15:57	没有什么可以回忆的	查看答卷
14	4月13日 15:57	无可奉告	查看答卷

图 2-16 导出到 Excel

拓展阅读

安徽安特集团网上市场调研

安徽安特集团(以下简称安特集团)是我国特级酒精行业的龙头企业，从法国引进全套设备及技术，其主要产品是伏特加酒及分析级无水乙醇，伏特加酒是安特集团的主要利润来源。但是，随着俄罗斯等国家经济形势的变化，出口量逐年减少，形势不容乐观。安特集团审时度势，决定从 1998 年的下半年开始通过互联网进行网络营销，开辟欧美市场。在开展网络营销之前，需要了解欧美市场上伏特加酒的价格等信息，这是制定价格策略和营销策略的关键。安特集团主要通过互联网进行信息收集和市场调研。

1. 利用生产商协会的站点

通常，生产商协会的网站都列出了该协会所有会员单位的名称及联系办法，但是一般都没有列出这些会员单位的网站，主要原因是建立协会网站时，绝大部分的协会会员还没有建立网站。此时，可向这些会员单位发送电子邮件取得联系。在全美蒸馏酒生产商联合会的网站中(伏特加酒属于蒸馏酒)，不仅有美国政府对这类酒生产商的有关政策、法规，而且有各生产商的信息，已经建立网站的有具体的网址，没有建立网站的也有简单的介绍及电话、传真或 E-mail。

2. 利用 BBS

从事国际贸易的企业一般加入 BBS 中 Bussiness 的 Import-Export(进出口)组，在这个专业的讨论组中，可以发现大量的关于进出口贸易的信息，然后输入关键字进行查询，来寻找所需要产品的报价。BBS 中的报价也大都是生产企业的直接报价。讨论组中一般是规模较小、知名度也较低的企业，它们往往借助专业的 Import-Export 组来宣传产品，并希望以低价格来打动进口商。这里的报价对于我国的出口企业具有特别的参考意义。

3. 通过新闻机构的站点查询

世界上各大新闻机构(如 BBC、CNN、Reuter 等)的站点是宝贵的信息库，特别是国际上几家著名的新闻机构，其每天 10 万字以上的新闻是掌握实时新闻和最新信息的捷径，而且有的站点还提供过去 1 年或 2 年的信息，并支持关键词的检索。另外，一些关键的贸易数据、关税或人均的消费量在某些新闻稿中也可以查到，这对掌握信息来讲是很重要的。

安特集团利用半年左右的时间，收集了有关方面的情报，对世界上伏特加酒的贸易状况有了基本的了解，掌握了世界伏特加酒交易的价格走势，也联系了上百家进口商、经销商，基本上把握了国际伏特加市场的脉搏，圆满地完成了市场调研的工作。这些工作为以后的网上谈判、选择代理商打下了良好的基础。

资料来源：闫建华，杨庆丰，吴伟．网络营销与策划[M]．北京：人民邮电出版社，2006.

任务三 电子邮件营销

一、电子邮件营销的含义和要素

(一)电子邮件营销的含义

“电子邮件营销”这一名词的出现可以追溯到 1994 年 4 月 12 日，当时有一对从事移民业务的夫妇坎特和西格尔，将一则“绿卡抽奖”的广告通过电子邮件发送到他们可以收集到的 6 500 个新闻组，在当时引起了疯狂的下载与转发。后来，他们还在合作编写的 *How to Make a Fortune on the Information Superhighway* 一书中介绍了这次辉煌经历：通过互联网发布广告信息，只花了不到 20 美元的上网通信费用就吸引了 25 000 个潜在客户，其中有 1 000 个转化为新客户，从中赚到了 10 万美元。他们认为，通过互联网进行电子邮件营销是前所未有的几乎无须任何成本的营销方式。

当然，现在看来，这种未经用户许可而“滥发”邮件的行为并不能算是真正的电子邮件营销。1999 年，营销专家 Seth Godin 在《许可式营销》一书中，对许可式邮件营销进行了全面系统的论述。后来，人们称 Seth Godin 为“许可式营销之父”。

我们所说的电子邮件营销（E-mail direct marketing，EDM），是指在用户事先许可的前提下，企业通过一定的软件技术，以互联网为载体，通过电子邮件的方式向用户及潜在用户传递有价值信息的一种网络营销手段。通常指通过邮件列表向用户及潜在用户发布公司的新闻、声明、新产品信息、优惠信息等。

对于企业而言，电子邮件营销是一种很有效的网络营销手段。在客户生命周期的任何一个时间点，企业都可以根据客户需求创建个性化的电子邮件。因此，不管是挖掘新客户还是维护老客户，电子邮件都是一种非常有效而可靠的客户沟通方式。企业可以以较低的成本去联系和招徕新客户，也可以在客户完成第一次购买后继续向其推广品牌。例如，给老客户发送电子邮件提醒、特别优惠或公司新闻，给这些客户一个重返企业或网站的理由等。

（二）电子邮件营销的要素

电子邮件营销包含三个基本要素：用户许可、电子邮件传递信息和信息对用户有价值。三者缺一不可，否则不能称为有效的电子邮件营销。

▶ 1. 用户许可

企业所发放的电子邮件一定要事先获得用户的许可，只有获得用户的许可，电子邮件才有意义，才能做好电子邮件营销。

▶ 2. 电子邮件传递信息

电子邮件是通过互联网进行信息传递的，从而实现电子邮件营销的目标。

▶ 3. 信息对用户有价值

企业所发的信息一定要对用户有价值，如果没有价值，那信息就是无用的，电子邮件营销也就失去了意义。

二、电子邮件营销的特点和流程

（一）电子邮件营销的特点

▶ 1. 营销范围广

随着互联网技术的迅猛发展，互联网得以快速普及，2016 年互联网趋势报告显示：全球互联网用户数超 30 亿人，中国网民规模高达 6.68 亿人。面对巨大的用户群，作为现代广告宣传手段的电子邮件营销越来越受到青睐。只要拥有足够多的电子邮件地址，就可以以较低的成本在较短时间内向众多目标用户发布广告信息，营销范围可以是中国全境乃至全球各地。

▶ 2. 操作简单、效率高

企业通常使用专业的邮件群发软件，每天可发送数百万封电子邮件。操作简单，不需要懂得高深的计算机知识，也不需要烦琐的制作及发送步骤。

▶ 3. 成本低廉

电子邮件营销是一种低成本的营销方式。企业所需要支出的费用通常就是上网费，成本比传统广告形式要低得多。

▶ 4. 应用范围广

电子邮件营销广告的内容不受限制，适合各行各业。广告的载体就是电子邮件，所包含的信息量较大，而且保存期较长。电子邮件营销具有长期的宣传效果，而且方便用户收藏和传阅。

▶ 5. 针对性强、反馈率高

电子邮件本身具有定向性，企业可以先根据需要对人群按行业或地域等进行分类，然后针对目标客户进行广告邮件群发，使宣传一步到位，行销效果非常好。

（二）电子邮件营销的流程

电子邮件营销的流程包括制定电子邮件营销的目标、决定目标受众、设计电子邮件、选择邮件列表服务商、发送电子邮件和处理反馈信息，以及电子邮件营销活动分析。

▶ 1. 制定电子邮件营销的目标

电子邮件营销的目标必须和企业整体的营销、品牌策略相一致，因此企业必须评估电子邮件营销在完成企业营销目标中担任的角色。通常，电子邮件营销的主要目标是开拓消费市场、维护客户关系和展示企业品牌形象。

▶ 2. 决定目标受众

为了达到既定的营销目标，首先要决定电子邮件营销的目标受众是哪些人。电子邮件营销的目标受众不仅包含已有的理想的受众，而且应开发潜在的受众。为了达到维护客户关系的目的，企业须对客户数据库进行细分，以便有针对性地开展营销活动。

利用电子邮件进行网站推广，首先要收集大量的电子邮件地址和客户姓名。收集邮件地址和客户姓名的方法很多，如购买第三方的营销邮件数据库，或者与别人交换数据库资料等，但这些都不是企业需要的用户，最理想的方法是用户主动提交相关信息，例如用户注册的时候提示用户订阅，订阅邮件后给用户提供优惠信息等。

▶ 3. 设计电子邮件

评估目标受众和营销活动目标，在此基础上决定应设计哪种形式的电子邮件。在设计电子邮件时，通常建议不采用文本形式，而是用 HTML（超文本标记语言）及富媒体，以文字、图片、动画、视频、链接等多种形式展现信息，这样才能更好地体现品牌的内涵，从而达到吸引消费者的目的。一般而言，植入式邮件营销会比直邮更有效果，通过传播事件和活动，嵌入地址或者商业活动，但要注意所推广的事件影响力要超过广告本身。

▶ 4. 选择邮件列表服务商

选择高质量的邮箱列表是至关重要的一步。选择邮件列表服务商时，邮件列表的质量、提供的服务水准、强大的定向能力、追踪和报告反馈的能力，以及市场信誉等都是需要考虑的因素。

▶ 5. 发送电子邮件和反馈信息处理

根据计划向用户和潜在用户发送电子邮件信息。发送电子邮件一定要注意不要将附件作为邮件内容的一部分（邮件系统会过滤附件或限制附件大小），应该使用链接的形式，以便用户直接进入网页查看内容。还要掌握发信频率，一般情况下每两周发送一次电子邮件就算是高频率了。邮件发送后，用户回复时要进行快速解答，并进一步确定洽谈方式进行沟通。

▶ 6. 电子邮件营销活动分析

电子邮件营销的特点之一是可以对其效果进行量化的评估，通过对一些指标的检测和分析，不仅可以评价营销活动的效果，还可以发现营销过程中的问题，以便对活动进行一定的控制。企业衡量电子邮件营销效果的数据指标主要有三项：有效率、阅读率和点击率。

（1）有效率。有效率的计算公式为

$$有效率=\frac{成功发送数量}{发送总量}$$

式中，发送总量指电子邮件数据库的数量；成功发送数量指成功到达邮件地址的数量，即电子邮件数据库的有效量。

有效率用来衡量获取数据库的有效率，即发送的地址是真实存在的。目前，许多销售电子邮件数据库的企业，虽然便宜、量多，但很难保证地址的有效率，发送的电子邮件自然无法达到营销效果。

（2）阅读率。阅读率的计算公式为

$$阅读率=\frac{打开量}{成功发送数量}$$

式中，打开量指有效地址的用户接收到电子邮件后，打开邮件的数量。由于电子邮件会存在一个用户打开多次的情况，有些统计系统会统计电子邮件的打开次数和打开用户数。

阅读率用来评估用户对邮件的兴趣程度。对于精准的数据库，企业可通过调整邮件标题来提高阅读率。

（3）点击率。点击率的计算公式为

$$点击率=\frac{点击量}{打开量}$$

式中，点击量指用户打开电子邮件后，触发的点击的数量，如果 EDM 中存在多个链接，最好单独统计。这样可以评估出用户对内容的兴趣程度，以便调整和优化电子邮件的内容。

点击率用来评估用户对邮件内容的兴趣程度。如果电子邮件阅读率高，但点击率却很低，则需要调整电子邮件的内容。

有效率、阅读率和点击率是电子邮件营销中最基础的衡量指标，对于以注册、购买为导向的电子邮件营销，还需要监测注册与购买的转化情况。一般外购的电子邮件群发器都会有发送量、到达量、阅读量等基础的统计功能，配合一些数据分析工具跟踪、分析用户行为，就可以不断提高电子邮件营销的效果。

三、电子邮件营销的注意事项

电子邮件营销是一种较好的营销和推广方式，它不仅方便、迅速、覆盖面广，而且成本极低。在实际使用中，要避免滥发邮件、主题不明确、发送对象不明确、发送频率过高等问题，才能有效地发挥电子邮件营销的功能。

（一）不要滥发邮件

开展电子邮件营销活动时，企业只能将电子邮件发给那些事先经过许可的用户。取得收件人的许可有许多方法，如会员制、邮件列表、新闻邮件等。不要发送未经许可的电子邮件。

（二）邮件主题要明确

据统计，做好电子邮件营销，邮件的打开率是一个关键指标，而影响邮件打开率的重要因素有两个：一是发送人地址，收件人首先会判断发送人地址是不是他所熟悉的；二是邮件的主题，电子邮件的主题是收件人最早可以看到的信息，邮件内容是否能引人注意，主题起到相当重要的作用。下面重点介绍撰写邮件主题的注意事项。

(1) 邮件主题不能太长，而且要充分照顾到“低头族”的阅读方便，编写完成之后，要用平板电脑、手机等进行阅读测试，看能否完全显示。邮件标题要言简意赅，少用形容词，多一些性能上的关键词，或者突出读者会感兴趣的内容，以便收件人决定是否继续阅读邮件。

(2) 不能采用和内容毫不相干的主题，下面列举三个例子。

① 没有主题。收件人的反应：发件人是谁呀？不认识，删除邮件吧。

② 主题为：“老朋友，你好！”收件人的反应：哪个老朋友？不认识，原来是广告邮件！

③ 主题为：“回复：请帮我查找×××资料”。打开之后，邮件内容是：“小王：你要的关于×××的资料我帮你查到了，网址是 http://…”收件人的反应：明明是广告邮件，却偏偏假装是误发的邮件！

（三）发件人姓名要真实

隐藏发件人姓名往往给人的感觉是发件人在做什么见不得人的事情，人们会感觉这样的邮件内容可信度也不高。还有一些邮件，把发件人写成“美国总统”“你的朋友”“漂亮女孩”等。其实，无论怎样伪装，发件地址还是会被方便地查出来的。开展网上营销活动，还是应该以诚信为本。

（四）邮件内容力求简洁

电子邮件宣传不同于报纸、杂志等印刷品广告，篇幅越大越能显示出企业的实力和气魄。电子邮件应力求内容简洁，用最简单的内容表达出主要信息，如果必要，可以给出一个关于详细内容的链接，收件人如果有兴趣，会主动点击链接查看内容，否则，内容再多也没有价值，只能引起收件人的反感。而且，对于那些免费邮箱的使用者来说，因为有空间容量限制，太大的邮件肯定是被删除的首选对象。根据经验，每封邮件不宜超过 7KB。

（五）邮件内容不要采用附件形式

有些发件人为图省事，将一个甚至多个不同格式的文件作为附件插入邮件内容，自己省事了，却给收件人带来很大麻烦。由于每人所用的操作系统、应用软件不同，附件内容未必可以被收件人打开。例如，附件是 PowerPoint 格式的文档，而用户根本没有这种软件，那么该附件就没有什么价值了。而且，即使有打开该文档的软件，打开附件毕竟是件麻烦的事，尤其对于自己不甚感兴趣的邮件，用户通常不会选择打开它。所以，最好采用纯文本格式的文档，把内容尽量安排在邮件的正文部分，除非插入图片、声音等资料，一般不要使用附件。

（六）邮件格式尽量规范

虽然说电子邮件没有统一的格式，但作为一封商业函件，至少应该参考普通商务信件的格式，通常包括对收件人的称呼、邮件正文、发件人签名等因素。如果一封电子邮件的内容为："我公司是生产×××的企业、质量上乘、价格优惠、欢迎选购。"这样的邮件虽然够短小，然而会让人觉得对收件人不够尊重。

（七）要区分目标受众

电子邮件营销要想做到有效，就要提供针对性的内容，让用户看到他们想要看到的东西。企业应当对用户和潜在用户进行分类管理，整理出不同类别的目标受众，再有针对性地发送电子邮件。这里面最为简单有效的方法是提供分类订阅，用户注册和订阅时，列出一个分类目录供用户选择，这样就可将用户邮件进行分类，按照用户的实际需求来给用户发送不同类型的电子邮件。

切忌不分用户类型一味滥发邮件，那样不但达不到预期的效果，还有可能造成完全相反的效果，使所发电子邮件被判定为垃圾邮件。

（八）发送频率不得过于频繁

根据 Forrester Research 的研究表明：有 71％的用户是由于发送频率太频繁才退订邮件的；76％的用户认为邮件内容不相关。所以，为了维护 71％的用户，降低邮件发送频率是一个明智的选择。研究表明，同样内容的邮件，每个月发送 2～3 次为宜。不是发送频率越高，收件人的印象就越深，过于频繁的邮件"轰炸"，只会让用户感到厌烦。如果一周重复发送几封同样的邮件，肯定会被列入"黑名单"，这样便永远失去了那些潜在客户。

（九）及时回复邮件

顾客反应率是评价电子邮件营销成效的指标之一。对于客户的回应，企业应当及时回复，然而并非每个企业都能做到这一点。一个潜在客户发出了一封咨询产品的电子邮件，一定希望能快速得到回复，如果等了两天还没有结果，他就会失去等待的耐心，很可能就成了你的竞争对手的客户。

（十）提供优质产品和低廉价格

一般来说，顾客会同时向多个企业发出同样的咨询邮件，然后对比各家产品的性能和价格，如果企业报价偏高，就会失去这个客户。与面对面报价相比，通过电子邮件报价相当被动，发出的邮件无法改变，又无法探听到竞争者的价格状况，更不可能根据顾客的反应灵活报价。如果认为主动来信的顾客一定会选用你的产品，可以对其索要高价，那就大错特错了。因为在互联网这个开放的大市场里，同类产品的供应者总是很多，所以，最优质的产品和最低廉的价格才是取得成功的唯一法宝。

知识链接

邮件营销必备技能：快速解救垃圾箱中的邮件

对于电子邮件营销来说，如何避免成为垃圾邮件是一个非常关键的问题，可以说所有的垃圾邮件都带有营销性质，但带有营销性质的邮件却不一定是垃圾邮件。通常来说，基于用户许可、信息对用户有价值的邮件是正规的电子邮件营销，两个因素缺少一个，就可以被判定为垃圾邮件。

企业该如何拯救垃圾箱里的邮件呢，Focussend 总结了几种直接有效的方法。

1. 了解垃圾邮件机制

目前，国内的 ISP（互联网服务提供商）要求愈发严格，部分 ISP 收件系统的垃圾邮件机制较为敏感，如腾讯邮箱等，这就很容易导致邮件进入垃圾箱。

为避免这种情况，最好使用专属的发送域名，另外，可以通过专业的邮件营销服务商来进行ISP公共、白名单备案等，提高企业发送域名的有效性。

2. 改善邮件主题

大多数情况下，都可以通过邮件主题来判断该邮件的主要内容，若是主题添加过多的敏感字眼，如免费、减肥等，就非常容易造成邮件被判别为垃圾邮件。

为避免这种情况，最好的方式就是撰写多个主题，规避敏感字眼，并从中选出2～3个，主题除了要与内容关联，也可以对不同用户设计不同风格或语调的邮件主题。

3. 重视邮件测试

如果使用邮件营销平台，则一定要重视测试功能。对企业而言，任何的邮件发送之前都需要进行测试，以便及时了解邮件在邮箱中的编排、内容、颜色、字体等。如果测试邮件进入垃圾箱，那么就需要重新检查邮件内容，找出邮件进入垃圾箱的原因，及时调整。

4. 优化发送方法

(1) 细分邮件用户列表。根据一定的分类规则，将用户细分到不同的邮件列表，使发送的邮件更加具有针对性，减少对用户的干扰，从而减少投诉率。

(2) 滴灌式营销。通过策划一系列营销邮件，定期发送给有效用户，提升用户活跃度，减少退订和投诉。

值得注意的是，无论哪种发送方式，都不能滥发大量的邮件，这是邮件营销的基本规则，否则域名将会被ISP拉入黑名单。

企业想要提升邮件营销的效果，必须认真策划一套有效的邮件营销策略，让邮件都能确实到达用户的收件箱。

资料来源：界面新闻网站.

四、电子邮件营销实训

（一）实训目的

能够使用365邮件群发软件收集邮件地址，并完成邮件群发操作。

（二）实训工具

网络设备、计算机设备等。

（三）实训内容

猎人网邮件群发工具升级后更名为365邮件群发软件，集采集邮箱、群发邮件、整理邮箱、采集QQ、采集网易邮箱五个功能为一体，可以一边采集一边群发，多任务同时操作，方便又实用。

365邮件群发软件的主要功能如下。

(1) 邮箱采集：可采用指定关键字和指定网站两种方式进行邮箱收集。

(2) 邮箱验证：对采集到的邮箱、导入要发送的邮箱进行实时有效性检查，过滤出不能用的邮箱。

(3) 邮件群发：智能计算发信间隔时间，防垃圾，多账号轮流随机选取邮件内容进行发送。邮件内容丰富，支持HTML、图片两种方式。

(四) 实训步骤

第一步：采集邮箱。

(1) 下载并安装 365 邮件群发软件，然后在猎人网(www. 51lieren. cn)上注册一个账号。在注册界面上输入登录邮箱、登录密码和确认密码，如图 2-17 所示，单击“确定注册”按钮。在出现的界面中单击“完成注册”按钮，如图 2-18 所示，即可完成注册。

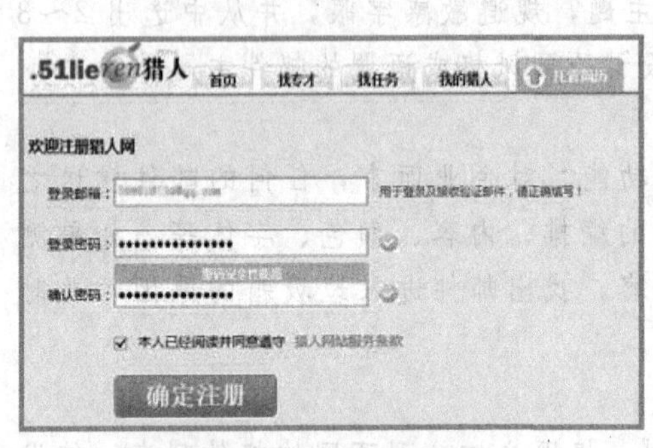

图 2-17 注册猎人网用户

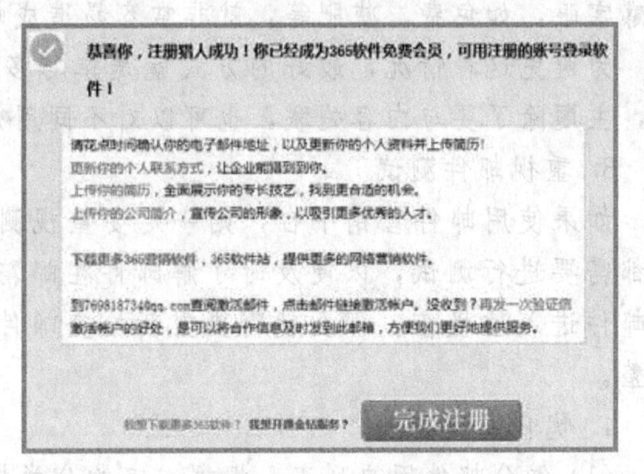

图 2-18 完成注册

(2) 打开 365 邮件群发软件，在软件开始界面的右侧输入登录邮箱和登录密码，然后单击“立即登录”按钮，如图 2-19 所示。

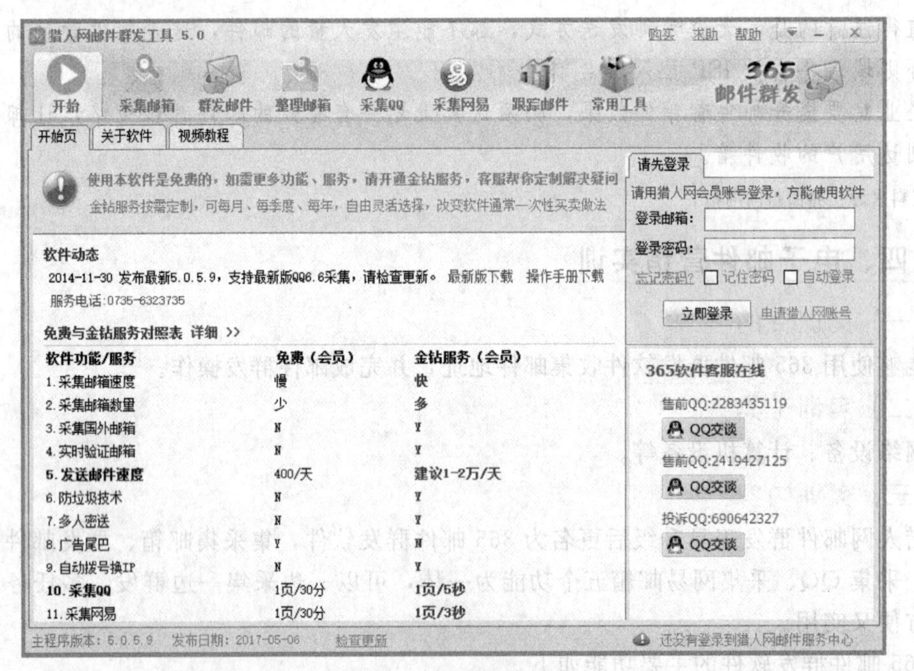

图 2-19 登录软件

(3) 选择软件界面上方的“采集邮箱”工具，然后根据要求设置采集条件，如图 2-20 所示。设置完成后单击“启动采集”进行邮箱的采集。

① 采集参数设置。有两种采集方式：按关键字和指定网站。按关键字采集时，需要在“关键字”栏填入或批量导入关键字。“搜索引擎”栏中，免费会员固定为使用百度收集，

金钻服务会员还可以收集国外邮箱。“黑名单”栏为不采集的邮箱类型，如输入“qq.com”，则不收集 QQ 邮箱。

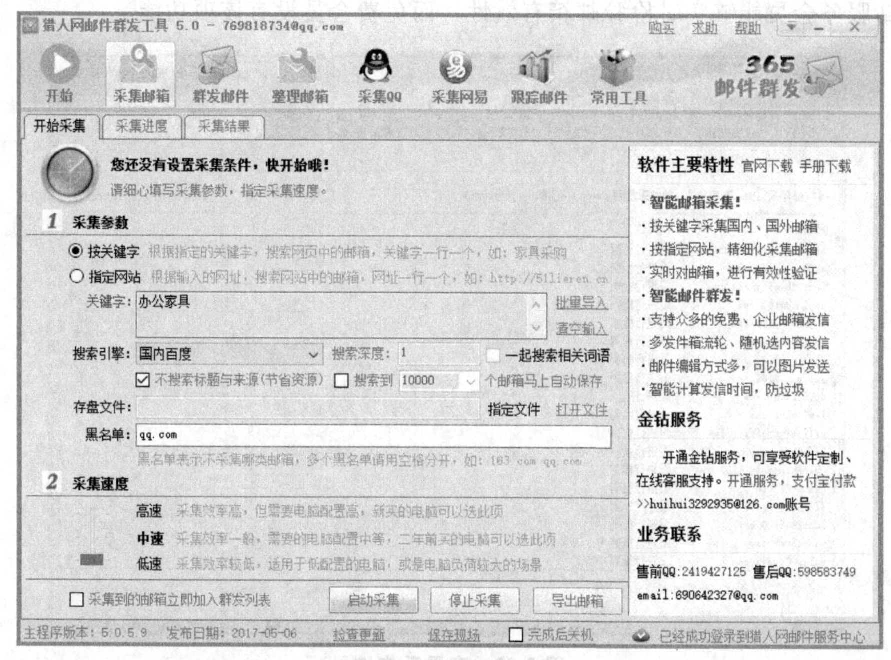

图 2-20 设置采集条件

② 采集速度设置。应根据计算机的配置调整采集速度，计算机配置越高则采集速度越快。

③ 可以勾选“采集到的邮箱立即加入群发列表”，如果已经启动发信，那么这些新采集到的邮件就会自动进入发信邮件的收件人。

(4) 选择“采集进度”选项卡，可以看到采集了哪些网页，以及在每个网页中采集到的邮箱数量，如图 2-21 所示。

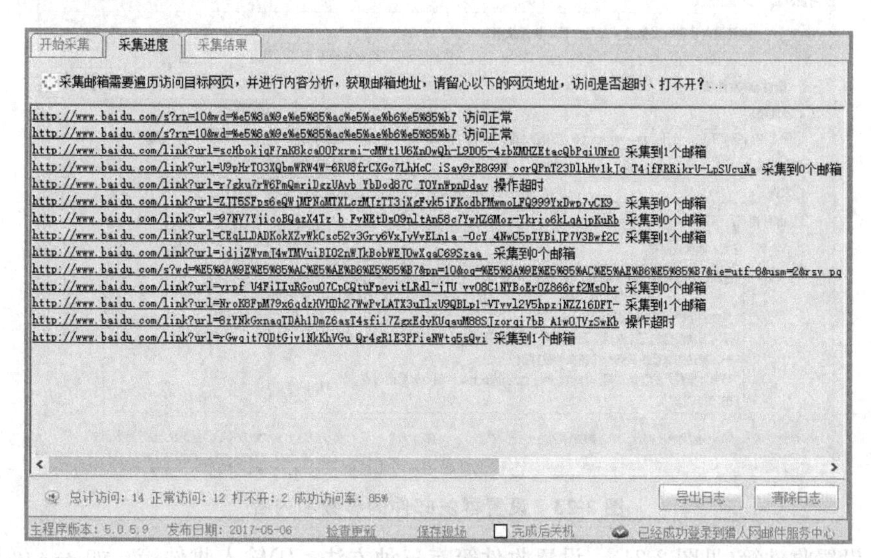

图 2-21 查看采集进度

(5) 选择"采集结果"选项卡，可以显示采集到的邮箱数量和所耗用的时间，如图 2-22 所示。单击右下角的"导出全部邮箱"按钮，可以把采集到的邮箱导出为 .txt 格式的文本文件。金钻服务会员能够实时检验邮箱有效性，而免费会员没有该项功能。

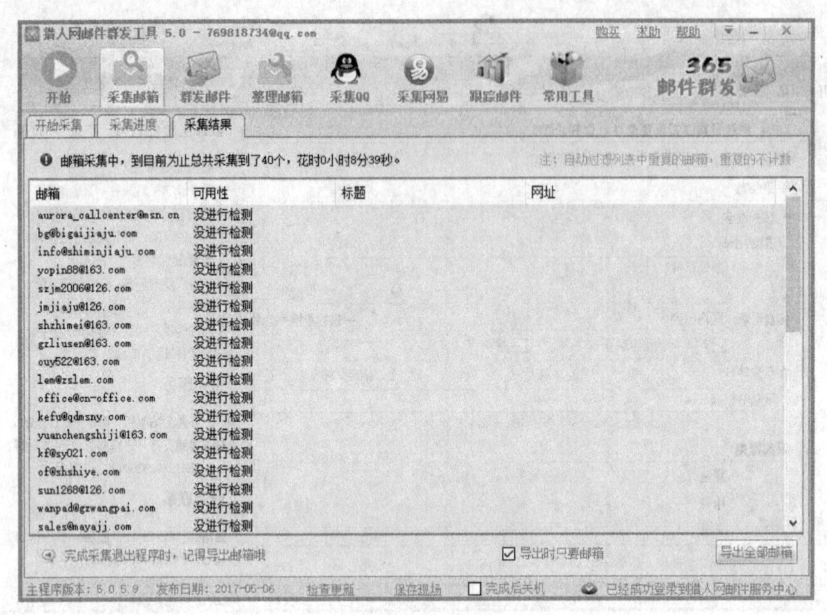

图 2-22 查看采集结果

第二步：群发邮件。

(1) 单击软件界面上方的"群发邮件"，然后按照要求设置收发参数和邮件内容，如图 2-23 所示。

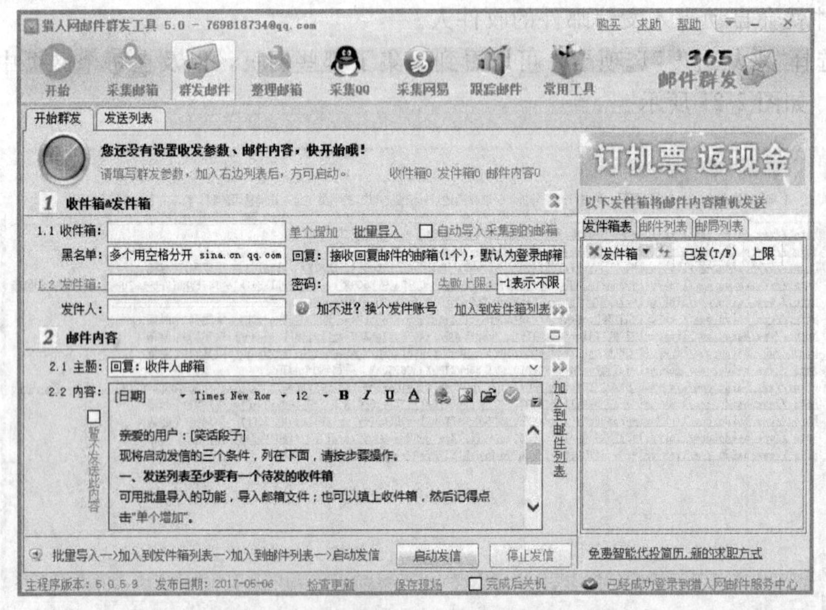

图 2-23 设置群发邮件的参数和内容

(2) 设置收件箱(见图 2-24)。设置收件箱有三种方法：①输入收件箱，如 *** @163. com,

然后单击“单个增加”按钮；②单击“批量导入”按钮，从 .txt 文本文件中导入现有的邮箱，导入的邮箱会出现在“发送列表”中，并显示状态为“待发”(见图 2-25)；③勾选“自动导入采集到的邮箱”，则自动导入采集到的邮箱。“黑名单”栏输入不发送邮件的邮箱类别。

图 2-24 设置收件箱

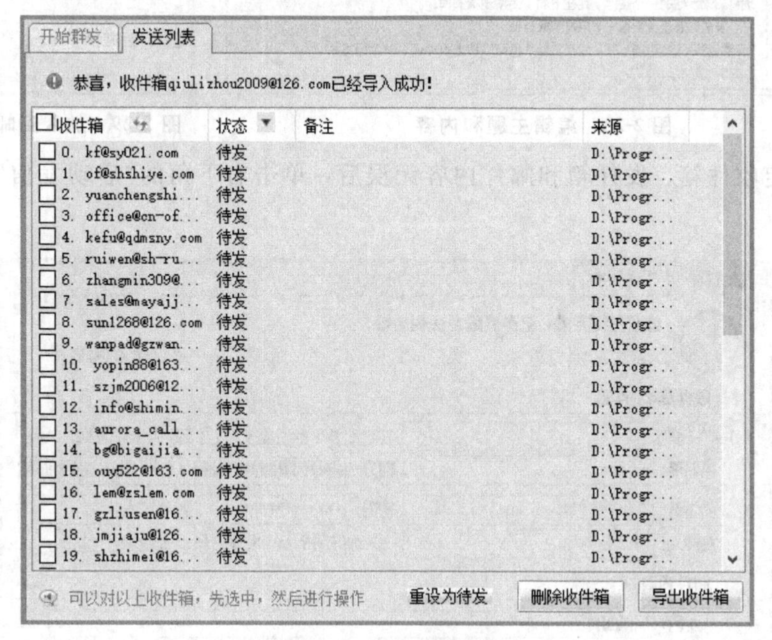

图 2-25 邮件发送列表

(3) 设置发件箱。分别输入发件箱、邮箱登录密码、失败上限(−1 表示不限)、发件人，然后单击“加入到发件箱列表”(见图 2-26)，该邮箱会显示在“发件箱表”中(见图 2-27)。

图 2-26 设置发件箱

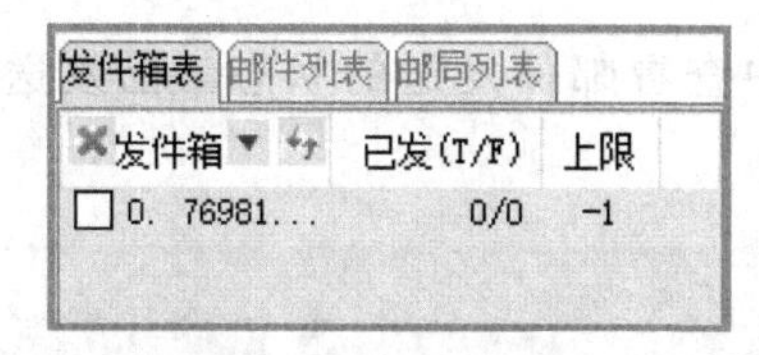

图 2-27 显示发件箱表

(4) 制作邮件内容。邮件内容编辑区比较小，可以单击右上角/扩大可见区域。

① 主题：可以自编主题或者选择主题，选择的主题会根据收件箱变化，即动态主题。

② 内容：软件提供了丰富的操作方法，可以根据需要编辑邮件内容，如图 2-28 所示。

编辑完成后，单击右侧的“加入到邮件列表”，该邮件会显示在页面右侧的“邮件列表”中，如图 2-29 所示。

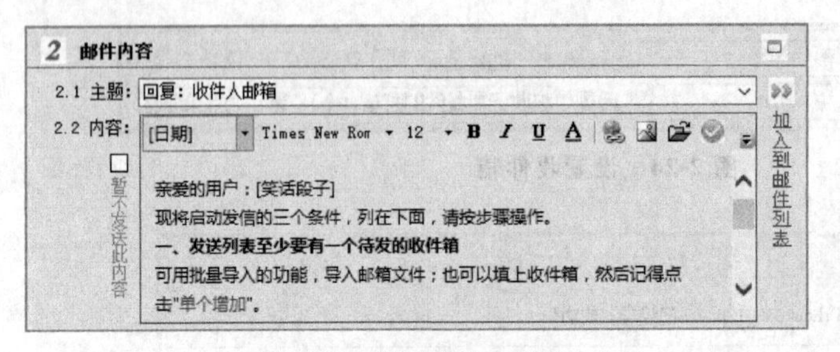

图 2-28 编辑主题和内容

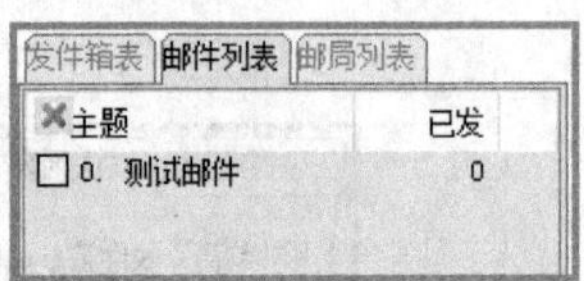

图 2-29 加入到邮件列表

(5) 确定收件箱、发件箱和邮件内容无误后，单击右下角的“启动发信”，如图 2-30 所示。

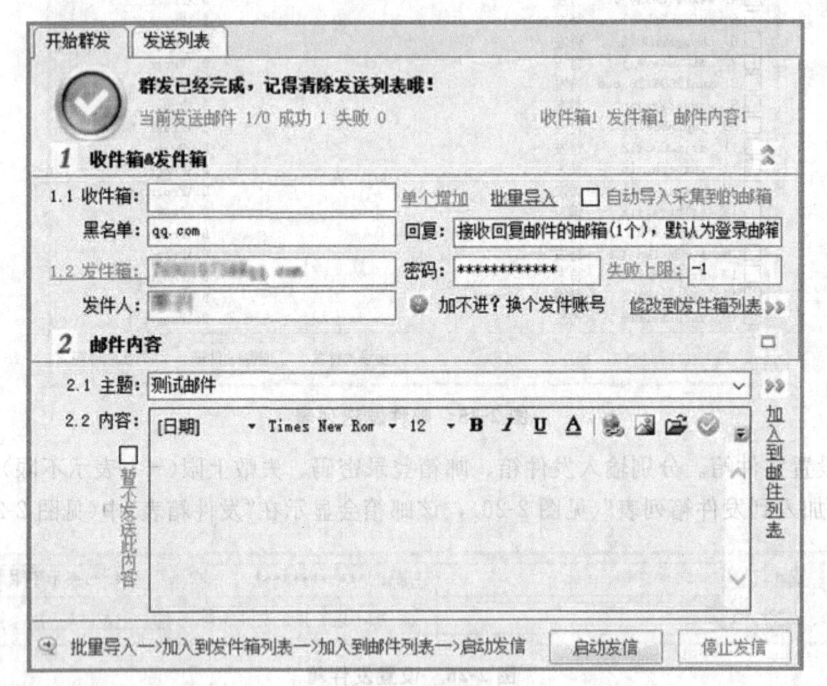

图 2-30 启动发信

(6) 可以在“发送列表”中查看邮件发送的状态，已发送的会显示“成功”，如图 2-31 所示。

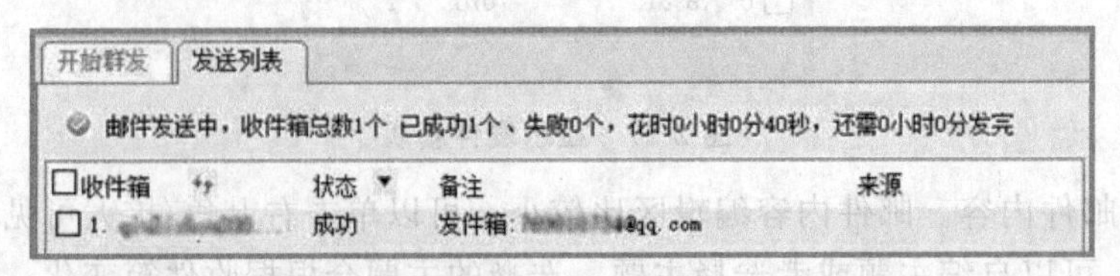

图 2-31 发送列表

拓展阅读

实战：淘宝店主如何通过邮件营销赢取流量和口碑

随着中国经济进入“新常态”，“大众创业”“万众创新”成为当今社会的新势态。最简单的创业方式莫过于开设一家网店了，不用厂房而且减省流通环节，令很多人怦然心动。但是，淘宝、天猫上的商家千千万，真正能够持续盈利的少之又少，绝大多数是“僵尸账号”，它们失败的原因很多，其中最重要的一条莫过于不重视营销或者没有找到有效的营销方式。毕竟“酒香也怕巷子深”，如今浮躁的都市人很难静下心来在海量的数据中认真打捞、细细比量某家优质店铺了，在这方面，一位使用 U-Mail 邮件群发平台的淘宝店主的经验或许可供参考。

淘宝店铺要想脱颖而出，需要流量和知名度，有几种方式都能带来人气：在知名媒体上做广告，如电视台的“黄金 n 秒”、门户网站的链接入口、百度谷歌的搜索排名等，尽管其资金利用效率并不高，但这对于财大气粗的旗舰店来说并不在话下。一般的商家店铺，建议采用“滴灌式”营销，争取做到精确化、个性化，使每一分钱都落到实处。

这位使用 U-Mail 的淘宝店主是怎样获取有效的邮箱地址的呢？首先，以曾经有过购买记录的顾客为基础，争取他们成为“回头客”；其次，根据店铺访问记录、去行业论坛上寻找挖掘有需求的客户。在获得一定量的信息后，先给他们群发邮件，简单讲述店铺主营什么，邀请他们成为“订阅用户”并推出给予“会员”的诸多优惠措施，如让利折扣、纪念品赠送等。

在此后的邮件推广中，店主有几件效果较好的典型工作：

(1) 常规性的新品发布、换季打折、店铺清仓、节假日优惠等活动；

(2) 请客户扫描二维码添加微信；

(3) 邀请客户转发、分享店铺，承诺赠送礼品；

(4) 邀请客户积极点评商品，拍照上传分享使用心得体会。

我们都知道，消费者在淘宝搜索店铺时，店铺排名主要依据销量、流量、点击率等指标，店铺使用邮件群发的方式，鼓励收件人点击店铺、分享链接，即使不能立竿见影带来成交量的攀升，流量的变化也会影响品牌知名度的提高。更何况，网上购物不比实体店，有许多消费者一次购买完毕后，可能慢慢淡忘了这次购物体验，但群发邮件及时送达，恰恰唤醒了他们的记忆，使他们乐于再次购买和分享给朋友们，由此逐渐形成稳定的客户群。大多数消费者对于网上商品鱼龙混杂的状况本就心存疑虑，他们也分辨不清相似商品的区别在哪里，假如群发邮件能及时告知一些鉴别真伪和选购优质商品的技巧，当然感觉受益匪浅了，而带来的流量提升又发挥“羊群效应”，可以让跟风的消费者下单，实在一举多得。

但 U-Mail 邮件群发平台的营销专家也提醒广大淘宝店主，邮件推广是一项长期性工作，建议先要拥有一定数量的目标地址才可使用，没有目标地址是没法操作的。此外，邮件群发成功的基础还是建立在过硬、可靠且具有比较优势的商品质量上，假如商品靠谱，又有邮件营销推动，何愁不能打响知名度呢？

资料来源：中国电子商务研究中心网站.

任务四 搜索引擎营销

一、搜索引擎概述

在中国，几乎每一个上网的人都知道百度（www.baidu.com），我们用它来找美食、搜电影、找歌曲，网民碰见问题想到的第一个解决办法——用百度找答案。在专业的角度，百度被称为搜索引擎（search engine）。

搜索引擎在网络生活中有多重要？在中国的网络发展史上，曾经有一句俗语："外事不决问狗狗（google），内事不决问百度（baidu）"，换而言之，国外的事可以用Google搜索，国内的事可以用百度搜索来查询答案。这句话虽然夸张了些，却也反映出"搜索"在网民生活中的重要性和搜索引擎在互联网上无可替代的作用和意义。

搜索引擎的这种重要性自然得到了众多互联网网站的青睐。但在搜索结果中，通常会有成百万上千万个结果，甚至有时候的搜索结果多达上亿个（数量超过一定值后，采用模糊显示，不再显示具体的数据）。例如，搜索"好吃"，得到的结果约100 000 000个，如图2-32所示。调查表明，90%的用户仅仅浏览前三页的内容，而62%的用户只会关注搜索结果第一页的内容。作为一个网站，如何在成百万上千万的网站中脱颖而出，得到用户的点击呢？如何才能获得网站流量，提升自身知名度和价值？这就是搜索引擎营销需要解决的问题。

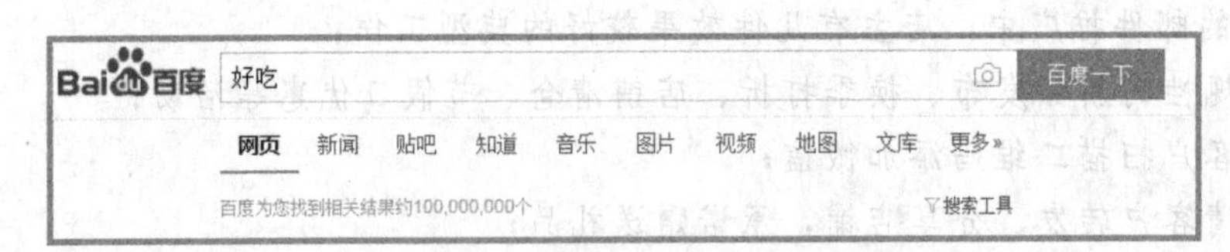

图2-32 搜索"好吃"显示的结果

搜索引擎的核心是一个程序，它的主要作用在于依据一定的计算机算法和策略，从互联网上收集信息，经过组织和整理，面向用户提供检索服务，并将检索查询的结果信息提供给用户。

通常认为，第一个搜索引擎是1990年的Archie；第一个全文搜索引擎（索引文件全部内容）是1994年4月的WebCrawler。此外，目前全球排名第一的搜索引擎Google在1996年由Larry Page和Sergey Brin在Stanford University（斯坦福大学）开始研发，初名BackRub，2007年才改为现在的名字；中国目前市场占有率第一的百度于2000年成立公司，提供中文搜索引擎服务和数据，2001年正式推出，成为独立的搜索引擎。

（一）与搜索引擎有关的几个概念

搜索引擎的分类方法有很多种，从工作方式、使用平台等不同的角度有不同的分类方法，在此不再具体叙述。现仅对目前常用的或具有典型含义的一些概念做出解释。

▶ 1. 全文搜索引擎

全文搜索引擎是完整意义上的搜索引擎，它们从互联网提取各个网站的信息，建立数据库，并能检索与用户查询条件相匹配的记录，按一定的排列顺序返回结果。国外比较有代表性的是Google，国内则有著名的百度。

搜索引擎一般采取两种方式自动收集网站信息：一种是定期搜索，即每隔一段时间(如Google一般是28天)，搜索引擎主动派出Spider(蜘蛛)程序，对一定IP地址范围内的互联网站进行检索，自动提取新发现的网站信息和网址，加入自己的数据库；另一种是提交网站搜索，即网站拥有者主动向搜索引擎提交网址，搜索引擎在一定时间内(2天到数月不等)定向向提交者的网站派出Spider程序，扫描网站并将有关信息存入数据库，以备用户查询。

根据搜索结果来源的不同，全文搜索引擎可分为两类：一类拥有自己的Indexer(检索程序)，俗称Spider程序或Robot(机器人)程序，能自建网页数据库，搜索结果直接从自身的数据库中调用，Google和百度就属于此类；另一类则是租用其他搜索引擎的数据库，并按自定义的格式排列搜索结果，例如，搜狐、新浪、网易、中国雅虎都曾经在一段时间内租用过百度的搜索引擎服务。

2. 元搜索引擎

元搜索引擎(META Search Engine)接受用户查询请求后，同时在多个搜索引擎上搜索，并将结果返回给用户。著名的元搜索引擎有InfoSpace、Dogpile、Vivisimo等。在搜索结果排列方面，有的直接按来源排列搜索结果，有的则按自定义的规则将结果重新排列组合。

在某些专业领域或者特定词语的搜索中，专业搜索引擎的效果远远好于全文搜索引擎。例如，使用觅搜(www.metasoo.com/)搜索小说，其结果在准确度等方面有更好的表现。但元搜索引擎首先缺乏自己的核心技术，其次在用户、资本、市场和竞争等非技术角度上的竞争力过于薄弱，故而仅仅有很少的元搜索引擎能够独立长期生存。例如，Vivisimo在2012年被IBM收购，而中国的元搜索引擎更是昙花一现，很少有持久生存的。

此外，还有一种“聚合搜索”的说法，将多个搜索引擎的结果按照一定的规则重新组合后提供给用户，但其实质仍是一种元搜索的应用，如搜搜(www.soso.cn)。

3. 垂直搜索引擎

垂直搜索引擎是一种新的搜索引擎服务模式，针对某一特定需求，或某些特定人群，或某种专业领域，提供有价值的信息和服务。客观地说，目前的垂直搜索引擎的本质还是一种全文搜索引擎，但它专注于某种特定的需求，深度搜索某些固定的网站，实质是搜索引擎的细分化应用。相对于通用搜索引擎结果信息的巨量、浅淡和无序，垂直搜索引擎的结果则显得更加集中、具体和深入。

垂直搜索引擎的重点在于：①是否能提供全面权威的行业或专业信息；②搜索结果是否及时和准确；③能否在特定的搜索领域有更好的用户体验。

中国目前有很多成功的垂直搜索引擎，如机票起家的去哪儿(www.qunar.com)、找工作的职友集(www.jobui.com)、专注于报关员Hs代码查询的海搜(haisouwang.com)、论文的专业查询网站中国知网(www.cnki.net)等。

(二) 搜索引擎的基本原理

搜索引擎的具体工作过程，由于其种类不同各有不同。如果仅以目前处于主流地位的全文搜索引擎加以分析，2015年年末排名的全球十大搜索引擎中，全文类搜索引擎虽然在算法等核心部分是完全不同的，但在搜索流程上的差别却相对较小。此外，从研究搜索引擎营销的角度来讲，了解搜索引擎的基本原理即可。

搜索引擎的工作原理与步骤如下。

▶ 1. 爬行和抓取

每个独立的搜索引擎都有自己的网页抓取程序，通常称为 Spider。Spider 首先访问网页，将收集的代码存入原始页面的数据库，然后顺着网页中的超链接，从一个网页爬行到另一个网页，再次将收集的代码存入数据库。

一般而言，多个 Spider 同时工作。其中，爬行到的超链接如果是内链(网站内部的链接)，则它爬行的网页是同一个网站；如果是外链(网站间的链接)，爬行的就是不同的网站。从理论上说，只要时间充裕，在采取一定策略的前提下，Spider 能够爬行、收集并整理整个互联网上存在链接的网页信息。

但实际上，由于网站的允许度、Spider 的资源、时间的限制等诸多因素，即使是目前最好的搜索引擎，能够爬行和收录的也仅仅是互联网中一小部分的内容。爬行和抓取是在后台提前完成的，并不是用户输入搜索关键词后才发生的。

▶ 2. 预处理

预处理有时候也简称为索引，主要在于索引是预处理的最主要步骤。搜索引擎抓到网页后，还要做大量的预处理工作，才能提供检索服务。其中，最重要的就是提取关键词，建立正向索引、倒排索引和索引库。此外，还包括去除重复网页、去停止词、分词、消除噪声、判断网页类型、链接关系计算、计算网页的重要度及丰富度等。

其中，“分词”是中文搜索引擎的特有步骤。英文的单词之间有空格，而中文单词之间没有分割符，将中文句子按照一定的规则和方法分开，就是分词。分词的准确性往往影响搜索引擎排名的相关性，例如，“搜索引擎优化”这个词在百度和 Google 就会产生不同的分词结果。同时分词上的差异还有可能让同一个关键词在不同的搜索引擎上有不同的排名表现。

预处理与爬行、抓取一样，也是提前在后台完成的。

▶ 3. 检索与排名

当经历了爬行和抓取、预处理两个步骤后，搜索引擎已经准备好面对用户的搜索了。用户在搜索框中输入关键词后，排名程序调用索引数据库，根据一定的规则和算法，计算并将排名显示给用户。为了便于用户判断，除了网页标题和 URL 外，搜索引擎还会提供来自网页的摘要及其他相关信息。

在将排名结果显示给用户之前，搜索引擎会完成搜索词处理、文件匹配、重要文件挑选(初始子集选择)、相关性计算排名过滤和调整等工作。而为了提高搜索效率，在排名显示的过程中或完成后，还会有搜索缓存、用户信息记录等工作同步或延后进行。

检索与排名的过程是直接和用户互动完成的。

以上是搜索引擎工作原理的简单介绍。当然，搜索引擎实际上的工作步骤与算法非常复杂，为了解决某些技术上的难点，各搜索网站在某些方面甚至拥有自己独有的专利技术，因此其技术含量非常高。

(三)搜索引擎的市场现状

不同的国家有不同的多种搜索引擎，而同一个国家的多种搜索引擎在市场的占有率上也是不同的。在此，简单地介绍一下中国的搜索引擎市场。

中国互联网络信息中心(CNNIC)2016 年 7 月发布《2015 年中国网民搜索行为调查报告》，对中国网民的搜索行为发展场景、搜索引擎品牌的使用、搜索服务的使用情况等做出了推测和分析，以反映搜索引擎用户市场和搜索服务应用与发展的现状。

截至 2015 年 12 月，在搜索引擎用户中，第一位是百度搜索，渗透率为 93.1%；第二位和第三位分别是 360 搜索/好搜搜索和搜狗搜索(含腾讯搜搜)，渗透率分别为 37.0%和 35.8%。搜索引擎市场集中度有逐年提高的趋势，如图 2-33 所示。

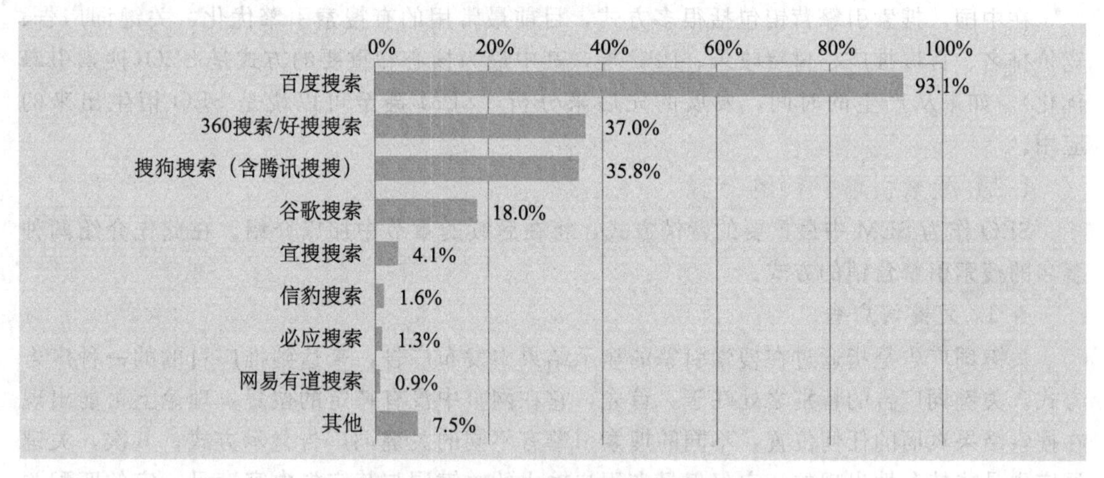

图 2-33 综合搜索引擎品牌渗透率

资料来源：中国互联网络信息中心网站.

截至 2015 年 12 月，在移动搜索引擎用户中，使用百度搜索的比例为 87.5%，搜狗搜索(含腾讯搜搜)、360 搜索/好搜搜索分列第二、第三位，渗透率分别为 22.7%和 20.9%；专注于移动搜索的宜搜、易查、神马、儒豹等搜索引擎的渗透率不足 5%，难以与移动搜索市场中前三大品牌竞争，如图 2-34 所示。

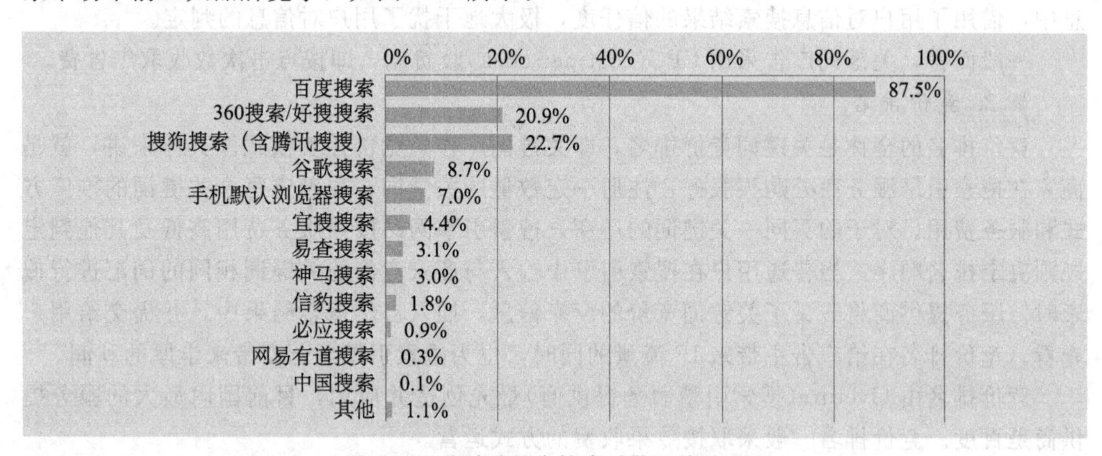

图 2-34 移动端综合搜索引擎品牌渗透率

资料来源：中国互联网络信息中心网站.

由此可见，无论是电脑端，还是移动端，百度都占据了绝对优势的市场份额。搜索引擎营销的讲解也以百度为例。

二、搜索引擎营销的基本概念及方式

(一) 搜索引擎营销的基本概念

搜索引擎营销(search engine marking，SEM)即围绕搜索引擎展开的网络营销和推广。具体来讲，搜索引擎营销是研究用户搜索的习惯和搜索引擎的工作机制，利用用户搜索信息的机会，将营销和推广的信息传递给用户，从而获得来自搜索引擎的访问量，并产生商业价值的活动。

在中国，搜索引擎营销包括很多方式，目前最常用的有搜索引擎优化、关键词广告、竞价排名、百度推广、付费收录、PPC等，其中最为核心和重要的方式是SEO(搜索引擎优化)。如果从产生的时间、发展的先后来分析，SEM甚至可以说是SEO衍生出来的应用。

(二) 搜索引擎营销的方式

SEO作为SEM中最重要的营销方式，将在后续的章节中加以介绍。在此先介绍两种著名的搜索引擎营销的方式。

▶ 1. 关键词广告

关键词广告是指通过在搜索引擎的显示结果中发布广告，来达到推广目的的一种广告方式。关键词广告的特别之处在于：首先，它在网页中没有特定的位置，理论上可能出现在搜索结果页面的任何位置，不同的搜索引擎有不同的关键词广告显示方式；其次，关键词广告是非持久性出现的，它仅仅只在用户输入的关键词与其广告内容满足一定的匹配关系时出现；最后，关键词广告的定位更加精确，一般网络广告点击后跳转到的基本是页面，而关键词广告可能具体到网页的某一个部分或者一个视频、一个应用程序等。

关键词广告的出现，一方面，丰富了SEM的形式；另一方面，由于其出现在搜索引擎的显示结果中，会极大地干扰用户对有用信息的判断。互联网用户通常对搜索结果具有信赖感和需求性，认为搜索结果是有用和可信赖的，而关键词广告在形式上混淆于搜索信息中，借用了用户对信息搜索结果的信任度，极大地干扰了用户对信息的判定。

一般而言，关键词广告采用CPC(cost-per-click)收费制，即按点击次数收取广告费。

▶ 2. 竞价排名

竞价排名的全称是关键词竞价排名，即关键词广告的竞价拍卖模式。具体来讲，就是商家在搜索引擎服务商处购买服务，注册一定数量的关键词，并确定每个关键词的推广方式和服务费用。对于购买同一关键词的厂商，搜索引擎网站按照服务费用高低及其他判定规则决定排名顺序。当普通用户在搜索引擎中输入与商家竞价的关键词相同的词汇进行搜索时，服务提供商将购买了关键词竞价的商家信息，插入自然搜索结果中，并提交给用户查看。竞价排名在给广告主带来IP流量的同时，也为搜索引擎运营商带来丰厚的利润。

竞价排名由Oveture(搜索引擎服务提供商)最先创造并应用，目前国内最大的服务提供商是百度。竞价排名一般采取按效果收费的方式运营。

竞价排名的特点和主要优势如下。

(1) 广告出现在搜索结果页面，与用户检索内容高度相关，增加了广告的定位程度。

（2）竞价广告出现在搜索结果靠前的位置，容易引起用户的关注和点击，因此效果比较显著。

（3）竞价排名可以在短期内快速提升网站的排名。

（4）客户可以通过调整投放预算的方式自主控制推广花费，增强了对广告费用投入的监控能力。

同样的，竞价排名的缺点也显而易见。

（1）竞价排名只能是暂时性的措施。当推广停止的时候，或者说当停止投入花费时，所有的搜索引擎流量就自然消失。

（2）竞价排名的范围受到限制，仅仅能针对精确表达的关键词，同时还有数量的限制，无法应对更广泛的关键词的搜索，或者以巨额广告费作为代价。

（3）在商业竞争上，竞价排名可能会遭遇竞争对手的恶意点击，来消耗广告费。

此外，由于监管、商业利益等诸多因素，竞价排名常常被恶意运用。例如，百度就曾经发生过多次因为竞价排名导致的恶性事件，产生了非常恶劣的影响。

三、搜索引擎优化

搜索引擎优化（search engine optimization，SEO），即从自然搜索结果中获得网站流量的技术及过程。更严谨的定义是：在了解搜索引擎自然排名机制的基础上，对网站进行内部及外部的优化调整，改进网站在搜索引擎中的关键词自然排名，获得更多流量，从而达成网站销售及品牌建设的目标。

（一）SEO 基础解析

结合在此之前讲解过的搜索引擎的工作机制，再次清晰并明确以下 4 个重要的工作要点，而这些要点和 SEO 息息相关。

（1）搜索引擎在收录网页的时候是按网页中的某些“关键词”来界定或者代表网页所展示和表达的全文内容。

（2）搜索引擎的 Spider 通过链接来爬行网页，网站内部网页之间的链接称为“内链”，一个网站和其他网站的链接称为“外链”。

（3）简单来讲，可以将 SEO 分为两种：一是内部的，针对一个网站自身展开的优化；二是外部的，利用其他网站开展对本站点的推广。

（4）SEO 研究的目的是获得自然排名的提升。

通过对几个要点的回顾，可以将 SEO 的要点概括为关键词、页面和网站构架、链接和自然排名。其中，关键词、页面和网站构架、链接是优化的核心，也是优化的内容，而自然排名则是优化的目标和结果。

（二）自然排名

自然排名是一种通俗的说法，是指根据搜索引擎算法获得的排序结果。但对搜索引擎来说，自然排名的顺序并不等同于最后的显示顺序。

百度搜索的显示结果中，很明显，前三位因为某些特别的因素，例如关键词广告或者百度推广，从而显示在了最前端。而自然排名的第一位反而显示在第四的位置，如图 2-35 所示。由此可见，由于营销或其他因素，搜索引擎的运营商调整了搜索引擎算法获得的结果，并将显示后的排名显示给搜索用户。

图 2-35 “SEO”的查询排名

既然可以人为调整搜索结果，那为什么还要做 SEO，坚持自然排名呢？最主要的原因如下。

（1）长期性。网络广告、推广竞价排名等，一旦停止投放，网站的排名自然就会回到原来的位置，吸引的流量也会消失。而 SEO 的搜索排名一旦上去，只要不触犯规则（作弊），可以维持很长的时间，流量是持续和稳定的。

（2）可扩展性。只要掌握了关键词的研究和内容的扩展方法，网站可以不停地增加或扩充关键词，从而吸引流量。

除此之外，还有一些其他的优势，如 SEO 获取的流量质量较好、性价比高等。因此，大部分网站，特别是专业网站、大型门户站点、公司网站等，更乐意投入精力去做 SEO，同时再辅助配合其他的推广方式，来保证自己站点流量的稳定性和可持续增长，从而高效维持并提升自己网站的品牌价值。

（三）关键词

从最基本的角度来分析，关键词至少代表了两个方面的含义。首先，它是搜索引擎记录的页面信息，代表网页的内容；其次，它是用户在搜索引擎中输入的信息，代表用户希望知道或了解的信息。

如何把两方的需求有效结合，让网站的页面能够被搜索引擎搜录，并在用户查询的时候显示在搜索结果的有效位置，这就是 SEO 中进行关键词部分思考的出发点。

从市场的角度来分析，热门、高效的关键词总是会被网站优化人员优先采用，同样也意味着激烈的竞争，因此，关键词的选择中最基本的考虑因素是网站内容、用户喜好、竞争状况。

▶ 1. 关键词选取的主要因素

(1) 内容相关。目标关键词一定要和网站内容相关。在SEO的早期，曾经流行在页面上大量堆砌搜索次数多但和网站自身毫无关系的关键词，目标是吸引流量。对于新闻门户和纯粹的依靠广告来盈利的信息类网站而言，这样的做法具有一定的适用性。但对电子商务类网站来说，这样的做法毫无意义。顾客可能会点击网站进行观看，但不会购买，即网站流量没有得到有效转化。

(2) 具有一定的竞争力。最理想的关键词就是用户搜索数量最多、大部分网站没有使用、竞争程度小的词。但实际上，大部分搜索次数多的关键词也是竞争程度强的关键词。因此，关键词的选取要在搜索数量和竞争程度间选取一个平衡点，尽可能地去寻找相对合适的关键词。

在关键词的竞争程度上，可以从搜索结果数、竞价价格、竞价结果等方面综合判断。对关键词竞争力的判定，可以利用工具来查询并得到相应的结果。例如，在关键词的搜索数量上，可以通过百度指数(index. baidu. com)来帮助判断。

上述因素只是选取关键词时需要考虑的基本问题及判断其是否合适的标准，而在具体的关键词选取和应用过程中，则需要考虑更多的因素。

▶ 2. 关键词的选取和运用的技巧

选择恰当的关键词是SEO中最需要技巧，也是最具有技巧的环节之一。在关键词的选取和应用中，有一些基本的技巧。

(1) 关键词应该具体化和形象化，不要太过空泛，减小竞争性。

(2) 研究高质量的竞争网站的关键词。

(3) 在关键词的布局上，最好有一定的结构。目前最常见的布局结构是金字塔式，这和网站的结构有关。

(4) 利用有效的工具，如百度指数、追词等分析关键词的竞争力。

(5) 关键词具有时效性，要注意关键词的波动趋势，如热点新闻、季节、节日等带来的波动。

(四) 页面和网站构架

确切地说，页面和网站构架的优化包含两个部分：网站结构的优化和网页页面的优化。

▶ 1. 优化的目的

从SEO的角度分析，优化网页和网站架构的主要目的如下。

(1) 用户体验。简单地解释，用户体验指用户浏览网站时感受到的舒适度、方便性和安全性。网站的导航系统、内部链接、网站的页面设计等因素都会影响用户的体验。更重要的原因是，用户在网站中的行为方式极有可能被计入排名算法。

此外，即使排名算法中不考虑用户体验的相关性，用户体验感良好的网站无疑也能够吸引更多的用户，增加网站流量。

(2) 收录程度。理论上，一个树形结构的网站很容易架构。但实际中，越大的网站存在的页面越多，相互之间的链接越繁杂，大、中型的网站内部链接常常异常复杂，从而影响Spider在网站内部的顺利爬行。由此，一个良好的网站结构在很大程度上影响网站在搜索引擎数据库中的收录程度。

(3) 权重分配。一般而言，网站页面的排名取决于页面的权重。而网站结构和链接是权重分配的重要影响因素。进行搜索引擎优化时，需要有意识地规划网站内各种页面的重要程度，通过链接结构把权重倾向于重要页面，提升此类页面在搜索结果中的排名。

▶ 2. 优化的内容

对大型网站而言，在站点建立的初期就应该考虑到搜索引擎优化对结构的要求。网站结构的优化具体包括导航优化、网站收录机制、域名系统的规划、URL 设计、网站地图设计、内部链接的权重分配、回避 Spider 陷阱等诸多方面。

页面优化具体包括 HTML+CSS 网页源代码内标签的优化和网页内文本的优化两个方面。其中，标题(title)标签、关键词(Keywords)类 Meta 标签、描述(Description)类 Meta 标签的优化是源代码的标签优化的重点，而词频和词序是网页内文本优化的重点。

(五) 链接

链接可以分为内链(内部链接)和外链(外部链接)，内链的 SEO 优化已经包括在网站的结构优化中，此处主要讨论外链对 SEO 优化产生的影响。

▶ 1. 相关性

相关性是评价搜索结果质量的一个指标。目前，搜索引擎相关性的判断有两个主要的出发点。一个是以网页页面上的元素为基础，如 title(标题)、关键词标签、Alt 描述等，这种相关基于网站自身，也可以称为内相关；另一个就是外部站点的链接数量，也就是考察有多少其他网站讨论并链接到网页上，来表明网页中所阐述的内容和关键词的吻合程度，这也可以称为外相关。

导入链接内容的相关性和锚文字已经成为判断相关性及排名算法的因素之一，尤其是来自其他站点的导入链接。

▶ 2. 权重及信任

搜索引擎认为，如果外部链接越多，说明网站中被链接页面的可信任程度越高，而页面的权重和信任度又会累积到整个网站的域名上。

虽然现在搜索引擎已经调整了权重在排名考虑因素中的重要性，但仍旧是重要指标之一。搜索引擎考虑网站自身的权重和可信任度的关键因素之一就是网站是否具有权值极高的外链。例如，如果网站有来自清华大学的外链，那么网站在类似于“教育”这样的领域的权重值将会得到提升。

▶ 3. 收录

页面收录是搜索引擎排名的前提和基础。首先，外链的质量和数量能够影响网站(域名)被搜索引擎搜录的总页面数量。在 SEO 的早期，PR(pagerank，网页级别)值为 5 的域名甚至可以带动百万个页面被搜索引擎搜录。其次，外链还影响 Spider 爬行的频率。外部链接越多则 Spider 重新爬行的机会越多，越频繁。某些权值高的大型网站，首页可能几分钟就会被爬行一次。

由于相关性、收录量、权重这些因素会直接导致关键词的排名，影响搜索的流量。在 SEO 的早期，一般认为，外部链接因素占据了 SEO 的 60%～70%的比重。现在，虽然搜索引擎对此比例多有调整，但外部链接对 SEO 的影响依旧十分重要。

在 SEO 的早期，一般通过网站目录提交、友情交换、寻求权威站点、诱饵链接等方式来做外链的推广。而随着互联网的发展，各种新的交流方式出现，外部链接的推广手段也越来越多样化，如BBS推广、视频推广、微博推广等。

知识链接

“Google炸弹”著名案例

“Google炸弹”(Google bomb)是指采用某些特定的方法或技术手段，通过人为增加Web网页的PR值，来篡改Google上的搜索结果(例如提升某个网页在Google的搜索排名)，使其他用户能够更容易地在Google上浏览到特定的文章或链接。

2003年10月，乔治·约翰逊成功号召人们用“miserable failure”(惨败)这个关键词作为链接文字，链接向美国白宫网站布什总统的个人介绍页面。两个月后，在Google搜索“miserable failure”和“failure”的时候，布什的个人介绍页面升到第一位。而在这个页面中，不论是miserable、failure或是miserable failure，都没有提到过。

2007年1月，Google对算法做了修正，防止“Google炸弹”的发生。在Google做了这个调整以后，大部分“Google炸弹”现象消失了。搜索“miserable failure”的时候，白宫的网页已经找不到了。

“Google炸弹”带来的启示。

(1) 外链对网页起到权重提升的作用，可以加速关键词的排名，从而提升网页权重。

(2) 锚文本可以提升关键词排名竞争力。就像Google炸弹案例中那样，“miserable failure”这个锚文本不断地指向布什总统的介绍页面，使得这个页面在短短两个月内就排名第一。

(3) 外链锚文本和页面必须具有相关性，这是当前搜索引擎看中的。

(4) 链接锚文本要多样化。

(5) 搜索引擎算法不断改变，外链要起到作用必须先被搜索引擎认可，即不要被搜索引擎认为是垃圾链接，而且外链的稳定时间也很重要，所做外链时间越久排名越稳定。

资料来源：新浪博客.

四、搜索引擎实训

(一) 实训目的

(1) 掌握百度指数的操作方法。

(2) 初步理解百度指数各个功能的含义。

(3) 能够使用百度指数查询关键词的竞争状况。

(二) 实训工具

网络设备、计算机、百度账号等。

(三) 实训内容

百度指数(index. baidu. com)是百度公司推出的一款数据分析工具。百度指数是以百度海量网民行为数据为基础的数据分析统计平台。

百度指数可以告诉用户某个关键词在百度的搜索规模、一段时间内的涨跌态势、相关的新闻舆论变化，以及关注这些词的网民的分布，同时还搜了哪些相关的词，实现关键词的数据分析。

(四) 实训步骤

第一步：查询指定关键词的相关信息(以“小黄车”为例)。

（1）进入百度指数，登录自己的百度账号。在搜索文本框中输入需要查询的关键词“小黄车”，按回车键进行搜索，如图 2-36 所示。

图 2-36 输入关键词“小黄车”

（2）在弹出的界面中选择“趋势研究”，如图 2-37 所示。在此可以查询到“小黄车”最近 7 天的搜索指数为 10 295。此外，这可以根据“时间”和“地点”来查看某一关键词的搜索状况。

图 2-37 趋势研究

（3）选择“需求图谱”，还可以搜索关键词及相关关键词的变化趋势，如图 2-38 所示，可以了解并提取扩展关键词，如小蓝车、小黄车万能密码、小黄车官网、小黄车 ofo、单车等。

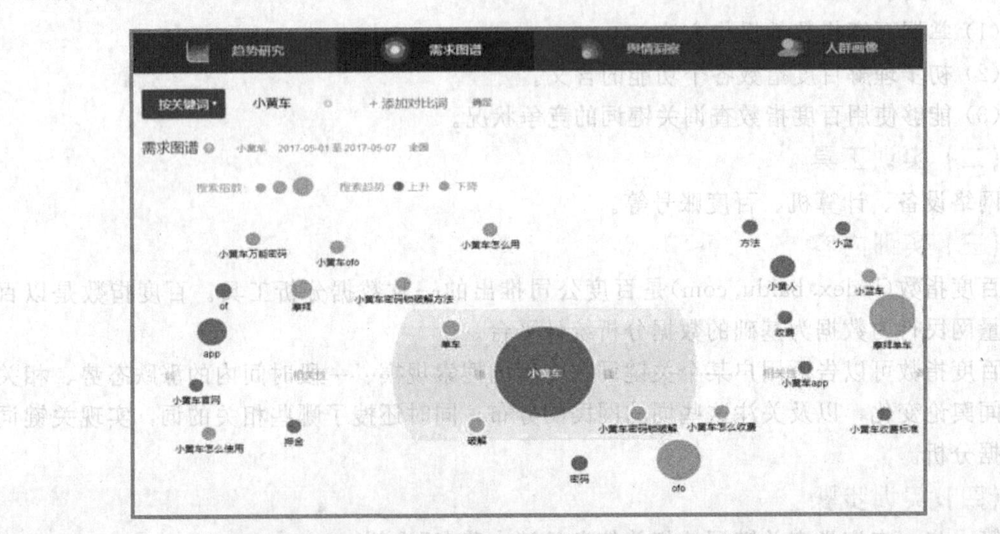

图 2-38 搜索关键词及相关关键词的变化趋势

（4）在同一个页面，还可以了解到同一个关键词在搜索中与其他关键词的相关性、目前的热门关键词等信息，如图 2-39 所示，可以了解并提取相关关键词，如密码、小黄车密码锁破解、破解等。

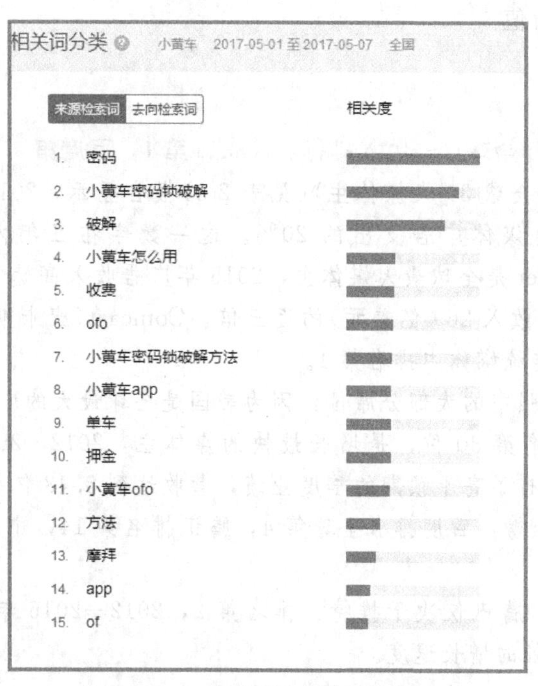

图 2-39 了解并提取相关关键词

（5）选择其他项目，可以查看关键词的热度、关注人群等信息。

第二步：初步利用百度指数分析关键词。

（1）按照第一步中介绍的操作步骤，填写表 2-2。

表 2-2 关键词使用分析

序号	关键词	搜索指数			扩展关键词(至少 20 个)	相关的关键词(10 个)
		30 天	90 天	180 天		
1	电子商务					
2	网络营销					
3	电商平台					
4	微博推广					
5	ofo					
6	游戏					
7	黄马					
8	软件下载					
9	马甲					
10	移动支付					
备注						

(2) 在完成表 2-2 的基础上，选择其中的 6 个关键词并再次查询，列举 10 个扩展关键词。

(3) 在表 2-2 中选择 4 个关键词，说明其相关关键词可能存在的原因，并思考这些相关关键词存在的使用价值。

拓展阅读

全球广告收入排行：Google 第 1，百度第 4

据 Zenith 发布的《全球 30 大媒体主》(见表 2-3)报告显示，2016 年，Google 与 Facebook 赚取了全球所有媒体广告支出的 20%。这一数字在五年内上升了 9 个百分点。Google 母公司 Alphabet 是全球最大媒体主，2015 年广告收入高达 794 亿美元，是第 2 名 Facebook(2016 年广告收入 269 亿美元)的近三倍。Comcast(康卡斯特)排名第 3，广告收入为 129 亿美元，在传统媒体中排名第 1。

美国公司占据 30 强中的大部分席位，因为美国是全球最大的广告市场。

Twitter(推特)排名第 30 位，是增长最快的媒体主，2012—2016 年广告收入增长了 734%。该公司上周发布了高于预期的季度业绩，营收达到 5.48 亿美元。

中国有三家公司上榜：百度排名全球第 4，腾讯排名第 14，中央电视台(CCTV)排名第 20。

按增长速度计算，腾讯仅次于推特，排名第 2，2012—2016 年广告收入增长 697%，超过 Facebook 的 528%的增长速度。

表 2-3 全球 30 大媒体主列表(2016 年)

排名	公司名称	排名	公司名称	排名	公司名称
1	Alphabet	11	Viacom	21	Verizon
2	Facebook	12	Time Warner	22	Mediaset
3	Comcast	13	Yahoo	23	Discovery Communications
4	Baidu	14	Tencent	24	TEGNA
5	The Walt Disney Company	15	Hearst	25	ITV
6	21st Century Fox	16	Advance Publications	26	ProSiebenSat. 1 Group
7	CBS Corporation	17	JCDecaux	27	Sinclair Broadcast Group
8	iHeart Media Inc.	18	News Corporation	28	Axel Springer
9	Microsoft	19	Grupo Globo	29	Scripps Networks Interactive
10	Bertelsmann	20	CCTV	30	Twitter

资料来源：月光博客.

项目小结

网络营销是传统营销理论与互联网技术相结合的产物，吸取了传统营销中的直销、关系营销、整合营销、数据库营销等理论的优点。网络营销的主要方法有微信营销、病毒营销、水军营销、搜索引擎营销、论坛营销等。网络营销的功能主要体现在信息发布、商品销售、市场调研、信息沟通等方面。因为互联网经济也被称为"眼球经济"，所以如何博得消费者的关注度是网络营销能否成功的关键。

网络市场调查是网络营销活动的重要组成部分，通过网络市场调查可以帮助企业回避市场风险、寻找市场机会，为企业制定营销策略提供依据。网络市场调查的方法有网上直接调研法和网上间接调研法。企业可根据调查的内容选择合适的调查方法，利用互联网收集可靠的数据，并分析数据结果，最终形成市场调研报告。互联网环境下，随着调查方法发生改变，问卷编排、发放与回收方式也发生了改变，我们可以借助一些问卷编辑软件，如问卷星平台，随时随地寻找合适的群体进行问卷发放、回收与分析。

电子邮件营销是一种很有效的网络营销手段，企业通过电子邮件的方式向用户及潜在用户传递有价值的信息。电子邮件营销包含用户许可、电子传递、信息价值三个基本要素，三者缺一不可。电子邮件营销具有营销范围广，操作简单、效率高，成本低廉，应用范围广，针对性强、反馈率高等特点。企业应按照一定的流程开展电子邮件营销活动，并注意不要滥发邮件、邮件主题明确等事项。当前，企业可选择的邮件群发软件有很多，本项目以365邮件群发软件为例介绍了企业进行电子邮件群发的具体操作。

搜索引擎营销是网络营销中最独特的营销方式，是独立于传统营销的方法和理念而形成的一种全新的营销方法。搜索引擎营销的内容可以概括为两个方面：一方面是搜索引擎优化，这是搜索引擎营销中最重要的部分和核心；另一方面则可以统称为相关应用，包括关键词广告和竞价排名等，这些应用都是在搜索引擎优化的基础上开发出来的延伸应用。

思考与练习

一、单项选择题

1. 市场营销观念演化过程中，具有里程碑意义的观念是(　　)。

A. 推销观念　　B. 产品观念

C. 市场营销观念　　D. 社会营销观念

2. 利用网络利用者之间的主动传播，使信息内容像病毒一样蔓延，进而达到推广目的的营销形式为(　　)。

A. 病毒营销　　B. 水军营销　　C. 论坛营销　　D. 软文营销

3. 下列各项中，(　　)不是网络市场调研法的优点。

A. 节省人力成本　　B. 调研速度快

C. 调查问卷的回收率较高　　D. 节省物力成本

4. 搜索引擎优化的英文缩写是(　　)。

A. SEO　　B. SEM　　C. SOM　　D. SME

5. 通过搜索引擎查询“电子商务”或“营销”的内容，正确的检索方式为(　　)。

A. 电子商务(营销)　　B. 电子商务营销

C. 电子商务 and 营销　　D. 电子商务＋营销

二、多项选择题

1. 网络营销的特点有(　　)。

A. 易操作性　　B. 高效性　　C. 技术性　　D. 融合性

2. 网络营销的主要功能有(　　)。

A. 信息发布　　B. 直接销售

C. 信息沟通　　D. 网上市场调研

3. 网络市场调查的流程包括(　　)。

A. 确定调查项目　　B. 确定调查方法

C. 收集信息　　D. 形成调查报告

4. 开展电子邮件营销要做到(　　)。

A. 邮件内容力求简洁　　B. 邮件内容采用附件形式

C. 可以频繁发送邮件　　D. 邮件主题要明确

5. 下列各项中，(　　)属于搜索引擎营销。

A. SEO　　B. 百度推广　　C. 网页横幅广告　　D. 竞价排名

三、思考题

1. 简述网络营销与传统营销的区别。

2. 网络营销的主要方法有哪些？

3. 网上直接调查的途径有哪些？

4. 电子邮件群发的注意事项有哪些？

5. SEO 和竞价排名各自的优势是什么？

3 项目三 电子支付

学习目标

【知识目标】

1. 掌握电子支付的含义和特点。
2. 了解第三方支付的含义和支付流程。
3. 掌握网上银行的分类和网上银行的功能。
4. 了解移动支付的含义和特点。

【技能目标】

1. 能够独立申请支付宝账户和利用支付宝进行网上支付。
2. 能够独立开通网上银行和利用网上银行进行支付。
3. 能够独立开通和使用银联云。

【素质目标】

1. 提高电子支付的风险防范意识。
2. 能进行安全的电子支付操作。
3. 养成使用移动支付的消费习惯。

项目导入

盘点 2016 年全球十大银行裁员案

2016 年，基于经济下行、利率市场化、金融脱媒、金融科技企业崛起等社会背景，银行经营规模快速扩张、盈利高速增长的黄金时期宣告结束，而网点关闭、裁员、增速放缓成为全球银行业 2016 年发展的主旋律。毕马威发布的一份报告称，2030 年，银行将“消失”。业内在关注银行业未来发展的同时，也在忧心未来银行从业人员会面临怎样的境遇。2016 年全球银行业裁员数目触目惊心，以下是 2016 年银行业计划裁员 Top10 榜单。

第 1 名德意志银行：2015 年 10 月，德银曾宣布裁员 9 000 人，2016 年 10 月又传出消息称，裁员规模可能翻倍，将额外再裁员 1 万人。德意志银行不仅裁员，薪酬也在降低，数据显示，2016 年第二季度员工薪酬和福利较 2015 年第二季度下降 14%，人均薪酬则减少了4 134欧元(约人民币3万元)。

第2名德国商业银行：德国商业银行计划裁员9 600人，占员工总数的18%，其中德国地区将减少8 450名员工。

第3名劳埃德银行：2016年劳埃德银行共裁员8 680人左右，关闭300个左右分支机构，大部分所裁人员主要集中在零售银行、抵押贷款发放、技术与风险操作部门。

第4名渣打银行：2016年11月28日，消息人士透露，渣打银行计划在全球范围内，在其企业和机构银行部门削减10%的工作岗位，涵盖高、中、低层岗位。

第5名美国银行：2016年3月初，美国银行在交易和投行部门裁员150人左右。2016年6月中旬的一次会议上，美国银行零售银行部门总裁Thong Nguyen讲话时称，该银行准备在零售银行部门最多裁员8 000人。

第6名瑞士信贷集团：2016年3月初，瑞士信贷集团表示2016年将裁员6 000人。

第7名荷兰国际集团：2016年11月14日，荷兰国际集团宣布将在未来五年内裁掉13%的员工，约5 800人。

第8名西班牙大众银行：2016年9月20日，西班牙第五大银行集团西班牙大众银行计划裁减最多3 000名员工，并关闭总数为2 000多家的分支银行中的约300家，该裁员计划波及20%的员工。

第9名苏格兰皇家银行：2016年3月至今，苏格兰皇家银行(RBS)宣称裁掉2 700余名员工，受到影响的分支机构主要位于苏格兰、威尔士和英格兰西南部。在过去两年中，该银行关闭的分支机构已经达到32家。

第10名西雅那银行：2016年10月底，意大利西雅那银行集团宣称，计划裁员2 600人，并补充称其将在2019年以前关闭大约500个分支银行，这意味着其分支银行总数将从目前的2 000家减少至1 500家左右。

与欧洲银行业不同，2016年中国银行业没有裁员，但是减员的情况已经开始出现。据2016年银行中报显示，截至6月30日，工农中建四大行员工均出现大量减少，共逾25 260人。与2015年年末相比，中国银行员工总数减少6 881人；农业银行减少4 023人；工商银行减少7 635人；建设银行减少6 721人；招商银行减少7 768人。中国银行业减员的原因很多，包括退休人员增加引起的自然减员、员工的自主选择等，但是，银行员工数量减少和现在的电子银行替代率提升也有关系。金融科技的崛起正在改变用户的交易习惯，随着网络银行、手机银行、微信银行的日益普及，传统柜面业务都在向电子渠道转移，银行实体网点的回报率正在逐年降低，这必然导致裁员现象的产生。

资料来源：壮士断腕、裁员自救？盘点2016年全球十大银行裁员案．中国电子银行网．

任务一 电子支付概述

一、电子支付的含义及特点

(一) 电子支付的含义

电子支付是指用户通过电子终端，以计算机和通信技术为手段，以电子信息传递的形式，直接或间接地向银行业金融机构发送支付命令，实现货币支付与资金流通的交易行为。

(二) 电子支付的特点

与传统的支付方式相比，电子支付利用先进的电子通信手段，因此具有方便、快捷、高效、经济的优势，同时还具有以下特点。

▶ 1. 货币载体的性质不同

传统支付中，货币的载体为具有一定物理形态、大小、质量和印记的实物；而电子货币是一种虚拟形式的货币，它采用数字脉冲代替纸张等载体进行传输和显示金额，通过芯片进行处理和存储。同时，传统货币是以中央银行和国家信誉为担保的货币，一般具有非匿名性，交易当事人以外的第三方通过技术手段可以知晓货币的流向、支付金额和交易对象等信息；而电子货币的发行机构有很多，匿名性强。

▶ 2. 技术要求不同

传统支付中，交易双方通过面对面的形式，实现一手交钱一手交货，完成货币所有权的转移，并不需要复杂的技术手段；而电子支付中使用的是虚拟现金，且对电子设备的软、硬件要求都比较高。

▶ 3. 参与方的数量不同

一般来说，传统支付中只涉及买卖双方；而电子支付过程比较复杂，为了保证支付的安全，还需要认证机构、支付网关和安全支付协议等机构或部门的参与。

▶ 4. 形式多样

传统支付形式单一，以纸币和金属货币为主要形式；而随着计算机网络技术的进步，新的电子支付形式不断出现，在这种背景下，商家需要不断升级支付系统，满足消费者各种电子支付工具的使用需求。

二、电子支付的种类

电子支付的业务类型多样，按电子支付指令发起方式的不同，可分为网上支付、电话支付、移动支付、销售点终端支付、自助柜员机支付等。

(一) 网上支付

网上支付也称网络支付，是以互联网为基础，以商用电子工具和各类交易卡为媒介，为交易客户提供货币流转的现代化支付结算手段。一般包含现金流动、资金清算、查询统计等环节。

(二) 电话支付

电话支付是电子支付的一种线下实现形式，是指消费者使用电话(固定电话、手机)或其他类似电话的终端设备，通过银行的支付系统从账户里直接完成资金转移的支付方式。电话支付进一步可以分为人工服务的电话支付、自动语音服务的电话支付，以及人工服务与自动语音服务综合的电话支付。

(三) 移动支付

移动支付是使用移动设备通过无线方式完成支付行为的一种新型支付手段，移动支付所使用的移动终端可以是手机、PDA、移动 PC 等。

（四）销售点终端支付

销售点终端是一种多功能终端，把它安装在信用卡的特约商户和受理网点中，并与网络相连，就能实现电子资金自动转账，具有支出消费、预授权、余额查询和转账等功能。

（五）自助柜员机支付

自助柜员机支付俗称 ATM 支付，是指消费者通过设置在公共场所的自助柜员机，完成现金存取、余额查询、本行转账、跨行转账、修改密码等功能。有些多功能的自助柜员机还能提供外汇查询、存折打印、对账单打印、支票存款、缴费、充值等便捷服务。

三、电子支付系统的构成

电子支付系统是一个由支付方、商户、支付网关、认证机构和金融专用网等各方所构成的系统。支付系统应该在安全电子交易 SET 协议或安全套接层 SSL 协议等安全控制协议下工作，以保证电子支付的安全。

（一）支付方

支付方是指电子交易过程中付款的一方，支付方利用自己的电子支付工具发起支付命令，是支付系统运作的起点。

（二）商户

商户是指交易过程中有债权的一方，它根据支付方发起的支付命令向签约银行请求货币给付，也是支付命令的接受方。

（三）支付网关

支付网关是公用网和金融专用网之间的接口，通过互联网完成的交易支付信息必须通过支付网关才能进入银行支付系统，进而完成支付命令的授权和获取。

（四）认证中心

认证中心是为支付参与方发放数字式身份信息的机构，为保证支付操作的安全性，交易过程中各参与方身份的鉴别必不可少。当数字身份证书到期时，认证中心还负责作废和回收数字证书。

除以上各参与方外，电子支付系统中还包含支付工具和支付协议等。

拓展阅读

中国人民银行清算总中心及系统构成

中国人民银行清算总中心是中国人民银行直属的事业法人单位，是为中央银行、商业银行和全社会提供支付清算及相关服务的全国性金融服务组织。清算总中心负责建设、运行、维护、管理的支付清算系统包括大额实时支付系统（HVPS）、小额批量支付系统（BEPS）、全国支票影像交换系统（CIS）、境内外币支付系统（CFXPS）、电子商业汇票系统（ECDS）和网上支付跨行清算系统（IBPS）。

大额实时支付系统于 2002 年 10 月 8 日投产试运行，2005 年 6 月 24 日推广至全国。该系统主要处理同城和异地的大额贷记支付业务和紧急的小额贷记支付业务。大额支付指令逐笔实时发送、全额清算资金，主要为银行业金融机构和金融市场提供快速、高效、安全、可靠的支付清算服务，是支持货币政策实施和维护金融稳定的重要金融基础设施。第二代支付系统已于2013年10月8日成功上线运行，并于2015年4月底完成全国推广。

小额批量支付系统于2005年11月28日投产试运行，2006年6月26日推广至全国。该系统主要处理同城和异地纸凭证截留的借记支付业务，以及每笔金额在规定金额起点以下的小额贷记支付业务。支付指令批量发送，轧差净额清算资金，主要为社会提供低成本、大业务量的支付清算服务。

全国支票影像交换系统于2006年12月18日投产试运行，2007年6月25日推广至全国。该系统主要通过影像、支付密码、数字签名等技术，将纸质支票转化为影像和电子信息，实现纸质支票截留，利用信息网络技术将支票影像和电子清算信息传递至出票人开户行进行提示付款，实现支票的全国通用。

境内外币支付系统于2008年4月28日投产，该系统以清算处理中心为核心，由直接参与机构等单一法人集中接入，由代理结算银行进行银行间外币资金结算。清算处理中心负责外币支付指令的接收、存储、清分、转发，并将参与者支付指令逐笔实时清算后，分币种、分场次将结算指令提交结算银行结算。结算银行是人民银行指定或授权的商业银行，为直接参与机构开立外币结算账户，负责直接参与机构之间的外币资金结算。目前开通了港币、英镑、欧元、日元、加拿大元、澳大利亚元、瑞士法郎和美元8种货币支付业务，满足了国内对多种币种支付的需求，提高了结算效率和信息安全性。

电子商业汇票系统于2009年10月28日在北京、上海、山东、深圳四地投产试运行，并于2010年6月28日推广至全国。该系统依托网络和计算机技术，接收、登记、转发电子商业汇票数据电文，提供与电子商业汇票货币给付、资金清算行为相关服务并提供纸质商业汇票登记、查询和商业汇票(含纸质、电子商业汇票)公开报价服务的综合性业务处理平台。电子商业汇票系统的建立，大大降低了票据操作风险，同时为金融机构统一管理票据业务提供了基础平台和技术手段。

网上支付跨行清算系统作为第二代支付系统的核心业务子系统，已于2010年8月30日先期投产运行，并于2011年1月24日推广至全国，主要支持网上支付等新兴电子支付业务的跨行(同行)资金汇划处理。网上支付跨行清算系统采取实时传输及回应机制，可处理跨行支付、跨行账户信息查询，以及在线签约等业务。客户通过商业银行的网上银行可以足不出户办理多项跨行业务，并可及时了解业务的最终处理结果。

资料来源：中国人民银行清算总中心网站.

任务二 第三方支付

一、第三方支付的含义及分类

(一) 第三方支付的含义

第三方支付的含义有狭义和广义之分。狭义的第三方支付是指由非银行的第三方机构投资运营的网上支付平台，基于第三方支付的中介作用，消费者和商家之间的支付业务委托第三方支付公司来完成。广义的第三方支付是指独立于商户和银行，为商户和消费者提供支付结算服务的机构。

（二）第三方支付的分类

目前的第三方支付平台的经营模式主要有两种。

1. 支付网关模式

第三方支付平台与银行密切合作，将多种支付方式整合到一个界面上，为商家提供了一个可以兼容多家银行支付方式的接口平台，充当电子商务交易各方与银行的接口，消费者通过第三方支付凭条付款给商家。例如，线下第三方支付“拉卡拉”便属于支付网关模式。

2. 信用中介模式

第三方支付平台在与银行相连并完成支付功能的同时，为了增强线上交易双方的信任度，完成信用中介的功能，以此实现代收代付和信用担保。消费者选购商品后，使用第三方支付平台提供的账户支付货款，由第三方平台通知商家货款到达并进行发货，消费者收货验货后通知第三方支付平台付款给商家，此时第三方支付平台再将货款转到商家账户。

二、第三方支付的优点

与传统支付手段相比，第三方支付的优点主要体现在以下几个方面。

（一）降低社会交易成本

银行加快了处理速度和效率，企业减少了人力和时间成本。通过第三方支付平台实现企业与多家银行的连接，减少了开发和维护成本，降低了交易取消或延迟、付款失败、信用欺诈的风险，提高交易的成功率。

（二）增强企业竞争力

企业的交易效率和效益得到提高，促进了许多新型创新服务形式的出现，企业的业务覆盖区域不断扩大，消费者在支付手段上有更多的选择。第三方支付平台的中介作用促使消费者消除对中小商家的疑虑，减少消费者在非对面性交易过程中对不可预见因素的担心。

（三）提高交易诚信

第三方支付可以向社会提供信用担保，可以承担因不安全而出现索赔等方面的经济问题和法律责任，因此其本身具有承担风险的能力，同时又向社会履行法律保证的义务。

（四）促进产业发展

第三方支付模式的存在，帮助银行拓展了电子银行业务的范围，推动了B2C、C2C业务的发展，使银行、企业能够专注于产品服务设计与市场推广。第三方支付平台客观、中立地处理交易，维护各方的合法权益，使各方各负其责，实现优势互补。

三、第三方支付的问题

（一）沉淀资金及其孳息归宿问题

沉淀资金是指闲散放置在社会上，未被聚积起来加以利用的资金。一般来说，第三方支付中沉淀资金的形成途径有在途资金、买方的预付货款、卖方的暂存货款、卖方的保证金，其中，主要来源为在途资金，在途资金的产生源于支付过程中二次结算产生的时间差。如图 3-1 所示，买方在选择好商品后，首先把资金暂时存入第三方支付平台(第一次结算)，等待买方收到商品确认满意后，第三方支付平台才把暂时存放于本平台的买方资金转发给商家(第二次结算)，两次结算过程中出现时间差。在这段时间差内，第三方支付平台可以把部分由第三方支付平台托管的资金存放于银行，从而获取利息，这部分利息也称为孳息。中国人民银行于 2011 年 11 月 4 日起草《支付机构客户备付金管理暂行办法征求意见稿》向社会征求意见，其主流观点为根据孳息应当归原物所有人的原理，确定孳息应该归网上消费者或商户所有。另一种观点为由于单个客户的资金量不大，在途周期太短，实际中很难把利息收入返给网上消费者或商户，并且第三方支付机构也不可能让渡利益。而后，2013 年 6 月 7 日，《支付机构客户备付金存管办法》正式发布并实施，原本征求意见稿中关于孳息归属的内容被删除，也就是说，没有对孳息归属做出明确规定。

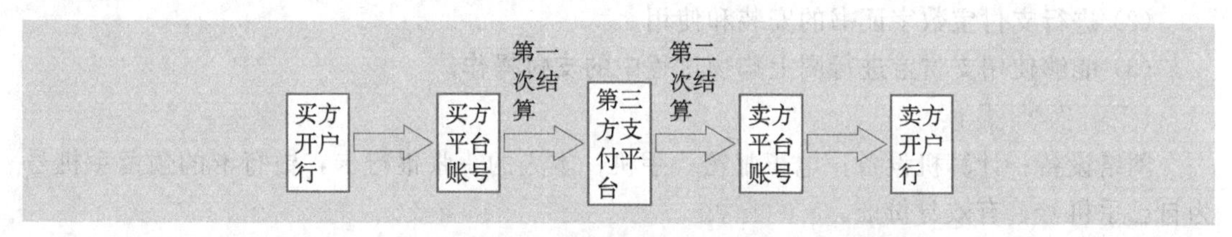

图 3-1 第三方支付的流程及在途资金产生的途径

(二) 洗钱问题

目前，因网络支付平台漏洞屡屡被犯罪团伙用于转移赃款、套现获利，很多第三方支付公司被公安部列为重点监管和整改对象。2015 年，通过第三方支付平台交易的资金就超过 20 万亿元，而电信网络诈骗等犯罪团伙利用第三方支付平台转移赃款和洗钱的案件在全国频发，不少案件中涉案金额超过千万元。利用第三方支付平台进行洗钱的途径如图 3-2 所示。一般来说，洗钱途径分为处置阶段、分层阶段和融合阶段。在处置阶段，犯罪分子把现实货币存入多个第三方平台账户，进行现实货币向虚拟货币的转换。在分层阶段，犯罪分子通过第三方平台账户，在自己控制的网站或其他合法网站进行购物活动。在融合阶段，犯罪分子把从自己控制的网站购买商品所获得的虚拟现金存入银行，伪造成犯罪分子的合法收入；犯罪分子也可以把从其他合法网站买到的商品进行再次转卖，得到现实货币，存入银行，伪造成犯罪分子的合法收入。

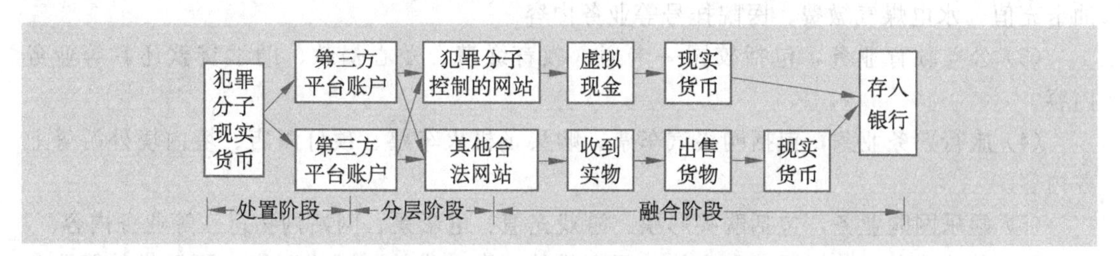

图 3-2 利用第三方平台进行洗钱的途径

知识链接

非金融机构开展第三方支付的企业需要取得《支付业务许可证》，根据《非金融机构支付服务管理办法》，取得《支付业务许可证》的基本要求如下：①非金融机构提供支付服务，应依据规定取得《支付业务许可证》成为支付机构，并接受中国人民银行监督管理。②申请人拟在全国范围内从事支付业务的，注册资本最低为1亿元；拟在省(自治区、直辖市)范围内从事支付业务的，注册资本最低为3千万元。③《支付业务许可证》自颁发之日起，有效期5年。④非金融机构支付服务的监管范围包括网络支付、预付卡的发行与受理、银行卡收单，以及中国人民银行确定的其他支付服务。⑤支付机构的实缴货币资本与客户备付金日均余额的比例不得低于10%。

四、第三方支付实训

(一) 实训目的

(1) 掌握支付宝的注册流程。

(2) 进行支付宝数字证书的安装和使用。

(3) 能够使用支付宝进行网上购物过程中的支付操作。

(二) 实训工具

网络设备；计算机设备；电子邮箱；手机；本人的一张银行卡，银行卡的预留手机号为自己手机号；有效身份证。

(三) 实训内容

支付宝(中国)网络技术有限公司是由阿里巴巴集团于2004年12月创立的第三方支付平台，是阿里巴巴集团的关联公司。支付宝不仅从产品上确保用户在线支付的安全，同时让用户通过支付宝在网络上建立起相互的信任，为建立纯净的互联网环境迈出了非常有意义的一步。支付宝的最大特点是采用“收货满意后，卖家才能拿到钱”的支付规则。目前，支付宝同国内工商银行、农业银行、建设银行、招商银行、上海浦发银行等各大商业银行，以及中国邮政、VISA国际组织等各大机构均建立了深入的战略合作，不断根据客户需求推出创新产品。同时，支付宝在国外的使用范围也在不断扩大。

▶ 1. 支付宝个人业务

(1) 转账收款业务，包括转账到银行卡、转账到支付宝、AA收款项目、亲密付、红包、手机支付业务等业务内容。

(2) 生活便民业务，包括手机充值、信用卡还款、有线电视缴费、固定宽带缴费、加油卡充值、水电煤气缴费、医院挂号等业务内容。

(3) 公益教育业务，包括校园一卡通、教育缴费、爱心捐款、助学贷款还款等业务内容。

(4) 旅行票务业务，包括购买汽车票、购买飞机火车票、预订酒店、境内境外游等业务内容。

(5) 娱乐网购业务，包括购买彩票、游戏充值、电影票、网站购物付款等业务内容。

(6) 其他业务，包括话费卡充值、网商贷款、淘宝贷款、网购还贷、阿里贷款等业务内容。

▶ 2. 支付宝商家业务

(1) 收款业务，包括通过电脑、手机、App、二维码进行收款等业务内容。

(2) 增值服务业务，包括蚁盾风险评估、蚁盾风险评分等业务内容。可以有效识别存在机器注册、恶意刷单、黄牛抢购等问题的手机号，帮助用户降低业务经营风险，提高用户管理能力。

(3) 集分宝批量自助发放业务，签约完成后，可自助批量发放支付宝通用积分“集分宝”给买家，发放时间及数额可以自由掌控，更好地满足商家自身活动及促销的需要。

(4) 海关报关业务，可以通过支付宝轻松完成支付单向海关的申报。

(四) 实训步骤

第一步：支付宝账户的申请。

下面以通过邮箱地址注册支付宝账户为例，介绍支付宝账户申请的操作步骤。

(1) 登录支付宝网站(www. alipay. com)，单击“注册”，进入支付宝注册界面，如图 3-3所示。输入注册用的邮箱地址和验证码，勾选“同意《支付宝服务协议》”，单击“下一步”按钮。

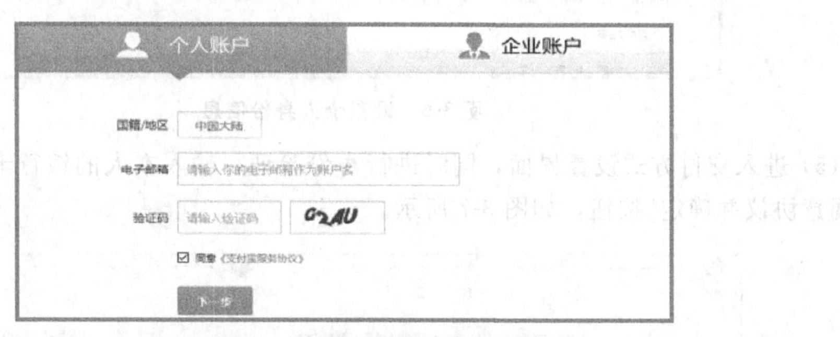

图 3-3 支付宝注册界面

(2) 输入个人手机号码和通过手机得到的校验码，如图 3-4 所示。单击“下一步”按钮，此时，验证邮件会发送到注册用的个人邮箱里。

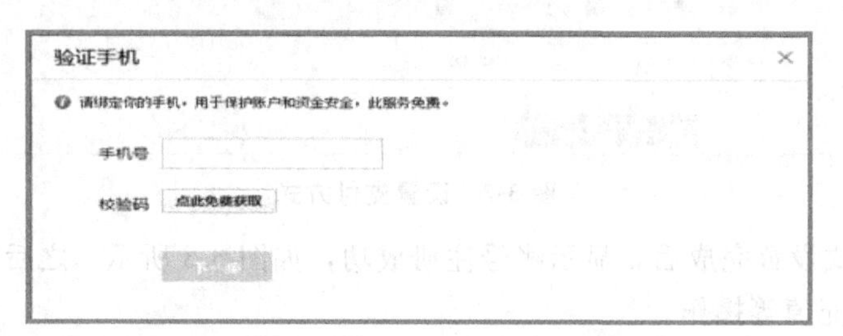

图 3-4 输入个人手机号和校验码

(3) 登录注册时使用的个人邮箱，打开支付宝注册激活邮件，单击“继续注册”，如图 3-5 所示。

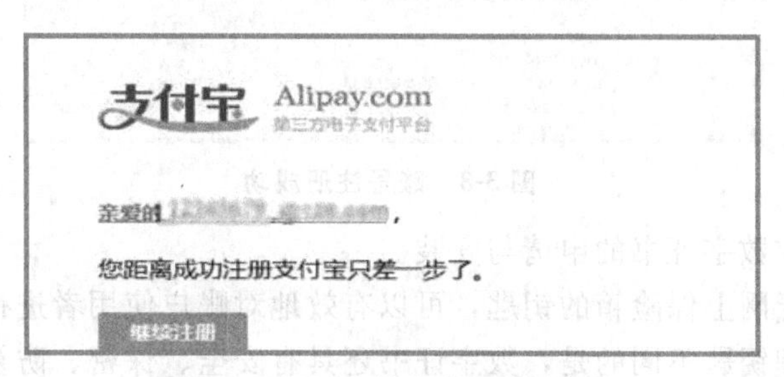

图 3-5 打开支付宝注册激活邮件

(4) 进入个人身份信息设置界面，设置登录密码、支付密码及身份信息，如图 3-6 所示。按要求设置登录密码和支付密码，个人信息必须准确填写，填写后不能修改，最后单击“确定”按钮。

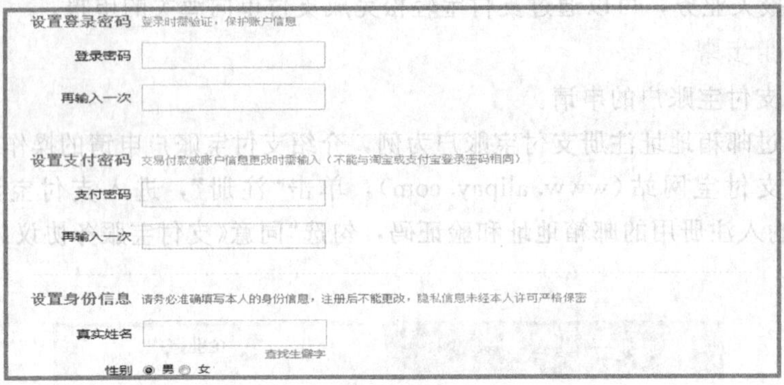

设置登录密码 登录时需验证，保护账户信息
登录密码
再输入一次
设置支付密码 交易付款或账户信息更改时需输入（不能与淘宝或支付宝登录密码相同）
支付密码
再输入一次
设置身份信息 请务必准确填写本人的身份信息，注册后不能更改，隐私信息未经本人许可严格保密
真实姓名
查找生僻字
性别 男 女

图 3-6　设置个人身份信息

(5) 进入支付方式设置界面，同时进行身份验证，输入本人的银行卡号，并绑定，单击“同意协议并确定”按钮，如图 3-7 所示。

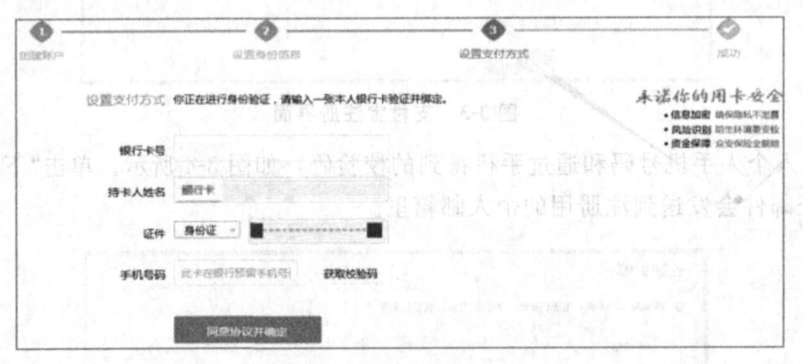

图 3-7　设置支付方式

(6) 支付方式设置完成后，显示账号注册成功，如图 3-8 所示。之后可以关联银行卡，进行支付宝账户充值等操作。

图 3-8　账号注册成功

第二步：支付宝数字证书的申请与安装。

数字证书相当于网上保险箱的钥匙，可以有效地对账户使用者进行确认，增强账户使用的安全性。与物理钥匙不同的是，数字证书还具有安全、保密、防篡改的特性，可对网上传输的信息进行有效保护，增强传递的安全性。拥有支付宝数字证书的用户可以进行安

全的支付宝业务的办理，如资金的流转等业务。如果没有安装数字证书，支付宝的有些功能也会受到限制。

（1）进入支付宝个人界面，如图 3-9 所示，单击界面右上角的“安全中心”。

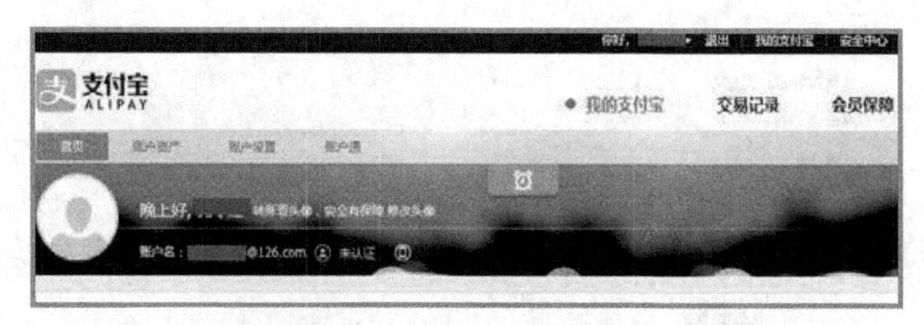

图 3-9 支付宝个人界面

（2）进入“安全管家”界面，单击数字证书右侧的“申请”，如图 3-10 所示。

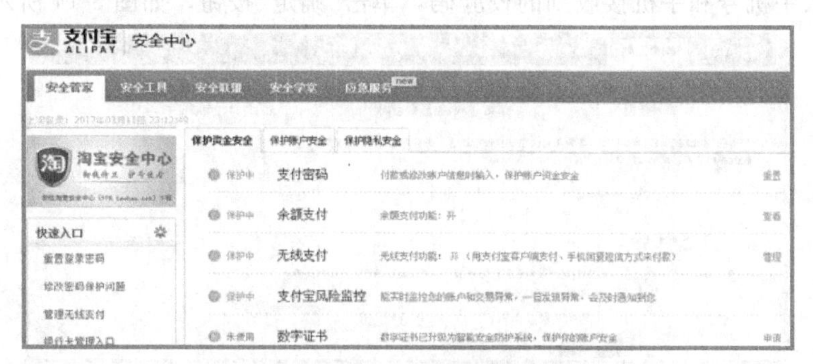

图 3-10 进入“安全管家”界面

（3）如果是首次申请支付宝的数字证书，则弹出图 3-11 所示的提示，单击“立即安装”按钮。

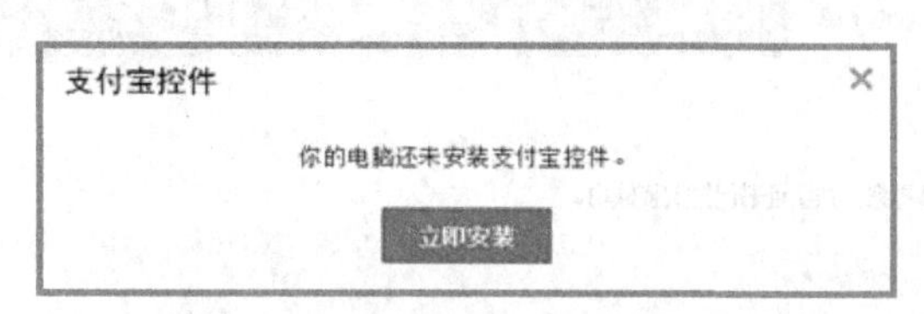

图 3-11 首次申请支付宝的数字证书

（4）单击“申请数字证书”按钮，如图 3-12 所示。

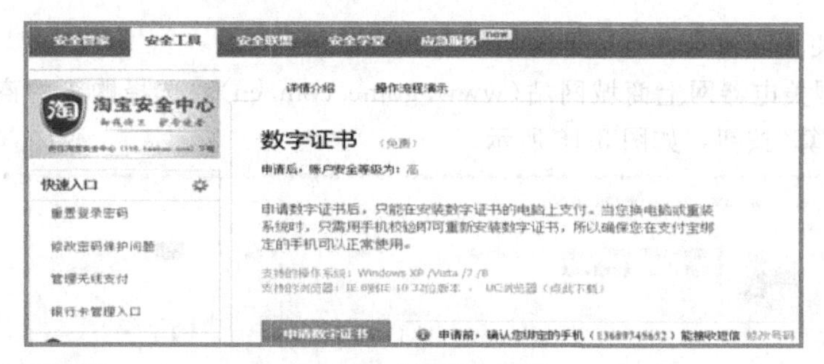

图 3-12 申请数字证书

（5）输入个人身份证号、数字证书的使用地点及验证码，单击“提交”按钮，如图 3-13 所示。

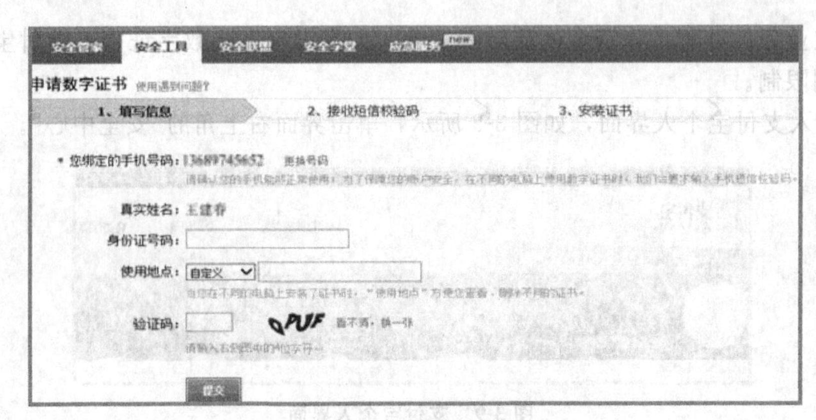

图 3-13　填写信息

(6) 输入手机号和手机接收到的校验码，单击“确定”按钮，如图 3-14 所示。

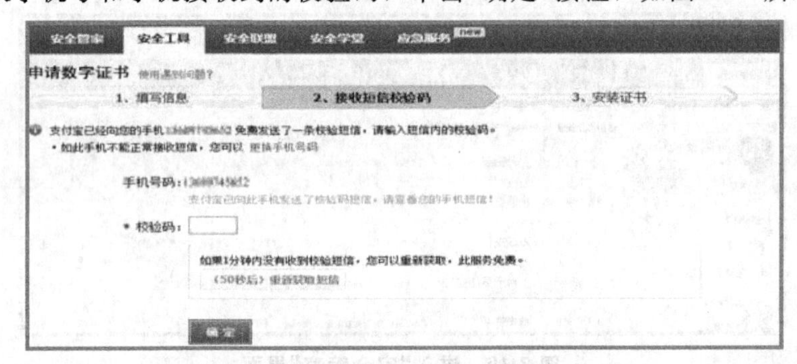

图 3-14　输入手机号和手机接收到的校验码

(7) 安装数字证书，并显示安装成功，如图 3-15 所示。

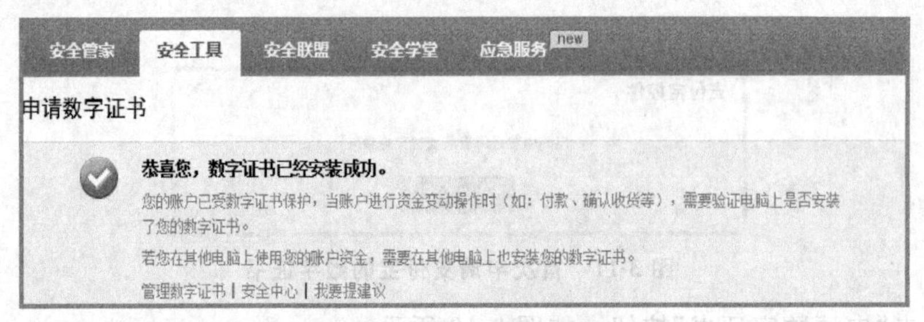

图 3-15　数字证书安装成功

第三步：使用支付宝进行网上购物。

(1) 登录国美电器网上商城网站(www.gome.com.cn)，选择购买的商品，加入购物车，单击“去结算”按钮，如图 3-16 所示。

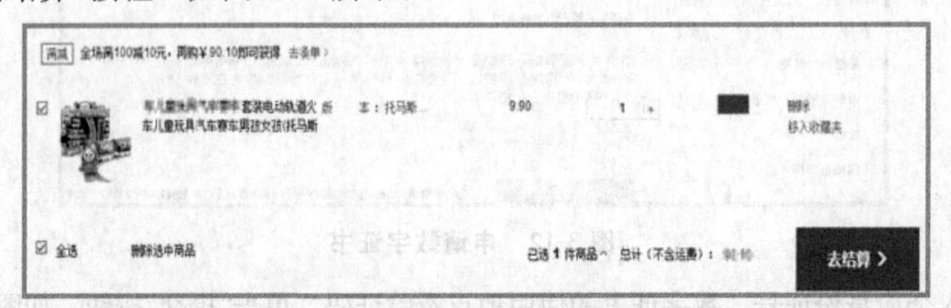

图 3-16　在网上商城购物

（2）选择支付方式为“在线支付”，如图 3-17 所示。选择完成后，单击“提交订单”按钮。

图 3-17　选择“在线支付”

（3）选择支付平台为“支付宝”，如图 3-18 所示。

图 3-18　选择支付平台

（4）进入支付宝支付界面，选择扫一扫支付或登录账号支付中的一种，如图 3-19 所示。此处以“登录支付宝账户付款”为例，输入账户名和支付密码，单击“下一步”按钮。

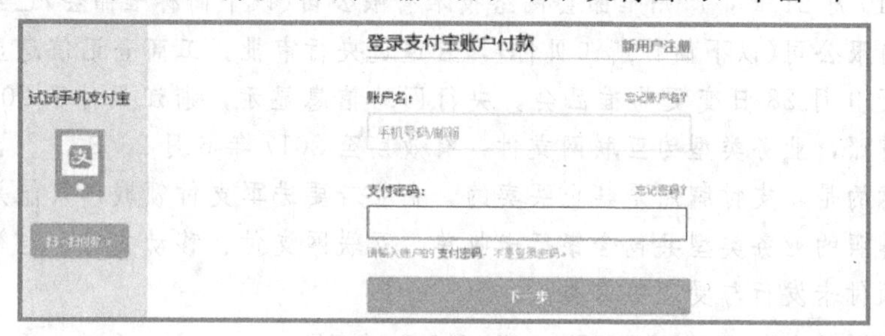

图 3-19　选择支付方式

（5）确认支付金额后，输入支付宝支付密码，单击“确认付款”按钮，如图 3-20 所示。

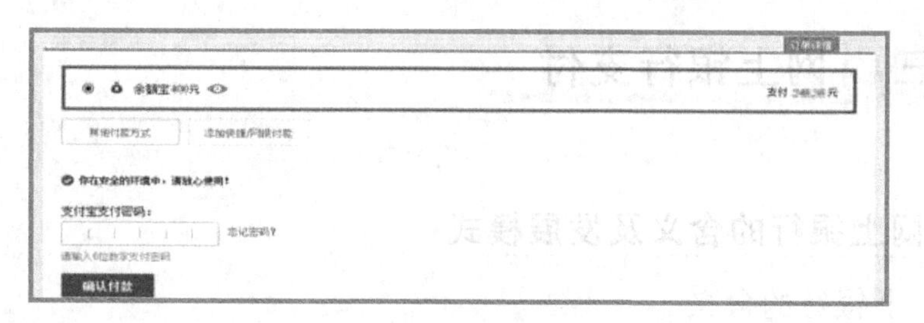

图 3-20　确认付款

（6）最后显示支付成功，等待发货，如图 3-21 所示。

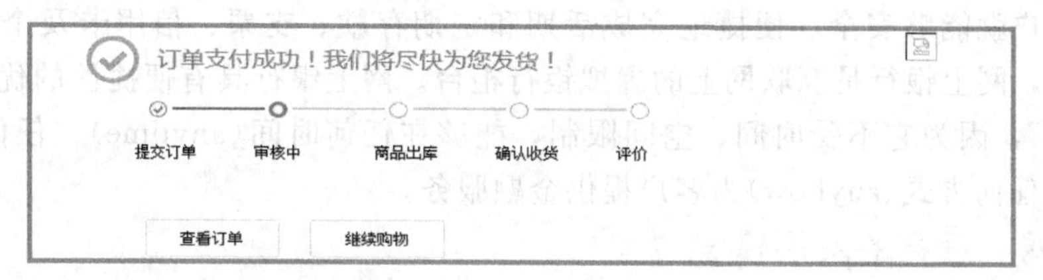

图 3-21　支付成功，等待发货

拓展阅读

第三方支付全国仅267张牌照，一张炒到5亿

据中国电子商务研究中心监测数据显示，2016年第一季度，第三方支付交易规模达62 011亿元，同比增加2倍；2016年第二季度交易规模达93 400亿元，环比增长率高达51%。2016年第一季度，在移动支付交易市场，支付宝占比51.8%居首位，财付通、拉卡拉分别占比38.30%、1.40%，位居第二、第三。此外，联动优势、连连支付、平安付、快钱、易宝、京东钱包、翼支付也占据一定份额。支付宝、财付通凭借多维度生活应用场景占据绝对优势，这意味着第三方互联网支付的蛋糕大部分已被这两者瓜分，其他第三方支付平台则要在夹缝中求生。尽管如此，随着监管层对政策的收紧，即便是不知名的支付牌照也有望受到热捧。2016年8月，央行宣布不再批设支付机构后，现有的支付牌照便成为稀缺资源。央行自2011年以来陆续发放支付牌照270张，自2015年3月至今未再发放过支付牌照，除去3家机构因违规被注销牌照，市场上现存有效支付牌照仅267张。有支付行业人士表示，“2015年支付牌照才几千万，不过价格不稳定，到现在，市场价格就在5亿左右了。”

2016年10月21日，广州唯品会网络技术有限公司(以下简称唯品会)已经全资收购浙江贝付科技有限公司(以下简称浙江贝付)，且通过央行审批。工商登记信息显示，浙江贝付的股东已于9月28日变更为唯品会。央行网站信息显示，浙江贝付于2012年6月27日获得支付牌照，业务类型为互联网支付，有效期至2017年6月26日。

值得注意的是，支付牌照是禁止买卖的，企业若要进军支付领域，只能是收购原持牌公司。支付牌照的业务类型共包含银行卡收单、互联网支付、移动支付、电视支付、固定电话支付、预付卡发行与受理等六类。

资料来源：第三方支付全国仅267张牌照，一张炒到5亿．每经网．

任务三 网上银行支付

一、网上银行的含义及发展模式

(一) 网上银行的含义

网上银行又称网络银行、在线银行，是指金融机构利用互联网技术向客户提供开户、查询、对账、行内转账、跨行转账、信贷、网上证券、投资理财等传统服务项目，使客户可以足不出户就能够安全、便捷地完成活期和定期存款、支票、信用卡及个人投资等业务。可以说，网上银行是互联网上的虚拟银行柜台。网上银行具有便捷性的优势，又被称为“3A银行”，因为它不受时间、空间限制，能够在任何时间(anytime)、任何地点(anywhere)，以任何方式(anyhow)为客户提供金融服务。

(二) 网上银行的发展模式

网上银行的发展模式有两种。

(1) 完全依赖于互联网的无形的电子银行也叫虚拟银行。所谓虚拟银行，是指没有实际的物理柜台作为支持的网上银行，这种网上银行一般只有一个办公地址，没有分支机构，也没有营业网点，采用国际互联网等高科技服务手段与客户建立密切的联系，提供全方位的金融服务。以美国安全第一网络银行为例，它成立于1995年10月，是在美国成立的第一家无营业网点的虚拟网上银行，美国安全第一网络银行的营业厅就是网页画面，当时银行的员工只有19人，主要的工作就是对银行的网络进行维护和管理。

(2) 传统银行利用互联网开展传统的银行业务服务，即传统银行利用互联网作为新的服务手段为客户提供在线服务，实际上是传统银行服务在互联网上的延伸，是当今网上银行存在的主要形式，也是绝大多数商业银行采取的网上银行发展模式。

二、网上银行的特点

与传统银行相比，网上银行具有以下特点。

(一) 交易的电子化

传统交易中使用的物理介质(票据和单据)大部分被电子支票、电子汇票和电子收据所代替；原有的纸币被电子货币，即电子现金、电子钱包、电子信用卡所代替；原有纸质文件的邮寄变为通过数据通信网络进行传送。网上银行以电子化技术和互联网技术为媒介，全面实现交易的电子化。

(二) 服务方便、快捷、高效、可靠

用户在任何需要的时候都可以使用网上银行服务，不受时间、地域的限制。网上银行的业务处理主要依靠计算机系统完成，提高了业务处理的速度，也降低了人工处理所带来的错误概率。网上银行在方便客户使用的同时，也为电子商务的发展提供了便利条件。

(三) 经营成本低廉

传统银行业只能通过营业点和从业人员数量的增加实现业务的扩展，无形中增加了银行的经营成本；而网上银行采用了虚拟现实的信息处理技术，可以在保证原有的业务量不降低的前提下，减少营业点和从业人员的数量。

(四) 利于服务创新

传统银行业一般通过银行营业点销售保险、证券和基金等金融产品，由于一般的营业点难以为客户提供详细、低成本的信息咨询服务，业务内容往往受到很大限制。而网上银行提供了交互式的沟通渠道，容易满足客户咨询、购买和交易等多种金融产品的个性化需求。通过网上银行，客户除可以办理银行业务外，还可以很方便地买卖股票、债券等。

三、网上银行的服务内容

根据服务对象不同，网上银行的服务内容主要分为个人网上银行业务和企业网上银行业务。

(一) 个人网上银行业务

个人网上银行为客户提供各种金融和非金融服务，主要包括以下几个方面。

▶ 1. 账户管理

网上银行的账户管理主要包括：账号列表，列出个人在银行的所有账号；添加账号，

将账号纳入网上银行进行管理；隐藏账号，将已经纳入网上银行管理的某些账户隐藏；设置网上交易账号，用于网上购物和消费等业务。

▶ 2. 个人理财

网上银行的个人理财主要是指个人账户组合、家庭理财计划、投资与保险等业务。个人账户组合是客户名下账户之间的交易，包括活期互转、活期转定期、定期转定期等业务；家庭理财计划包括收支计算器、理财计划；保险与投资主要包括各种投资与保险计划等业务。

▶ 3. 账户查询

网上银行的账户查询主要包括储蓄账户状况查询、信用卡状况查询和交易明细查询等业务。

▶ 4. 个人转账

网上银行的转账对象是与网上银行建立了转账服务协议关系的客户。网上转账是指客户通过网上银行的账户系统，对自己名下的账户进行自助操作，将账户内资金在一定范围内进行转移。网上个人转账可以分为系统内转账和系统外转账两类。系统内转账的流程均由网上银行主机和业务系统主机完成，不需要人工参与；而系统外转账指客户将自己名下账户的资金转到系统外银行的账户上。

▶ 5. 代理缴费

代理缴费是一种特殊的网上自助转账服务，是指客户进入网上银行账户系统，将自己账户里的资金直接转移到公共事业单位等特定的账户里，从而完成电话费、水费等经常性费用的缴纳。

▶ 6. 证券保险金转账和其他证券交易业务

网上证券保险金转账是指客户通过网上银行系统，将资金在自己名下的活期账户与证券保险金账户之间互转。客户可以通过这一服务及时补充交易资金的不足，还可以将闲置的证券资金调回银行的储蓄账户，避免利息损失。

(二) 企业网上银行业务

企业网上银行业务主要包含金融交易服务和信息增值服务两大类，具体来说主要包括以下几个方面。

▶ 1. 账户管理

无论是集团企业还是中小企业，经过授权的有关人员利用企业网上银行的账户管理功能，可以在任何地方随时查看总公司及分公司人民币账户、外币账户、贷款账户的余额及明细，实时掌握企业内部的资金状况，为企业实施集约化、信息化的管理提供了有力保障。

▶ 2. 收款业务

企业客户通过网上银行以批量方式主动收取签约个人或其他已经授权企业客户各类应缴费用的一项业务。例如，企业可通过网上银行进行异地收款，缩短了资金周转周期，加快了资金的回笼速度。

▶ 3. 付款业务

付款业务包括网上汇款、电子商务和外汇汇款三个方面。网上汇款业务实现了与其他单位或个人之间同城或异地的资金结算，达到足不出户即可完成企业日常结算业务的目的。网上银行的收款业务便于企业在 B2B 交易中资金的快捷流通，提高了交易效率，降低了交易成本。外汇汇款业务是指企业通过网上银行对外币账户进行同城/异地资金划拨和结算的一项业务。

▶ 4. 集团理财

集团理财功能满足企业在时间和空间上集约化现金管理的需要，能够帮助企业在全国范围内迅速回笼各地分、子机构的资金，从而大大提高企业资金的使用效率，节约财务成本，实时监控各分公司资金运作情况，实现整个集团资金统一调度管理的目的。

▶ 5. 代理行业务

代理行业务是专为银行同行业服务的中间业务，主要包括代理汇兑、代理汇兑银行汇票、代理签发银行汇票、代理委托收款和托收承付等。

知识链接

网上银行的安全策略

使用网上银行可以采用的安全策略如下。

(1) 火眼金睛：仔细辨别登录网址，要确认各家银行的官方网址，如中国工商银行的网址是 www.icbc.com，而一些钓鱼网站利用 www.1cbc.com 诱导中国工商银行的客户，骗取账号信息等。

(2) 敝帚自珍：妥善保管U盾、口令卡等认证工具，一旦丢失、损坏或过期，即时致电相应银行部门的客户电话，或前往营业网点办理挂失或更换。

(3) 如期而至：每月至少登录一次网上银行、手机银行，定期修改登录密码，同时检验认证工具的有效性。

(4) 守口如瓶：在任何情况下，坚持登录用户名、登录密码、动态口令、手机交易码不透露给他人的原则，不要相信任何通过电话、短信等方式索要个人信息的行为。

(5) 如履薄冰：提高密码的安全性，不要使用身份号码、生日、电话号码、车牌号码等信息作为密码；不要在网吧等公共场所登录网上银行；安装并及时更新杀毒软件；不要轻易点击不明网址和邮件的链接，也不要下载或安装一些来历不明的计算机软件和手机应用。

(6) 如虎添翼：充分利用网银提供的增值服务，在网银中设置欢迎信息，每次登录都要进行确认，以识别假冒网站；开通网银 e 服务，随时掌握网银登录等动态信息；设置转账支付限额，有效控制风险。

资料来源：曹彩杰，臧良运. 电子商务支付与安全[M]. 北京：电子工业出版社，2014：89.

四、网上银行支付实训

(一) 实训目的

(1) 掌握建设银行网上银行的开通流程。

(2) 能利用建设银行网上银行系统进行网上购物支付。

(3) 能进行建设银行网银盾的安装和使用。

(二) 实训工具

网络设备；计算机设备，使用IE6.0以上浏览器；在建设银行开设银行账户，包括各种龙卡、定期存折、活期存折、一折通或一本通账户等；身份证；手机。

(三)实训内容

中国建设银行个人网上银行是基于互联网的综合性个人网上银行，提供账户查询、转账汇款、缴费支付、信用卡、个人贷款、投资理财(基金、黄金、外汇等)等传统服务，以及利用电子渠道服务优势的特有服务，合计有八大类、百余项服务。根据客户需求不同，建设银行的网上银行分为面向普通客户、便捷支付客户和高级客户三类群体的网上银行业务。不同客户群体的开通方式和服务内容存在差异，普通客户、便捷支付客户和高级客户的开通方式、注意事项和服务内容等如表3-1所示。需要注意的是，这三类客户均需要手机绑定。

表3-1　建设银行网上银行不同类型客户的对比

用户类型	开通方式	注意事项	服务内容
普通客户	建设银行网站、柜台、E动终端开通	身份证件类型、证件号码需与签约账户开户时一致	账户查询、投资理财、本人信用卡还款
便捷支付客户	建设银行网站、柜台、E动终端开通	账户开户时预留的手机号码和目前使用的手机号码一致	小额转账汇款、缴费支付、网上支付功能
高级客户	柜台、E动终端开通	开通后首次使用网上银行，需设置网上银行登录密码	网银提供的全部功能，包括我的账户、转账汇款、缴费支付、信用卡、个人贷款、投资理财等

为了能让客户安全、放心地使用建设银行网上银行的服务，建设银行从系统、应用等各个层次采取了多重安全技术和特色安全措施，全面保护客户的信息资料与资金安全。建设银行的安全产品主要包括以下几种。

1. 网银盾

网银盾(USB Key)是建设银行主推的网上银行安全产品，能够储存电子证书，具有电子签名功能，能够确保客户网上交易的保密性、真实性、完整性和安全性。适用对象为建设银行网上银行的高级客户，只有通过银行柜台才能办理。网银盾用户需要安装E路护航网银安全组件并进行网上银行首次登录设置后才能正常使用。E路护航安全组件包括网银安全检测工具、网银盾管理工具及网银盾证书更新工具，可一次性完成所有控件、驱动程序的安装。建设银行网银盾的部分产品如图3-22所示。

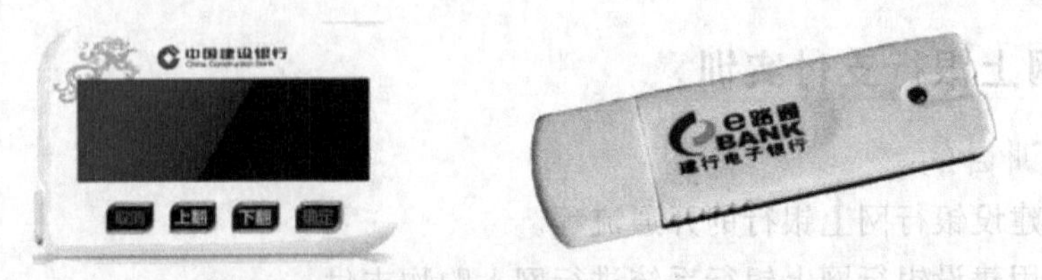

图3-22　建设银行网上银行网银盾的部分产品

2. 动态口令卡

动态口令卡是建设银行推出的电子银行安全产品，每张卡片覆盖100个不同的密码。用户进行网上交易时可以使用不同的密码进行交易确认。动态口令卡用户需要进行网上银行首次登录设置后才能正常使用，动态口令卡只有通过银行柜台才能办理。

▶ 3. 短信动态口令

短信动态口令是建设银行推出的动态密码安全服务。用户使用网上银行时，需通过手机短信验证码的方式进行交易验证。

▶ 4. 网银安全浏览器

建设银行与微软公司联合部署、创新研发的专为个人网银定制的浏览器，可提供极佳的安全保障和客户体验。

（四）实训步骤

第一步：在线开通网上银行。

（1）打开建设银行网站首页（http://ebank.ccb.com/cn/ebank/index.html），在“电子银行”栏目中选择“网上银行”，单击“马上开通”按钮，如图 3-23 所示。

图 3-23 开通网上银行

（2）此处以开通便捷支付客户为例，单击“便捷支付客户”下方的“马上开通”，如图3-24所示。

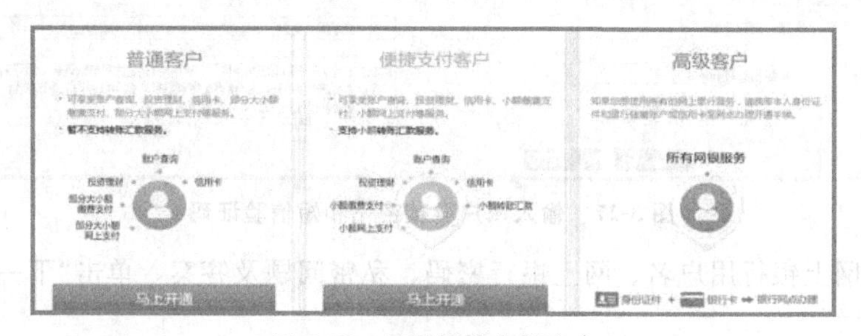

图 3-24 开通便捷支付客户

（3）进入“中国建设银行电子银行个人客户服务协议”界面，如图 3-25 所示，仔细阅读

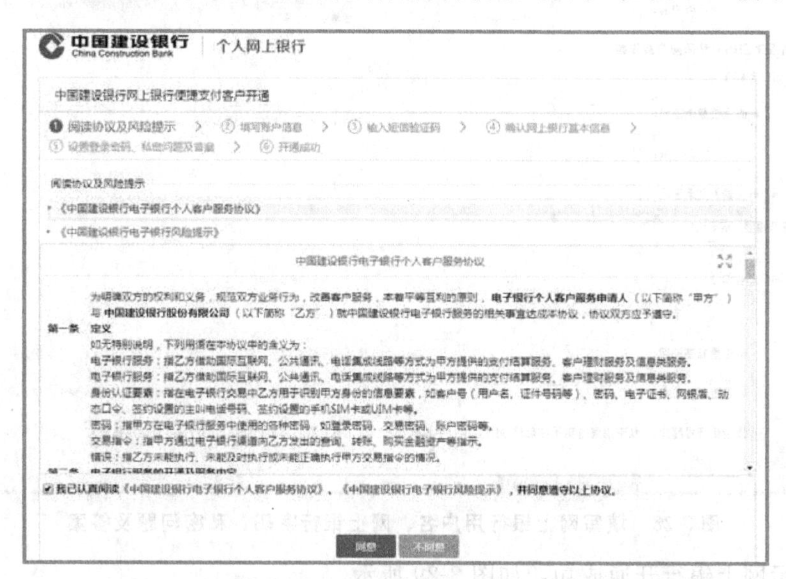

图 3-25 “中国建设银行电子银行个人客户服务协议”界面

并勾选“我已认真阅读《中国建设银行电子银行个人客户服务协议》、《中国建设银行电子银行风险提示》，并同意遵守以上协议。”单击“同意”按钮。

（4）填写姓名、建行账号、附加码等信息，单击“下一步”按钮，如图 3-26 所示。

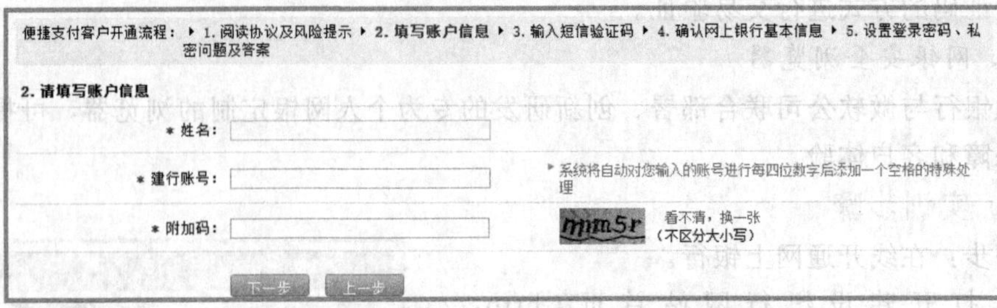

便捷支付客户开通流程：▸ 1. 阅读协议及风险提示 ▸ 2. 填写账户信息 ▸ 3. 输入短信验证码 ▸ 4. 确认网上银行基本信息 ▸ 5. 设置登录密码、私密问题及答案

2. 请填写账户信息

* 姓名：

* 建行账号：　▸ 系统将自动对您输入的账号进行每四位数字后添加一个空格的特殊处理

* 附加码：　mm5r　看不清，换一张（不区分大小写）

下一步　上一步

图 3-26　填写姓名、建行账号、附加码等信息

（5）输入账户取款密码和短信验证码，单击“下一步”按钮，如图 3-27 所示。

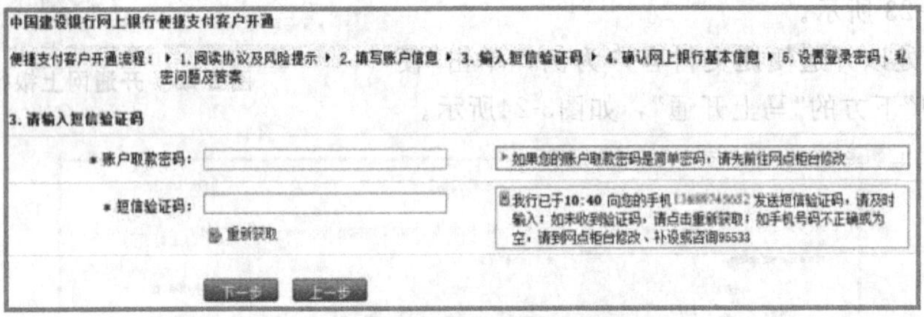

中国建设银行网上银行便捷支付客户开通

便捷支付客户开通流程：▸ 1. 阅读协议及风险提示 ▸ 2. 填写账户信息 ▸ 3. 输入短信验证码 ▸ 4. 确认网上银行基本信息 ▸ 5. 设置登录密码、私密问题及答案

3. 请输入短信验证码

* 账户取款密码：　▸ 如果您的账户取款密码是简单密码，请先前往网点柜台修改

* 短信验证码：　我行已于10:40 向您的手机 发送短信验证码，请及时输入；如未收到验证码，请点击重新获取；如手机号码不正确或为空，请到网点柜台修改、补设或咨询95533

重新获取

下一步　上一步

图 3-27　输入账户取款密码和短信验证码

（6）填写网上银行用户名、网上银行密码、私密问题及答案，单击“下一步”按钮，如图 3-28 所示。

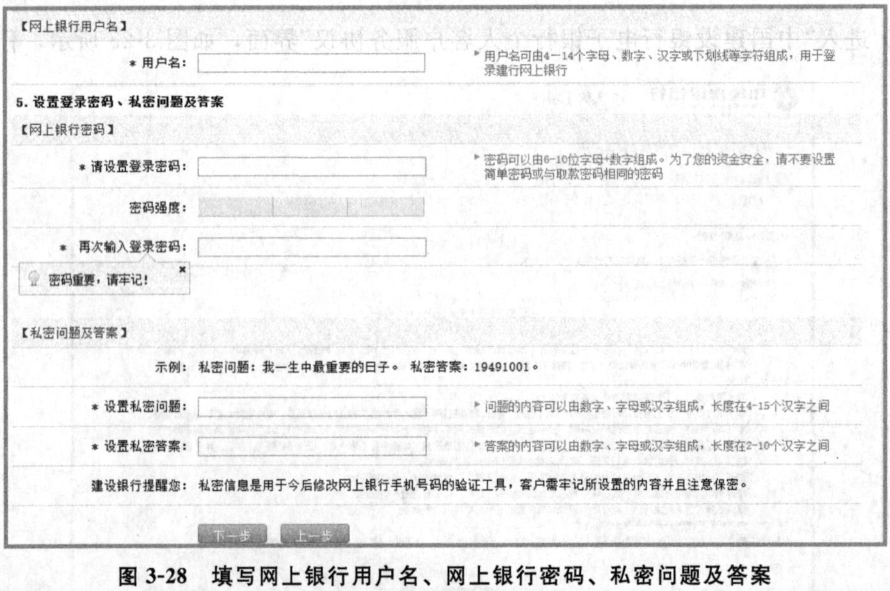

【网上银行用户名】

* 用户名：　▸ 用户名可由4－14个字母、数字、汉字或下划线等字符组成，用于登录建行网上银行

5. 设置登录密码、私密问题及答案

【网上银行密码】

* 请设置登录密码：　▸ 密码可以由6-10位字母+数字组成。为了您的资金安全，请不要设置简单密码或与取款密码相同的密码

密码强度：

* 再次输入登录密码：

密码重要，请牢记！

【私密问题及答案】

示例：私密问题：我一生中最重要的日子。 私密答案：19491001。

* 设置私密问题：　▸ 问题的内容可以由数字、字母或汉字组成，长度在4-15个汉字之间

* 设置私密答案：　▸ 答案的内容可以由数字、字母或汉字组成，长度在2-10个汉字之间

建设银行提醒您：私密信息是用于今后修改网上银行手机号码的验证工具，客户需牢记所设置的内容并且注意保密。

下一步　上一步

图 3-28　填写网上银行用户名、网上银行密码、私密问题及答案

（7）显示网上银行开通成功，如图 3-29 所示。

第二步：建设银行网上银行的使用。

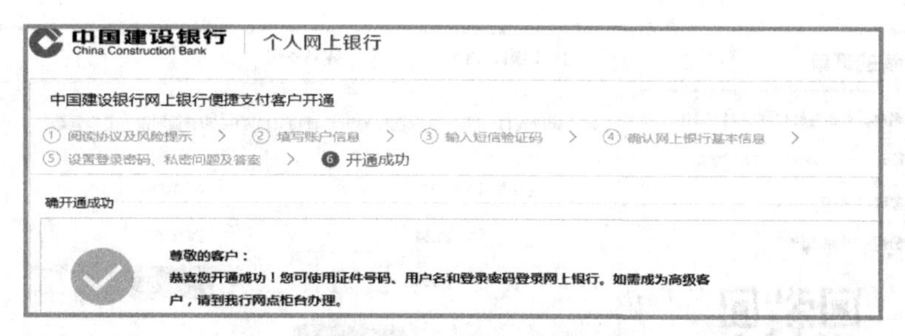

图 3-29　网上银行开通成功

(1) 登录京东商城网站(www.jd.com)，选择计划购买的商品，加入购物车，单击“去结算”，如图 3-30 所示。

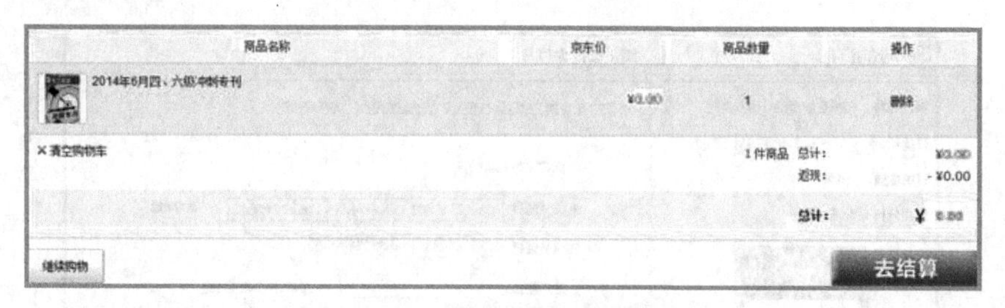

图 3-30　选择计划购买的商品

(2) 弹出“结算信息”界面，单击“提交订单”按钮，如图 3-31 所示。

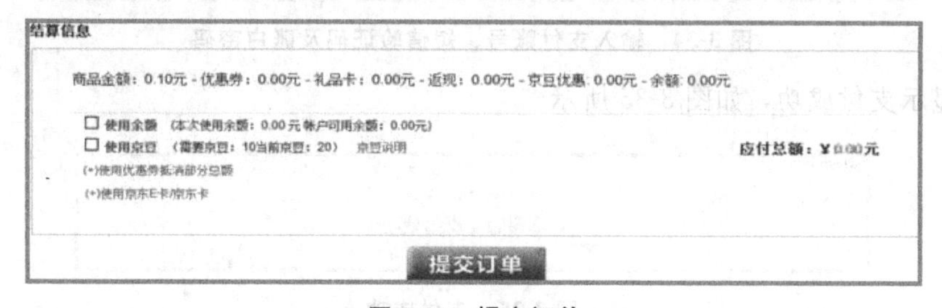

图 3-31　提交订单

(3) 进入支付界面，选择“网银支付”，付款银行选择“中国建设银行”，选中“结算卡”，单击“跳转网银支付”按钮，如图 3-32 所示。

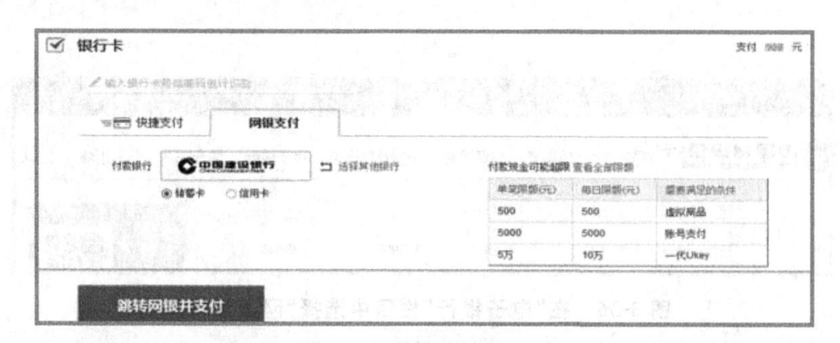

图 3-32　选择付款银行

(4) 进入中国建设银行网上银行支付界面，输入证件号码或用户名、登录密码及附加码，单击“下一步”按钮，如图 3-33 所示。

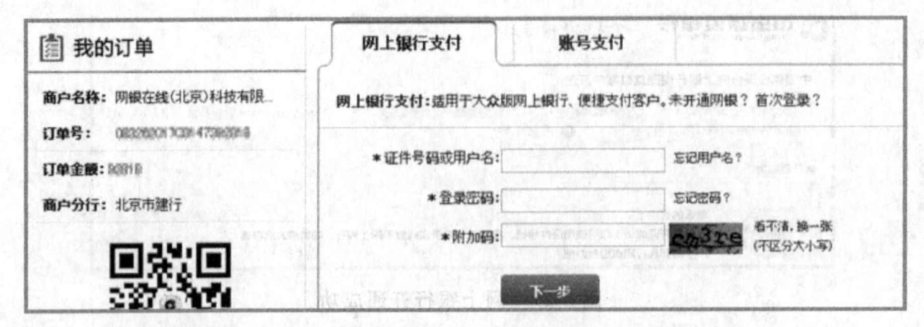

图 3-33　输入证件号码或用户名、登录密码及附加码

(5) 输入支付账号、短信验证码及账户密码，单击“支付”按钮，如图 3-34 所示。

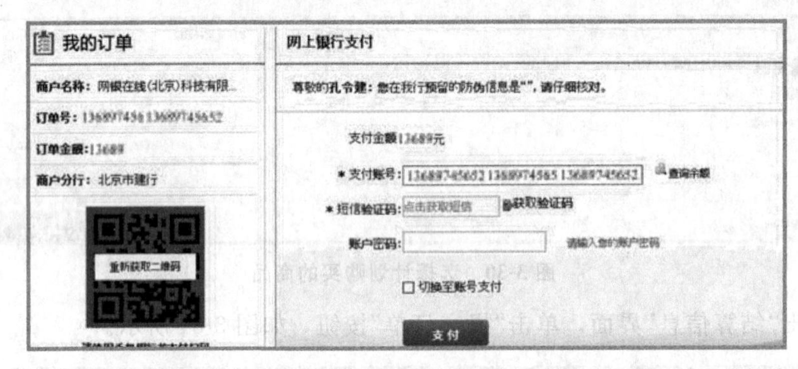

图 3-34　输入支付账号、短信验证码及账户密码

(6) 显示支付成功，如图 3-35 所示。

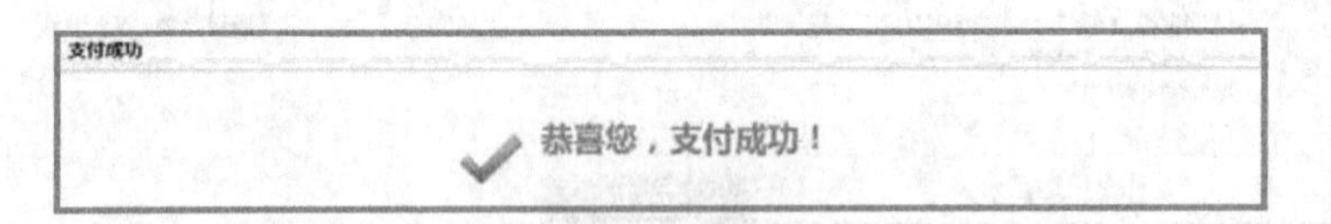

图 3-35　支付成功

第三步：中国建设银行网银盾的安装(以中国建设银行二代网银盾为例)。

(1) 登录中国建设银行首页，在“电子银行”栏目中选择“网上银行”，如图 3-36 所示。

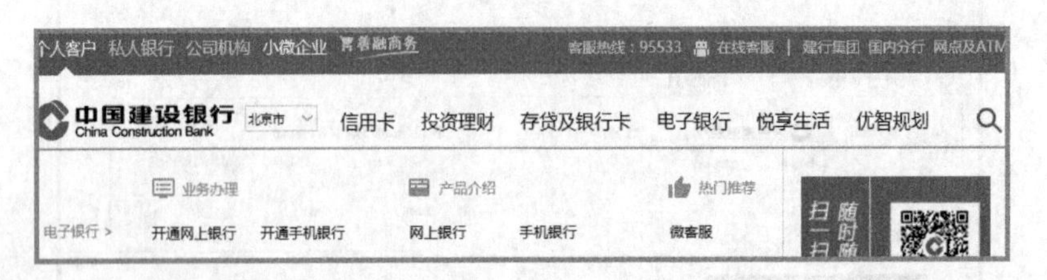

图 3-36　在“电子银行”栏目中选择“网上银行”

(2) 进入个人电子银行首页后，单击“下载中心”，如图 3-37 所示。

(3) 选择安装新版 E 路护航，进入安装界面，如图 3-38 所示。

(4) 安装完成，如图 3-39 所示。

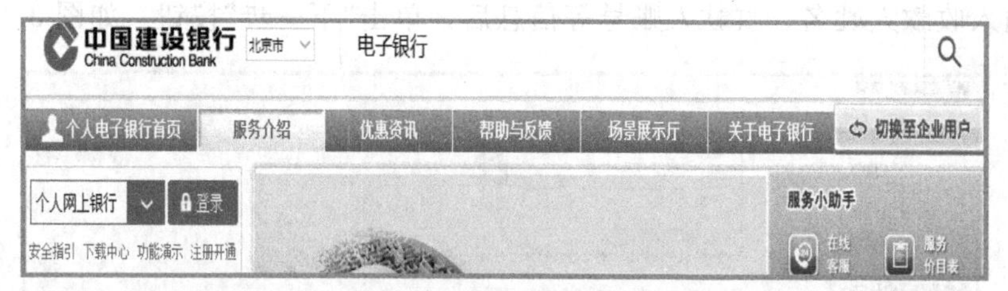

图 3-37　在个人电子银行首页单击“下载中心”

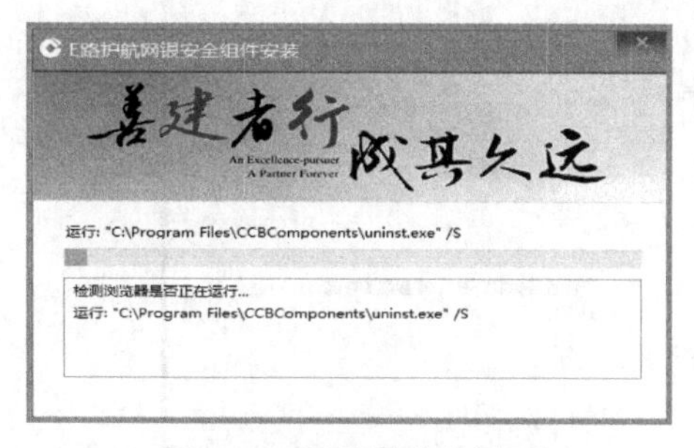

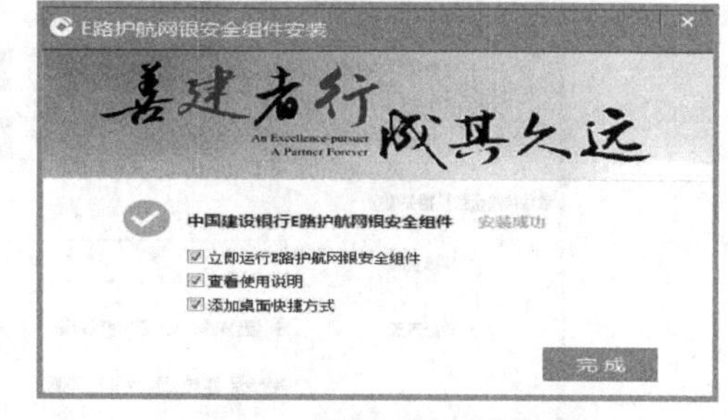

图 3-38　网银盾安装界面　　　　图 3-39　网银盾安装完成

(5) 插入二代网银盾，首次使用二代网银盾时会弹出“中国建设银行网银盾”对话框，输入网银盾密码和确认密码，单击“确定”按钮，如图 3-40 所示。

(6) 按照“设置网银盾密码”对话框的提示，按下网银盾上的“确认”键，如图 3-41 所示。

(7) 最后提示密码设置成功，单击“确定”按钮，如图 3-42 所示。

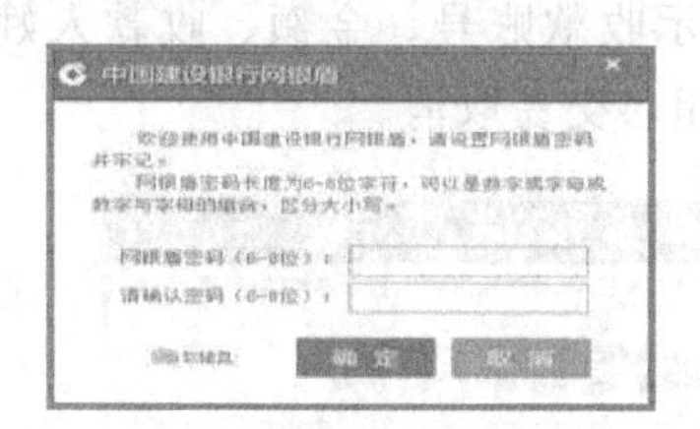

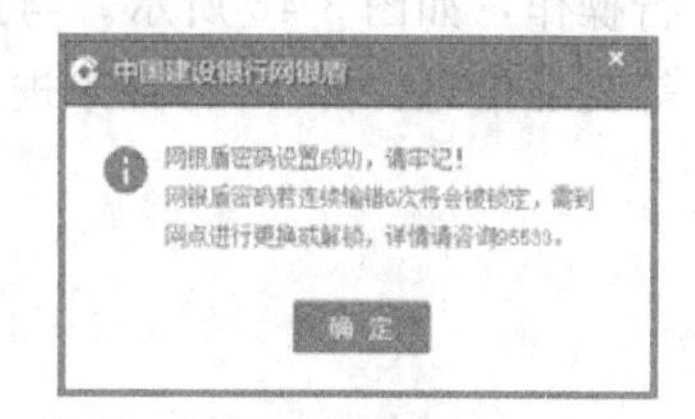

图 3-40　输入网银盾密码和确认密码　　图 3-41　确认网银盾密码　　图 3-42　提示密码设置成功

第四步：中国建设银行网银盾的使用(以跨行转账为例)。

通过中国建设银行网上银行办理转账汇款、缴费支付等业务时，需要使用网银盾。

(1) 登录中国建设银行网上银行的账号，在“转账汇款”菜单中选择“建行转他行”，如图 3-43 所示。

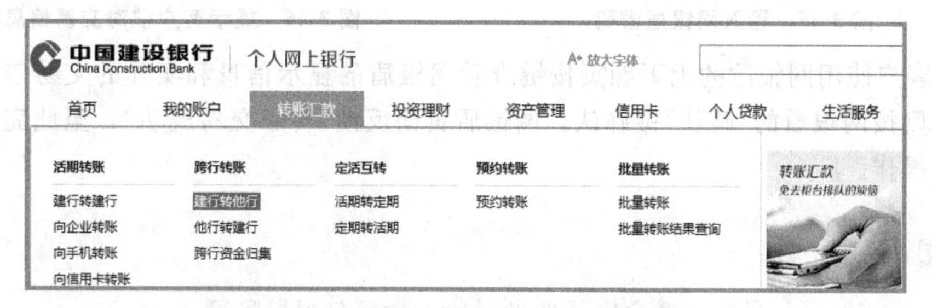

图 3-43　在“转账汇款”菜单中选择“建行转他行”

（2）输入收款人姓名、收款人账号等信息后，单击“下一步”按钮，如图 3-44 所示。

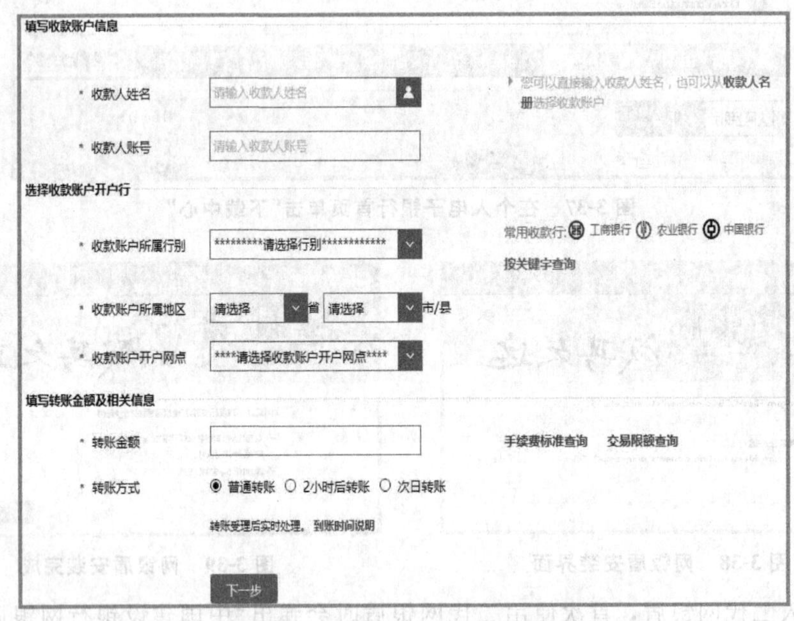

图 3-44　输入收款人姓名、收款人账号等信息

（3）确认转账信息后，单击“确认”按钮，打开“中国建设银行网银盾”对话框，输入网银盾密码后单击“确定”按钮，如图 3-45 所示。

（4）网银盾密码验证通过后，将弹出对话框，提示客户核对交易信息，按提示信息进行操作，如图 3-46 所示。与此同时，网银盾屏幕上将显示收款账号、金额、收款人姓名等交易信息。如 10 分钟未进行相关操作，该提示自动关闭，交易取消。

图 3-45　输入网银盾密码

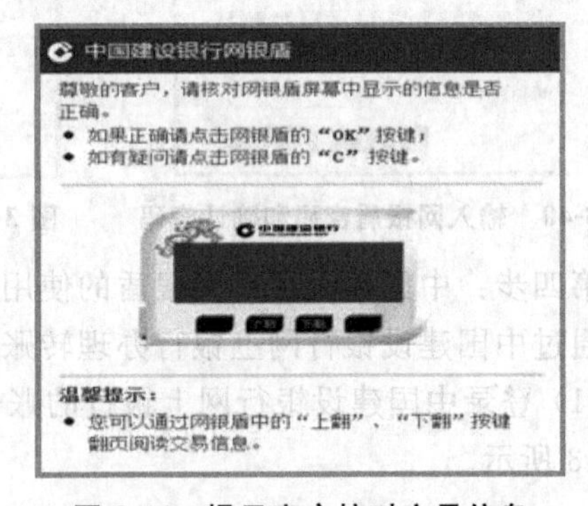

图 3-46　提示客户核对交易信息

（5）客户使用网银盾的上下翻页按键查看网银盾的显示信息和实际的交易信息是否一致，一致则按网银盾的“确认”键确认，网银盾页面反馈“转账交易成功”，至此完成转账汇款业务的操作。

拓展阅读

网商、微众银行业务对比：腾讯与阿里哪家强？

从网上银行的分类来看，建设银行的网上银行属于传统银行的分支机构，而纯网上银行在我国发展比较慢，2014年12月底，我国纯网上银行陆续开业，具有代表性的纯网上银行有网商银行和微众银行，以下内容为两者间的比较。

2015年6月25日，网商银行正式开业，作为首批5家民营银行中最后一家获准开业的银行，因背靠阿里巴巴这棵大树，自筹备之日起就备受关注。在5家民营银行中，同样是拥有互联网企业背景的微众银行一直以来都被视为网商银行的“劲敌”，两家有线上优势，都被视为“网络银行”。那么，两家银行谁更有实力成为行业“领头羊”呢？

第一回合：比背景

网商银行：网商银行主要发起人是阿里巴巴旗下的蚂蚁金服、上海复星工业技术发展有限公司(以下简称上海复星)、万向三农集团有限公司(以下简称万向)、宁波市金润资产经营有限公司(以下简称宁波金润)、杭州禾博士和金字火腿等，注册资本为40亿元人民币。其中，蚂蚁金服、上海复星、万向、宁波金润四家股东持股比例分别为30%、25%、18%、16%。其他认购股份占总股本10%以下，企业的股东资格由浙江银监局按照有关法律法规审核，其中金字火腿持有浙江网商银行3%的股份。浙江网商银行作为国内首批试点的5家民营银行之一，于2015年6月25日正式开业。

微众银行：2014年12月12日，银监会批准深圳前海微众银行开业，2014年12月16日，深圳前海微众银行股份有限公司完成工商注册工作并领取营业执照。2014年12月28日，深圳前海微众银行股份有限公司的微众银行官网面世，成为我国第一家上线的互联网银行。2015年1月4日，李克强在深圳前海微众银行按下电脑回车键，卡车司机徐军就拿到了3.5万元贷款，这是微众银行作为国内首家互联网民营银行完成的第一笔放贷业务。

第二回合：比模式

网商银行：网商银行是一家为小企业服务的银行，主攻贷款不超过500万元。小微企业、个人消费者和农村用户，是网商银行的三大目标客户群体。网商银行自身不做存贷款业务，通过和同业高度合作的方式，将自身定位为一个连接平台，连接金融机构和小微企业或个人。在具体的盈利模式上，网商银行采取了“自营+平台”的模式来开展业务，通过自营产生一定的利润，平台也会通过收费等方式产生盈利。据了解，网商银行的收入一定不会是以存贷利息差为主，且农村金融也是网商银行未来的着力点之一。

微众银行：微众银行官网从上线开始就更注重移动端，用户需要用手机扫码才能看到银行的微主页。该银行主要向用户提供购物、旅行等个人消费金融服务。微众银行无营业网点，无营业柜台，依托互联网为目标客户群提供服务，更无须财产担保，通过人脸识别技术和大数据信用评级发放贷款。根据微众银行高管阐述，依托同行业合作或是未来微众银行的主要模式。据了解，微众银行的中间业务收入将在银行总收入中占到较大比例。

第三回合：比产品

网商银行：尽管已经宣布正式开业，但网商银行的具体产品还未上线。据网商银行行长俞胜法透露，网商银行将在7月初上线网商银行App，并首先上线个人信贷产品。值得关注的是，该银行账户将与支付宝用户打通。据网商银行副行长赵卫星透露，网商银行将承接部分蚂蚁金服的小贷业务，在没有账户体系的背景下先开展信贷业务，第一款产品将是个人贷款类产品。

微众银行：2015年5月，微众银行推出首款个人信用贷款产品。客户只要通过QQ钱包，便可实现7×24小时的即时贷款服务，目前该款产品仍处于内测阶段。

网商银行的征信机制与风控模型继承自蚂蚁微贷，其核心机理是通过一个叫作“车间”的数据仓库同步存储阿里掌握的所有数据，而微众银行则需要将“社交大数据”转化为“金融大数据”。在大数据分析方面，阿里有阿里云，后台要比腾讯更强一些；而腾讯的优势在于它们所掌握的社交大数据。

第四回合：比团队

网商银行：网商银行当前只有300名员工，其中，2/3是与数据、技术相关的人员。高管团队中，蚂蚁金服总裁井贤栋任网商银行董事长、俞胜法任行长、赵卫星任副行长、唐家才任首席信息官、冯亮任产品总监、童正任合规总监、车宣呈任财务部门负责人、廖旭军任内审部门负责人。

微众银行：微众银行高管层大部分来自平安系，但目前中低层，尤其是产品开发和营销人员大部分来自互联网领域，其中，来自腾讯的员工达40%。

网商银行的团队基本是阿里系，微众银行则以平安系+腾讯系为主，两家银行的团队不管是高管还是基层，经验都比较丰富，团队实力不相上下。

两家银行都具备强大的客户基础，运营模式也十分类似。两家民营银行基于互联网做传统银行的存、贷、汇、代销等业务更有优势，既有客户数量优势，又有客户营销便利和客户习惯支撑，对现有银行业来说是个“强敌”。阿里的客户基础是电商客户，有海量外贸商户、驻场卖家和个人客户，客户群金融基础好。拥有大量企业用户是阿里的一大优势，相比之下，网商银行的金融业务的盈利性可能要好些，吸储和放贷能力都很强。而腾讯的客户主要是社交关系客户，主体是个人而缺乏企业客户群体。腾讯做个人业务的基础强于阿里。

资料来源：网商、微众银行业务对比：腾讯与阿里哪家强？搜狐财经.

任务四 移动支付

一、移动支付的含义和分类

(一) 移动支付的含义

移动支付是指以移动终端，包括智能手机、平板电脑等在内的移动工具，通过移动通信网络，实现资金由支付方转移到受付方的一种支付方式。移动支付的产业链包括移动运营商、支付服务商(如银行、银联、其他第三方支付机构等)、设备提供商(终端厂商、卡提供商、芯片提供商等)、系统集成商、商家和公共事业服务部门，以及终端用户。

(二) 移动支付的分类

从交易结算的即时性划分，移动支付可分为非现场支付和现场支付。非现场支付是指通过远程数据传输实现的支付，通常通过终端浏览器或者基于SMS/MMS等移动网络系统，采用操作订单进行处理。现场支付是手机通过射频红外线、蓝牙等通道实现与自动售货机、POS机的终端设备之间的通信。现场支付包括接触性支付和非接触性支付。一般大额支付多采用现场支付形式，而小额支付多采用非现场支付形式。

按照支付模式的不同，可将移动支付划分为四种类型：第一类，通过发送短信或代码来支付交易金额，交易金额直接计入话费或者从手机银行账户中扣除；第二类，在移动商务网站通过预先设定密码和随机密码验证直接进行电子支付；第三类，通过预先下载并安装在手机上的应用软件进行基于移动网络的支付；第四类，消费者使用预装近距离通信技术的特殊智能卡片的手机，在实体店铺中或交通服务设施上通过刷手机进行支付。

知识链接

移动支付终端解决方案

根据安全载体芯片及现场支付实现形式的不同，目前移动支付终端的解决方式有智能SD卡、SIM PASS、iSIM、RF-SIM、贴片及NFC等。

智能SD卡的工作原理是将智能卡嵌在SD卡内，重新定义SD卡的扩展脚用于外接天线。优点是简单易行、业务扩张灵活，缺点是现场解决技术有待成熟。

SIM PASS方案的工作原理是利用SIM卡作为支付信息的安全载体，通过SIM的C4C8脚引出外接天线，放在电池后面。优点是简单易行，缺点是机械接触不稳定、天线容易断裂。

iSIM的工作原理是将支付信息放在一张很薄的智能卡上，将该卡贴在SIM卡上，作为桥接器，过滤分析SIM卡和手机的通信并进行处理，外接天线连接在这张卡片上。优点是简单易行，缺点是在具备SIM PASS的缺点的同时，还可能存在法律方面的问题。

RF-SIM方案的工作原理是利用SIM卡作为支付信息的载体，同时在SIM卡内添加无线调制解调器，实现现场支付，采用2.4GHz频率，无须外接天线。优点是不用调换或改造手机就可实现现场及远场交易，缺点是用户界面采用STK菜单方式，友好性不足，同时由于采用2.4GHz的频率，无法和现有非接触式终端(13.56MHz)兼容。

贴片解决方案的工作原理是将非接触卡贴在手机的后盖上。优点是简单易行，缺点是无法实现远程支付。

NFC解决方案的工作原理是按照手机支付的需求重新设计手机终端支付现场和远程支付。优点是符合国际标准，是手机支付的终极解决方案，缺点是目前支持该功能的手机终端不是很多。

资料来源：祝凌曦，陆本江．电子商务安全与支付[M]. 北京：人民邮电出版社，2013.

二、移动支付实训

(一) 实训目的

(1) 能进行手机端银联云闪付 App 的安装与账户设定。

(2) 能通过手机中设置好的银联云闪付进行在线支付活动。

(3) 能通过手机中设置好的银联云闪付进行线下支付活动。

(二) 实训工具

网络设备、计算机设备、有效身份证、手机、储蓄卡。

(三) 实训内容

银联云闪付是中国银联联合各商业银行开发的一种新银联移动支付品牌，它采用 HCE 与 TOKEN 技术，同时具备在实体商店的 POS 机进行闪存支付的功能，还支持智能手机、可穿戴设备及银联 IC 卡的支付。银联云闪付旗下的产品既能在有"银联云闪付"标识的销售终端一挥即付，也能支持移动互联网支付。其中，云闪付卡是一张储存在移动设备中的虚拟卡，是持卡人手中所持有银行卡的替身。

银联云闪付支付的特点如下。

(1) 安全：通过云端下载虚拟"云闪付卡"到手机中，真实卡号不泄露。卡片信息可动态更新，让欺诈无处遁形。

(2) 便捷：手机就是银行卡，线下商户随处可见带有银联云闪付标识 UnionPay 银联 Quick 闪付 Pass 的 POS 机，在付款机器上"闪"手机即可完成支付。

(3) 简单：无须网络，无须打开 App，手机一"闪"，听到"嘀"声，付款完成。

(4) 随时预防风险：从交易次数、使用时间、交易金额等多方面控制交易凭证，保持交易凭证动态可变。即使交易凭证泄露，可立刻使交易凭证失效，让盗取者无法获利。

(5) 实时侦测风险：银行对银联云闪付交易数据进行实时监控，一旦发现数据异常，银行将拒绝交易，避免持卡人账户风险。

(6) 及时处理风险：手机设备丢失的情况下，持卡人可致电发卡行停卡、挂失、注销，除致电发卡行外，持卡人还可以通过手机管理软件(部分产品支持)，实时对设备上的云闪付卡进行注销。

(四) 实训步骤

第一步：手机端银联云闪付 App 安装与账户设定(以安卓手机为例)。

(1) 登录银联云闪付 App 下载界面，可通过在线下载和手机扫码下载银联云闪付 App，如图 3-47 所示。

图 3-47　银联云闪付 App 下载界面

（2）下载完成后，选择“安装”，进行云闪付 App 的安装，如图 3-48 所示。

（3）安装完成后，单击“注册”按钮，如图 3-49 所示。

图 3-48　安装云闪付 App

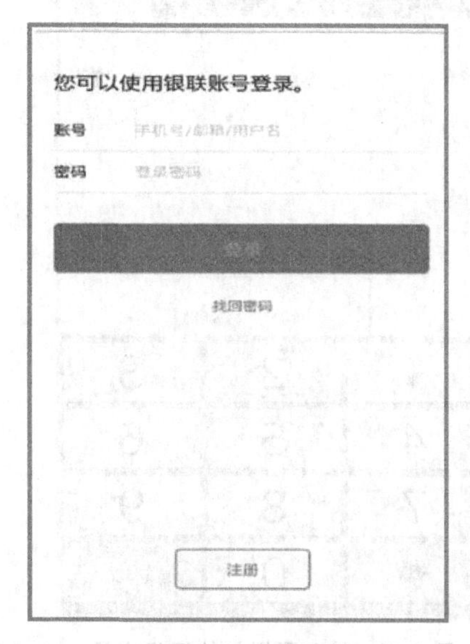

图 3-49　用户注册

（4）输入手机号，短信验证后单击“立即注册”，如图 3-50 所示。

（5）根据提示绘制解锁图案，如图 3-51 所示。

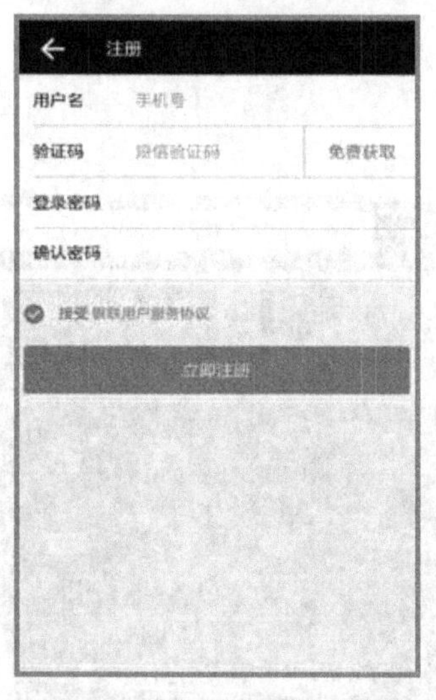

图 3-50　输入手机号进行注册

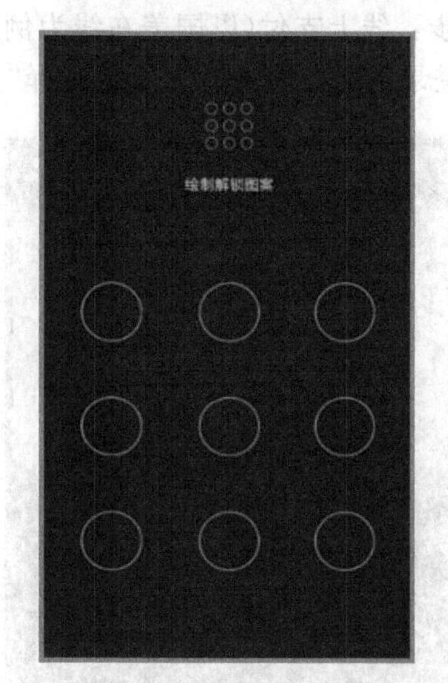

图 3-51　绘制解锁图案

（6）输入要添加的银行卡号，如图 3-52 所示。

（7）输入取款密码、手机号和验证码，如图 3-53 所示。

(8) 银行卡添加成功，如图 3-54 所示。

图 3-52　输入要添加的银行卡号

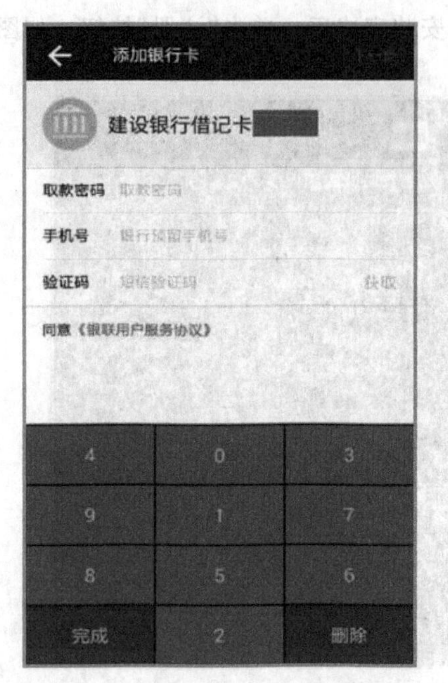

图 3-53　输入取款密码、手机号和验证码

如果是苹果手机，首先打开 Wallet App，然后点击“添加借记卡或信用卡”或右上角的加号图标，输入银联卡的安全码，即可从 iTunes 账户添加“信用卡或借记卡”。再选择“添加其他卡片”，可以使用 iSight 摄像头输入银联卡信息。

第二步：线上支付(以国美在线为例)。

(1) 登录国美在线手机 App，选择“充值中心”，如图 3-55 所示。

图 3-54　银行卡添加成功

图 3-55　选择“充值中心”

（2）输入绑定号码，选择充值金额，点击“去支付”，如图 3-56 所示。

（3）确认订单，选择“银联在线支付”，如图 3-57 所示。

图 3-56 话费充值

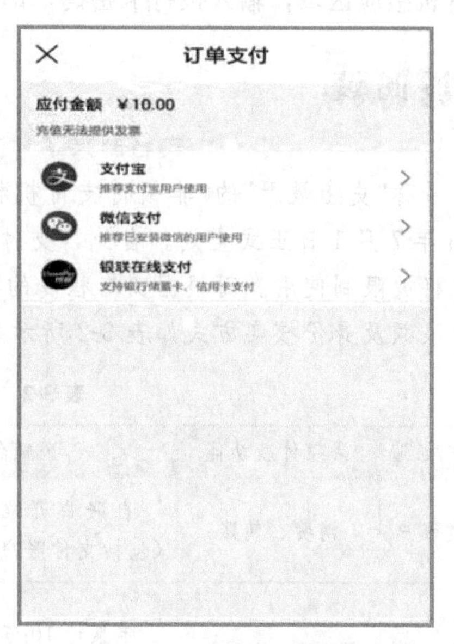

图 3-57 选择支付方式

（4）点击“确认支付”，如图 3-58 所示。

（5）最后显示支付成功，如图 3-59 所示。

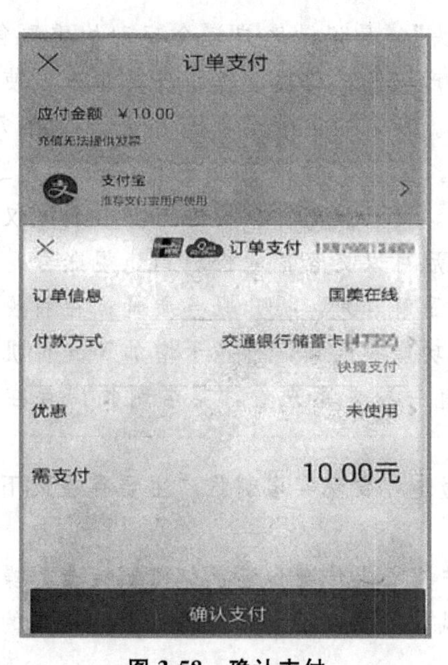

图 3-58 确认支付

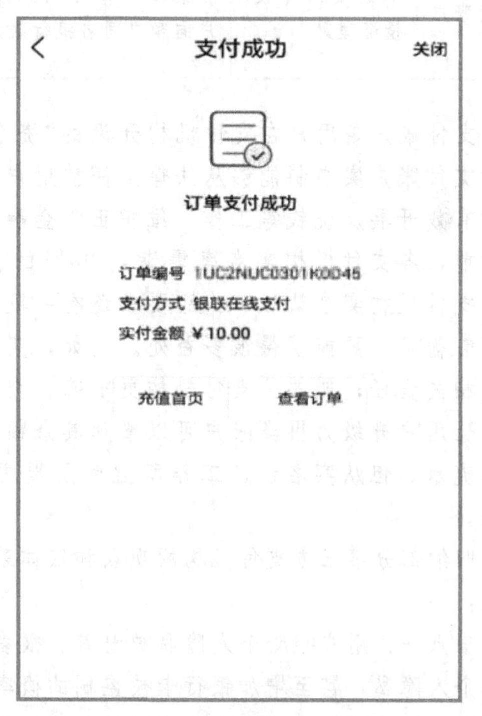

图 3-59 支付成功

第三步：线下支付。

在商店内进行支付时，只需将手机靠近带有银联云闪付 UnionPay 银联 Quick 闪付Pass 标识的非接触POS机感应区域，输入银行卡密码，即可完成支付。

拓展阅读

实名制来了！支付机构咋给用户做认证？

号称"史上最严"的《非银行支付机构网络支付业务管理办法》(以下简称《办法》)已于2016年7月1日正式生效。自此，支付机构将对客户实行实名制管理，未进行实名认证的账户将被限制使用。而根据实名程度的不同，第三方账户也被分为三类，每一类账户的功能、限额及身份核实方式如表3-2所示。

表3-2　不同账户类别的比较

账户类别	余额付款功能	余额付款限额	身份核实方式
Ⅰ类账户	消费、转账	自账户开立起累计1 000元(包括支付账户向同名银行转账)	以面对面方式，通过至少一个外部渠道验证身份
Ⅱ类账户	消费、转账	年累计10万元(不包括支付账户向客户同名银行账户转账)	自主或委托合作机构面对面验证身份，或以面对面方式，通过至少三个外部渠道验证身份
Ⅲ类账户	消费、转账、投资理财	年累计20万元(不包括支付账户向客户同名银行账户转账)	自主或委托合作机构面对面验证身份，或以面对面方式，通过至少五个外部渠道验证身份

支付账户是用户在支付机构开设的"资金户头"，是记录客户资金变动的重要凭证。实行支付账户实名制能够从法律上保护用户的财产权利，明确债权债务关系；能使监管机构有效开展反洗钱等工作，维护正常金融秩序。所以，监管层也提出了2016年7月1日之前，各支付机构实名率需满足95%的指标。但据支付清算协会相关负责人透露，目前支付机构实名认证工作距要求还有一段差距。第三方支付机构推广实名制不仅可应对监管需求，更能获得很多益处。例如，实名制后可以更容易地检测到违规账号，以便追究相关责任；能够让支付机构更准确、全面地了解客户，提升服务质量；在新规实施后，让用户升级为Ⅲ类账户可以增加其余额付款功能和限额，也等于增加了支付机构的业务流水。但从实名认证工作距监管层要求还有一段差距来看，实名制推广存在一定困难。

归纳部分第三方支付机构的观点和媒体采访报道，发现实名制推广主要存在以下三个难点：

难点一：用户担心个人隐私被泄露。很多用户担心上传身份证、绑定银行卡等操作会泄露个人隐私，甚至增加银行卡被盗刷的概率及风险，所以不愿意进行认证，用户的配合程度严重影响了实名认证工作的推进。

难点二：交叉验证难落实。据《办法》规定，支付机构给个人开户，如果未经面对面身份核实的，则需要相应的证明文件进行交叉验证。Ⅱ类账户需要三个机构为用户进行身份验证，Ⅲ类账户则需要五个机构来验证。这一交叉验证方式牵涉机构较多，机构之间的沟通却差强人意，也几乎没有哪个机构或部门能将各个渠道的数据汇集齐全，这让交叉验证的落实变得更为困难。

难点三：部分支付机构安全状况堪忧

有央行人士表示，一些规模较小的网络支付机构系统存在漏洞，可能会给实名制后的消费者资产带来安全隐患。相关统计数据显示，2015 年有近 200 家网上商城或支付平台被曝存在安全漏洞，其中多家网站泄露的用户信息达到数百万条，最多的甚至达到上千万条。

当然，作为推进实名制的主体，支付机构是克服困难、做好这项工作的关键。《办法》也明确了第三方支付机构的责任，例如，要求支付机构以“最小化”原则采集、使用、存储和传输客户信息，采取有效措施防范信息泄露风险，明确支付机构不得向其他机构和个人提供客户信息，禁止支付机构的特约商户储存客户银行卡的敏感信息。如果第三方支付机构或卖家泄露了个人信息导致资金损失，那么客户可要求支付机构进行赔付。网络支付实名制由于之前欠账太多，落实起来很难一蹴而就，因此需要支付机构在隐私保护、验证便捷性、平台安全性等方面做出更多努力，同时也需相关部门、企业的多方配合，让支付实名制在我国早日实现全方位、高覆盖的落地。

资料来源：中国电子银行网.

项目小结

一个完整的电子商务交易过程离不开安全、便捷的电子支付。与传统支付相比，电子支付具有货币载体的性质不同、技术要求不同、参与方不同、形式多样等特点。电子支付的业务类型按电子支付指令发起方式不同，可分为网上支付、电话支付、移动支付、销售点终端支付、自助柜员机支付等。一般来说，电子支付系统的构成要素包含支付方、商户、支付网关、认证中心、支付工具和支付协议等。

目前我国的电子支付手段中，第三方支付的使用率最为频繁，一般来说，第三方支付分为支付网关和信用中介两种模式。第三方支付具有降低社会交易成本、增强企业竞争力、提高交易诚信、促进产业发展等优点，同时，沉淀资金及其孳息归宿问题、洗钱问题也比较突出。目前在我国第三方支付市场中，支付宝的市场份额最高。

网上银行支付在我国电子支付手段中也发挥着重要作用，网上银行的发展模式有两种：一是完全依赖于互联网的无形的电子银行，也叫“虚拟银行”，如我国微众银行和网商银行；另一种是传统银行把互联网作为新的服务手段为客户提供在线服务，实际上是传统银行服务在互联网上的延伸，这是网上银行存在的主要形式，如建设银行的网上银行。网上银行具有全面实现无纸化交易，服务方便、快捷、高效、可靠，经营成本低廉，利于服务创新等优点。

随着智能手机的普及和功能的不断改善，移动支付将成为未来的发展趋势。移动支付包括非现场支付和现场支付两种模式。

思考与练习

一、单项选择题

1. 微众银行属于网上银行的(　　)模式。

A. 虚拟银行　　B. 传统银行的延伸　　C. 线下银行　　D. 传统银行

2. 第三方支付许可证的发行机构为(　　)。

A. 各地方政府　　B. 工商银行

C. 中国银行　　D. 各地方工商局

3. 网上银行最早起源于(　　)。

A. 美国　　B. 日本　　C. 英国　　D. 中国

4. 公用网和金融专用网之间的接口叫作(　　)。

A. 支付网关　　B. 服务器　　C. 调制解调器　　D. 路由器

5. 电子支付过程中，发放数字证书的机构为(　　)。

A. 认证中心　　B. 商家

C. 银行　　D. 第三方支付机构

二、多项选择题

1. 电子支付系统的构成成员包含(　　)。

A. 支付方　　B. 商户　　C. 支付网关　　D. 认证中心

2. 第三方支付中，沉淀资金产生的途径有(　　)。

A. 二次结算的时间差　　B. 买方的预付款

C. 卖方的暂存货款　　D. 卖方的保证金

3. 一般来说，移动支付包含(　　)。

A. 远程支付　　B. 近场支付　　C. 网络支付　　D. 线下支付

4. 网上银行的开通方式有(　　)。

A. 网上　　B. 柜台　　C. 电话　　D. 邮件

5. 网上银行又称为"3A银行"，是因为它可以实现在(　　)的网上支付。

A. 任何时间(anytime)　　B. 任何地点(anywhere)

C. 任何对象(anything)　　D. 任何方式(anyhow)

三、思考题

1. 使用第三方支付工具支付宝的理由是什么？

2. 我国电子支付存在哪些问题？

3. 网上银行的个人业务有哪些？

4. 我国移动支付发展的障碍有哪些？

4 项目四 电子商务安全

学习目标

【知识目标】

1. 掌握电子商务安全的目标。
2. 了解实现电子商务安全的基本技术手段。
3. 熟悉安全的电子商务交易过程。
4. 掌握防火墙技术的含义和分类。

【技能目标】

1. 能进行个人数字证书的网上模拟申请。
2. 能使用邮件加密证书对邮件进行加密发送和接收。
3. 能进行 Windows 7 操作系统防火墙的基本设置。

【素质目标】

1. 增强电子商务交易中的风险防范意识。
2. 养成用加密邮件发送重要文件的习惯。
3. 提高数字证书的安全保管与使用意识。

项目导入

《2016 年中国互联网安全报告》摘要

一、个人安全篇

2016 年，360 互联网安全中心共截获 PC 端新增恶意程序样本 1.9 亿个。通过对受害者的调研，42.6%的受害者不知道感染病毒的原因。与此同时，截获各类新增钓鱼网站 196.9 万个，拦截钓鱼攻击 279.5 亿次。在新增的钓鱼网站中，网站被黑而搭建起来的钓鱼网站为 19.0%。猎网平台共收到全国用户提交的网络诈骗举报 20 623 例，举报总金额 1.95 亿余元，人均损失 9 471 元。

二、政企安全篇

2016 年，360 网站安全检测平台共扫描出存在漏洞的网站 91.7 万个，其中存在高危漏洞的网站有 14.0 万个，占扫描网站总数的 7.1%。补天平台共收录漏洞 37 188 个，涉及网站 30 329 个，其中高危漏洞为 50.6%。备案网站漏洞平均修复率仅为 42.9%。360 网站卫士共拦截各类网站漏洞攻击 17.1 亿次，平均每天拦截漏洞攻击 534.4 万次。2016 年 5 月，360 互联网安全中心对 2015 年全年的 DDoS 攻击进行了数据分析，发现全球网络 DDoS 攻击 27 489 410 次，被攻击网站数量多达 776 095 个，针对一个月的流量追踪抽样分析发现，约 23%的网站无法摆脱 DDoS 攻击的致命影响，基本无望重新复活。

三、威胁趋势篇

根据 360 互联网安全中心的研究，2016 年以来的网络漏洞的主要特点有：首先，网站泄漏个人信息成网络诈骗助推器，个人信息泄露的主要原因是黑客利用网站的安全漏洞非法入侵和网站内部人员非法盗卖；其次，金融行业网站漏洞威胁更加复杂化，不仅传统的银行、保险等金融领域，而且新兴的第三方支付、互联网 P2P 领域也曝出不少高危漏洞；再次，利用网站漏洞实施挂马攻击重新兴起，并呈现一定程度的爆发趋势；最后，智能硬件接入互联网之后暴露的漏洞容易遭黑客劫持，安全隐患同样不容忽视。

高级持续性威胁(advanced persistent threat，APT)攻击在三个领域中产生的重要影响最值得关注：针对工业系统的破坏、针对金融系统的犯罪，以及对地缘政治的影响。未来几年内，APT 攻击将主要呈现以下四个趋势特点：网络空间成为大国博弈的新战场，针对基础设施的破坏性攻击日益活跃，针对特定个人的移动端攻击显著增加，“一带一路”与军民融合仍将是攻击焦点。

四、技术趋势篇

2016 年是网络安全领域各项技术的转型之年，尤其在网站的安全防护上，其最大的特征就是，第一，从倚重个别设备、单一技术的单点防御逐步转型为多点联动的立体化安全防御；第二，以众测为代表的网站安全模式创新，是较早之前纯公益开放征集漏洞模式的一种完善和升级；第三，以“端十云”应用感知的协同创新，为增强 Web 应用安全提供了新的解决思路和方向，特别是 RASP 技术；第四，以互联网开放数据挖掘为代表的威胁新动向，亦成为 2017 年，乃至更远的未来 Web 安全技术研究的新趋势。

五、政策法规篇

2016 年年底，国家新出台的网络安全相关政策与法规包括《国家“十三五”规划纲要》《国家信息化发展战略纲要》《未成年人网络保护条例(草案征求意见稿)》《网络安全法》《国家网络空间安全战略》《信息基础设施重大工程建设三年行动方案》《大数据产业发展规划》《关于促进移动互联网健康有序发展的意见》等。

资料来源：2016 年中国互联网安全报告.

任务一 电子商务安全概述

一、电子商务安全的含义和需求

（一）电子商务安全的含义

一般来说，电子商务安全包含计算机网络安全和商务交易安全两个部分。计算机网络安全的主要内容包括计算机网络设备安全、计算机网络系统安全和数据库安全等。商务交易安全主要是指传统商务在互联网上应用时产生的各种安全问题，主要目标为在保证计算机网络安全的基础上，使电子商务的过程顺利进行，即实现电子商务的身份认证、信息的保密性和完整性、交易的不可抵赖性等。计算机网络安全和商务交易安全密不可分，两者相辅相成，缺一不可。

（二）电子商务安全的需求

电子商务安全的需求包括认证性、保密性、完整性、不可抵赖性、可靠性和可用性。

▶ 1. 认证性

认证性是指交易双方在进行交易前应能鉴别和确认对方的身份。在传统交易中，双方往往是面对面有接触地进行交易，这种情况下很容易确认对方的身份；而电子商务交易中，交易双方的非对面性导致双方身份的确认很难实现。另外，在以计算机系统、网络设备为媒介的虚拟世界里，身份认证的方式也与现实世界中的身份认证有很大的差别。在现实世界里，每个人都有一个独一无二的物理身份；而在虚拟世界里，一切信息都由一组特定的数据表示，计算机等终端设备也只能识别用户的数字身份。

▶ 2. 保密性

保密性是指交易过程中必须保证信息不会泄露给非授权的其他个人或机构。传统交易主要是通过邮寄封装的信件或通过可靠的通信渠道发送商业报文来达到保密的目的，而电子商务是基于开放式互联网进行数据的传输。如果不进行适当的保密措施，网络中传输的数据很容易被不法分子窃取，导致个人隐私或商业中的敏感信息泄露，给交易活动带来损失。

▶ 3. 完整性

完整性是指发送方发送的信息内容与接收方获取的信息内容具有一致性。电子商务简化了交易过程，减少了人为干预，同时也带来如何维护交易各参与方商业信息完整性的问题。交易数据在网络传输过程中被不法分子获取后，可以通过删减、修改、插入数据等手段改变原始信息，从而导致接收方收到的信息与发送方发送的信息不一致，进而影响交易的继续进行。

▶ 4. 不可抵赖性

不可抵赖性是指信息的发送方不可否认已经发送的信息，接收方也不可否认已经接收到的信息。在传统交易中，交易双方经过在交易合同等书面文书上的手写签名或盖章来保证交易的不可抵赖性；在电子商务模式下，无法实现手写签名或盖章方式的鉴别，但适合网络环境中数字形式的验证方式是必不可少的。

▶ 5. 可靠性和可用性

可靠性和可用性是指电子商务服务商应为用户提供稳定可靠的服务，保证授权用户能够使用和访问网站的服务和资源，能够对网络故障、操作失误、应用程序错误、硬件故障、系统软件错误、计算机病毒等所产生的潜在威胁加以控制和预防，以保证交易过程的顺利进行。

二、数据加密

(一) 基本概念

▶ 1. 加密

加密，即对原来的可读信息(也称明文)进行编码翻译，使之成为不可读的信息(也称密文)的过程。

▶ 2. 解密

解密，即加密的逆过程，是将不可读信息转化为原来形式的可读信息的过程。

▶ 3. 算法

算法是规定明文和密文之间变换方法的一些公式、法则或程序。

▶ 4. 密钥

密钥即算法中的参数。

(二) 对称密钥技术

对称密钥技术(对称密码体制)是指使用同一把密钥对信息加密，而对信息解密同样采用该密钥即可。对称密钥技术的加密和解密过程如图 4-1 所示。发送方用自己的私有密钥对要发送的信息进行加密后得到密文，再将密文通过网络传送给接收方，接收方用发送方进行加密的私有密钥对接收到的密文进行解密，得到明文信息。对称密钥技术有加密速度快、保密性高等优点，同时也带来密钥的安全传输、密钥数量多、密钥的管理，以及难以进行数字签名等问题。

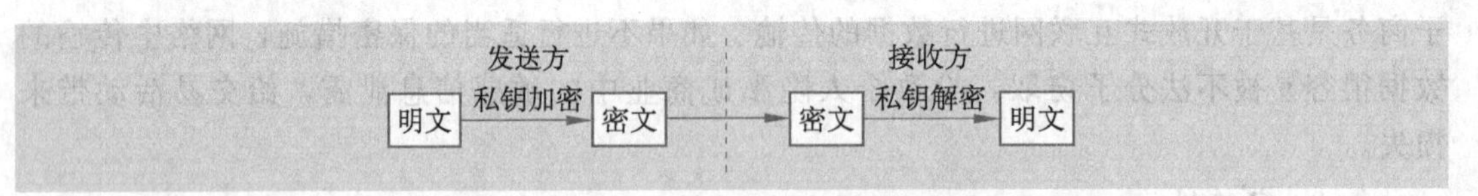

图 4-1　对称密钥技术的加密和解密过程

(三) 非对称密钥技术

非对称密钥技术(公开密码体制)是指每个用户有一对选定的密钥，加密密钥(公开密钥)公布于众，谁都可以得到和使用，解密密钥(私有密钥)只有解密人自己知道。公开密钥与私有密钥是互补的，即用公开密钥加密的密文只能用私有密钥才能解密，而用私有密钥加密的密文只能用公开密钥才能解密。利用非对称密钥技术对信息进行加密和解密的过程如图 4-2 所示。加密应用时，接收者将一个密钥公开，发送方用接收方的公开公钥对信息进行加密。接收方接到信息后，用自己才知道的私有密钥对信息解密，得到明文。因为只有接收方才有解密的私有密钥，解决了保密问题。非对称密钥技术有密码的分配和管理简单等优点，缺点是加密和解密花费的时间长、速度慢，因此不适合对交易频繁、数据量大的文件进行加密。

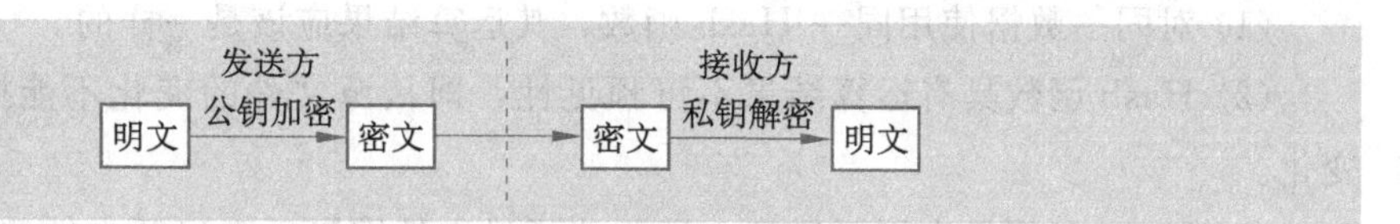

图 4-2 非对称密钥技术的加密和解密过程

知识链接

密码学简述

密码学分为两类：密码编码学和密码分析学。密码编码学研究如何设计出安全的密码体制，防止被破译；密码分析学研究如何破译密文。密码学就是在破译和反破译的过程中发展起来的。加密包含两个因素：加密算法和密钥。加密算法是用数学计算方法与一串数字(密钥)对普通的文本(信息)进行编码，产生不可读的密文的一系列步骤。密钥是用来对文本进行编码和解码的数字，将这些文本(明文)转成密文的程序称为加密程序。发送方将信息在发送到公共网络(如互联网)之前进行加密，接收方收到消息后对其解码(或称解密)，所用的程序称为解密程序，这是加密的逆过程。加密的一个重要特征是：即使知道加密的方法，如果没有消息加密所用的密钥也无法解开加密信息。加密消息的保密性取决于加密所用密钥的长度，40 位密钥是最低要求，更长的(如 120 位)密钥能提供更高的加密保障。如果密钥足够长的话，信息是无法解密的。

资料来源：黄岚，王喆．电子商务概论[M]．北京：机械工业出版社，2015.

三、信息认证技术

(一) 数字摘要

数字摘要是将任意长度的消息变成固定长度的短消息，它类似于一个自变量是消息的函数，也就是 Hash 函数(哈希函数)。数字摘要就是采用单向 Hash 函数将需要加密的明文“摘要”变成一串固定长度(128 位)的密文，这一串密文又称为数字指纹，它有固定的长度，而且不同的明文，其摘要总是不同的；同样的明文，其摘要必定一致。发送方通过 Hash 函数得到信息摘要，将得到的摘要和信息一同发给接收方，接收方把接收到的源信息通过 Hash 函数加密后得到一个摘要。把这个摘要与发送方发来的摘要进行对比，如果相同，说明信息在传递过程中没有被更改过。数字摘要的工作原理如图 4-3 所示。

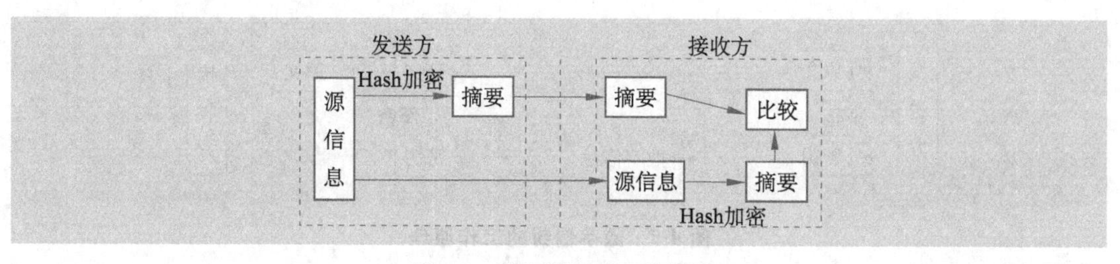

图 4-3 数字摘要的工作原理

Hash 函数的特点如下。

(1) 对同一数据使用同一 Hash 函数，其运算结果应该是一样的。

(2) Hash 函数具有运算结果不可预见性，即从源文件的变化不能推导出缩影结果的变化。

(3) Hash 函数具有不可逆性，即不能通过文件缩影反算出源文件的内容。

(二) 数字签名

数字签名是附加在数据单元上的一些数据，或是对数据单元所做的密码变换。这种数据变换允许数据单元的接收方用以确认数据单元的来源和数据单元的完整性，防止被人(如接收方)进行伪造。数字签名与书面文件签名有相同之处，既要实现信息是由签发者发送的，签名不能否认，也要实现能确认信息自签发起到收到为止未被做过修改，签发的文件是原始的文件。数字签名的工作过程如图 4-4 所示。

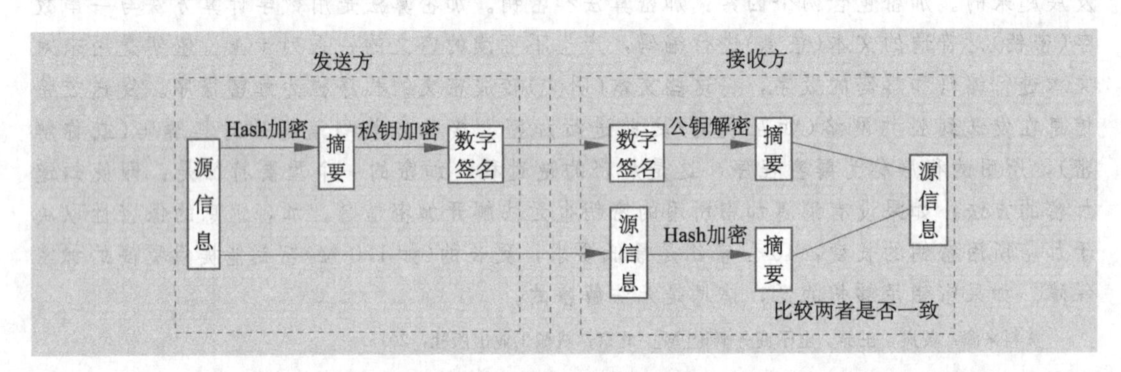

图 4-4　数字签名的工作过程

(1) 发送方首先用 Hash 函数将需要传送的内容加密生成源信息的数字摘要。

(2) 发送方用自己的私有密钥对摘要进行加密，形成数字签名。

(3) 发送方把原文和加密信息的摘要同时传递给接收方。

(4) 接收方使用发送方的公共密钥对数字签名进行解密，得到发送方的数字摘要后，接收方用 Hash 函数将接收到的源信息转换成数字摘要，并与从发送方得到的摘要对比，如果相同，说明信息在传递过程中没有被更改过。

(三) 数字信封

数字信封保证只有规定的收件人才能阅读到信息，同时保证信息的保密性和安全性。数字信封的工作原理如图 4-5 所示。

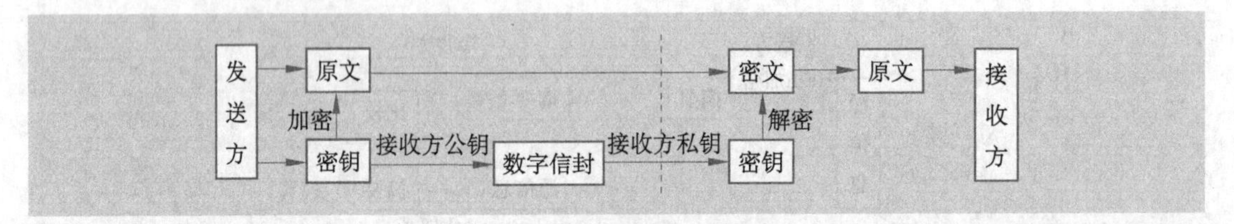

图 4-5　数字信封的工作原理

(1) 在发送文件时，发送方先产生一个密钥，并用这个密钥对文件原文进行加密后，通过网络将加密后的文件传送到接收方。

(2) 发送方把对文件加密时使用的密钥用接收方的公开密钥进行加密，即形成数字信封，然后通过网络传送到接收方。

(3) 接收方收到发送方传来的经过加密的密钥后，用自己的私有密钥对其进行解密，从而得到发送方之前用来加密原文的密钥。

(4) 接收方用发送方的密钥对加密文件进行解密，从而得到原文。

四、安全的电子商务交易过程

电子商务的安全交易是一个非常复杂的过程，会用到对称加密、非对称加密、数字签名、数字摘要、数字信封等技术和手段。假设甲方要给乙方发送加密文件，安全的电子商务交易过程如图 4-6 所示。

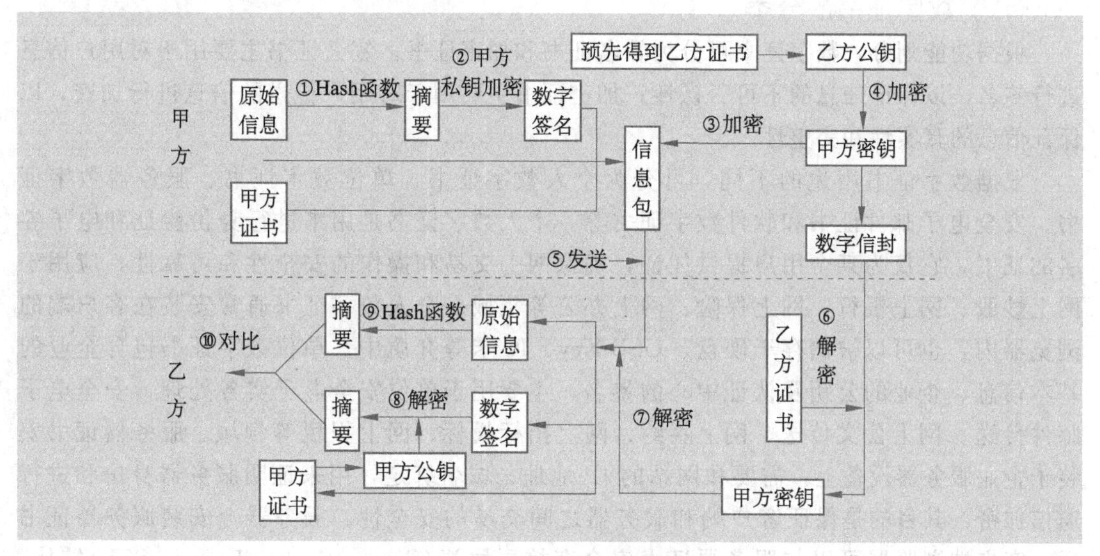

图 4-6 安全的电子商务交易过程

甲方预先得到乙方的证书：①甲方对要发送的原始信息通过 Hash 函数转换成摘要；②摘要通过甲方的私钥加密，形成一个数字签名；③甲方原始信息、数字签名和甲方证书形成信息包，同时在甲方的计算机上，甲方用一个对称密钥对这个信息包进行加密；④甲方从预先得到的乙方的证书中拿到乙方公钥，对对称密钥进行加密，形成数字信封；⑤甲方把加密的信息包和数字信封通过互联网传送给乙方；⑥乙方用自己的私钥解密数字信封，得到甲方的对称密钥；⑦乙方通过第⑥步中得到的对称密钥，对从甲方收到的加密数据信息包进行解密，还原成甲方原始信息、数字签名和甲方证书；⑧用甲方的公钥(包含在甲方证书中)解密数字签名，得到报文摘要；⑨将收到的原始信息通过 Hash 函数转换成报文摘要；⑩对第⑧步和第⑨步所产生的摘要进行对比，以确定在传输过程中信息是否有篡改。

任务二 数字证书的申请

一、数字证书的含义和分类

(一) 数字证书的含义

数字证书是各类实体(持卡人、商户、网关等)在网上进行信息交流及商务活动的身份证明，在电子交易的各个环节，交易的各方都需验证对方证书的有效性，从而解决相互间的信任问题。数字证书是由证书授权中心颁发给用户，用以在数字领域中证实用户身份的一种数字凭证。数字证书可用于发送安全电子邮件、访问安全站点、网上证券交易、网上招标采购、网上办公、网上保险、网上税务、网上签约和网上银行等安全电子商务处理和电子交易活动。

(二) 数字证书的分类

根据功能划分，数字证书可分为签名证书和加密证书。签名证书主要用于对用户信息进行签名，以保证信息的不可否认性；加密证书主要用于对用户传送的信息进行加密，以保证信息的真实性和完整性。

根据数字证书用途的不同，可分为个人数字证书、单位数字证书、服务器数字证书、安全电子邮件证书和软件数字证书等。个人数字证书是用来进行身份验证和电子签名的证书，它仅为某个用户提供凭证，确保网上交易和操作的安全性和可靠性，应用于网上炒股、网上银行、网上保险、网上办公等领域。个人数字证书通常安装在客户端的浏览器内，也可以被储存于硬盘、USB Key、IC卡等介质中。单位数字证书包含企业的基本信息、企业的公钥及认证中心的签名，主要用于单位安全电子实务处理、安全电子邮件传送、网上公文传送、网上签约、网上招标投标、网上报税等领域。服务器证书安装于企业服务器设备上，需要和网站的IP地址、域名绑定，用来证明服务器身份和进行通信加密，其目的是保证客户端和服务器之间交易的安全性。服务器上安装服务器证书后，客户端浏览器可以与服务器证书安全套接层协议(Secure Socker Layer，SSL)链接，在SSL上传输的任何数据都会被加密，同时浏览器会自动检验服务器证书是否有效。软件数字证书也称为代码数字证书，用于提供软件开发人员或企业对其开发的软件代码进行数字签名，以有效防止其软件代码被篡改，使用户免遭病毒和黑客程序的侵扰。

二、数字证书的格式和工作原理

(一) 数字证书的格式

数字证书的格式遵循X.509 V3国际标准规定，如图4-7所示，主要包含证书的版本信息、证书的序列号(每个用户都有唯一的证书序列号)、证书所使用的签名算法、证书的发行机构的名称(命名规则一般采用X.400格式)、证书的有效期(现在通用的证书一般采用UTC时间格式，它的计时范围为1 950～2 049)、证书所有人的名称(命名规则一般采用X.400格式)、证书所有人的公开密钥、证书发行者对证书的签名等信息。

(二) 数字证书的工作原理

数字证书采用公钥体制，即利用互相匹配的密钥进行加密、解密。每位用户自己设定一个

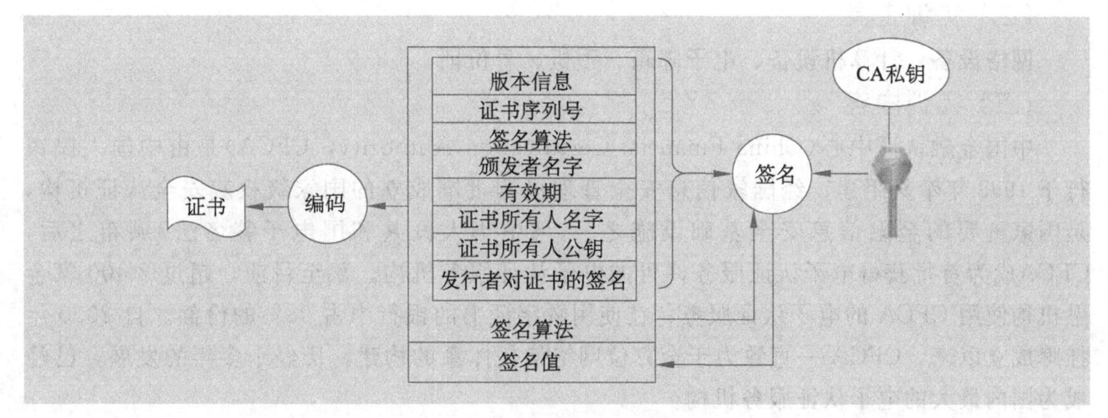

图 4-7 数字证书的格式

特定的仅为本人所知道的私有密钥进行加密和签名；同时，设定一个公共密钥由本人公开，为一组用户所共享，用于加密和验证签名。当发送一份保密文件时，发送方使用接收方的公钥对数据进行加密，而接收方则使用自己的私钥进行解密，这样信息就可以安全无误地到达接收方。通过数字证书的手段保证加密过程是一个不可逆的过程，即只有用私有密钥才能解密。

知识链接

证书授权中心

证书授权中心(certificate authority，CA)是电子商务交易中受信任的第三方，承担公钥体系中公钥合法性检验的责任。CA 为每个使用公开密钥的用户发放一个数字证书，数字证书的作用是证明证书中列出的用户合法拥有证书流出的公开密钥，并保证攻击者不能伪造和篡改证书。CA 是保证电子商务安全的基础设施，它负责数字证书的申请、签发、制作、废止、认证和管理，提供网上用户身份认证、数字签名、电子公正、安全电子邮件等服务。常见的 CA 认证体系从功能模块角度划分，可大致分为接收用户申请的证书受理者 RS、证书发放审核部门 RA、证书发放的操作部门 CP(一般称这个部门为 CA)，以及记录作废证书的证书作废表(黑名单库)CRL。

RS 接收用户的证书申请，转发给 RA 和 CP，进行相应的处理。

RA 负责对证书申请者的证书申请进行资格审查，决定是否同意给该申请者发放证书，并承担因审核错误而引起的后果。

CP 负责为已授权的申请者制作、发放和管理证书，并承担因操作运营错误所产生的一切后果。

CRL 中记录尚未过期但已声明作废的用户证书序列号，提供供证书使用者在认证与之通信的对方证书是否作废时的查询服务。

业务受理点作为 CA 的对外提供服务的窗口，为用户提供面对面的证书申请和发放服务。合法的 CA 必须取得工信部发放的电子认证服务行政许可。

三、数字证书申请与设置实训

(一) 实训目的

了解从 CFCA 证书体验平台上申请数字证书的一般步骤。

（二）实训工具

网络设备、计算机设备、电子邮箱、手机、身份证。

（三）实训内容

中国金融认证中心（China Financial Certification Authority，CFCA）是由中国人民银行于1998年牵头组建、经国家信息安全管理机构批准成立的国家级权威安全认证机构，是国家重要的金融信息安全基础设施之一。《中华人民共和国电子签名法》颁布之后，CFCA成为首批获得电子认证服务许可的电子认证服务机构。截至目前，超过2 400家金融机构使用CFCA的电子认证服务，在使用数字证书的银行中占98%的份额。自2000年挂牌成立以来，CFCA一直致力于全方位网络信任体系的构建，历经十多年的发展，已经成为国内最大的电子认证服务机构。

本实训以CFCA个人体验数字证书为例，进行数字证书的申请操作。

（四）实训步骤

本实训所申请的数字证书仅适用于CFCA体验区，除此之外，这些证书不具备任何其他效用。

第一步：登录中国金融认证中心网站，选择“证书自助”，如图4-8所示。

图4-8　中国金融认证中心网站界面

第二步：进入证书体验区，在“欢迎登录”界面上单击“创建我的用户”，如图4-9所示。如果没有安装控件，需要下载安装控件并重启浏览器。

CFCA 证书体验区　欢迎登录

用户名：

密码：

验证码：　w3ag　换一张

记住用户名 | 忘记密码？

登录　使用已有证书登录

创建我的用户 >>

请您下载安装控件，并重启浏览器

声明：
本证书体验区申请的数字证书仅用于在本证书体验区体验证书应用使用。
除此之外，这些证书不具备任何其他效用。

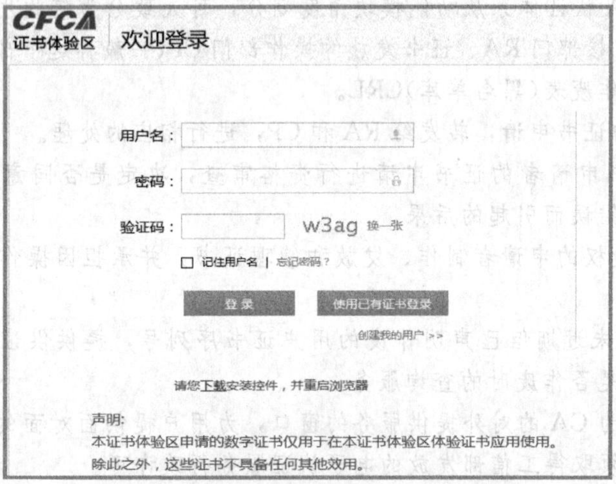

图4-9　创建我的用户

第三步：弹出“账号注册”界面，填写用户名、登录密码、确认密码、电子邮件、验证码等个人信息后，单击“注册”按钮，如图4-10所示。

图 4-10 账号注册

第四步：弹出“我的证书”界面，单击“在线申请证书”按钮，如图 4-11 所示。

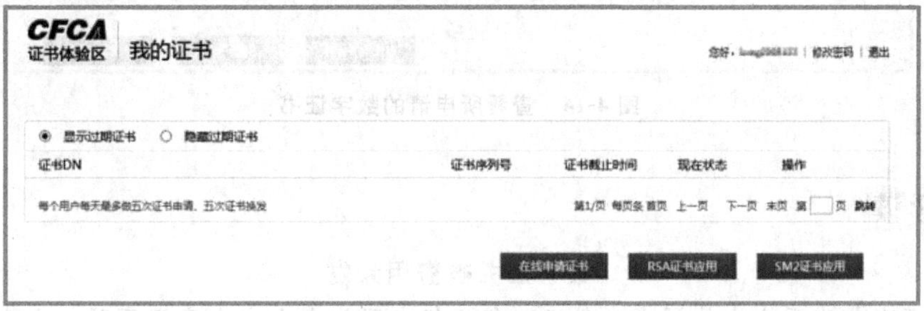

图 4-11 在线申请证书

第五步：弹出“证书申请”界面，输入证书类型、密钥长度、姓名等个人信息，单击“证书申请”按钮，如图 4-12 所示。

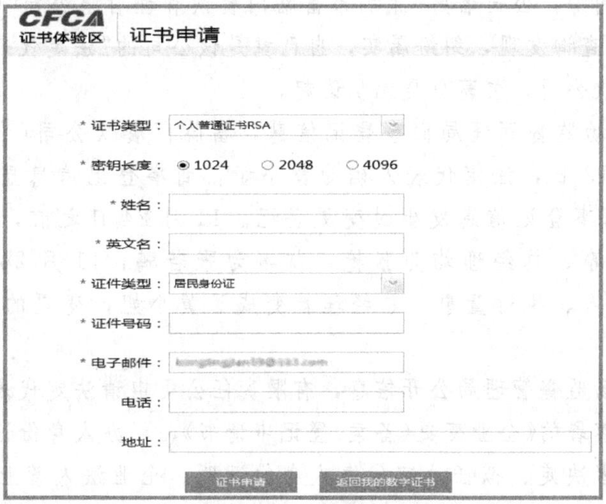

图 4-12 证书申请

第六步：证书申请成功，单击“返回我的数字证书”按钮，如图 4-13 所示。

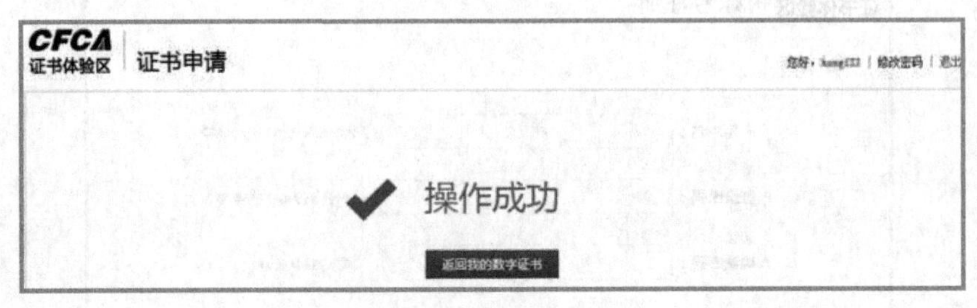

图 4-13　证书申请成功

第七步：可以查看所申请的数字证书，如图 4-14 所示。

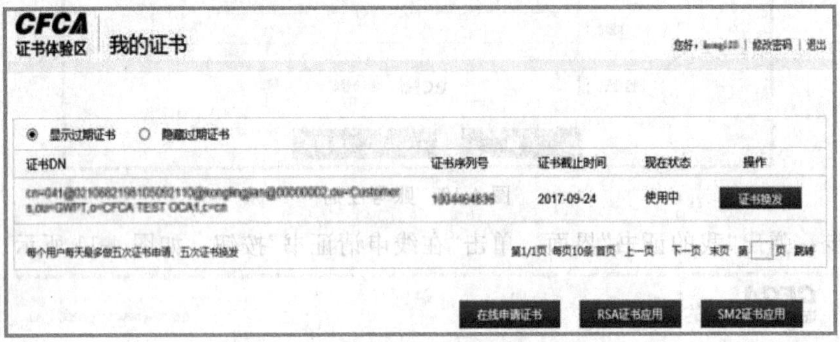

图 4-14　查看所申请的数字证书

拓展阅读

数字证书被盗用频发

数字证书相当于个人的网上身份证，但近年来因为个人安全意识不强，个人的信息被他人非法用于申请数字证书的行为时有出现，下面介绍一个典型的例子。

2016 年 11 月底，黄小姐突然接到深圳罗湖劳动部门的通知，称自己涉及一桩拖欠几十名员工工资的纠纷，公司名为“深圳市富临门餐饮管理有限公司”(以下简称富临门餐饮公司)。而后，她查询发现，纠纷属实，自己竟是该公司的“法定代表人”。黄小姐表示，自己从未开设过餐饮公司，欠薪更是无从谈起。

根据深圳市市场监督管理局商事登记信息，富临门餐饮公司(自然人独资)注册成立于 2016 年 9 月 13 日，法定代表人确为黄小姐。商事登记信息显示，2016 年 11 月 24 日，该公司的商事登记信息发生过变更登记。11 月 24 日之前，富临门餐饮公司法定代表人、执行董事、总经理均为张艳，监事为张若鹏，11 月 24 日变更登记之后，该公司的法定代表人、执行董事、总经理就变成了黄小姐，变更的全流程都是在网上办理的。

根据深圳市市场监督管理局公开信息，有限责任公司申请法定代表人变更，需提供材料包括法定代表人签署的《企业变更(备案)登记申请书》、经办人身份证明、依照《公司法》做出的变更决议或者决定、拟任法定代表人身份证明、企业法人营业执照正本和全部副本。不过，一个重要的事实是，富临门餐饮公司的变更法定代表人、公司成立等所有材料中，需要签名的地方，不论张艳还是黄小姐，均使用的是数字签名。

黄小姐称，自己不认识张艳。黄小姐此前曾成立过一个公司，通过中介公司办理过数字证书，外观为U盘样式，被存放在一个透明塑料袋内，袋内还有“业务受理单”等相关票据。中介公司的工作人员称数字证书一直存放在店内，店内人员并未动用。到底是谁使用黄小姐的数字证书，办理了富临门餐饮公司的法人代表变更登记？

资料来源：根据网络资料整理.

任务三 电子邮件证书的申请和使用

一、电子邮件证书的含义

电子邮件证书是用来证明电子邮件发件人真实性的证书。收件人收到具有有效电子证书签名的电子邮件，除了能够相信邮件是由指定发件人发出的以外，还可以确信该邮件从发送方发出后没有被篡改过。另外，使用接收的邮件证书，还可以向接收方发送加密邮件，该加密邮件可以在网络上进行安全传输，只有真正的接收方才能打开邮件，获取邮件内容。

二、电子邮件证书在电子邮件中的作用

电子邮件在开放的互联网上传输，在没有任何保障措施的情况下，其中的敏感信息容易被人看见，因此，有必要在电子邮件中安装电子邮件证书。电子邮件证书的使用可以解决以下问题。

1. 保密性

通过使用收件人的数字证书对电子邮件进行加密后，只有收件人才能阅读加密的邮件。这样，在互联网上传递的电子邮件信息即使被窃取，也无法被阅读；即使发错邮件，收件人也无法看到邮件内容。

2. 身份认证

在互联网上传递电子邮件的发送方和接收方不能见面，因此，必须确认对方的身份。利用发件人的数字证书在发送前对电子邮件进行数字加密，便可以确定发件人的身份，不致被他人冒充接收。

3. 完整性

利用发件人的数字证书在发送前对电子邮件进行数字签名，如果电子邮件内容在传递过程中被篡改，收件方会有所察觉。

4. 不可否认性

由于发件人的数字证书只有发件人唯一拥有，因此发件人利用其数字证书在发送前进行签名，就不能否认已经发过的邮件。

三、电子邮件证书的类型

以GlobalSign电子邮件证书为例，介绍电子邮件证书的类型。

GlobalSign成立于1996年，是一家声誉卓著，备受信赖的证书授权中心和SSL数字证书提供商。GlobalSign的电子证书分为企业型电子邮件证书和个人型电子邮件证书。其中，企业型电子邮件证书分为PersonalSign 2 Pro和PersonalSign 2 Department两种。PersonalSign 2 Pro用于表示企业或组织安全电子邮件(S/MIME)的真实性，并可用来验证企业网上服务，针对微软Office文档进行数字签名。而PersonalSign 2 Department用于部门的身份验证(如市场营销部门)，以确保安全电子邮件的真实性，并可用来验证企业网上服务，针对微软Office文档进行数字签名。个人型电子邮件证书为PersonalSign 2用于个人(不代表组织)，以确保安全电子邮件的真实性，并可用来验证企业网上服务，针对微软Office文档进行数字签名。

知识链接

电子邮件的工作过程及主要协议

一、电子邮件协议

电子邮件在发送和接收的过程中要遵循一些基本协议，主要的协议列举如下。

1. 简单邮件传输协议

简单邮件传输协议(SMTP)是互联网上基于TCP/IP的应用层协议，用于主机与主机之间的电子邮件交换。SMTP的特点是简单，它只定义了邮件发送方和接收方之间的连接传输，将电子邮件由一台计算机传送到另一台计算机，而不规定其他任何操作，如用户界面的交互、邮件的接收、邮件存储等。

2. 邮局协议和互联网报文存取协议

电子邮件用户从邮件服务器读取或下载邮件时必须使用邮件读取协议。目前常用的邮件读取协议有两个：邮局协议的第三版本(POP3)和互联网报文存取协议(IMAP)。POP3是一个非常简单，但功能有限的邮件读取协议，大多数ISP都支持POP3。如果邮件用户把邮件接收软件设定为使用POP3阅读电子邮件，每当用户阅读电子邮件时，邮件接收软件会把所有信件内容下载至用户的计算机，此外，用户可选择把邮件保留在邮件服务器上或是不保留邮件在服务器上。IMAP是另一种邮件读取协议，如果邮件用户将邮件接收软件设定为使用IMAP阅读电子邮件，邮件接收软件并不会把所有邮件内容下载至计算机，而只下载邮件的主题等信息。

3. 多用途互联网邮件扩展协议

多用途互联网邮件扩展协议(MIME)是一种编码标准，它解决了SMTP只能传送ASCII文本的限制。MIME定义了各种类型的数据，如声音、图像、表格等数据的编码格式，通过对这些类型的数据编码并将它们作为邮件中的附件进行处理，以保证邮件内容完整、正确地传输。因此，MIME增强了SMTP的传输功能，统一了编码规范。

二、电子邮件的工作原理

互联网电子邮件系统的工作基于客户机/服务器方式，客户端也称为用户代理，提供用户界面，负责邮件发送的准备工作；服务器端也称为传输代理，负责邮件的传输。

邮件的发送和接收过程主要分为3步。

第一步：当用户需要发送电子邮件时，首先利用客户端的电子邮件应用程序按规定格式起草、编辑一封邮件，指明收件人的电子邮件地址，然后利用SMTP将邮件送往发送端的邮件服务器。

第二步：发送端的邮件服务器接收到用户送来的邮件后，根据收件人地址中的邮件服务器主机名，通过SMTP将邮件发送到接收端的邮件服务器，接收端的邮件服务器根据收件人地址中的账号将邮件投递到对应的邮箱中。

第三步：利用POP3或IMAP协议，接收端的用户可以在任何时间、任何地址利用电子邮件应用程序从自己的邮箱中读取邮件，并对自己的邮件进行管理。

资料来源：景安网络．摘选．

四、电子邮件证书的申请与使用实训

(一) 实训目的

(1) 了解沃通电子邮件证书的申请流程。

(2) 掌握沃通电子邮件证书的设置方法。

(3) 能使用沃通电子邮件证书加密邮件，并进行邮件的发送和接收。

(二) 实训工具

网络设备；计算机设备，使用IE6.0以上浏览器；已经设置好的Outlook电子邮箱。

(三) 实训内容

沃通电子认证服务有限公司(WoSign CA Limited)成立于2002年，是同时获得国内电子认证服务许可证(由工信部颁发)和通过国际认证的证书颁发机构。2004年开始代理国外CA证书产品，2006年开始做自己品牌的产品，2011年开始从自己的顶级根证书下签发全球信任的各种数字证书。沃通自有品牌数字证书产品特别针对中国市场的特点和需求而设计，质优价廉、全球通用、支持所有浏览器和服务器，满足了各种用户需求。由于性能价格比高、全面支持中文及本地化的优质服务，产品已经广泛应用于银行、证券、基金、中国移动、中国电信和各大知名电子商务网站，其中，沃通微软代码签名证书在中国市场的占有率已经超过90%，SSL证书在中国市场的占有率已经超过30%。沃通已经成为中国唯一拥有自己的全球信任的根证书、自主品牌、支持所有浏览器的全系列数字证书产品的供应商，也是中国最大的、市场份额占绝对优势(70%)的数字证书产品供应商。

邮件系统的威胁及沃通安全电子邮件系统的解决方案如下。

▶ 1. 邮件系统的威胁

正是由于电子邮件内容中有机密信息，才使得有人采取非法手段窃取邮件内容、篡改邮件内容和伪造合法身份发送电子邮件，因此电子邮件系统面临以下四大安全威胁。

(1) 垃圾邮件泛滥，严重影响了电子邮件的正常使用。这点已经引起各电子邮件服务商和电子邮件客户端软件厂商的高度重视，并纷纷采取技术措施来拦截和过滤垃圾邮件。

(2) 假冒邮件和欺诈邮件猖獗，邮件中的欺诈网址使得毫无识别能力的普通用户频频上当，而常用的电子邮件客户端软件和 Web 方式登录的电子邮件服务商在这方面都没有提供有效的解决方案，导致各种假冒银行、证券、电商的邮件不断地侵害用户。

(3) 邮件附件为恶意代码，用户只要点击邮件附件就中招，这也严重影响了用户使用电子邮件的安全，除非用户计算机安装的杀毒软件能将其识别并查杀。

(4) 电子邮件内容“裸奔”，已经成为第一大安全隐患，使得加密电子邮件逐渐成为第一需要。

▶ 2. 沃通安全电子邮件系统解决方案

针对以上四大问题，沃通提出了以下解决方案。

(1) 联合相关厂商推出安全电子邮件客户端软件，实现以下功能：①智能识别垃圾邮件；②采用云查杀技术实时识别邮件中的网址是否是欺诈网站；③采用云查杀技术实时识别邮件附件是否为恶意代码。

(2) 采用沃通全球通用的服务器 SSL 证书和客户端数字证书相结合的全程端到端的电子邮件加密解决方案，来保证电子邮件内容的机密性，具体措施如下：①电子邮件服务器部署 SSL 证书确保用户 Web 登录邮箱时的邮件信息安全；②使用客户端证书用于 Web 方式登录的强身份认证，替代不安全的用户名和密码方式认证；③邮件接收服务器(POP3/IMAP)和发送服务器(SMTP)部署 SSL 证书，确保链路加密；④使用客户端证书实现 Web 方式电子邮件客户端软件方式的电子邮件加密和数字签名；⑤使用代码签名安全控件，确保用户的账户密码不会被用户计算机的恶意代码在加密传输之前被截获。

(四) 实训步骤

第一步：沃通电子邮件证书的申请与安装。

(1) 进入沃通首页(www.wosign.com)，选择“沃通数字证书商店”，如图 4-15 所示。

图 4-15 选择“沃通数字证书商店”

(2) 选择“选购客户端证书”，如图 4-16 所示。

图 4-16 选择“选购客户端证书”

(3) 弹出“免费电子邮件加密证书”界面后，单击“立即申请”，如图 4-17 所示。

(4) 填写申请免费电子邮件加密证书申请表，单击“提交申请”，如图 4-18 所示。

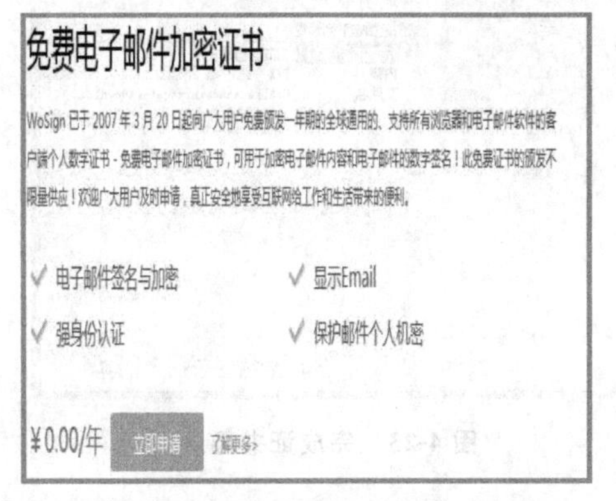

图 4-17 “免费电子邮件加密证书”界面

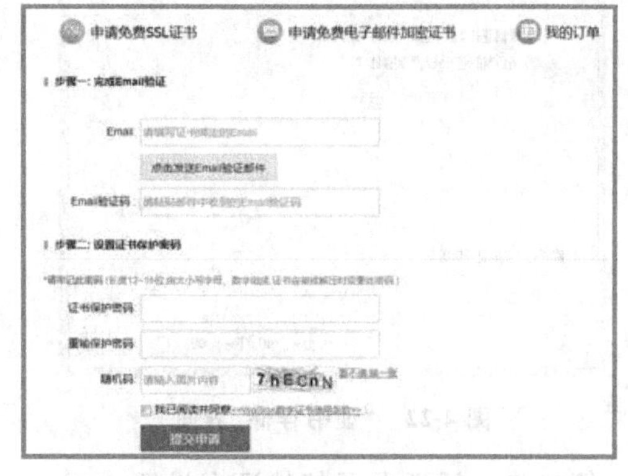

图 4-18 申请免费电子邮件加密证书

(5) 提交申请后，进行证书下载，如图 4-19 所示。

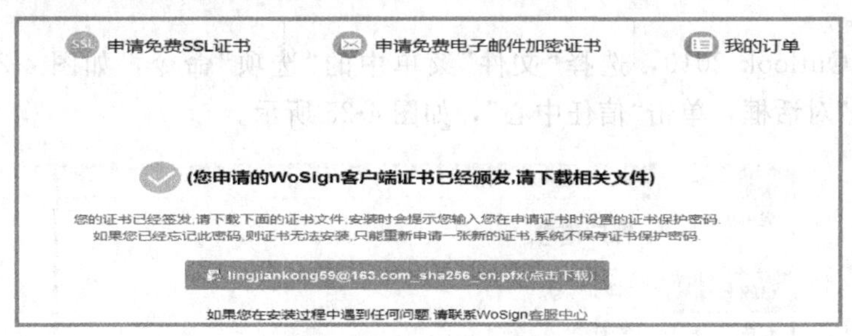

图 4-19 进行证书下载

(6) 下载并安装数字证书后，进行证书的导入，单击“下一步”按钮，如图 4-20 所示。

(7) 输入私钥密码，单击“下一步”按钮，如图 4-21 所示。

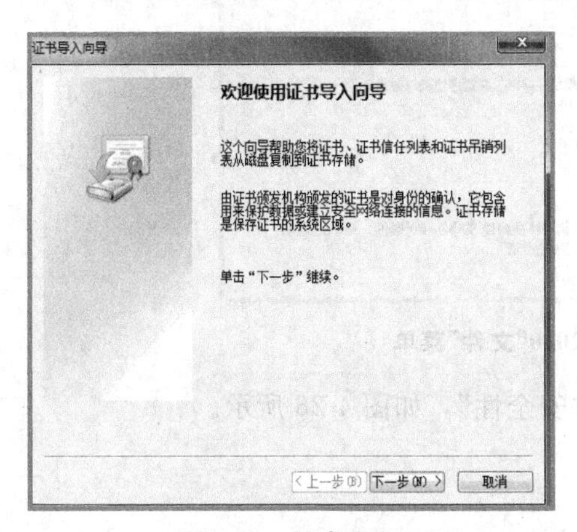

图 4-20 证书导入

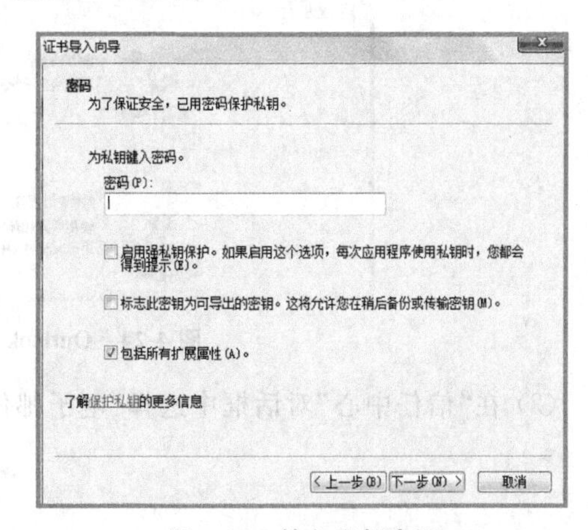

图 4-21 输入私钥密码

(8) 弹出“证书存储”界面后，勾选“根据证书类型，自动选择证书存储”，单击“下一步”按钮，如图 4-22 所示。

(9) 单击“完成”按钮，完成证书导入，如图 4-23 所示。

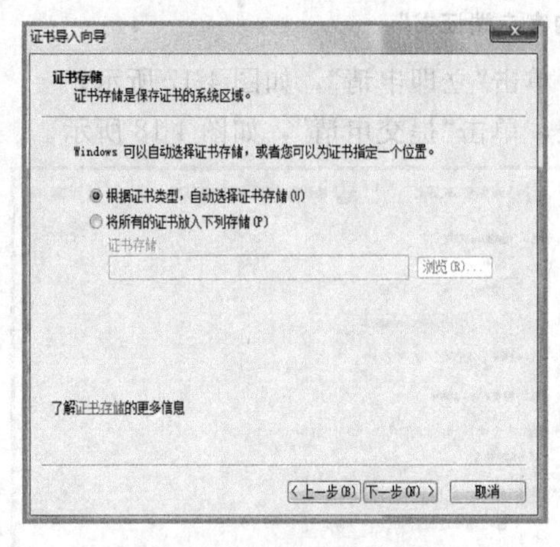

图 4-22 “证书存储”界面

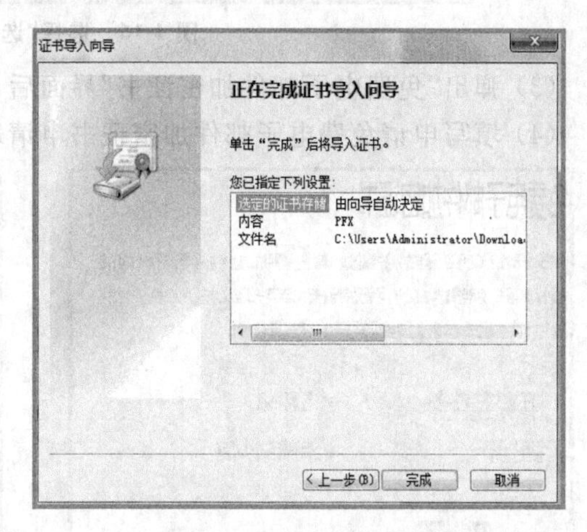

图 4-23 完成证书导入

第二步：沃通电子邮件证书设置。

成功申请并安装好客户端数字证书之后，即可为邮箱(假设此邮箱为 A)账号进行电子邮件证书设置。

(1) 打开 Outlook 2010，选择“文件”菜单中的“选项”命令，如图 4-24 所示。打开“Outlook 选项”对话框，单击“信任中心”，如图 4-25 所示。

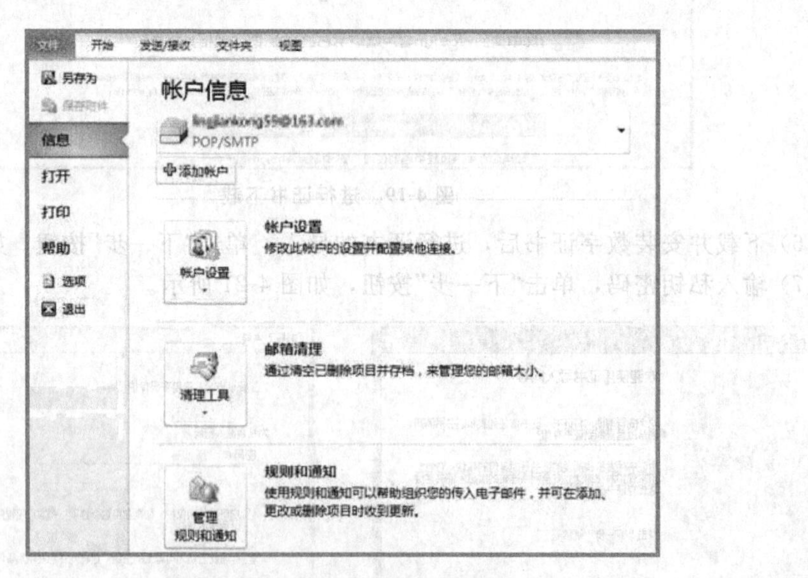

图 4-24 Outlook 2010“文件”菜单

(2) 在“信任中心”对话框中选择“电子邮件安全性”，如图 4-26 所示。

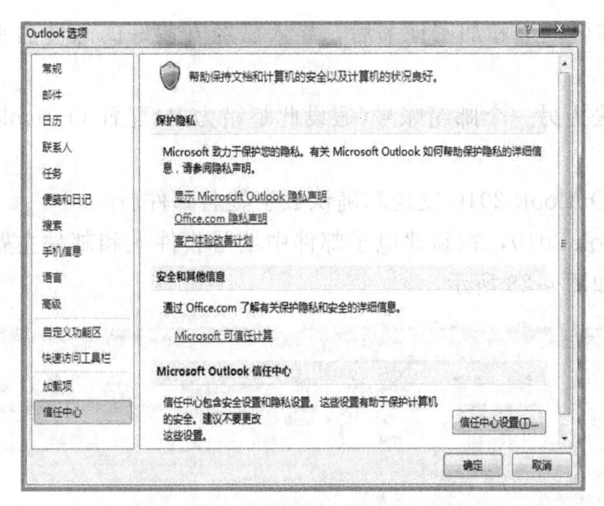

图 4-25 “Outlook 选项”对话框

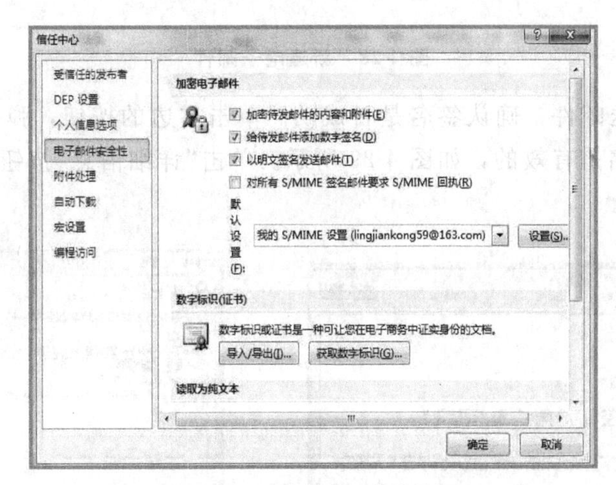

图 4-26 “信任中心”对话框

(3) 在“信任中心”对话框中单击“设置”按钮，打开“更改安全设置”对话框，单击“确定”按钮，如图 4-27 所示。

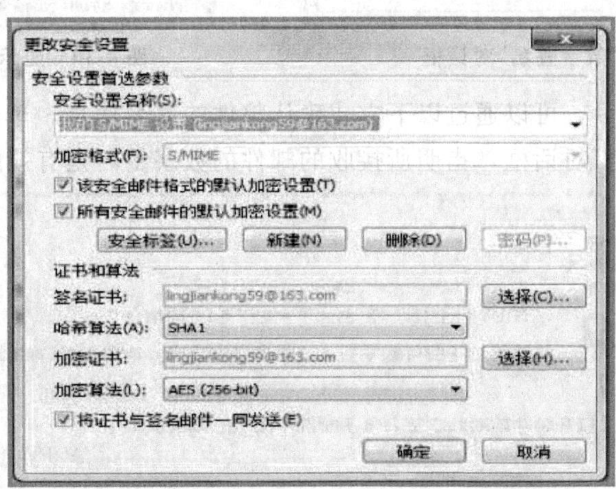

图 4-27 “更改安全设置”对话框

（4）分别选择签名证书和加密证书后，导入已经安装好的邮件加密证书，单击“确认”按钮。

按照相同的方法为另一个邮箱账号（假设此邮箱为 B）配置 Outlook 2010，以使用电子邮件证书。

第三步：使用 Outlook 2010 发送和确认数字签名邮件。

（1）打开 Outlook 2010，在新建电子邮件中填写收件人和邮件主题，单击“选项”菜单中的“签署”按钮，如图 4-28 所示。

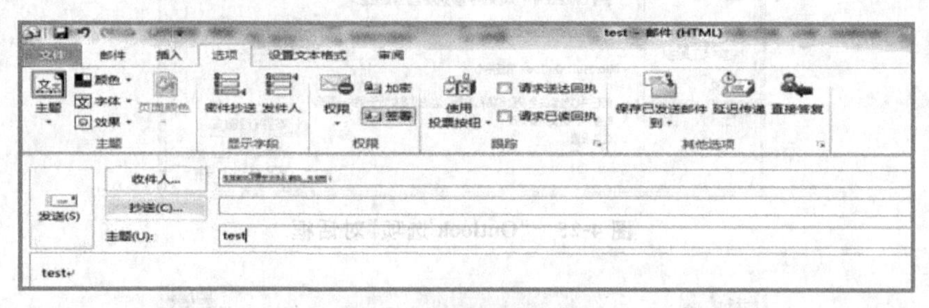

图 4-28　新建电子邮件

（2）进入已发送邮件，确认签名是否成功。单击右边的按钮，弹出“数字签名”对话框，显示该数字签名是有效的，如图 4-29 所示。单击“详细信息”按钮，显示详细签名信息，如图 4-30 所示。

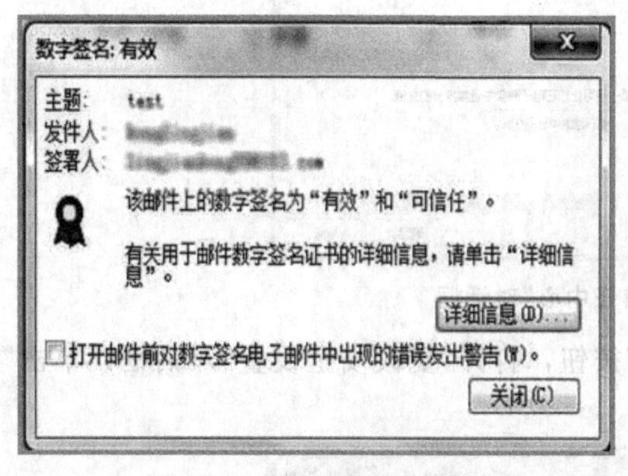

图 4-29　“数字签名”对话框

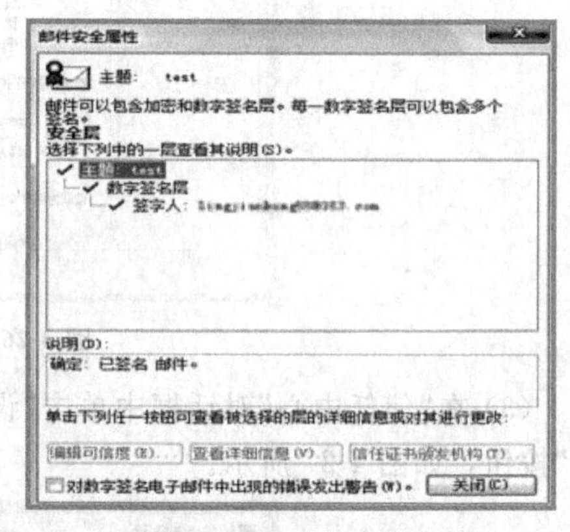

图 4-30　显示详细签名信息

接收方收到邮件后，可以通过以下方式确认邮件的签名信息。单击右边的按钮，将显示所接收的“数字签名”对话框，指明所接收的邮件的数字签名是有效的。

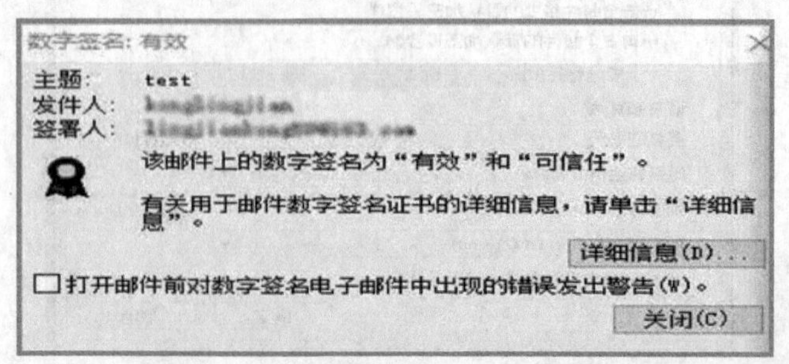

图 4-31　确认接收邮件的签名信息

第四步：使用 Outlook 2010 发送加密电子邮件并确认。

使用 B 邮箱发送加密的邮件给 A 邮箱。

(1) 在收件人地址中输入 A 邮箱地址，再输入邮件内容和主题，单击“加密”和“签署”按钮，如图 4-32 所示。

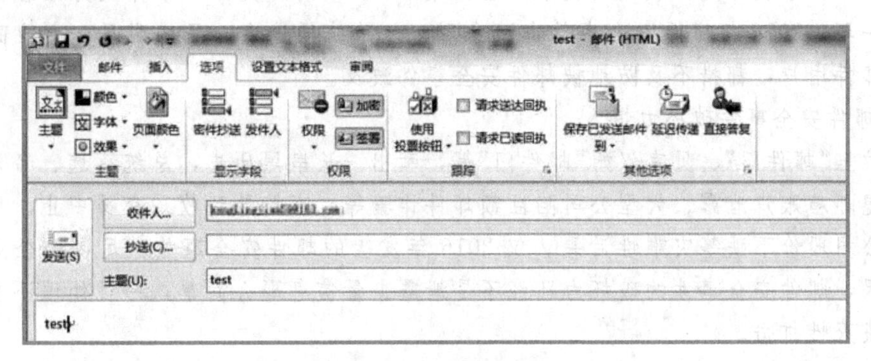

图 4-32　发送加密邮件

(2) 在 A 邮箱的收件箱中找到该邮件，双击该邮件，看到签名者的右侧有加密标识和签署标识，如图 4-33 所示。

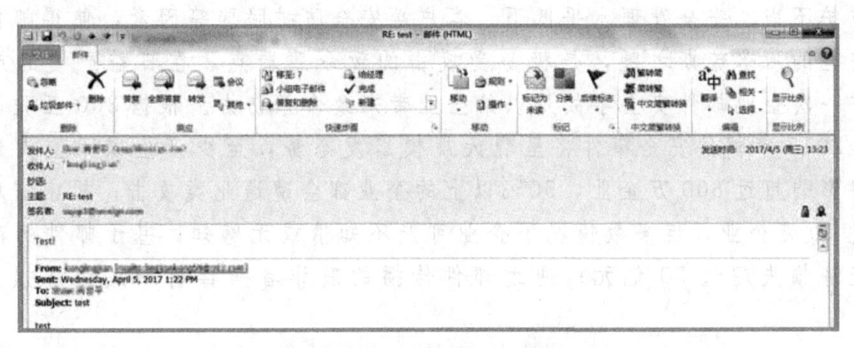

图 4-33　查看加密标识和签署标识

(3) 单击图 4-33 中的加密标识和签署标识后，将显示“邮件安全属性”对话框和数字签名，如图 4-34 所示。提示该加密邮件是经过加密和有效的，如图 4-35 所示。

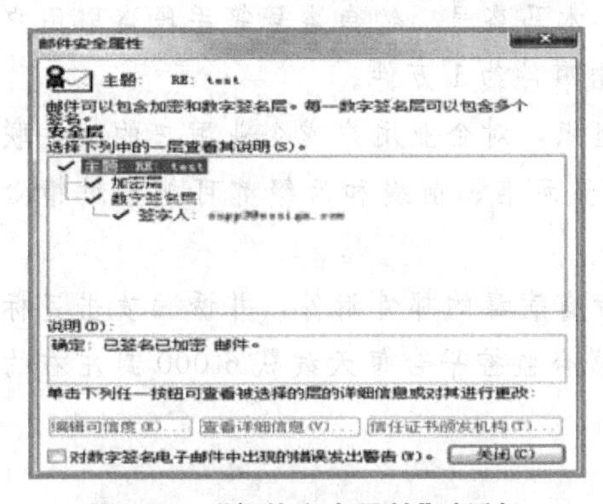

图 4-34　“邮件安全属性”对话框

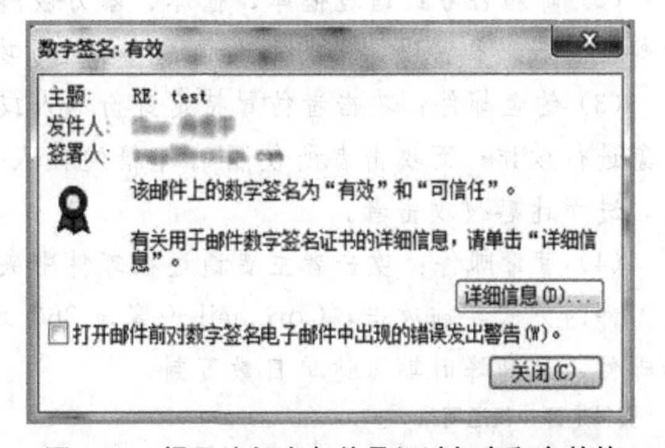

图 4-35　提示该加密邮件是经过加密和有效的

拓展阅读

“邮件门”愈演愈烈，如何避免成为“下一个”？

电子邮件系统伴随互联网的发展，已经有40多年的历史，如今却成为最容易被攻击的薄弱一环。2016年邮件安全事件愈演愈烈，从总统候选人、足球明星、企业高管到普通电子邮件用户，都措不及防地被邮件安全事件波及。

1. 邮件安全事件破坏力惊人

希拉里“邮件门”、贝克汉姆“邮件门”等，牵出一长串黑历史，总统落选、名人形象破灭、雅虎邮箱账户泄露、大型公司陷巨额邮件诈骗等，直接导致收购交易中止、巨额财产损失、公司股价下跌等灾难性后果。仅2016年发生的邮件安全事故，足以给企业补上沉重的一课，邮件安全事件的破坏力已经不是泄露少量信息那么简单，一旦处理不当将给企业带来毁灭性打击。

2. 邮件安全——企业安全的阿喀琉斯之踵

目前，电子邮件仍是企业沟通和信息传递最重要的手段，80%以上的办公文档、95%以上的公司业务数据、机密文件，都通过电子邮件传递和交流。但是，邮件服务器安全防护不当、安全管理水平低下、客户端安全防护脆弱等因素，使得邮件安全成为企业安全的阿喀琉斯之踵，是极易受攻击的致命薄弱点。在日益严峻的市场竞争中，也许一次企业邮件安全事故足以给企业带来致命杀伤力。根据360互联网安全中心预测，2017年邮件安全事件将呈现大规模爆发态势，至少产生以下重大影响：邮箱盗号将影响超过600万企业，50%以上的企业都会遭遇此类攻击；机密信息窃取将影响超过10万企业，但多数情况下企业可能不知情或无感知；基于邮件的商业欺诈将造成经济损失超过50亿元；通过邮件传播的敲诈者病毒将造成经济损失超过2亿元。

3. 邮箱攻击的主要方法

(1) 垃圾邮件：每天高达2 000余万封，全年总量约为73亿封，占到企业用户收到邮件总量的69.8%。

(2) 邮箱盗号：通过拖库、撞库、暴力破解、木马盗号、钓鱼盗号等手段盗取用户电子邮箱的账户和密码，平均每天遭遇疑似盗号攻击事件约1万件。

(3) 钓鱼邮件：攻击者仿冒特定身份的人或组织，对企业用户或企业用户的邮件联络对象进行欺诈；而攻击者所使用的邮箱发件人的显示名、前缀和后缀都可能经过精心伪装，进而迷惑被攻击者。

(4) 带毒邮件：攻击者主要通过在邮件中夹带有病毒的邮件附件，并诱骗攻击目标打开附件的方式实施攻击，Coremail论客与360的联合监控平台每天截获6 000封左右的带毒邮件，最高峰时期可达单日数万封。

资料来源：沃通网站.

任务四 防火墙技术

一、防火墙技术概述

(一) 防火墙的含义和功能

1. 防火墙的含义

防火墙是企业和商家的内部网和外部网之间构筑的一道屏障，用于保护内部网中的信息、资源等不受来自外部网中某些用户非法行为的侵害。它可以通过限定源和目标的 IP 地址/地址列，限定源和目标的主机端口，限定 FTP(文件传输协议)、HTTP 协议(超文本传输协议)、Telnet(远程登录)等对系统的访问，还可以根据制定的安全策略对信息进行过滤和限制。一般来说，防火墙是一个硬件和软件的集合，其实质是一种隔离控制技术，相当于一个分离器、限制器、分析器，能有效地监控内部网和外部网之间的所有活动，保证内部网络的安全。

2. 防火墙的功能

一般来说，防火墙具有以下功能。

(1) 保护易受攻击的网络。防火墙能过滤那些不安全的服务，只有预先被允许的服务才能通过防火墙，强化身份识别体系，防止用户的非法访问和非法用户的访问，降低了受到非法攻击的风险性，大大地提高了个人或企业内部网的安全性。

(2) 控制对站点的特殊访问。防火墙能控制对特殊站点的访问，隐藏网络结构。例如，有些主机需要能被外部网络访问而有些则需要被保护起来防止不必要的访问，防火墙就可以实现这一功能。

(3) 集中化安全管理。对于一个企业而言，使用防火墙比不使用防火墙可能会更加节省支出。这是因为，如果使用了防火墙，就可以将所修改过的软件和附加的安装软件都放在防火墙上集中管理；如果不使用防火墙，就必须将所有软件安装到各个主机上。

(4) 检测外来黑客的攻击行为。防火墙集成了入侵检测功能，是监视互联网安全和预警的端点。

(5) 对网络访问进行日志记录和监视。如果所有对互联网的访问都经过防火墙，那么防火墙就能记录下这些访问，并以日志的形式提供网络使用情况的统计数据。

3. 防火墙的设计原则

(1) 所有从内到外或从外到内的信息流都必须经过它。

(2) 仅仅被本地安全策略定义的，且被授权的信息流允许通过。

(3) 能实施安全策略所要求的安全功能，控制外部用户访问专用网。

(4) 系统对外部攻击具有高抵抗力，提供日志生成、审计和报警功能。

(二) 防火墙的种类

根据防火墙的基本原理和防范方式进行分类，可分为包过滤防火墙、代理服务器防火墙和监测型防火墙。

1. 包过滤防火墙

包过滤是第一代防火墙技术，其技术依据是网络中的分包传输技术，它工作在 OSI 模型的网络层。网络上的数据都是以包为单位进行传输，数据被分割成一定大小的数据包，每一个数据包都会包含一些特定信息，如数据的 IP 源地址、封装协议（TCP、UDP、ICMP）、TCP/UDP 源端口和目的端口等。包过滤操作通常在选择路由的同时对数据包进行过滤。包过滤的操作可以在路由器上进行，也可以在网桥，甚至在一个单独的主机上进行，传统的包过滤只是与规则表进行匹配。包过滤防火墙主要是根据一个有固定排序的规则链进行过滤，其中每个规则包含 IP 地址、端口、传输方向、分包、协议等多项内容。同时，一般包过滤防火墙的过滤规则是在启动时配置好的，只有系统管理员才可以修改。将属于同一链接的所有包作为一个整体的数据流，通过规则表与连接状态表的共同配合进行检查。包过滤防火墙的优点是不用改动应用程序，一个过滤路由器就能协助保护整个网络，数据包过滤对用户透明，过滤路由器速度快、效率高；缺点是不能彻底防止地址欺骗，一些应用程序不适于数据包过滤，正常的数据包过滤路由器无法执行某些安全策略，安全性能较差。

2. 代理服务器防火墙

代理服务器防火墙也就是通常提到的应用网关型防火墙，代理服务器通常运行在内联网和外联网之间，对内外用户的诸如 HTTP、FTP 等特定的互联网服务请求进行合法检查，决定是接收还是拒绝。代理服务器在内、外网之间设置了一个物理屏障，使得网络数据包不能直接在内、外网之间进行交换。代理服务器接收到用户对某站点的访问请求后，会检查该请求是否符合规定，如果规则允许用户访问该站点，则放行。代理服务器通常都拥有一个高速缓存，用于存储用户经常访问的站点内容，在下一个用户要访问同一站点时，只需直接将缓存的内容发给用户即可。代理服务器防火墙的优点是易于配置，能生成各项规则、完整地控制进出流量、过滤数据内容，为用户提供透明的加密机制，可以方便地与其他安全手段集成。缺点是速度较路由器慢，对用户不透明。

3. 监测型防火墙

监测型防火墙是新一代的防火墙技术，这一技术的出现实际上已经使防火墙的定义超越了最初防火墙的定义。监测型防火墙能够对各层数据进行主动、实时的监测，在对这些数据加以分析的基础上，能够有效地判断各层的非法入侵。同时，这种防火墙还带有分布式探测器，这些探测器安置在各种应用服务器和其他网络节点中，不仅能够监测来自网络外部的攻击，同时对来自内部的恶意破坏也有极强的防范作用。

二、我国主要的个人防火墙产品

防火墙分为软件防火墙和硬件防火墙，我国个人软件防火墙产品主要有 Windows 防火墙、360 木马防火墙、瑞星个人防火墙和费尔防火墙。

（一）Windows 防火墙

Windows 操作系统自带的防火墙可以阻止其他计算机发送过来的信息，更好地控制自己计算机上的数据，这样对那些未经允许而尝试入侵的用户或程序设置了一道屏障。随着 Windows 操作系统的不断升级，其防火墙功能也在不断进化，自从 Vista 开始，Windows 操作系统的防火墙功能日臻完善，已经成为系统的一个不可或缺的部分。Windows XP 操作系统中的防火墙软件仅提供简单和基本的功能，且只能保护入站流量，阻止任何非本机启动的入站连接，默认情况下，该防火墙是关闭的。Vista 的防火墙建立在新的 Windows 过滤平台(WFP)上，该防火墙添加了通过高级安全 MMC 管理单元过滤出站流量的功能。

在 Windows 7 操作系统中，微软公司已经进一步调整了防火墙的功能，让防火墙更加便于用户使用，特别是在移动计算机中，能够支持多种防火墙政策。用好 Windows 7 操作系统防火墙，不仅有助于防止黑客或恶意软件(如蠕虫)通过网络访问计算机，帮助阻止计算机向其他计算机发送恶意软件，同时其灵活的设置，能顺畅使用网络和程序及应用，为系统提供方便的安全保障。

Windows 7 操作系统防火墙的特点如下。

▶ 1. 多个有效模式

在 Vista 中，即使已经为公共网络和私人网络配置了情景模式，但在特定时间内只有一种是有效的。如果计算机同时连接到两个不同的网络，这时将会采用最严格的模式来使用所有连接，这意味着在本地网络可能无法进行所有需要的操作，因为此时使用的是公共网络模式的规则。Windows 7 操作系统中的防火墙可以同时为每个网络适配器使用不同的模式，对私人网络的连接使用私人网络规则，而来自公共网络的流量则使用公共网络规则。

▶ 2. 可用性更强

微软公司在 Windows 7 操作系统防火墙中加入了一些重要的小功能。例如，在 Vista 中，当创建防火墙规则时，需要分别列出端口号和 IP 地址，而在 Windows 7 操作系统中，只需要指定范围，这样就为这项常见的管理任务节省了很多时间。

(二) 360 木马防火墙

360 木马防火墙是全球第一款专用于抵御木马入侵的防火墙，应用 360 独创的“亿级云防御”，从防范木马入侵到系统防御查杀，从增强网络防护到加固底层驱动都有很好的效果，结合先进的智能主动防御技术，多层次、全方位地保护系统安全。360 木马防火墙需要开机随机启动，才能起到主动防御木马的作用。该防火墙由八层系统防护及三类应用防护组成，系统防护包括网页防火墙、漏洞防火墙、U 盘防火墙、驱动防火墙、进程防火墙、文件防火墙、注册表防火墙、ARP 防火墙。应用防护包括桌面图标防护、输入法防护、浏览器防护等。传统安全软件重查杀、轻防护，往往在木马潜入计算机盗取账号后，再进行事后查杀，即使杀掉了木马，也会有垃圾残留、系统设置被修改等问题，网民遭受的各种损失也无法挽回。而 360 木马防火墙“防杀结合、以防为主”，依靠抢先侦测和云端鉴别，智能拦截各类木马，在木马盗取用户账号、隐私等重要信息之前将其“歼灭”，有效解决了传统安全软件查杀木马的滞后性缺陷。

(三) 瑞星个人防火墙

瑞星个人防火墙以瑞星最新研发的变频杀毒引擎为核心，通过变频技术使计算机得到安全保证的同时，大大降低资源占用，让计算机更加轻便。针对互联网上大量出现的恶意病毒、挂马网站和钓鱼网站等，瑞星“智能云安全”系统可自动收集、分析、处理木马病毒，完美阻截木马攻击、黑客入侵及网络诈骗，为用户上网提供智能化的安全解决方案。该防火墙具有以下特点：①全面支持主流操作系统，完美支持 64 位操作系统，全面兼容 Windows 10 操作系统，产品性能和兼容性再次提升；②具有超强智能反钓鱼功能，智能反钓鱼引擎和恶意网址库的大规模升级，全面提升了对钓鱼网站的拦截能力；③智能广告拦截，实时屏蔽视频、网页和软件广告，支持所有浏览器；④拥有实用网络工具箱，实现流量统计、ADSL优化、IP自动切换、家长控制、网速保护、共享管理、防蹭网等。

(四) 费尔个人防火墙

费尔个人防火墙专业版是费尔安全实验室最重要的产品之一，它不仅功能非常强大，而且简单易用，既能满足专业人士的需求也可让一般用户轻易操控。它可以为计算机提供全方位的网络安全保护，其主要功能有：①阻止网络蠕虫病毒的攻击，如各种冲击波病毒；②阻止霸王插件，并允许自定义规则阻止新的霸王插件、广告和有害网站的入侵等，此阻止非常彻底，不仅插件不会弹出询问安装的对话框，而且根本不会被下载，因此还可以提高上网速度；③应用层与核心层双重过滤系统可以提供双重保护；④Windows信任验证技术可以自动信任安全的程序，而不需要询问用户，增加程序的智能性和易用性；⑤内置了7大模式供不同需求的用户选择，如互联网连接共享模式、安静模式等；⑥改进的网络监控室不仅让网络活动一目了然，而且还可以对连接进行实时控制，如切断连线，随时根据监控数据生成对应的规则等；⑦交互式规则生成器使生成规则简单易行；⑧密码保护可以保护防火墙的规则和配置不被他人修改；⑨可以非常方便地对规则进行备份和恢复；⑩可以控制对网站的访问，还可以实现诸如阻止色情网站、病毒网站、广告和Flash，甚至阻止任何图片等扩充功能；⑪支持文本和二进制两种格式的日志，文本日志更容易查阅，二进制日志可以方便地查询和生成控管规则等扩充功能；⑫支持在线升级、流量示波器、隐私保护、Windows安全中心、消息警示，以及更多独特的功能。

知识链接

了解DDoS攻击

分布式拒绝服务攻击(distribution denial of service，DDoS)，即很多DoS攻击源一起攻击某台服务器，DDoS最早可追溯到1996年年初。在中国，2002年开始频繁出现DDoS，2003年已经初具规模。DDoS的攻击方式有很多种，最基本的DDoS攻击就是利用合理的服务请求占用过多的服务资源，从而使服务器无法处理合法用户的指令。

DDoS攻击是在传统的DoS攻击基础之上产生的一类攻击方式。单一的DoS攻击一般采用一对一的方式，当被攻击目标的CPU速度低、内存小或者网络带宽小等各项性能指标不高的情况下，它的效果会很明显。随着计算机与网络技术的发展，计算机的处理能力迅速增长，内存大大增加，出现了千兆级别的网络，这使得DoS攻击的困难程度加大了，同时，目标对恶意攻击包的防御能力也加强了。这时候，分布式的拒绝服务攻击手段就应运而生了。

由于宽带的普及，很多网站开始盈利，其中很多非法网站利润巨大，造成同行之间互相攻击，还有一部分人利用网络攻击来敲诈钱财。同时，Windows平台的漏洞被大量公布，流氓软件、病毒木马大量充斥着网络，不法分子很容易非法入侵并控制大量的个人计算机来发起DDoS攻击从中谋利，该攻击已经成为互联网上一种最直接的手段。由于收入非常高，利益的驱动使DDoS攻击演变成非常完善的产业链，在大流量网站的网页里注入病毒木马，木马可以通过 Windows 平台的漏洞感染浏览网站的人，一旦中了木马，这台计算机就会被后台操作的人控制，这台计算机也就成了所谓的肉鸡，每天都有人专门收集肉鸡然后以一定的价格出售。需要发起 DDoS 攻击的人就会购买，然后遥控这些肉鸡攻击服务器。

DDoS 攻击时的现象有：①被攻击主机上有大量等待的 TCP 连接；②网络中充斥着大量的无用数据包，源地址为假；③制造高流量无用数据，造成网络拥塞，使受害主机无法正常和外界通信；④利用受害主机提供的服务或传输协议上的缺陷，反复、高速地发出特定的服务请求，使受害主机无法及时处理所有正常请求；⑤严重时会造成系统死机。

资料来源：全面解析 DDoS. 冰盾网站 .

三、防火墙设置实训

（一）实训目的

（1）了解防火墙的基本功能。

（2）能对 Windows 7 操作系统的防火墙进行开启或关闭、还原默认设置，添加程序等一般设置。

（3）能对 Windows 7 操作系统的防火墙的出站和入站规则进行添加操作。

（二）实训工具

网络设备；计算机设备，需要安装 Windows 7 操作系统。

（三）实训内容

Windows 7 操作系统用户可以针对不同网络应用环境设置不同的系统保护和通知功能，并且轻松切换，安全又方便。在 Windows 7 操作系统防火墙高级设置中，用户还可以允许进行规则的详细定制，如端口、协议、安全连接及作用域等，增强网络安全的策略。

（四）实训步骤

第一步：Windows 7 防火墙的一般设置。

（1）打开计算机的控制面板，选择“Windows 防火墙”，如图 4-36 所示。

图 4-36 在计算机控制面板中选择“Windows 防火墙”

（2）在“Windows 防火墙”界面中单击“打开或关闭 Windows 防火墙”命令，进行相关设置，如图 4-37 所示。

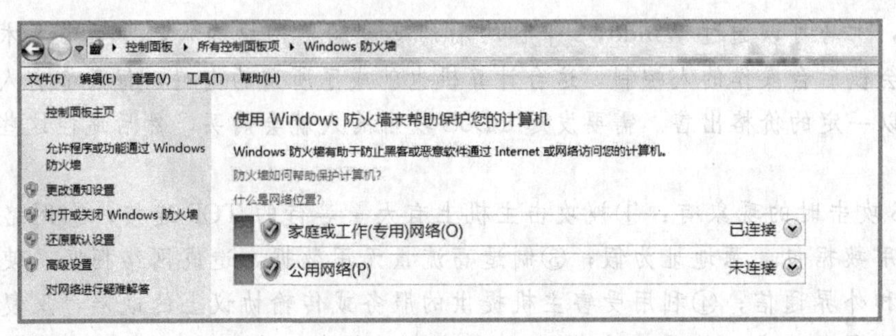

图 4-37　单击“打开或关闭 Windows 防火墙”

(3) 可选择“启用 Windows 防火墙”或“关闭 Windows 防火墙”，如图 4-38 所示。一般情况下，推荐选择“启用 Windows 防火墙”。

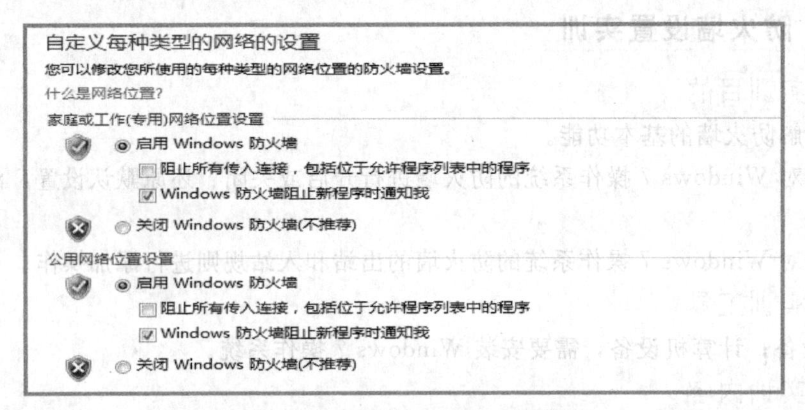

图 4-38　选择“启用 Windows 防火墙”

(4) 当防火墙的设置比较混乱时，可以在图 4-37 所示“Windows 防火墙”界面中选择“还原默认设置”命令，还原防火墙的默认设置。弹出“还原默认设置”对话框，单击“还原默认设置”按钮，如图 4-39 所示。

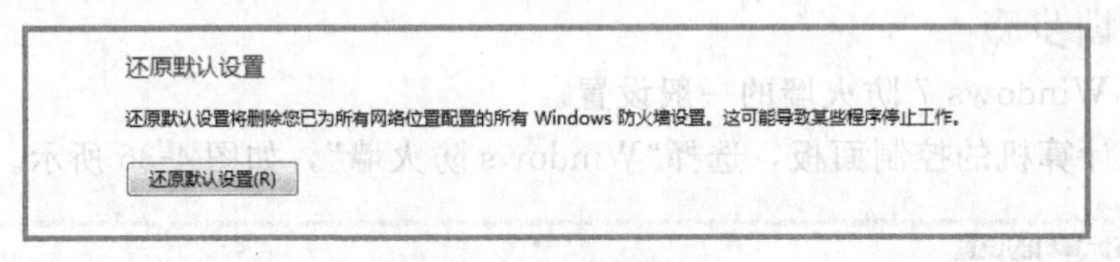

图 4-39　还原默认设置

在“还原为默认值确认”对话框中单击“是”按钮，完成防火墙的还原设置，如图 4-40 所示。

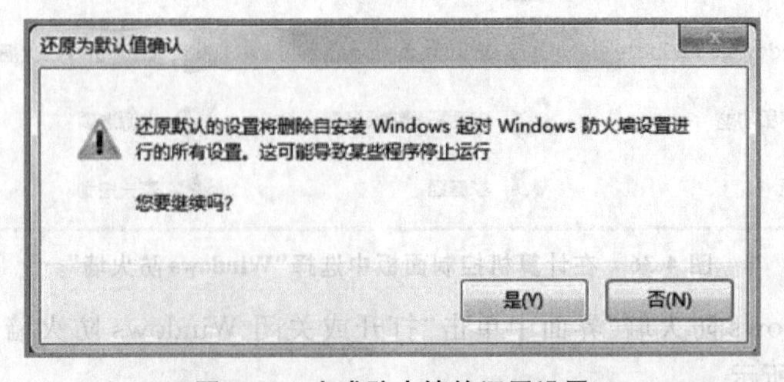

图 4-40　完成防火墙的还原设置

(5) 用户可以根据需要添加特定程序。将某个程序添加到防火墙中允许的程序列表时，则允许特定程序通过防火墙与用户计算机之间发送或接收信息。允许程序通过防火墙进行通信(有时称为解除阻止)就像是在防火墙中打开了一个孔，每次打开一个端口或允许某个程序通过防火墙进行通信时，计算机的安全性也在随之降低。防火墙允许通过的程序越多，黑客或恶意软件使用这些通道传播蠕虫、访问文件或使用计算机将恶意软件传播到其他计算机的机会也就越大。

在图 4-37 所示“Windows 防火墙”界面中单击“允许程序或功能通过 Windows 防火墙”。在“允许的程序和功能”选项区域中选择相关程序，单击右下方的“允许运行另一程序”按钮，如图 4-41 所示。

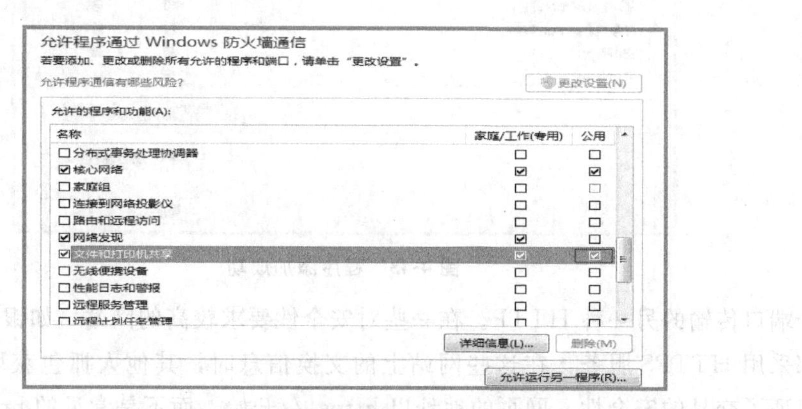

图 4-41　设置允许的程序和功能

弹出“添加程序”对话框，选择需要添加的程序，此处以“360 安全防护中心”为例，单击“添加”按钮，如图 4-42 所示。

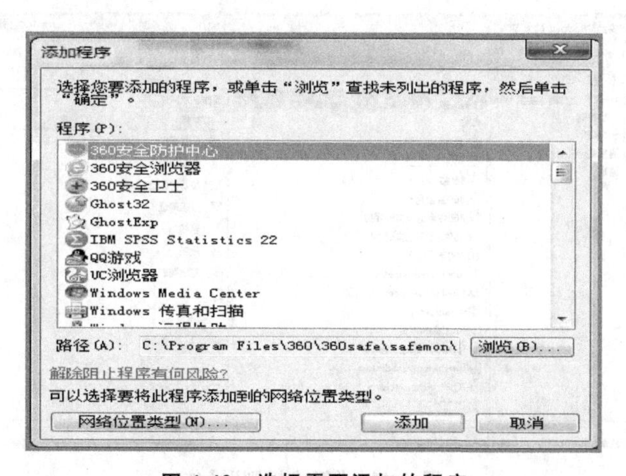

图 4-42　选择需要添加的程序

此时，“允许的程序和功能”选项区域出现添加成功的程序，如图 4-43 所示。

第二步：Windows 7 防火墙的高级设置。

此处设置入站规则为别人计算机访问自己计算机的规则，出站规则为自己计算机访问别人计算机的规则。443 端口即网页浏览端口，主要用于 HTTPS 服务，是提供加密和通

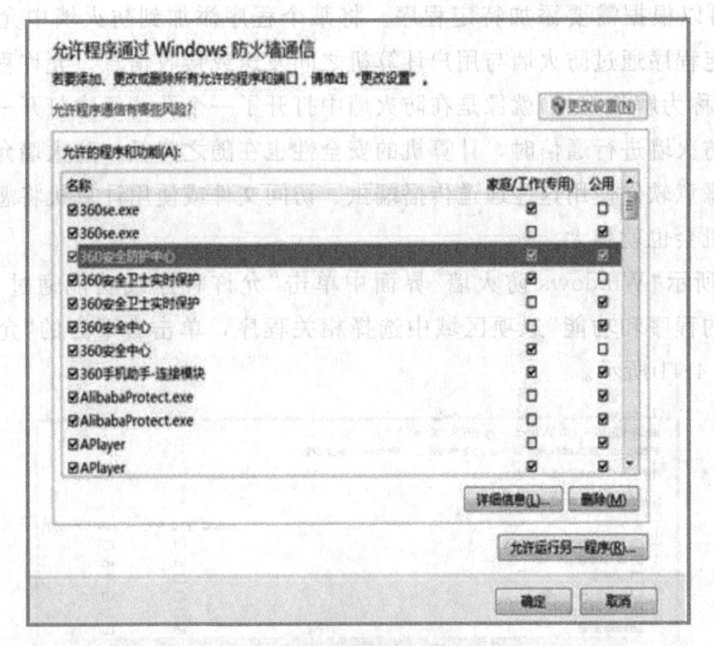

图 4-43 程序添加成功

过安全端口传输的另一种 HTTP。在一些对安全性要求较高的网站，如银行、证券、购物等，都采用 HTTPS 服务，在这些网站上的交换信息时，其他人抓包获取到的是加密数据，保证了交易的安全性。网页的地址以 https://开始，而不是常见的 http://。

(1) 在图 4-37 所示"Windows 防火墙"界面中单击"高级设置"。弹出"高级安全 Windows防火墙"界面后，选择"入站规则"，单击"新建规则"，如图 4-44 所示。

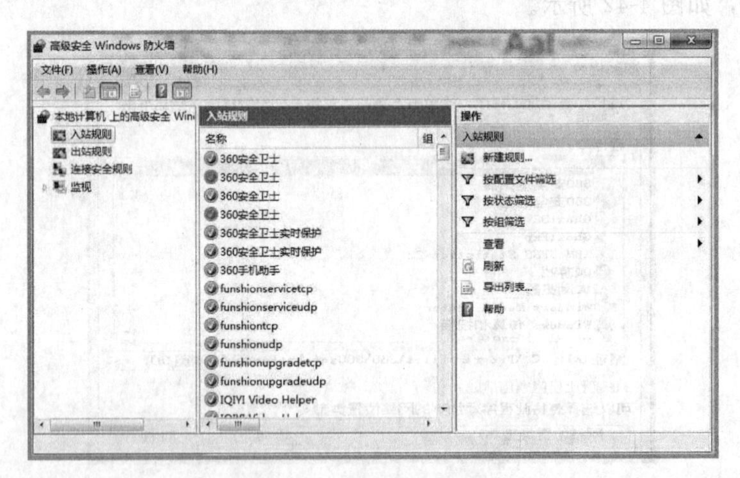

图 4-44 "新建规则"操作

(2) 在"要创建的规则类型"选项区域中选择"端口"，单击"下一步"按钮，如图 4-45 所示。

(3) 在"该规则应用于 TCP 还是 UDP?"选项区域中选择"TCP"，在"特定本地端口"后面的文本框中输入"443"，单击"下一步"按钮，如图 4-46 所示。

(4) 选择"允许连接"，单击"下一步"，如图 4-47 所示。

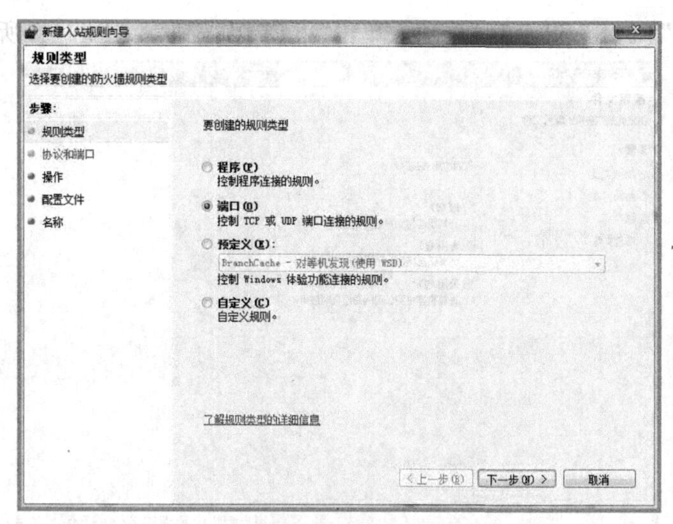

图 4-45 选择要创建的规则类型

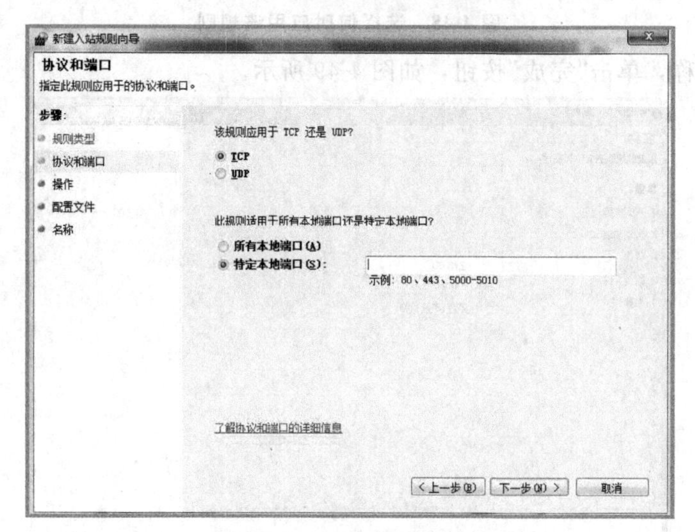

图 4-46 选择协议和端口

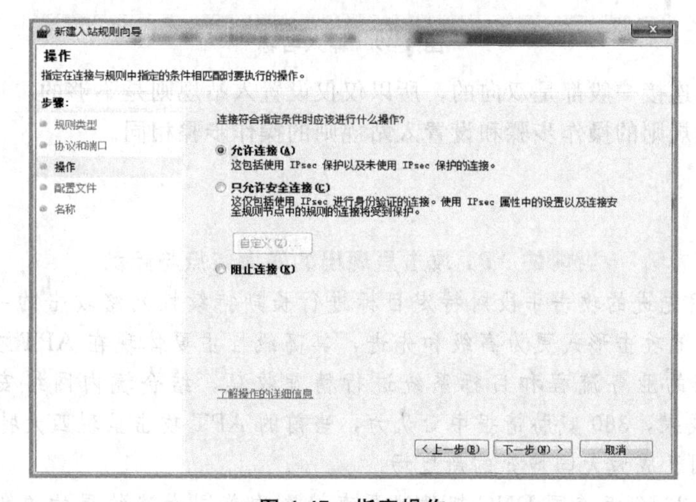

图 4-47 指定操作

（5）选择“域”“专用”和“公用”选项，单击“下一步”按钮，如图 4-48 所示。

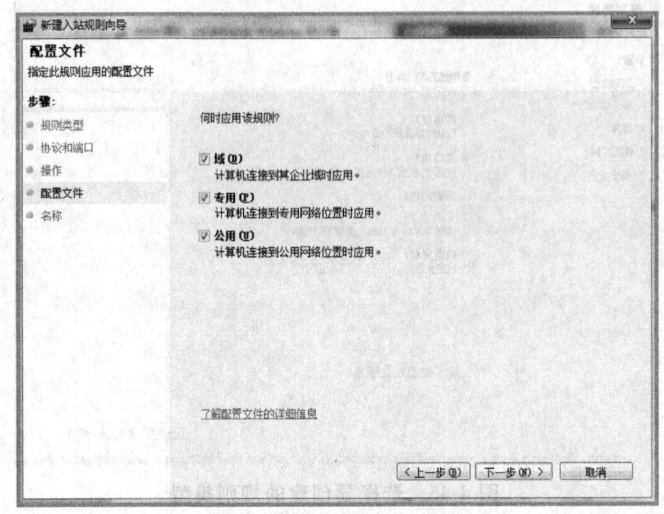

图 4-48　选择何时应用该规则

（6）输入名称，单击“完成”按钮，如图 4-49 所示。

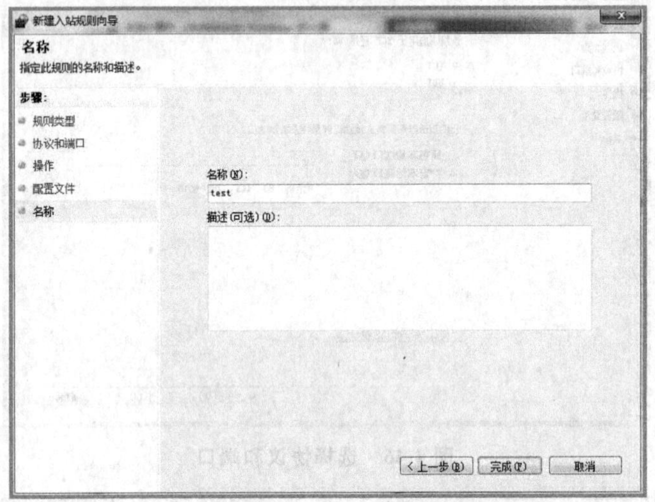

图 4-49　输入名称

因为网络的连接一般都是双向的，所以仅仅设置入站规则是不够的，还需要设置出站规则，设置出站规则的操作步骤和设置入站规则的操作步骤相同。

拓展阅读

当前的 APT 攻击呈现出的四大特点与趋势

APT 是利用先进的攻击手段对特定目标进行长期持续性网络攻击的一种形式，APT 攻击的原理比其他攻击形式更为高级和先进，其高级性主要体现在 APT 在发动攻击之前需要对攻击对象的业务流程和目标系统进行精确收集。结合境内网络安全监测与全球 APT 前沿研究成果，360 威胁情报中心认为，当前的 APT 攻击呈现四大特点与趋势。

1. 网络空间已成为大国博弈的新战场

报告指出，2016 年美国 DNC 邮件泄漏直接影响美国大选结果的事件，充分说明网络空间已经成为大国博弈的新战场。根据媒体披露，俄罗斯实际上综合使用了网络攻击、媒体传播、政治渗透、商业影响等多种手法，系统性地干预了美国大选。这次"干预"行动本身的成功，使人们有理由相信在未来几年内，类似将网络攻击手段与其他手段相结合，对目标国家的政治、经济、文化进行综合性影响的APT行动一定会不断增加。

综合来看，无论是发动APT攻击，还是披露APT攻击，均已成为现代国际关系中，大国政治与战略博弈的重要棋子，整个网络空间就是大国战略博弈的新战场。美国的遭遇也说明，即便是当今世界唯一的超级大国，在网络攻击面前也同样脆弱，其政治、经济、社会心态等各个方面都有可能受到网络攻击的深远影响。

2. 针对基础设施的破坏性攻击日益活跃

自从震网病毒被发现至今，针对基础设施进行破坏的网络攻击活动就一直没有停止。但是，真正有较大影响力的基础设施网络攻击事件其实一直不太常见，更多的APT组织还是把窃取机密信息作为首要攻击目标。不过，2015年年末以来，一系列针对基础设施的破坏性攻击被曝光，而且尤以工业系统和金融系统遭受的攻击最为严重，如乌克兰停电事件、沙特Shamoon2.0事件、孟加拉央行被窃事件及泰国邮政储蓄银行ATM被窃事件，都属于非常典型的破坏性攻击。也正是由于这些破坏性攻击的存在，才使APT攻击更加引人关注。

随着工业互联网及"互联网+"的快速发展，互联网技术的应用正在快速地从生活领域过渡到生产领域，这也必然使更多联网的生产系统和基础设施面临巨大的网络安全威胁。安全人士指出，特别让人担忧的是很多领域的基础设施和生产系统的网络安全体系建设目前还基本为零，大量已知的安全漏洞长期得不到修复，系统严重缺乏升级、更新等运维管理，这使得很多基础设施和生产系统的安全隐患要远比终端设备大得多。预计在未来几年中，针对能源、交通、制造、金融、通信等领域的基础设施的破坏性攻击仍将持续加剧，安全生产事故，甚至是安全生产灾难，随时都有可能大规模爆发。

3. 针对特定个人的移动端攻击显著增加

2016年，针对移动终端的APT攻击比往年显得更加活跃：摩诃草、蔓灵花等针对中国发动攻击的APT组织都被发现使用了移动端专用木马，既有适配安卓系统的，也有适配苹果系统的。客观而言，移动终端上存储敏感或机密文件的可能性要比PC端小得多，因此，攻击PC端的APT专用木马也要比攻击移动端的专用木马多得多。但是，移动端也有其特殊的攻击价值，特别是攻击移动端客观上可以实现对设备持有者日常活动的贴身监测，并且能够获取目标人的关系网信息。

从一定意义上讲，针对移动终端设备发动的APT攻击，其真正的攻击目标往往既不是移动设备本身，也不是单纯的几条敏感信息，而是移动设备背后的使用者，即被攻击的目标是人而不是物。

预计，未来以特定高价值人群或个体为目标的APT攻击还会持续增加，而他们所使用的智能移动终端设备就是主要途径。在针对移动终端的APT攻击中，社工手法和系统漏洞都将成为攻击者的主要武器。

4. "一带一路"与军民融合仍将是攻击焦点

根据2016年的全年监测显示，"一带一路"、军民融合等中国的战略方向，仍然是众多APT组织关注的焦点，相关组织主要包括海莲花、摩诃草、蔓灵花、APT-C-05、

APT-C-12、APT-C-17 等，这一趋势在未来几年仍将持续。事实上，如“一带一路”等超大型国家系统工程，往往是多学科、多领域的合作工程，也是众多高新技术集中应用的工程，因此具有很高的攻击价值。同时，一旦这些国家级系统工程涉及边疆地区建设、沿海工程建设、外交外贸等领域时，又必然会在政治、军事和经济层面引发周边相关国家的关注，从而进一步引发相关国家 APT 组织的攻击活动。

从本质上讲，攻击者对“一带一路”、军民融合等大型国家系统工程的关注，事实上是对中国政治、军事及高新技术情报的关注。而这些大型系统工程，也往往存在很多网络安全的薄弱环节，容易给攻击者以可乘之机。

资料来源：安全客网站.

项目小结

一般来说，电子商务的安全包含计算机网络安全和商务交易安全两个部分，电子商务的安全需求包含认证性、保密性、完整性、不可抵赖性、可靠性和可用性。而电子商务的安全交易是一个非常复杂的过程，会用到对称加密、非对称加密、数字签名、数字摘要、数字信封等技术手段。

电子商务是在虚拟世界中所进行的商务活动，交易的各方都须验证对方身份证书的有效性，从而解决相互间的信任问题。数字证书是由权威 CA 机构颁发给用户，用于在数字领域中证实用户身份的一种数字凭证，相当于数字化的身份证。数字证书可用于发送安全电子邮件、访问安全站点、网上证券交易、网上招标采购、网上办公、网上保险、网上税务、网上签约和网上银行等安全电子实务处理和电子交易活动。根据数字证书的功能不同，可将数字证书分为签名证书和加密证书：签名证书主要用于对用户信息进行签名，以保证信息的不可否认性；加密证书主要用于对用户传送的信息进行加密，以保证信息的真实性和完整性。按数字证书的使用对象不同，可将数字证书分为个人数字证书、单位数字证书、服务器数字证书、安全电子邮件证书和软件数字证书等。

另外，电子邮件在开放的互联网上传输，如果在没有任何保障措施的情况下，其中的敏感信息容易被人看见。因此，有必要在电子邮件设置中安装数字证书，数字证书在电子邮件中的使用，可以解决保密性、身份认证、完整性和不可否认性等问题。

防火墙是企业和商家在内部网和外部网之间构筑的一道屏障，用于保护内部网中的信息、资源等不受来自互联网中某些用户的非法入侵，其主要功能为保护易受攻击的网络、控制对站点的特殊访问、集中化安全管理、检测外来黑客攻击行为、对网络访问进行日志记录和监控。防火墙的设计原则包括：所有从内到外或从外到内的信息流都必须经过它；仅仅被本地安全策略定义的，且被授权的信息流允许通过；能实施安全策略所要求的安全功能，控制外部用户访问专用网；系统对外部攻击具有高抵抗力，提供日志生成、审计和报警功能。一般来说，防火墙分为包过滤防火墙、代理服务器防火墙和监测型防火墙。在 Windows 7 操作系统中，微软公司已经进一步调整了防火墙的功能，让防火墙更加便于用户使用。

思考与练习

一、单项选择题

1. 对原来的可读信息(也称明文)进行编码翻译，使之成为不可读的信息(也称密文)的过程为( )。

A. 加密　B. 解密　C. 数字摘要　D. 对称加密

2. 加密密钥与解密密钥不同的加密技术为( )。

A. 对称加密技术　B. 非对称加密技术

C. 私有密钥技术　D. 单一密钥技术

3. 能实现信息是由签发者发送的，签名不能否认，也要实现信息自签发起到收到为止未被做过修改的手段属于( )。

A. 数字签名　B. 数字摘要　C. 加密技术　D. 数字时间戳

4. 第一代防火墙为( )。

A. 监视型防火墙　B. 代理服务器防火墙

C. 支付网关防火墙　D. 包过滤防火墙

5. 各类实体(持卡人、商户、网关等)在网上进行信息交流及商务活动的身份证明为( )。

A. 数字证书　B. 数字签名　C. 数字时间戳　D. 认证证书

二、多项选择题

1. 一般来说，电子商务的安全主要包含( )。

A. 计算机网络安全　B. 商务交易安全　C. 资金安全　D. 物流安全

2. 电子商务的安全需求包括( )。

A. 保密性　B. 身份认证性　C. 不可否认性　D. 完整性

3. 对称密钥技术的优点有( )。

A. 加密速度快　B. 保密性高　C. 密钥传输简单　D. 密钥数量少

4. CA 认证体系从功能模块上划分，可分为( )。

A. 接收用户申请的证书受理者 RS

B. 证书发放审核部门 RA

C. 证书发放的操作部门 CP(一般称这个部门为 CA)

D. 记录作废证书的证书作废表(黑名单库)

5. DDoS 攻击时的现象有( )。

A. 被攻击主机上有大量等待的 TCP 连接　B. 使受害主机无法正常和外界通信

C. 受害主机无法及时处理所有正常请求　D. 严重时会造成系统死机

三、思考题

1. 电子商务的安全需求包括哪些内容?

2. 一个安全的电子商务交易过程主要用到哪些技术手段?

3. 数字证书在电子邮件中有哪些作用?

4. 防火墙的种类有哪些?

5. 根据自己或身边所发生的不安全电子商务事件，分析不安全事件发生的原因。

5 项目五 电子商务物流

学习目标

【知识目标】

1. 掌握电子商务物流的概念及物流模式的类型。
2. 了解电子商务物流的信息系统的构成与信息技术的应用。
3. 熟悉电子商务物流的配送流程。
4. 了解电子商务物流的商品存放要求与包装技巧。

【技能目标】

1. 能利用软件工具进行电子商务物流业务的相关操作。
2. 能根据商品的特点进行简单的包装设计。
3. 能根据所学电子商务物流知识完成电子商务工作。

【素质目标】

1. 培养电子商务物流的学习兴趣。
2. 掌握电子商务物流的学习要领。

项目导入

物流暗战升级，菜鸟首秀“大数据”

2014年“双十一”期间，571亿元的成交额刷新纪录，马云却有点小焦虑，他最担心的是接下去的物流。

比起“买买买”的疯狂造势与贴身肉搏的价格战，“双十一”的诸神之战背后，物流战是直达用户的临门一脚。参差不齐的服务水平、低效率、无法保障的客户体验使物流成为电子商务备受吐槽的部分，物流体验不好也直接影响用户的重复购买与电子商务本身的品牌形象。这或许也才是京东自建物流、马云亲自督建菜鸟网络的真正用意。

耕耘了两年的菜鸟网络日前亮招，大数据将帮助“菜鸟系”在此轮“双十一”中提升战斗力。在中国快递协会2015年“双十一”快递服务动员会上，菜鸟网络总裁童文红表示，2015年“双十一”将是DT(data technology)物流元年。“菜鸟将是一家数据驱动的公司，用数据驱动，织一张协同的智能网。”菜鸟网络快递事业部总经理王文彬进一步解释。

在中通快递上海转运中心操作部传送带边上，刚入职不久的操作员小王正在给快件画号，他只需根据面单上的数字代码进行标记画号。接下来的分拣过程中，分拣员将面单上的数字与自己负责区域代码一致的件挑出即可。分拣效率提高了很多，画号、分拣基本不需要培训，可以马上上手。这是菜鸟网络联手中通快递推行电子面单带来的变化，以往包裹的二维码、地址等相关信息都是中转公司的员工一个个手写上去，现在分拣员只需凭借数字代码就可以轻松地将快件分拣归类。电子面单的推广在王文彬看来属于DT时代的基础设施服务，“电子面单比例越来越高，下一步就是全自动化的分拣。”据预测，电子面单目前在全行业的覆盖率约为60%～70%，“双十一”期间可能冲到80%。

作为电子面单的基建部分，菜鸟今年花大力气建成了中国最大的市级地址库。“怎么把中国的地址库，精准到市级、村、镇，可以提升整个精准度，降低误派送的比例。无论是快递公司的效率、消费者的体验都至关重要。”

申通快递副总裁熊大海发现电子面单带来了一些非常直观的变化：首先是成本下降，包括制作面单的成本和往下转运的成本，占用仓库的成本都在下降，同时带来的是操作效率的提高和差错率的降低。所有的信息都浓缩了，核实信息非常明确，不用再去一张一张人工处理。

但是在王文彬看来，仅仅实现电子面单普及显然还远远不够，“利用电子面单可以产生更多的附加值服务，比如通过大数据帮助我们做预测。”今年“双十一”到来之前，菜鸟已经做了两版预测下发到快递公司。据菜鸟网络大数据预测，今年“双十一”期间包裹数量至少有3.5亿件，远超去年“双十一”的2.78亿件。不仅如此，预测可能细化到哪条线路可能出现问题，快递小哥的签收率能不能达标等，实时数据也会及时分享给快递公司，帮助他们做准备、调整运力。根据菜鸟提供的预测数据，中通在“双十一”开始之前完成自己的布防，完成了4 000余家站点的改扩建；在原有15 000辆揽收车辆的前提下，又新增2 600辆揽收车辆及近15 000名配送人员临时开辟新“战场”。

资料来源：李立．物流暗战升级菜鸟首秀“大数据”[N]．中国经营报，2015-11-09(C06).

任务一 电子商务物流概述

一、物流的概念

(一) 物流的产生和发展

1979年6月，我国物资工作者代表团赴日本参加第三届国际物流会议，回国后在考察报告中第一次引用和使用了“物流”这一术语。1965年，日本在政府文件中正式采用“物的流通”(简称物流)这个术语，也是源于美国的物流(physical distribution)概念。1935年，美国销售协会最早对物流进行了定义：物流是包含于销售之中的物质资料和服务，以及从生产地到消费地的流动过程中伴随的各种活动。此时的物流为物流的早期阶段，被称为传统物流。

“二战”期间，美国对军火等进行战时供应时，采用了后勤管理(logistics management)这一名词，“现代物流”(logistics)即起源于此。1986 年，美国物流管理协会对现代物流所做的定义是：以适合顾客的要求为目的，对原材料、在制品、制成品与其关联的信息，从生产地到消费地之间的流通与保管，为求有效率且最大的“对费用的相对效果”而进行计划、执行、控制。如图 5-1 所示，与传统物流相比，现代物流突破了商品流通的范围，把物流活动扩大到生产领域，包括从原材料采购、加工生产到产品销售、售后服务，直到废旧物品回收等整个物理性的流通过程。

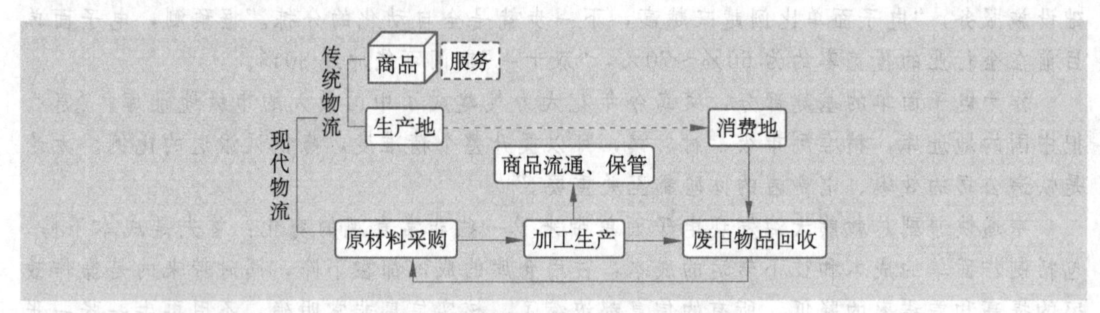

图 5-1　传统物流与现代物流对照图

(二) 物流的定义

关于物流的定义，国内外普遍采用以下几种。

(1) 美国物流协会从供应链的角度对物流进行界定，指出物流是从原产地到消费地的过程中，通过有效地计划、实施和控制商品的存储、流通、服务和相关信息，以满足消费者的需要的过程。

(2) 1999 年，联合国物流委员会对物流做了界定，“物流”是为了满足消费者需求而进行的从起点到终点的原材料、中间过程库存、最终产品和相关信息有效流动和存储计划、实现和控制管理的过程。

(3) 我国《物流术语》中，将物流定义为物品从供应地向接收地的实体流动的过程中，根据实际需要，将运输、储存、装卸、搬运、包装、流通加工、配送、信息处理等基本功能实施有机结合，如图 5-2 所示。

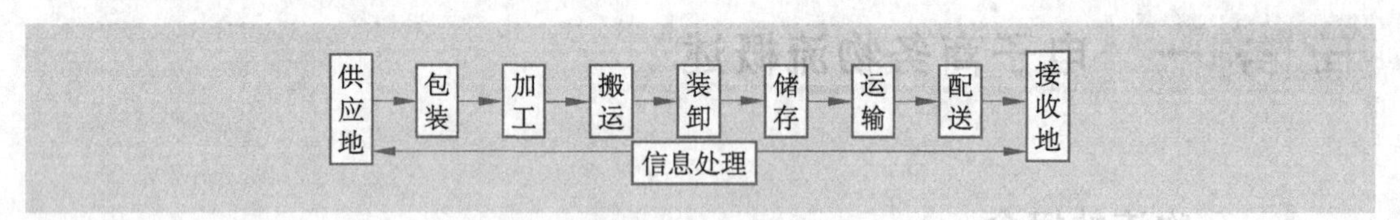

图 5-2　物流的概念

二、电子商务下的物流

(一) 电子商务与物流的关系

电子商务是信息流、资金流和物流三者的统一体。20 世纪 90 年代中期，随着互联网技术的快速发展，电子商务给传统销售业带来了巨大的冲击。电子商务作为信息化、网络化的产物，正逐渐渗入各行业领域，悄然改变着传统流通业的经营模式。

与传统的商务模式相比，电子商务活动具有无时间限制、交易成本更低、更便捷等优点。通过网络可实时实现虚拟商品交易，但实体类商品的交易却无法通过网络得以实现，商品生产和交换的全过程都需要物流活动的支持。而且消费者对于物流运输的服务质量要求也是越来越高，物流已成为影响企业电子商务竞争力的关键因素。

(二)电子商务物流模式

1. 自营物流模式

自营物流模式是指电子商务企业自行组建物流配送系统，并对各环节进行经营管理，以实现电子商务企业完成整个物流运作过程的模式。

采用自营物流模式的电子商务企业主要有两类：第一类是资金实力雄厚且业务规模较大的电子商务公司；第二类是传统的大型制造企业或批发企业经营的电子商务网站。

(1) 自营物流模式的优点如下。

① 企业内部组织管理更容易协调。企业供应链是企业内部各个职能部门组成的网络，每个职能部门不是独立的利益个体，有共同的目标，相对于企业与企业之间的供应链更容易协调。

② 企业运营管理具有较高的稳定性。在自营物流模式中，电子商务企业控制能力比较强，问题都在公司内部解决，因此具有较高的稳定性，在一定程度上避免了整个供应链的波动。

③ 企业信息具有较高的保密性。自营物流的保密性体现在两个方面：对内，企业的供应链管理信息内部流动；对外，企业直接面对客户，在和客户沟通时，可及时获得客户的需求信息和客户对产品的改进建议，能够做到及时改进服务，以提高企业自身的竞争能力。

(2) 自营物流模式的缺点如下。

① 物流成本高。电子商务公司自营物流所需的投入非常大，而且建成后对规模的要求很高。这种高投入、大规模使企业缺乏柔性，与电子商务的灵活性有一定的矛盾。

② 物流管理难以专业化。企业自营物流一般局限于企业自身的资源，这样一个庞大的物流体系，建成之后需要工作人员具有专业化的物流管理能力。

知识链接

凡客诚品的如风达物流

原凡客诚品的自建物流如风达，其成立的初衷是打造一套适合凡客诚品的配送模式，先后推出了“试穿服务”和“30天免费退换服务”，这些个性服务后来成为许多落地配公司的标准服务。如风达从成立之初起，就呈爆发式增长。2008年，配送点仅5个，人员不足50人。到2010年，覆盖城市达23个，员工1 260人。

如风达服务的主体是凡客诚品，由于受到电商企业的业务量不稳定及服务主体限制等因素，如风达的业务量不得不收缩。2012年8月，如风达配送站点从26个城市裁撤至6个，裁员数量为千人级别。2013年，母公司凡客诚品也深陷困境：“追债门”、裁员20%……为节省开支，凡客诚品创始人陈年将办公地点从东三环搬至亦庄，大减运营成本。

2014年2月，凡客诚品获雷军领投的1亿美元投资。只是，凡客诚品再无力养一支4 000人的物流团队。据李红义称，其实在2014年年初，凡客诚品就已不是如风达的最大客户。2014 年 6 月，凡客将如风达出售给天地华宇。

资料来源：中国电子商务研究中心网站.

▶ 2. 第三方物流模式

在电子商务这条供应链中，链上各企业都应该有一定的分工，各自专注于企业自身的核心业务。电子商务主体的核心竞争力应集中在运用网络技术及时满足客户特定要求，设计和生产特定产品，即电子商务的核心业务应放在商品流通和信息流上。资金流交给银行完成，物流这部分则应该外包给专业的第三方物流公司来完成。

第三方物流模式又称为外包物流或合同物流，第三方物流(third party logistics，3PL)是指由物流劳务的供方、需方之外的第三方去完成物流服务的物流运作方式。第三方就是指提供物流交易双方的部分或全部物流功能的外部服务提供者。

(1) 第三方物流模式的优势如下。

① 使企业物流成本降低。物流不是电子商务主体的专长，没有比较优势，自营物流的物流成本会远高于专业的第三方物流公司。一方面，电子商务主体采用第三方物流模式降低了物流成本；另一方面，第三方物流企业可以获得规模经济带来的成本降低的好处。

② 有利于企业集中核心业务。物流不是电子商务主体的核心竞争力部分，自营物流会浪费企业有限的资源，不能专注于企业的核心业务部分，势必影响核心竞争力的巩固和发展。电子商务主体将物流外包出去，使企业内外资源得到合理的配置，企业方与物流方更能专注发展核心业务、增强核心竞争力。

③ 有利于企业减少资本积压。与自营物流高成本投入相比，电子商务企业采用第三方物流模式，可以减少资金投入，降低投资风险，企业可以将有限的人力、财力集中于核心业务，突出资产效益。

(2) 第三方物流模式的劣势如下。

① 使电子商务企业对物流的控制能力降低。将物流服务外包给第三方物流企业，容易使电子商务企业在物流管理方面处于被动地位。再加上合同条款不明确，容易导致纠纷的产生。

② 客户关系管理风险。一方面，电子商务企业由于已将物流服务外包，无法及时获取客户反馈的信息，在物流管理改进方面无法实现；另一方面，如果物流公司缺乏合格的专业人员设计评估物流系统，许多物流服务商不能对客户希望的服务要求做出全面反映。

▶ 3. 第四方物流模式

埃森哲公司提出了"第四方物流"(fourth party logistics，4PL)的概念，将其定义为：第四方物流是一个供应链集成商，它对公司内部和具有互补性的服务商所拥有的不同资源、能力和技术进行整合管理，提供一整套供应链解决的方案。由此可见，第四方物流在供应链中起到的作用是"整合"，即整合物流服务、整合物流商资源和客户资源。作为集成商，第四方物流通过提供一套完整的供应链解决方案获取利润。

例如，农粮 B2B"粮达网"站内的"我要运货"频道的服务功能就属于第四方物流服务(为第一方、第二方和第三方提供物流规划、咨询、物流信息系统、供应链管理的供应链集成商)，面向粮食领域，向客户提供采购、仓储、订单、库存、物流配送管理的一站式仓储服务。用户登录网站后，进入"我要运货"频道，可对发布的物流服务进行查询，以根据需要定制物流服务。在定制物流服务时，用户须提交委托，之后由粮达网完成货物监装、质检、匹配物流方案，管控运输和仓储过程中物流环节的操作。用户在使用粮达网进行挂牌交易、订单交易或者供应链金融等其他服务时，也可以根据需求添加上述物流服务。目前，合作的物流公司有中国远洋海运集团有限公司、中国中铁船讯网、招商港务有限公司、红运物流集团、江苏佳华物流发展有限公司、新良海运有限公司、大连北良公司等物流服务商。

与第三方物流模式相比，第四方物流模式具有以下特点。

（1）第四方物流可实现物流运作流程的再建。第四方物流的物流方案设计从企业供应链的角度出发，对企业的战略进行分析，实现业务流程的重组，制定物流战略规划，提供衔接上、下游企业的综合化物流方案。第四方物流企业通过提供第三方物流企业缺少的服务，实现物流运作的再建过程，以降低整个供应链的物流运作成本，提高物流服务的能力。

（2）第四方物流可实现多功能的集成化。第四方物流公司可以集成第三方物流企业资源，为单一客户提供全面、集成的供应链方案，也可以联合第三方物流企业等其他服务商，提供运输、仓储、配送等全方位的高端服务，为多个行业开发并提供供应链解决方案。

知识链接

总部在珠海的九川物流有员工70人，属于第四方物流企业。该公司所做的事就是统筹货主的物流路线、时间和仓储，规划出物流方案，然后把具体的物流业务外包给第三方物流。松下公司分别在北京、天津、上海、广州、济南、无锡、杭州设有工厂，这些工厂都有各自的仓库，因此各自送货造成交叉重复。九川物流针对松下公司的实际情况，采取“货物套着运、仓储集中用”的方式重新设计了整个物流方案并加以整合，使得松下公司的销售成本由过去占总成本的2.9%下降到1.8%。而九川物流自己没有汽车和仓库，但却可以调动全国各地的8万平方米的会员仓库和5 000辆会员车。

资料来源：张忠林．电子商务概论[M]．北京：机械工业出版社，2006.

4. 物流联盟模式

自营物流模式与第三方物流模式各有利弊，在策略选择方面需谨慎，而物流联盟是一种介于两者之间的物流组建模式，可以降低自营物流和第三方物流两种模式的风险，且企业更易操作。

物流联盟是指两个或两个以上的经济组织为实现特定的物流目标而采取的长期联合与合作，其目的是实现联盟参与方的“共赢”，具有相互依赖、核心专业化、强调合作的特点。企业间相互信任、共担风险、共享收益，不追求自身利益最大化，也不追求共同利益最大化，只是在物流方面通过契约形成优势互补、要素双向或多向流动。联盟是动态的，只要合同结束，双方又变成追求自身利益最大化的单独个体。

例如，河南省报业电商物流联盟是由河南省报业协会、洛阳日报报业集团发起成立的。该联盟是通过利用河南省内报业电商、发行等资源，将发展电商物流产业作为目标的协作组织，立足发挥自身优势，深度整合省内外资源，致力于打造河南省报业电商物流的交往和互动平台，属于“报业电商＋物流”的联盟模式。又如，招商银行于2013年推出了在线供应链金融平台——“智慧供应链金融平台”，近400家链主企业与这一平台实现对接，联动服务近万家链上企业，属于“电商+物流+银行”的战略联盟模式。

物流联盟模式的优点是有助于降低电子商务企业的经营风险，提高竞争力，从物流伙伴处获得物流技术和管理技巧，同时，使物流企业有了稳定的货源。

物流联盟模式的缺点是电子商务企业与物流企业经过长期、稳定的合作，会使电子商务企业在更换物流商方面变得困难。

5. 物流一体化模式

物流一体化模式是在自营物流模式与第三方物流模式的基础上发展起来的物流模式，该模式贯穿生产企业、物流企业、销售企业与消费者。在这种模式下，物流企业可通过与生产企业建立广泛的代理或买断关系，与销售企业形成较为稳定的契约关系，将生产企业的商品或信息进行统一的组合处理后，按部门订单要求配送到店铺。这种模式还可为用户之间的广泛交流供应信息，起到调剂余缺、合理利用共享资源的作用。在电子商务时代，这是一种完整意义上的物流配送模式，是物流业发展的高级形式和成熟阶段。例如，海尔集团把自己的分销网络改造成物流网络，自己成立物流公司做物流，这样的物流配送模式可以说已基本达到物流一体化模式标准。

物流一体化模式的优点在于可以实现对供应链上物流资源的整合以降低整个供应链的成本，提高企业竞争力，有利于提高顾客满意度。物流一体化模式的缺点在于第三方物流企业需要有较高的运作管理水平。

知识链接

观念一变天地宽

——南昆货运中心实行装卸物流一体化改革侧记

铁路运输发展离不开货源，畅通服务“最后一公里”离不开短途运输，货物装卸离不开装卸工，有没有一个“一石三鸟”的办法，既能解决货源问题，又能解决短途运输和装卸问题？南昌铁路局南昆货运中心探索实行的装卸物流一体化改革，便是对症下药的“良方”。

装卸是铁路货物运输不可或缺的重要一环。2008 年以来，南昆货运中心的做法是将车站货场的装卸业务发包给装卸搬运公司，然而却存在用工关系模糊、劳动纠纷较多等问题，管理风险较大。

2013 年，进入高铁时代后，对货车的装载加固、车门捆绑、杂物清理、篷布运用等提出了更高的要求，装卸质量的好坏对于提高服务质量、增强市场竞争力尤为重要。随着货运组织改革的不断深入，特别是 2014 年八桂货物快运列车开行后，铁路货运加快了向全程物流发展的步伐，“门到站”“站到门”短途配送成为摆在货运部门面前需要解决的问题。一边是装卸管理改革势在必行，一边是短途配送刻不容缓，它们像是两座大山压在南昆货运中心领导班子的头上。

困局怎么破？南昆货运中心领导班子积极转变观念，寻找突破口。“装卸与物流这两个环节连起来不就是‘门到门’运输了吗？这就是出路！”经过一番思想碰撞，南昆货运中心领导班子茅塞顿开。

该货运中心把装卸与物流整合起来，按安全发包方式实行装卸物流一体化改革：将货场的装卸业务、装卸工人、装卸设备、接取送达等“打包”移交，根据竞争性谈判决定合作物流商，合作企业负责装卸及物流组织全部工作，并承担其全部安全、用工的风险。

2015年年初，经南昌铁路局审批同意，南昆货运中心通过竞争性谈判引进了云南天马物流有限公司和广西通程物流有限公司，分别承揽了田东和百色东营业部的装卸和物流配送业务。

为确保合作顺利，南昆货运中心与合作物流企业签订详细的合作协议，要求合作企业缴纳安全保证金，吸纳既有装卸工比例不低于80%，并按南昆货运中心的安全标准和质量标准完成发包任务；对合作企业承揽装卸业务生产过程中出现的违章违纪现象严格考核；对承揽装卸业务生产过程中发生的各类事故，由合作企业承担全部责任，并追究违约责任。

实行装卸物流一体化改革，铁路"门到门""站到门"短途运输及货物装卸作业交由物流公司承担，不但解决了"最后一公里"问题，而且为增加铁路货源开辟了新途径。

"铁路货源充足，我们装卸业务才能越做越大；反之，如果货源不足，作业量少，100多名装卸工的工资都开不起。铁路货源多少，我比你们还关心呢。"广西通程物流有限公司董事长毕海斌打趣地说。近年来，为了增加经营收入，与铁路局合作的物流企业主观能动性不断增强，主动帮铁路拉货源，争取双赢。

广西百色森柏林木业公司于2014年11月开始通过铁路发运板材，但因在装卸过程中容易产生破损及到货时间限制等问题，客户在发运了200吨板材后停止发运。

为重塑客户对铁路发运的信心，广西通程物流有限公司主动与客户协调，研究对策，对胶合板的包装捆带及衬垫进行改进，减少装卸破损；同时，协调铁路部门对发运的货物进行实时跟踪和反馈，在货物到达对方客户前做好全程监控，对出现的异常及时进行反馈和协调，获得客户的高度信任。停发1个月后，广西百色森柏林木业公司从2015年1月恢复发货计划至今，月均发运板材100吨。

"装卸物流一体化体现了铁路与公路是利益共同体，这符合现代物流市场的需要。铁路可以解决货源问题，与我们公司在物流和装卸成本上实现互补，能有效降低物流总成本，从而形成营销优势。"毕海斌对装卸物流一体化运作颇为赞赏。

数据显示，通过整合发包装卸与物流业务，南昆货运中心货物装掏箱作业货损率低至0.25%，掏箱作业效率由原来的每箱45分钟缩短至每箱15分钟，实现了装卸和物流业务无缝对接。此外，整合发包装卸与物流业务增加了货物到发量，降低了装卸安全风险，有效解决了劳动用工问题。

资料来源：马常宏．观念一变天地宽[N]．人民铁道，2016-05-18(B03)．

三、物流企业的选择实训

(一) 实训目的

掌握电子商务企业与物流企业合作的必要性。

(二) 实训工具

网络设备、计算机设备。

(三) 实训内容

物流企业指从事物流活动的经济组织，至少从事运输或仓储的一种经营业务，并能够按照客户的要求对运输、储存、装卸、包装、流通加工、配送等基本功能进行组织和管理，具有与自身业务相适应的信息管理系统，实行独立核算、独立承担民事责任的经济组织。

物流企业可分为运输型、仓储型和综合服务型。运输型物流企业是以从事货物运输服务为主，包括小件包裹快递服务或代理运输服务，并包含其他物流服务活动，具备一定规模的实体企业。仓储型物流企业也是以从事区域性仓储服务为主，包含其他物流服务活动，具备一定规模的实体企业。综合服务型物流企业是以从事多种物流服务活动为主，并可以根据客户的需求，提供物流一体化服务，具备一定规模的实体企业。

本实训以三只松鼠股份有限公司与兰剑物流公司为例，演示电子商务企业选择物流企业合作的操作过程。

(四) 实训步骤

电子商务企业选择物流企业合作的操作步骤如图 5-3 所示

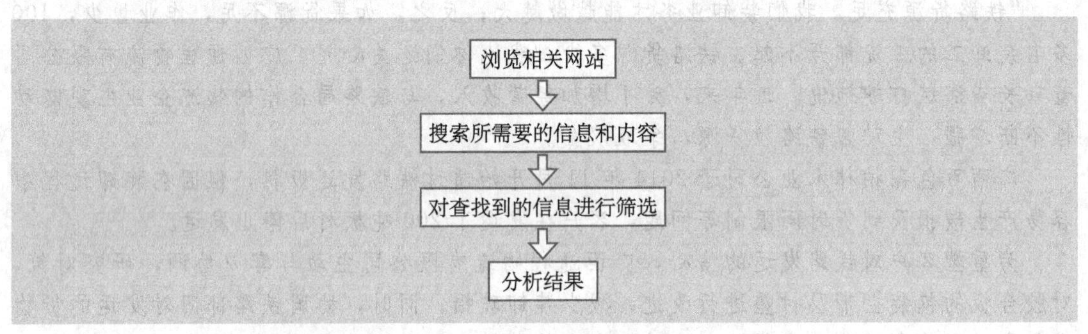

图 5-3 电子商务企业选择物流企业合作的操作步骤

第一步：通过网络查询三只松鼠股份有限公司官方网站，了解该企业的经营业务情况。

三只松鼠股份有限公司(以下简称三只松鼠)是中国第一家定位于纯互联网食品品牌的企业，也是当前中国销售规模最大的食品电商企业之一。三只松鼠于 2012 年 2 月在安徽芜湖国家高新区注册成立，于 2012 年 6 月 19 日上线，当年实现销售收入 3 000 多万元，2013 年销售收入突破 3.26 亿元，2015 年“双十一”单日销售额达 2.66 亿元，全年销售额破 25 亿元。当前三只松鼠的产品全面覆盖天猫、淘宝、京东、1 号店、QQ 网购、美团、唯品会等各类渠道。

第二步：进入三只松鼠股份有限公司官方网站，查找三只松鼠物流业务信息。

三只松鼠现已建成全国八大物流中心，实现全国 80%区域的消费者次日达极速物流服务。

第三步：查找三只松鼠股份有限公司外包的物流服务，分析与物流企业合作的内容。

2015 年 6 月 10 日，山东兰剑物流科技股份有限公司(以下简称兰剑物流)在三只松鼠股份有限公司自动分拣传输系统集成服务项目中一举中标。兰剑物流运用单元化生产、柔性制造等先进设计理念，为三只松鼠集团定制化地实现了自动分拣传输系统的设备自动化、系统智能化、成本经济化，大大降低三只松鼠自动分拣传输的生产综合成本，使包装生产效率大幅提高、物料调度管理更加精细。

第四步：查找山东兰剑物流科技股份有限公司信息，分析该物流企业类型。

山东兰剑物流科技股份有限公司成立于 1993 年，是国内最早一批涉足物流领域的集咨询、规划设计、软件开发、设备制造、项目监理、系统集成为一体的整体解决方案提供商。兰剑物流的业务范围涵盖仓储、分拣、配送、管理、考核等物流建设和运行的各个方面，用户遍及烟草、电力、医药、轮胎、快运、机械、交通、服装、家电、园区、教育、军事等各个行业。

兰剑物流是山东省首批认证的高科技企业，首批通过国家信息产业部的“双软”认证，通过了企业质量管理体系 ISO9001 认证、职业健康安全管理体系 T28001-2001 认证、环境管理体系 ISO14001 认证、CMMI3 级认证，集成化物流系统软件 IMHS、网络化节点控制器、网络化仓储物流管理系统、物流咨询规划系统、快速货运信息系统等，拥有国家软件著作权，目前拥有多项发明专利和实用新型专利。山东兰剑物流科技股份有限公司的经营业务以物流软件服务为主，属于综合服务型物流企业。

班级中，以 2～3 人为一组完成本实训，填写 5-1 所示的评价表。

表 5-1 电子商务企业选择物流企业合作实训评价表

评价内容	考评标准	分值	评价得分
B2C 电子商务企业的经营情况分析	经营业务范围分析	10	
	经营现状分析	10	
对物流企业业务内容分析	业务范围分析	10	
	业务范围类型分析	10	
电子商务企业选择物流企业合作情况分析	合作范围分析	30	
任务执行团队评价	团队分工的合理性、协同性	10	
	团队执行任务的效率	10	
	完成任务的创新性	10	
本次任务执行结果评价得分总计		100	

拓展阅读

第三方云仓渐成为行业新宠

随着电商购物节的日益火爆，各大快递企业的物流响应速度经受着严峻的考验。为此，能够支撑一体化物流服务的云仓逐渐成为物流领域的热门话题。据了解，不仅菜鸟、京东、顺丰、德邦等众多行业大佬都在加快物流云仓的布局，第三方云仓的出现也让中小型物流企业破解物流难题找到了新的希望。

1. 云仓能够应对“最后一公里”短板

提起“云仓”这个概念，很多市民还很陌生。“通俗来讲，云仓其实就是针对电商物流的一种第三方中后端精细化、全数字化管理。比如说我们的盖世云仓，就是把客户的物流流程打包操作，而客户仅需要一台电脑，把产品宣传好，卖出去就好，省心省力。”山东盖世国际物流集团(以下简称盖世集团)副总经理杨明君说。

电商物流的主要症结在于“货物就近匹配”和“最后一公里”，而信息的高速发展使得大数据和智能化、自动化得到高速发展，“互联网＋仓储”的需求推动了云仓的产生。

传统仓储储存的货物品类是相对单一的，而云仓则不同，它是多品类的集中。以往接到企业的订单后，可能需要到不同的仓库去分别取货，最后集中到一起，这样的结果是取货出库的时间即流通的时间比较长。而云仓则不同，它改变了以往仓储的方式，把货物集中同一仓库的不同库位上，根据订单自动或人工拣选，形成最终包裹。由于电子商务货物体积相对较小、重量相对较轻，使得该方案可以实施。

2. 云仓省力还省钱

如何利用云仓把货物更快、更好地送到客户的手中呢？业内人士称，云仓可以实现仓储、配送运输一体化，打造扁平化的供应链，提高仓储输送效率，依托仓储设施实现在线交易、交割、融资、支付、结算等一体化的服务。随着电子商务与O2O的发展，企业和消费者也越来越重视前后端的客户体验，云仓成为解决效率问题的关键方法。

盖世集团工作人员介绍，假设面积6 000平方米的仓库，使用全自动化仓储每天可以处理5万单货物，半自动化仓储可以处理2万单货物，如果全部人工则只能处理1 000单，效率差距明显。

云仓有这么多优势，那么目前发展情况如何呢？杨明君介绍说："以京东为代表的大型电商企业往往选择自建云仓，而对于中小型电商企业来说，自建云仓成本太高，而第三方云仓恰恰解决了它们的痛点。目前，第三方云仓已经逐渐成为主流模式。以盖世云仓为例，客户从网上下单后，通过系统实时抓取，我们会与店家同时接到发货通知，然后我们会立刻打包，联系快递配送。过程中，工作人员依靠手持终端拣货，全程系统化操作，十分便捷。"

资料来源：李冬阳．第三方云仓渐成行业新宠[N]．济南日报，2017-03-17(B04)．

任务二 电子商务物流信息系统

一、信息的追溯

（一）电子商务物流信息

信息是指能够反映事物内涵的知识、资料、情报、图像、数据、文件、语言和声音等。信息是事物的内容、形式及其发展变化的反映。电子商务物流信息是反映物流中运输、仓储、包装、装卸、搬运、流通加工等活动的相关知识、资料、图像、文件的总称。

（二）电子商务物流信息的可追溯性

国际标准化组织将可追溯性定义为通过记录标识的方法回溯某个实体来历、用途和位置的能力。我国《质量管理和质量保证国家标准术语》中将可追溯定义为根据记载的标识，追溯实体的历史、应用情况和所处场所的能力。

信息的可追溯性是指应用计算机、网络通信、信息编码等高新技术，结合先进的物流信息追溯管理理念，通过为每件商品赋予一个相当于该商品身份的信息编码，实现商品在供应商、经销商、消费者之间的商品信息互联互动，对每个产品实现严格的信息化追溯管理。

物流信息的流动方向可分为正向物流信息和逆向物流信息。正向物流信息是指商品从起源地向消费地的流动过程中产生的相关信息，逆向物流信息则为从消费地向起源地的流动信息。因此，物流信息的追溯，也可按照信息流动方向分为正向物流信息追溯与逆向物流信息追溯两种。

二、电子商务物流信息系统概述

（一）电子商务物流信息系统的相关概念

1. 物流信息系统的概念

物流信息系统(logistics information system，LIS)是指由人员、网络通信设备、计算机软件、硬件及其他设备组成的人机交互系统，旨在对物流信息进行数据采集、信息存储、信息传输、信息加工整理、信息维护和输出，为物流管理者提供战术、战略及其运作决策的支持，从而提高整个物流运作的效益和效率。

2. 电子商务物流信息系统的概念

电子商务物流信息系统是在物流信息系统的基础上，从电商企业的需求出发，设计各物流信息流动环节，并通过由各种物流信息组成的物流信息作业系统，实现对各物流环节进行有效的管理和控制，提高效率和优化结构的系统。

在电子商务时代，物流信息化是电子商务的必然要求。电子商务是集信息流、资金流和物流为一体的商务活动，其中，信息流不仅包括了商品、客户、认证、资金转账等信息，还包括了物流中的订单、采购、库存、运输等信息。由此可见，电子商务的发展离不开先进的物流信息系统。

知识链接

货找车、车找货 “八挂来网”当媒婆

由河南省交通厅和安阳市政府牵头组织，安阳市交通系统建立的“八挂来网”是一家面向全国提供免费货运物流信息的专业网站，被河南省交通运输厅确定为河南物流信息系统。运营两年来，以“货找车、车找货，‘八挂来网’当媒婆”的理念，利用信息化原理构建公用信息系统，将货运实务活动转为物流信息经济活动，为货主、车主交易提供了有利条件，达到了节能减排的效果。

河南物流信息系统以“八挂来网”的网站数据库为基础，包含网站、物流客户端、物流手机 WAP、物流手机短信、集成型 GPS 卫星定位系统和网络通话六个功能模块。

(1) 网站功能：实现车源、货源、配载等信息的发布。

(2) 物流客户端功能：通过客户终端，实现用户对信息的便捷查询。

(3) 物流手机 WAP 功能：通过手机 WAP 界面，实现用户对信息的便捷查询。

(4) 物流手机短信功能：通过定制手机短信，实现用户对信息的便捷查询。

(5) 集成 GPS 系统功能：通过 GPS 系统，实现对车辆的实时跟踪监控。

(6) 网络通话功能：通过用户之间的网络通话，节约物流的信息费用。

资料来源：交通运输部节能减排专家组．货找车、车找货 “八挂来网”当媒婆[N]．中国交通报，2009-06-05(008).

（二）电子商务物流信息系统的作用

电子商务物流信息系统可以起到以下作用。

▶ 1. 便于信息管理

利用电子商务物流信息系统，对电商企业而言，可以实时得知自己的货物流通状态及库存情况；对物流企业而言，也可以实时处理电商企业的订单信息，有利于提高物流服务质量。

▶ 2. 便于资源整合

电子商务物流信息系统可以对人员安排和资源利用进行优化，获取并分析供应商、客户及合作伙伴的相关信息，帮助电商企业做出满意的决策。

（三）电子商务物流信息系统的类型

▶ 1. 订单管理信息系统

订单管理信息系统实时收集并处理订单信息，实现电商企业对库存管理的工作计算机化，提高业务的处理速度和规范化程度，有助于企业在制订生产计划、原材料采购、物流管理、资金管理时做出有效的策略。

▶ 2. 配送中心信息系统

配送中心的业务流程包括进货、订单处理、拣货、补货、配货、送货、流通加工和退货八个环节，配送中心信息系统是针对配送中心的业务流程而开发的信息系统。通过此系统，可以实现配送中心对销售管理、采购管理、仓库管理和财务会计处理等。

▶ 3. 运输管理信息系统

运输管理信息系统是针对运输交通工具集成管理信息、运输人员调度安排信息、货物及运输过程中各个环节信息进行管理的信息系统，对货物跟踪、人员调度安排、车辆运行等进行实时管理。

▶ 4. 仓储管理信息系统

仓储管理信息系统主要包括基础信息管理、库存管理、商品销售、往来管理和系统设置五个模块，通过使用条形码技术、无线通信技术、计算机系统和其他辅助设备，实现对商品入库、在库、出库及退货再入库的实时管理。

三、电子商务物流信息技术

根据《中华人民共和国国家标准物流术语(2001)》的定义，物流技术是指物流活动中所采用的自然科学与社会科学方面的理论、方法，以及设施、设备、装置与工艺的总称。

一般来说，电子商务物流信息技术主要包括物联网技术、无线射频识别技术、全球定位系统技术、销售时点信息系统技术、条形码技术、电子数据交换技术和地理信息系统技术等。

（一）物联网技术

物联网是指通过各种信息传感设备，如传感器、射频设别技术、全球定位系统、红外感应器、激光扫描器、气体感应器等各种装置与技术，实时采集任何需要监控、连接、互动的物体或过程，采集其声、光、热、电、力学、化学、生物、位置等各种需要的信息，与互联网结合形成的一个巨大网络。

(二) 无线射频识别技术

无线射频识别技术(radio frequency identification, RFID)是一种非接触式的自动识别技术，它通过射频信号自动识别对象并获取相关数据，识别工作无须人工干预，可工作于各种恶劣环境。无线射频识别技术具有读取方便快捷、识别速度快、数据容量大、使用寿命长，应用范围广、标签数据可动态更改、安全性好、动态实时通信等特点。

(三) 全球定位系统技术

全球定位系统(global positioning system, GPS)具有在海、陆、空进行全方位实时三维导航与定位的能力，由三个独立的部分组成：①空间部分：21 颗工作卫星和 3 颗备用卫星分布在 6 个等间隔轨道上，距地球 2 万多千米；②地面支撑系统：包括 1 个主控站、3 个注入站(地面天线)、5 个全球监测站；③用户设备部分：接收 GPS 卫星发射信号，以获得必要的导航和定位信息，经数据处理，完成导航和定位工作。

全球定位系统的基本定位原理是：卫星不间断地发送自身的星历参数和时间信息，用户接收到这些信息后，经过计算求出接收机的三维位置、三维方向，以及运动速度和时间信息。20 世纪 90 年代以来，全球定位系统在物流领域得到越来越广泛的应用。

(四) 销售时点信息系统技术

销售时点信息(point of sale, POS)系统是将电子收款机与电脑终端机的功能合并和提高，在完成商品交易时立即入账，有很强的实时处理能力的系统。POS 系统由 POS 终端、网络设备、主机及辅助设备组成。

前台 POS 销售系统主要包括 POS 机收银、退货、批发、折扣优惠、盘点等业务，也可完成异常情况下的脱机销售应急处理。后台 POS 管理系统用于管理商场内的进销调存，实现对商场资金流、物流和信息流的控制。

(五) 条形码技术

条形码(bar code)是将宽度不等的多个黑条和白空，按照一定的编码规则排列，用以表达一定信息的代码。黑条是指对光线反射率较低的部分，白空是指对光线反射率较高的部分。

▶ 1. 条形码编码标准

条形码根据 ID 代码制定，ID 代码是用于描述商品信息或作为获取其他数据的关键字，由国际物品编码协会(EAN)和美国统一代码委员会(UCC)制定。对应商品单元的消费单元、储运单元和货运单元的 ID 代码分别是 EAN-13、EAN-14 和 SSCC-18。

EAN 和 UCC 根据 ID 代码制定的条码标准有以下三个方面。

(1) 消费单元条码主要采用 EAN-13 标准，我国国家标准是《通用商品条码》GB/T12904-91。

(2) 储运单元条码采用 ITF-14 标准，国家标准是《储运单元条码》GB/T16830-97。

(3) 贸易单元条码采用 EAN/UCC-128 标准，国家标准是《贸易单元 128 条码》GB/T15429-94。

▶ 2. 条形码的分类

条形码可以按码制和条形码维数进行分类。

(1) 按码制分类，可分为 UPC 码、EAN 码、交叉 25 码和 128 码等，在此主要介绍使用范围最广的UPC码和EAN码。

① UPC码。1973年，UPC码率先在美国的商业系统中应用，之后加拿大也在商业系统中采用UPC码。UPC码是一种长度固定的连续型数字式码制，其字符集为数字0～9。UPCA码和UPCE码就属于UPC码，UPC码因其应用的广泛性被称为"万用条码"。例如，亚马逊网站规定在上传某些类目的商品时，就需输入商品的UPC码和EAN码，这些产品的条形码可以从商品生产厂商处获得。

② EAN码。1977年，欧洲经济共同体各国按照UPC码的标准制定了欧洲物品编码EAN码。EAN码可与UPC码兼容，并且有相同的符号体系和编号结构。常见的EAN码有两种：一种是EAN-13码，由13位数字组成；另一种是EAN-8码，由8位数字组成。

EAN码由前缀码、厂商识别码、商品项目代码和校验码组成。前缀码是国际EAN组织标示各会员组织的代码，我国的前缀码为690、691和692；厂商识别码是国际EAN组织在EAN分配的前缀码的基础上分配给厂商的代码；商品项目代码是由厂商自行编制的代码；校验码位于EAN码的最后一位，用于校验代码的正确性。

图5-4所示是椰乡春光公司的一款椰子油商品条形码，共由13位数字构成，因此属于EAN-13码，"691"代表我国EAN组织，"7541"代表椰乡春光公司，"77830"是这款椰子油商品的代码，末位"2"是校验码。

图5-4 椰乡春光椰子油商品条形码

(2) 按条形码维数分类，常见的有一维条形码和二维条形码。

① 一维条形码。UPC码、EAN码、交叉25码、128码、39码、93码、ISBN码，以及Codabar(库德巴码)等都属于一维条形码。外观上的黑、白条型为一维条形码的主要特征。普通的一维条形码在使用过程中仅作为识别信息，它是通过在计算机系统的数据库中提取相应的信息而实现的。

② 二维条形码。二维条形码是在一维条形码的基础上扩展出来的一种条形码。外观上多以黑白相间的正方形方块为主要特征。二维条形码的原理是用某种特定的几何图形按一定规律在平面(二维方向)上分布的黑白相间的图形记录数据符号信息。在代码编制上，利用构成计算机内部逻辑基础的"0""1"比特流的概念，使用若干个与二进制相对应的集合形体来表示文字数值信息，通过图像输入设备或光电扫描设备自动识读以实现信息自动处理。

相对于一维条形码仅在一个方向上表示信息的方式，二维条形码能够在横向和纵向两个方向同时表达信息，而且在信息的内容方面也比一维条形码更加复杂。二维条形码可以在很小的面积内表达大量的信息，如记载图片、网络链接等。在信息的纠错能力方面，一维条形码可通过校验符对错误进行校验，但没有纠错能力，二维条形码在具有错误校验和纠错能力的同时，还可以根据要求设置不同的纠错级别。通常情况下，一维条形码用于对物体标识，而二维条形码用于对物体的描述。

根据编码原理不同，二维条形码可以分为两大类型：线性堆叠式二维条形码和矩阵式二维条形码。线性堆叠式二维条形码是由多行截短的一维条形码在纵向上堆叠而成，其数据以成串的数据行显示。这类条形码继承了一维条形码的特点，识读设备可以与一维条形码兼容，常用的有 PDF 417 码、Code 49 码等。矩阵式二维条形码在结构形体及元素分布上与代数矩阵有相似的特征。每一矩阵二维条形码符号结构的共同特征均由特定的符号即分布在矩阵元素位置上表示数据信息的条形模块(如正方形、圆形、正多边形等条形模块)构成。深色模块单元表示二进制"1"，浅色模块单元表示二进制"0"。矩阵式二维条形码只能采用图像式识读设备来识读。典型的码制有 DataMatrix、Code One、Maxicode 等。

3. 条形码技术的应用工具

条形码技术的另一个关键组成部分是扫描器，扫描器扫描条形码上的数据，并把它们转换成可用的信息。扫描器有手提式和定位式两种类型，每种类型都能使用接触(激光棒)和非接触(激光枪)技术。接触技术需要用阅读装置接触条形码，这样可以减少扫描错误，但降低了灵活性。当前最流行的是非接触技术。

在物流行业中，扫描多用来跟踪物品的搬运、储存地点和装卸。物流作业中使用的扫描器多为无线型，但还需要专用的接口，只有将扫描器插在接口设备上，其中的数据才能传入计算机。

(六) 电子数据交换技术

电子数据交换(electronic date interchange，EDI)是指通过电子方式，采用标准化的格式，利用计算机网络进行结构化数据的传输和交换。构成 EDI 系统的三个要素是 EDI 软硬件、通信网络和数据标准化。

EDI 的工作方式为用户在计算机上进行原始数据的编辑处理，通过 EDI 转换软件将原始数据格式转换为平面文件，平面文件是用户原始资料格式与 EDI 标准格式之间的对照性文件。通过翻译软件将平面文件转换成 EDI 标准格式文件，然后在文件外层加上通信信封，通过通信软件(EDI 系统交换中心邮箱)发送到增值服务网络或直接传送给对方用户，对方用户则进行相反的处理过程，最后转换成用户应用系统能够接受的文件格式。

(七) 地理信息系统技术

地理信息系统(geographical information system，GIS)以地理空间数据为基础，采用地理模型分析方法，适时提供多种空间和动态的地理信息，是一种为地理研究和地理决策服务的计算机技术系统。地理信息系统的基本功能是将表格型数据(来自数据库、电子表格文件或直接在程序中输入)转换为地理图形显示，然后对显示结构浏览、操作和分析。其显示范围可以从洲际地图到非常详细的截取地图，显示对象包括人口、销售情况、运输线路及其他内容。

GIS 应用于物流分析，主要是指利用 GIS 强大的地理数据功能来完善物流分析技术。完整的 GIS 物流分析软件集成了车辆路线模型、最短路径模型、网络物流模型、分配集合模型和设施定位模型等。

四、物流信息技术实训

(一) 实训目的

掌握条形码的生成方式，能够将条形码更好地应用于电子商务活动。

(二) 实训工具

网络设备、计算机设备。

(三) 实训内容

条形码技术是在计算机的应用实践中产生和发展起来的一种自动识别技术，为我们提供了一种对物流中的货物进行标识和描述的方法。条形码作为一种图形识别技术与其他图形识别技术相比，有操作简单、信息采集速度快、采集信息量大、误码率低、识别和输入方式灵活和读取设备成本低等优点。本实训主要利用条形码生成网站中提供的条形码生成功能，生成一维条形码和二维条形码。

(四) 实训步骤

第一步：生成一维条形码。

(1) 登录村美网站(www. qinms. com)，单击“条形码在线生成”，如图 5-5 所示。

图 5-5 登录村美网站

(2) 在第一个文本框中输入要编制的 EAN-13 码数字，以椰乡春光椰子油商品为例，输入“6917541778302”。在第二个文本框中选择条形码类型，此处选择“EAN-13”，如图 5-6所示。单击“生成条形码”按钮，生成所需要的条形码，如图 5-7 所示。

图 5-6 输入条形码数字和条形码类型

图 5-7 生成的条形码

(3) 在生成的条形码图片上右击，保存图片。

第二步：生成二维条形码。

(1) 登录草料二维码生成器网站(http://cli.im/text)，选择“文本”，如图 5-8 所示。

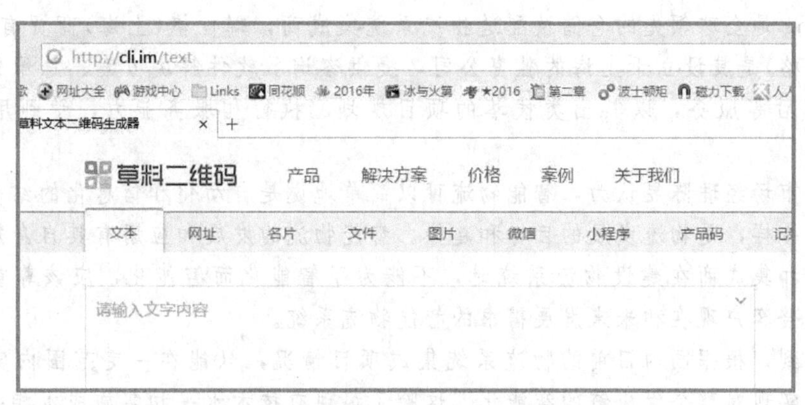

图 5-8 登录草料二维码生成器网站

(2) 在文本框内输入想要生成的文字，如“电子商务实务”，如图 5-9 所示，单击“转成活码”按钮。

图 5-9 输入想要生成的文字

(3) 生成“电子商务实务”二维条形码，如图 5-10 所示。

图 5-10 生成二维条形码

拓展阅读

智能物流系统

Swisslog是全球领先的仓储及配送物流系统集成商，瑞仕格(上海)商贸有限公司(以下简称瑞仕格)是其设立于上海的独资公司，提供咨询、软件解决方案、总承包、项目实施及终身售后等服务，以其出类拔萃的项目规划、执行和服务能力，受到用户的广泛好评。

瑞仕格市场经理陈昱认为，智能物流可以简单地说是自动化和信息化的结合，跟现在讲的物联网一样，是物流发展的目标和趋势。智能物流的发展和应用有其自身规律和发展条件，用户和集成商在建设物流系统时，不能为了智能化而智能化，应该尊重主客观条件，建设适合客户现在和未来发展需求的智能物流系统。

陈昱提到，根据国内目前的物流系统集成项目情况，只能在一定范围内实现智能物流，还不能实现对整个供应链的智能化。这除了跟现有技术水平和实施成本相关外，也受到社会整体环境的影响。例如，某企业可以在内部实现智能化物流管理，但是收、发货环节是否也能实现智能化则取决于供应商、客户和第三方物流企业是否也使用同样的系统或规则进行无缝衔接。若某一方过度智能化，无法与其他关联方无缝链接，很可能造成过度投资、资源的闲置，甚至是浪费。假如，某生产企业使用RFID管理产品信息，其客户却只支持条形码识别，那么客户就无法获取信息。补救措施就是重新打印和粘贴条形码，但这无形中增加了客户收货时的工作量。

所以，系统集成商在为客户规划方案时，要综合考虑其整体流程，选择的智能化系统不仅要实现对客户内部物流流程的优化，也要实现客户与上下游物流的良好衔接，使之真正适合企业需求。再以电子商务行业为例，电商企业对物流信息化高度重视，这由它的业务模式决定，但对自动化的需求千差万别，这取决于企业自身的发展状况和目标定位。那么，同样是需要自动化物流系统的企业，又因为它所经营的产品类型、品种数量、尺寸差别、订单结构、订单处理量、业务分布、物流配送模式等需求不同，所使用的物流系统也不同，甚至在同一家企业里处理不同产品和流程所需要的子系统也不相同。

针对不同的电商企业中小件商品的自动化存储需求，瑞仕格可以提供箱式立体库、Auto-Store轻载存储拣选系统、Smart Carrier高效缓存与分拣系统，以及Carry Pick自动小车拣选系统等不同的方案。瑞仕格还会根据客户的场地情况、产品尺寸与重量、订单结构与订单量等因素选用不同的方案。如果客户的产品品种比较多，处理的订单主要是单行或多行的小订单，仓库比较矮或者形状不规则，Auto-Store系统就能够发挥其密集存储和货到人拣选的优势；如果客户的产品尺寸重量差异较大，订单结构比较复杂，需要较多的分拨与合单工作，那么Carry Pick自动拣选车系统就更为合适。集成商的工作就是分析企业的产品、订单、流程和业务模式，制定合理的解决方案，将各个子系统包括智能化系统整合并集成为一套完整的系统。

用户了解自己的需求和发展目标，但可能不熟悉市场上的设备和技术手段；设备商和集成商对新技术和设备比较熟悉，但可能缺乏对客户需求和目标的全面认知。因此，供求双方应多方交流，针对需求共同开发，方能实现双赢。

资料来源：胡国华．亟须建立需求导向智能物流系统[N]．现代物流报，2014-09-16(B03)．

任务三 电子商务物流运输与配送

一、电子商务物流运输

目前，常见的电子商务物流运输方式有公路运输、铁路运输、水路运输和航空运输四种。

（一）公路运输

公路运输主要是指使用各种车辆，包括汽车、人力车、畜力车等运输工具在公路上进行客货运输的方式。公路运输具有运输速度快、灵活性强、成本低、适应性强等优点，但由于车辆运输能力有限，不能大批量运输，所以单位运费较高。公路运输适用于短途独立运输作业、补充衔接其他运输方式的作业。

（二）铁路运输

铁路运输是指使用铁路列车运送客货的一种运输方式。在电子商务物流方面，铁路运输指通过铁路运输货物。铁路运输具有运输能力大、受天气的影响较低、安全可靠等优点，但是受铁路基础设施限制较大，因此存在灵活性差、货物滞留时间长、短距离的运输成本高等缺点。铁路运输适用于大宗货物的中长距离运输。

（三）水路运输

水路运输是指通过河流或海上航道实现客货运输的一种运输方式。水路运输的运输能力大、单位运费低，但受自然条件约束，适合大宗货物长距离运输及国际运输。

（四）航空运输

航空运输是指使用各种航空器进行客货运输的运输形式。我国电子商务活动中，使用较多的是集中托运、航空快递、联合运输三种运输方式。

1. 集中托运

集中托运是指集中托运人将若干批单独发运的货物组成一整批，向航空公司办理托运，采用一份航空总运单集中发运到同一目的站，由集中托运人在指定的目的地代理收货，再根据集中托运人签发的航空分运单拨给各收货人的运输方式，也是航空货物运输中开展最为普遍的一种运输方式。

2. 航空快递

航空快递又称快件、快运或速递，是由专门经营该项业务的航空货运公司派专人用最快的速度，在货主、机场、用户之间传送急件的运输服务业务。

3. 联合运输

联合运输主要指陆空联运，即指包括空运在内的两种以上的运输方式紧密结合的方式。通过空运与多种运输方式相结合，实现合理的资源整合与利用，既可缩短运输时间又可以降低运输成本。

二、电子商务物流配送

（一）电子商务物流配送的定义

根据我国《物流术语》(GB/T18354-2006)中的定义，配送是指在经济合理区域范围内，根据客户要求，对物品进行拣选、加工、包装、分割、组配等作业，并按时送达指定地点的物流活动。

配送是从物流节点至用户的一种特殊送货形式，是一种终端运输，直接面向用户，因而一般在短距离范围内进行。配送活动高度采用机械和计算机来完成，针对社会需求，严格、守信地按用户的订货要求，进行一系列的分类、编配、整理、分工、配货等理货工作，而不是一般的手工配货和送货。配送物流体系是一种专业化的流动分工方式的物流系统。

（二）电子商务配送中心

1. 配送中心的概念

《物流手册》对配送中心的定义是："配送中心是从供应者手中接受多种大量的货物，进行倒装、分类、保管、流通加工和情报处理等作业，然后按照众多需求者的订货要求备齐货物，以令人满意的服务水平进行配送的设施。"

配送中心是以组织配送性销售或供应，执行商品配送为主要职能的流通型节点。配送中心是配送业务的聚集地和发源地，目的是通过减少交易次数和流通环节，进而降低运输成本、客户库存量和销售机会的损失。

2. 配送中心的类型

配送中心按照内部特性、承担的流通职能和配送区域范围可分为以下几类。

(1) 按配送中心的内部特征分类，可分为储存型配送中心、流通型配送中心和加工配送中心。

① 储存型配送中心。储存型配送中心的功能侧重于储存。作为商品的生产制造商，在原材料和零部件的供应方面需要较大的库存支持，电商企业为了实现商品销售，也需要有较大的库存支持。储存型配送中心可以满足卖方和买方市场下企业的储存需要。

② 流通型配送中心。与储存型配送中心相比，流通型配送中心没有那么强大的储存功能，不提供长期的储存业务，多以暂存或随进随出方式进行配货和送货。例如，日本的阪神配送中心就属于流通型配送中心，中心内部只能暂存，大量储存则依靠一个大型补给仓库。流通型配送中心的业务流程可描述为，将进入配送中心的整装货物进行分货，按一定批量零出，分送到各用户货位或直接分送到配送汽车上。

③ 加工配送中心。加工配送中心是根据用户的需要或者市场竞争的需要，对配送物进行加工后，再进行配送的配送中心。配送中心的加工环节属于增值性活动，不具有普遍性，但是对于食品类商品，加工配送就显得尤为重要。在加工配送中心进行加工的活动通常包括分装、包装、初级加工、集中下料、组装产品、深加工等。食品类加工配送中心的加工活动通常是深加工。

例如，夏晖公司是麦当劳的物流服务提供商，专门负责麦当劳的物流仓储和配送服务。夏晖公司设立的物流中心除了为麦当劳各个餐厅提供订货、储存、运输及分发等一系列服务外，还为麦当劳提供加工服务，如对蔬菜进行切丝、切片及混合，对食品进行冷冻、冷藏等。

(2) 按配送中心承担的流通职能分类，可分为供应配送中心和销售配送中心。

① 供应配送中心。供应配送中心是专门为某个或某些用户（如连锁店、联合公司）组织，实现物品供应的配送中心。例如，大润发的家电类配送模式中，小件家电类商品的配送通常是配送中心按照各门店订货信息，由配送中心配齐商品，给门店进行货物补充，顾客到门店购买并自己携带回家。而大件商品的配送则通常是配送中心接到订单后，集中不

同地域、品种各异、需求零星的购买指令，经过拣货出库，按顾客所在地区划分配送区域，将商品凑整装车后由配送点送达用户。

② 销售配送中心。销售配送中心的主要职能是销售，即以配送手段实现商品销售目的。销售配送中心的业务重心不仅是基于企业对商品存放与流通的需求，更多的是通过减少流通环节、缩短流通时长、降低物流成本来满足消费者需求为出发点，而进行的一系列业务活动。例如，卷烟厂的销售配送中心是集仓储、作业分拣、配送服务、信息处理为一体的配送中心，为了满足客户多品种、小批量、频次高的营销需求，配送中心会根据客户的订单要求进行分拣配货。

(3) 按配送区域的范围分类，可分为城市配送中心和区域配送中心。

① 城市配送中心。城市配送中心是以城市为配送范围的配送中心。由于路程距离短，这种配送中心可以直接配送到零售商或客户手中。例如，海南省供销社筹资在海口金盘建成的 4 000 多平方米海南日用品配送中心，该配送中心的入库商品有 15 000 多种，主要包括日用百货、食品、鲜活产品，可为 40 个二级配送中心和 100 多家超市配送商品。

② 区域配送中心。区域配送中心是以较强的辐射能力和库存准备为前提，向省(州)际、全国乃至国际范围的用户配送的配送中心。这种配送中心具有配送规模大、用户规模大、配送批量大、配送枢纽作用强的特点。例如，沃尔玛超市的区域配送中心所涵盖的业务范围不仅仅局限于某一地区、某一国家。

知识链接

南京苏果马群物流配送中心

2017 年春节期间，位于南京的苏果超市成为市民购买年货的首选。每天下午 4 点前，苏果各门店就会向位于南京马群的苏果配送中心下订单，告知所缺货物，物流中心就会快速响应、处理，并统筹配送。

苏果马群物流配送中心的配送范围可覆盖周边 250 千米，南京及周边地区苏果超市里的货品大多来自于此。它和南京麒麟门小业态物流配送中心，以及 2015 年建成的淮安物流配送中心，成为整个苏果超市苏皖鄂 1 500 家直营店强有力的“大后方”。

苏果物流管理部负责人介绍，“苏果干货仓和生鲜配送中心从 12 月中旬开始就进入忙年状态，为了打好春节战役，物流管理部提前做好一系列备战工作，包括科学调度物流车辆、实现高效配送、及时响应门店订单、保证门店商品供应充足、不断档不缺货等。最忙的时候，马群、淮安、麒麟门三个物流中心每天运输量达到 700 个车次，最高吞吐量达到 80 万箱。”

生鲜消费在节前一周迎来最高峰。“生鲜配送中心平常一天出货量在 250 吨左右，最近已经攀升到 350～400 吨，预计在节前最后几天还会出现增长，甚至达到 500 吨的高峰。”生鲜配送中心负责人介绍。

据介绍，生鲜冷藏仓覆盖 12℃～15℃、0℃～4℃两个温层，可以满足果蔬类、奶类等生鲜商品的冷链作业。记者看到，不断有成箱的生鲜商品从冷链车通过无缝对接直接卸货到仓库内，新鲜的黄豆芽、白菜、青椒及香蕉、苹果、车厘子等商品被安放在不同区域并进行分拣。负责人指着一箱箱黄豆芽说：“为了方便市民吃到新鲜蔬菜，这些都是当天早上采摘，中午送到物流中心。眼下很多农贸市场的经营户都回家过节，此时超市保证供应显得尤为重要，不管是不是雨雪天，是不是堵车，苏果配送车必须在早上 6 点把菜送到门店，门店工作人员在一个小时内完成卸货、分拣、包盘、上柜等系列工作，保证7点半开门时，顾客能买到想要的菜。”

马群物流配送中心的冷冻库气温严格控制在—18℃，主要存储肉类、速冻食品等。

在2017年苏果所备的60亿元年货中，生鲜产品的备货就高达12亿元，其中鲜肉备货5 000吨，禽类3 000吨，鸡蛋6 000吨，果蔬5万吨，另外，生鲜年货礼盒备货300个品种。这些商品要想成功运送到门店，要经过多道关卡。

资料来源：中国新闻网.

(三) 配送车辆的选择

配送企业需要根据各城市交通运输的特征，选择合适的车辆进行货物的配送。同城配送的运输距离较近，可选择便捷的小型运输工具进行配送。区域间物流配送的运输距离较远，大多选择运输量大或具有特殊功能的车辆。

1. 同城配送的车辆选择

大、重型商品的支线运输一般选择通用货车，如家电类的商品主要适用车型为3.3～4.2米栏板或箱式货车。包裹类商品的支线运输一般选择通用货车、面包车、小型电动货车或电动自行车，例如，顺丰有派送专用电动车，具有一定的防风防雨功能，而且运载量比电动自行车大，还能便于穿梭在城市的各街道里。

2. 区域配送的车辆选择

跨地区货物的运输不但要考虑货物的性质适合哪种运输方式或有无运输特殊要求，还要考虑运输成本的问题。在运送路径较长、货物规模大、运送量较多的情况下，可以选择铁路、公路集装箱或拼箱运输。整或拼车辆干线运输可选择载重吨数大、承载体积大的大型挂车。

(四) 代收货款

代收是指独立于买卖双方交易外的第三方代卖方从买方收缴应收款项的有偿服务。在物流领域，代收货款业务通常是指在合同约定的时限与佣金率下，第三方物流商为发货方承运、配送货物的同时，向收货方收缴款项转交发货方的附加业务。

代收货款业务是快递企业业务多元化的一种，可以为客户解决网络购物、电视购物、电子商务等交易中商品配送与资金结算不方便、不及时的难题，还可以为买卖双方规避非面对面交易带来的信用风险。目前，申通快递、德邦物流等物流企业都有此项业务。以申通快递为例，申通快递按照寄件方客户(卖方)与收件方客户(买方)达成交易协议的要求，为寄件方客户提供快捷的货物(商品)寄递服务，并代寄件方客户向收件方客户收取货款。申通快递根据回款周期不同，提供$T+1$、$T+3$、一周返、隔周返还货款等代收货款服务。$T+1$即今日签收，次日返款；$T+3$即今日签收，第3日返款；一周返即签收日为周一～周日，返款日为次周四；隔周返即签收日为周一～周日，返款日为下下周四。办理代收货款业务的客户应是申通的月结客户，而且销售的货物应是符合国家法律规定或获得授权销售的产品，有产品合格证明、批号，依法经营、合法生产，有质量保证的产品，且有良好的售后服务。寄件方与申通签订《代收货款服务协议》生效后，即可享受代收货款服务。申通快递会根据返款周期及代收金额等情况收取相应的服务费，代收货物(商品)的货款单笔金额不大于3 000元。

三、电子商务物流配送实训

（一）实训目的

（1）熟悉注册物流企业的流程。

（2）掌握供应商与物流商完成配送的全过程。

（二）实训工具

网络设备、计算机设备、德意通电子商务实训平台软件。

（三）实训内容

电子商务模式下的物流配送是信息化、现代化、社会化的物流配送，物流配送企业采用自动化的机械设备、现代化的软件系统及先进的管理手段，针对社会需求，严格、守信用地按用户要求完成商品的采购、存储、配送等一系列活动，其流程如图 5-11 所示。

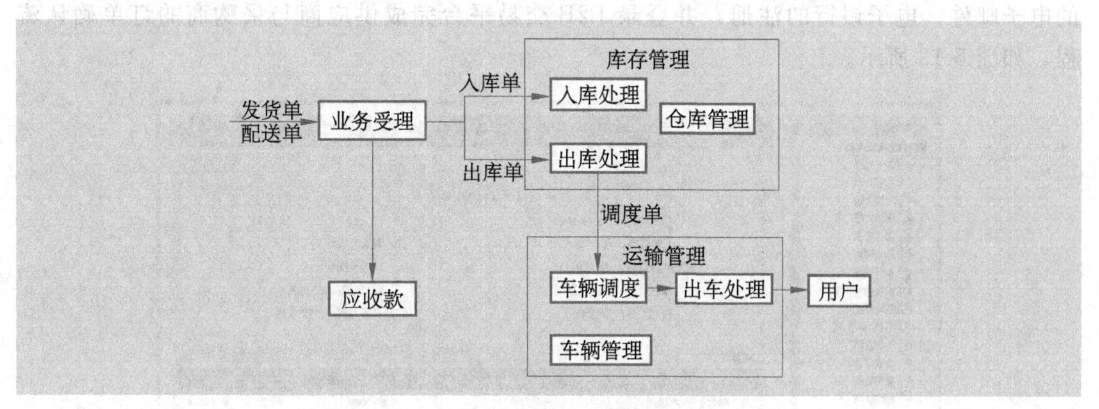

图 5-11　电子商务物流配送流程图

电子商务物流配送主要包括线上订单处理流程、线下货物准备流程、出库流程与送货流程等。

1. 线上订单处理流程

顾客在网上商城浏览商品并向商城提交订单下单，网上商城的订单通过数据交换接口同步发送到物流信息系统，生成物流信息系统内的订单。电商企业审核订单，检查订单的商品、型号、付款、收货方式、收货地址、备注等信息。信息合格则根据物流企业的库存情况安排物流商发货，不合格则由客服联系顾客更改或完善信息。物流商收到订单发货信息，查找是否有相近时间、相同购买人和相同收货人的订单，如果有则进行订单合并。

2. 线下货物准备流程

在电子商务活动过程中，货物的准备工作一直是实现货物配送的基础环节。备货工作包括组织资源、订货、进货、验货、入库，以及相关的质量检验、结算等一系列活动。

电商企业会根据业务量及时对库存商品进行补充。商品到达物流企业后，收货人员首先进行商品检验，包括对商品的数量检验、质量检验和时间及时性检验。如果商品检验不合格，则记录不合格信息，出具货物拒收单，拒收商品；如果商品检验合格，则记录检验结果，输出检验单，进行入库申请，输出入库申请单。商品入库，包括商品存放、记录存放(库存)信息、确认入库，最后输出入库单。

3. 出库流程

物流商根据订单信息准备出货，生成出库凭证。核对出库凭证，如出库凭证不合法或者商品的品名、型号、规格、价格等信息不正确，则拒绝出货。核对出库凭证合法，根据出货凭证进行拣货，根据订单进行货物分组。依据出货凭证检查分拣好的货物，如检查有误，则重新进行拣货备货。出货检查正确，准许出货，提货人和仓管在出货单上签字，输出出货单。进行出货后处理，包括仓库整理、更新仓库存储和库存信息、确认出库。

▶ 4. 送货流程

送货是配送的最终环节，也是配送活动的核心。送货一般包括运送路线、方式、工具的选择，卸货地点及方式的确定，交付、签收和结算等活动。

本实训基于德意通电子商务实训软件完成。

（四）实训步骤

第一步：注册物流商，完成供应商签约物流商操作。

(1) 进入德意通电子商务网站(www. bjdet. com)，分别完成供应商、采购商和物流商的电子邮件、电子银行的注册，并登录 B2B 交易平台完成供应商与采购商的订单确认流程，如图 5-12 所示。

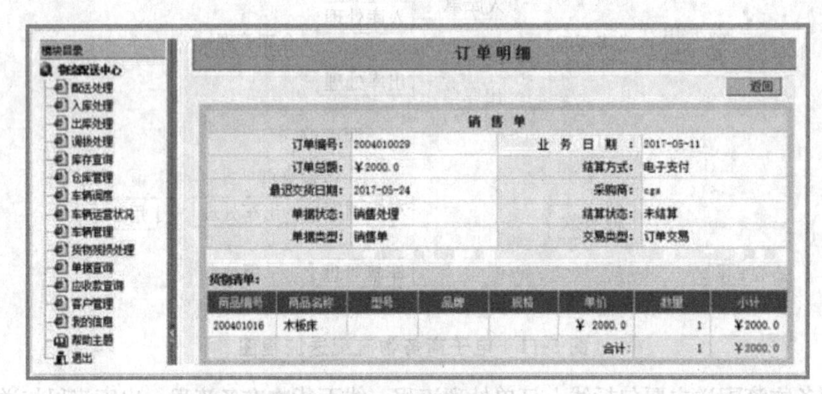

图 5-12　订单确认

(2) 进入"物流网"完成配送商的信息发布，如图 5-13 所示。

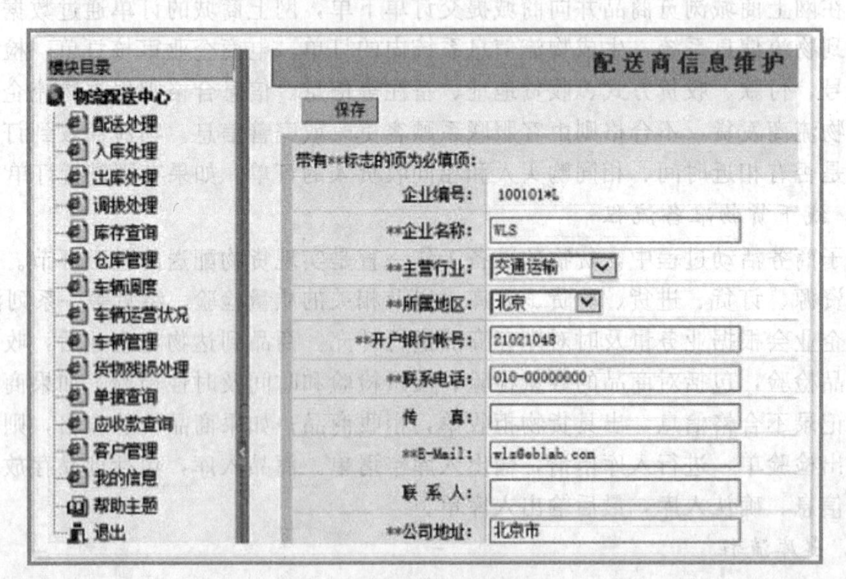

图 5-13　配送商信息发布

(3) 在“物流网”界面查看物流信息，如图 5-14 所示，位于北京的 100100 物流商发布了新的物流信息。

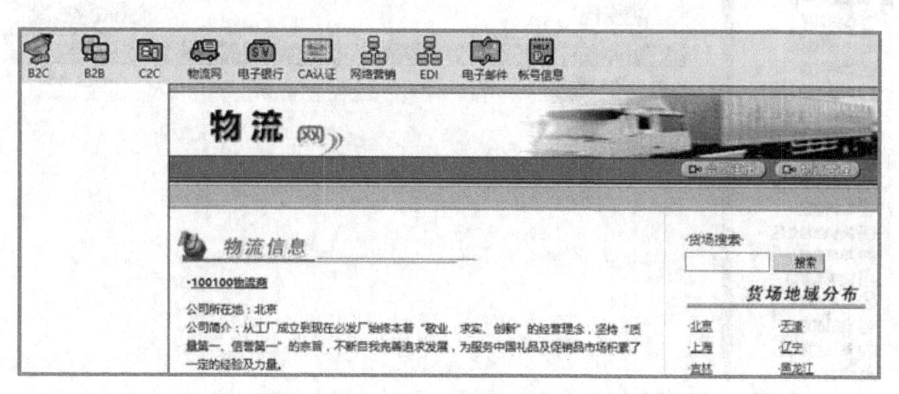

图 5-14 查看物流信息

(4) 选择名为“WLS”的物流商，单击“申请物流服务”，如图 5-15 所示。

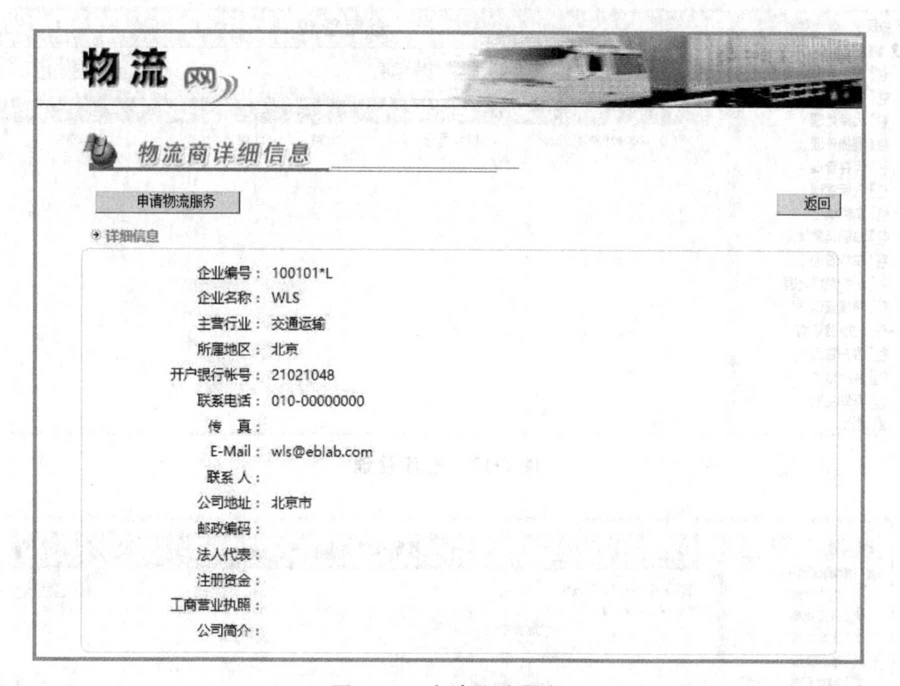

图 5-15 申请物流服务

(5) 物流商进入“物流配送中心”模块，在“模块目录”中选择“客户管理”，查看“客户明细”，如图 5-16 所示。完成审批，与供应商达成合作关系。

第二步：增设仓库和车辆。

(1) 在“模块目录”中选择“仓库管理”，单击“新增仓库”按钮，如图 5-17 所示。

(2) 输入新增仓库信息，如“北京 2 号仓”，如图 5-18 所示，单击“确定”按钮。再次选择“仓库管理”，可以看到新增的仓库，并可对其进行修改和删除操作。

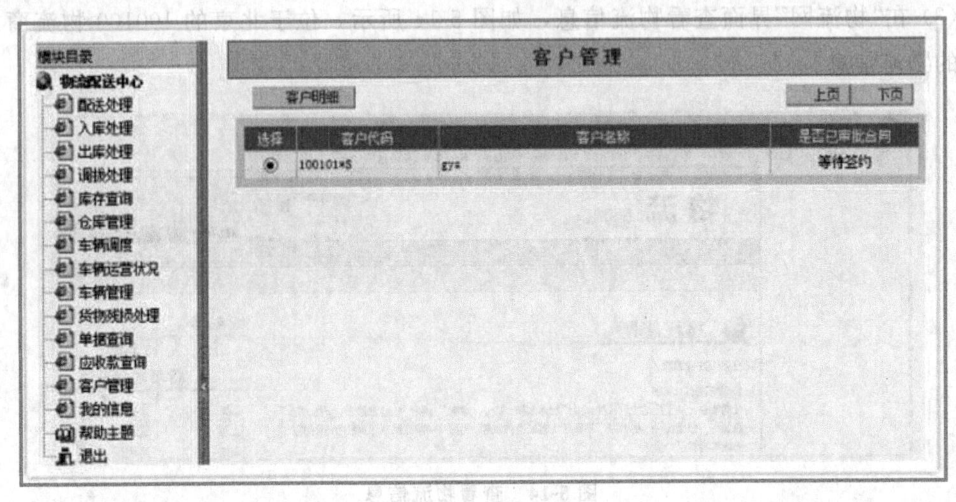

图 5-16　客户管理

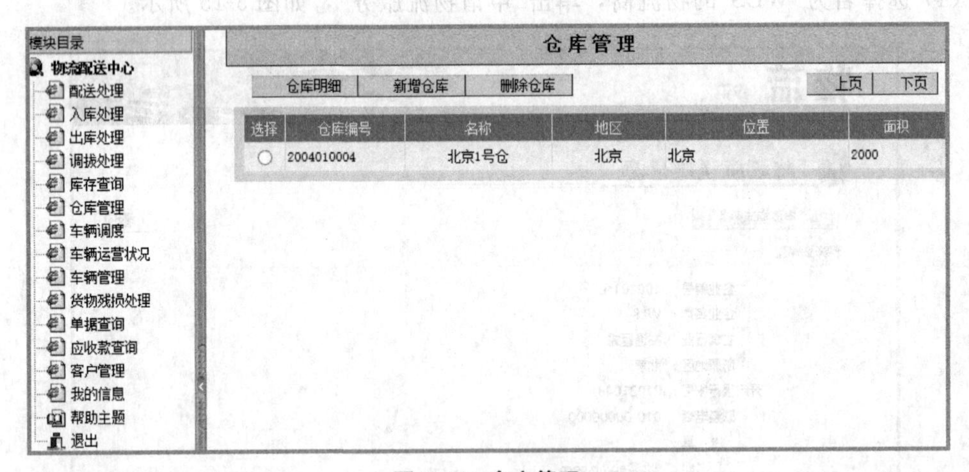

图 5-17　仓库管理

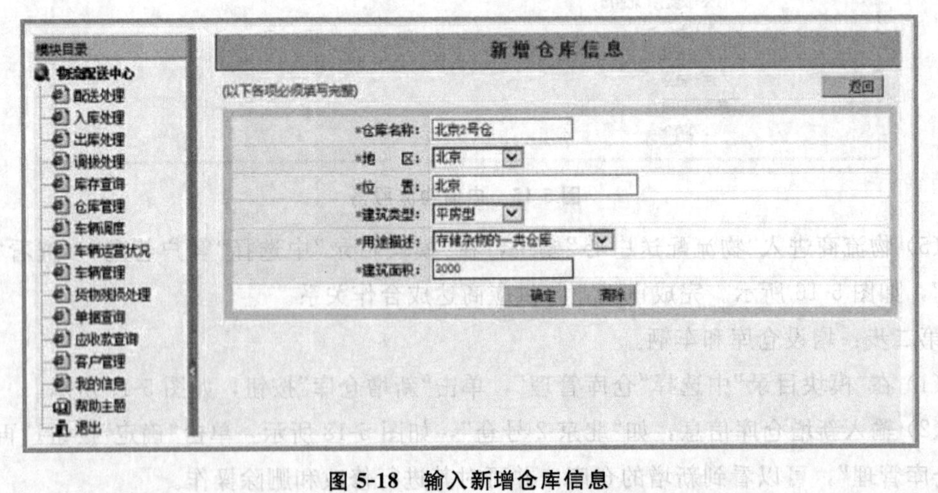

图 5-18　输入新增仓库信息

(3) 在“模块目录”中选择“车辆管理”，单击“新增车辆”按钮，输入新增车辆信息，如图 5-19 所示。再次选择“车辆管理”，可以看到新增的车辆，并可对其进行修改和报废操作。

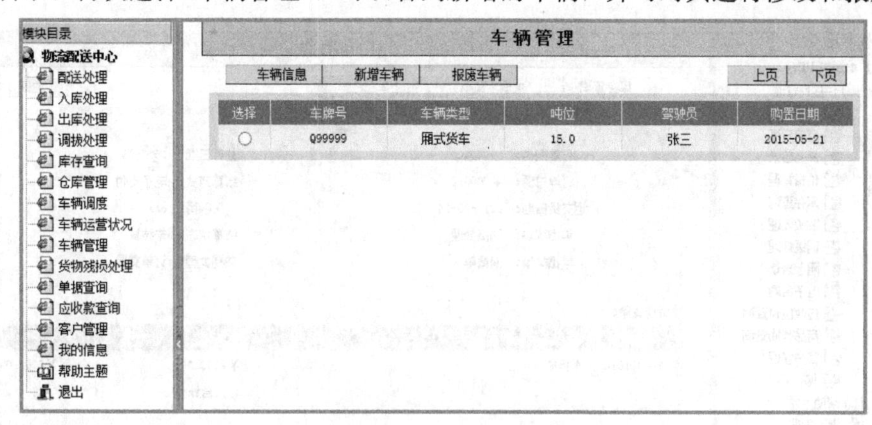

图 5-19 车辆管理

第三步：货物配送。

(1) 进入“B2B”交易平台模块，在“供应商管理”目录中选择“发货处理”，在新建发货单中单击“选择发货商品”按钮，选择“收货方”和“收货仓库”，单击“确认发货”按钮，如图 5-20 所示。

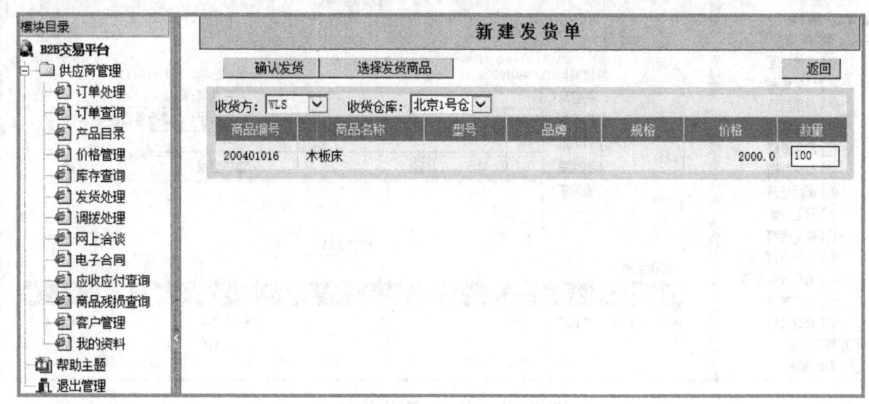

图 5-20 发货处理

(2) 进入“物流配送中心”模块，选择“入库处理”，在入库单明细中单击“确认入库”按钮，如图 5-21 所示。

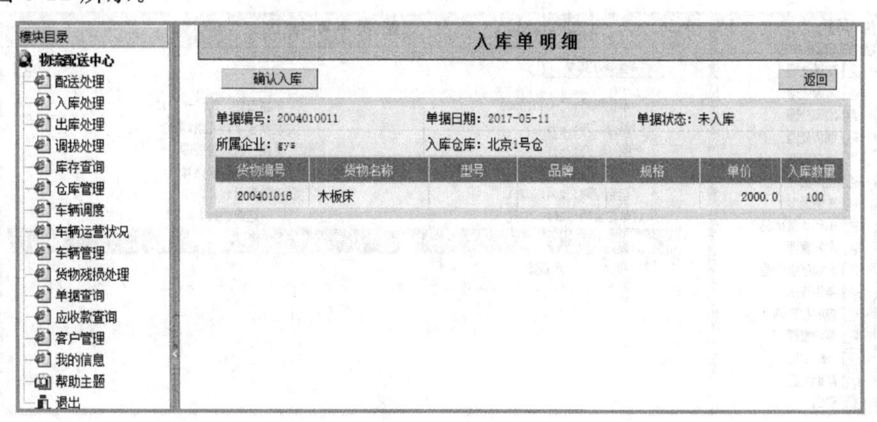

图 5-21 入库处理

(3) 进入“B2B交易平台”模块，选择“订单处理”，在订单明细中单击“生成配送单”按钮，如图5-22所示。

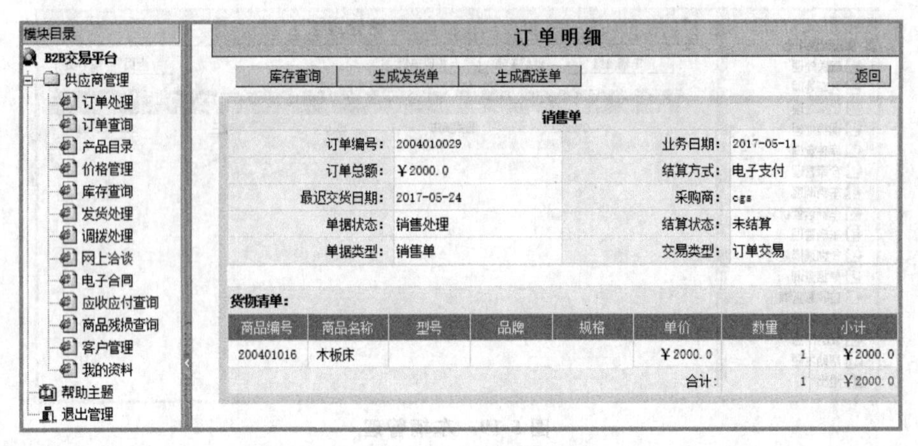

图 5-22　订单明细

(4) 输入配送单的详细信息，单击“确定”按钮，生成“配送单号”，如图5-23所示。

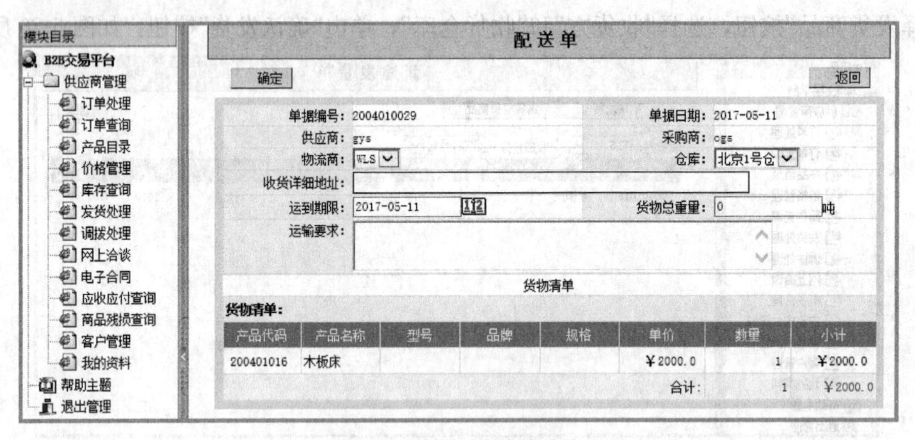

图 5-23　输入配送单信息

(5) 进入“物流配送中心”模块，选择“配送处理”，在配送单明细中单击“生成出库单”按钮，如图5-24所示。

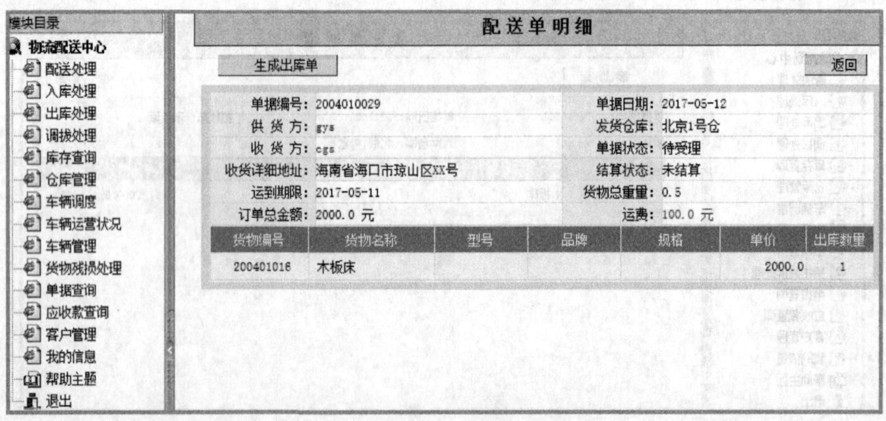

图 5-24　配送单明细

（6）选择“出库处理”，在出库单明细中单击“确认出库”按钮，如图 5-25 所示。

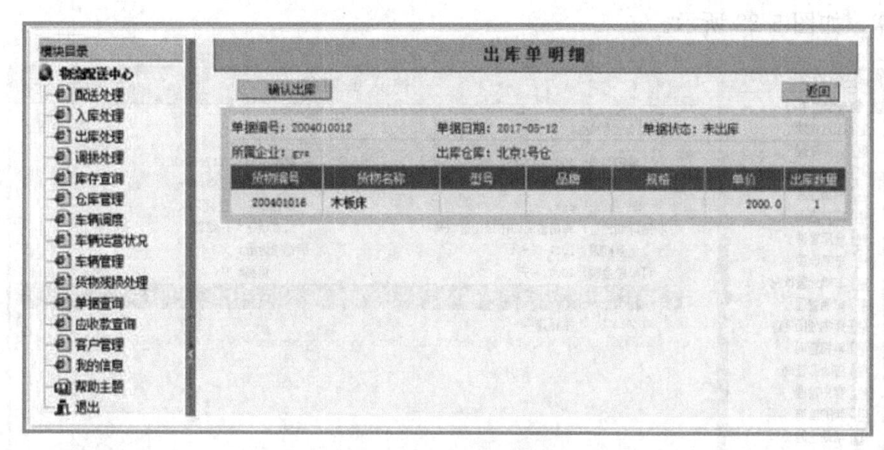

图 5-25　出库单明细

（7）在“物流配送中心”模块中选择“车辆调度”，在车辆调度单明细中单击“车辆分配”按钮，输入车辆分配信息，如图 5-26 所示，单击“确认分配”按钮。

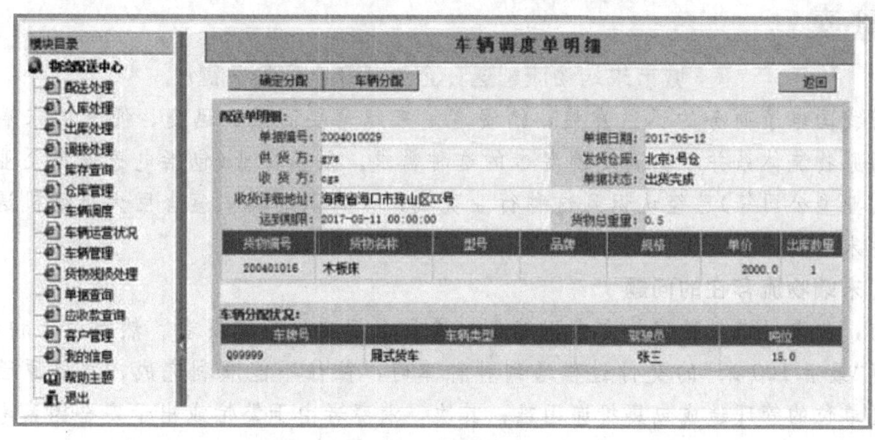

图 5-26　车辆分配

（8）在“物流配送中心”模块中选择“配送处理”，查看“送货途中”状态的配送单明细，单击“送货完成”按钮确认送货，如图 5-27 所示。

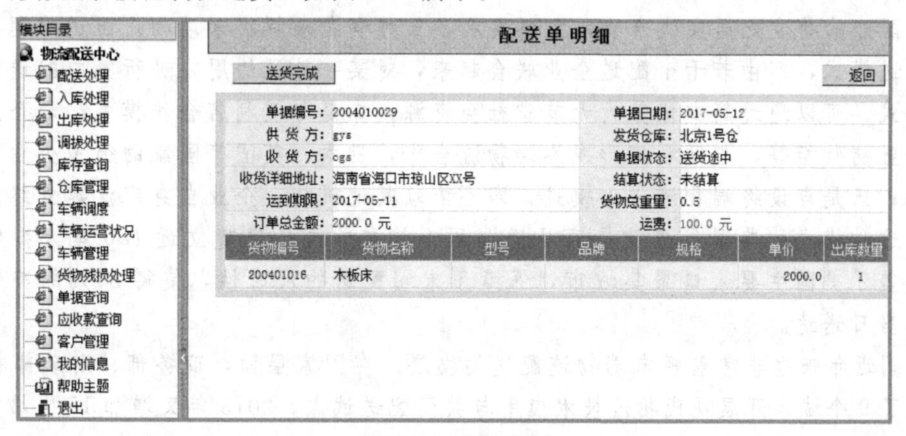

图 5-27　确认送货

(9) 在“物流配送中心”模块中选择“应收款查询”，查看配送单明细，单击“结算确认”完成结算，如图5-28所示。

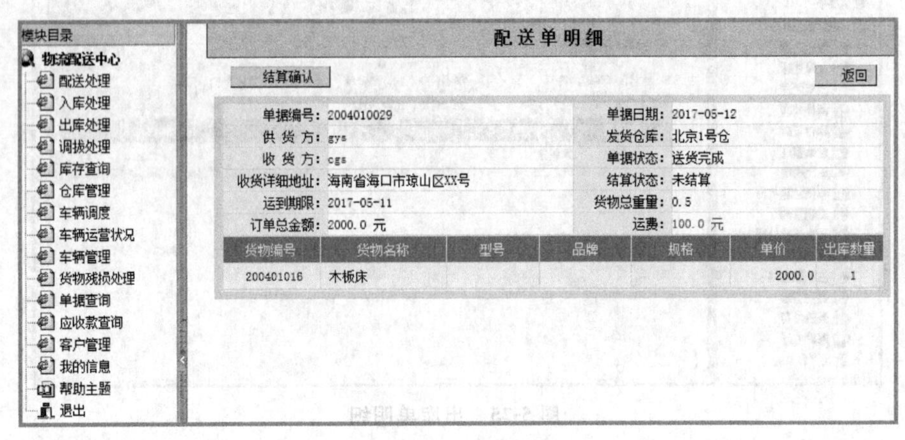

图 5-28 完成结算

拓展阅读

城市末端物流配送：企业争夺客户的关键

随着我国电子商务的迅猛发展，消费者越来越需要高效、迅捷、便利的末端物流服务，然而原物流体系并不能满足消费者的这种需求。很多企业(包括电子商务企业、物流企业、创业型公司等)已经认识到这种行业现状，并意识到其中蕴含巨大市场机遇，正进行着各种末端物流配送的尝试与创新。

一、末端物流存在的问题

目前，包裹投递最普遍的方式仍然是快递员上门交付给消费者。然而由于种种原因，快递包裹“最后100米”的交付过程遇到种种障碍，往往不能顺利完成，主要原因有：首先，社区单位的管理造成包裹投递困难；其次，消费者由于繁忙或出于安全因素考虑，对末端投递有新的需求；最后，末端投递业务激增和成本上升，使得电商和快递公司需要创新的服务方式。

二、末端物流发展现状

从国外的物流配送实践来看，主要发展了三种模式来解决末端物流配送难题：一是共同配送模式，即由若干个配送企业联合起来，对某一地区的用户进行集中配送服务的物流形式，可以通过集中优势大大节省社会资源；二是与便利店合作模式，即企业在便利店设置储物柜等，与便利店形成终端物流合作，日本、英国等国家的很多企业采用这种方式；三是自设终端物流中心模式，即不依赖其他机构，企业自身广泛建立终端物流中心，这种模式的典型代表就是亚马逊公司，其在美国已经建立近100座大型物流中心，覆盖了美国主要人口聚集城市，保障了末端配送的及时性，使得31%的美国用户可实现当日送达。

我国近年来也非常重视末端物流配送的发展。在国家层面，商务部、财政部在2012年选取了9个城市开展现代物流技术应用与共同配送试点，2013年又增加15个城市共同配送试点。财政部、商务部、国家邮政局于2014年10月底联合下发了《关于开展电子商务与物流快递协同发展试点有关问题的通知》，支持天津、石家庄、杭州、福州、贵阳5个城市推进电子商务与物流快递协同发展工作，从总体规划、基础设施、人才培养、模式创新等角度综合解决末端配送难题。在地方层面，地方政府也根据实际情况推动末端物流发展，例如，重庆以电商物流末端配送为突破口，由政府牵头积极推进“网购物流配送终端体系建设”，在所有社区设一个专门的收货点，保证居民在社区内不花一分钱随时取到网购包裹；南昌等地则鼓励物流企业与社区服务机构、连锁商业网点、大学校园等开展广泛合作，共同解决末端物流配送难题。在企业层面，越来越多的大型电商企业和物流企业开始重视末端物流体系建设，例如，京东、顺丰、菜鸟等企业开始在社区建立服务站、安装智能自提柜、使用最新的配送技术(如无人机配送)等方式来构建末端物流配送体系。还有一些创业型公司开始组建独立的末端物流服务终端与各个物流公司对接，尝试第三方共同配送的方式。更有如滴滴这样跨界进入物流行业的企业，推出“滴滴快递”服务，利用现有车辆资源完成直达客户城市的配送服务。值得关注的是，2016年8月15日，中国邮政已经宣布战略投资“滴滴快递”，未来双方将立足各自优势领域，整合资源和运营经验，探索并展开全方位、多层次的合作。

三、末端物流中新技术的应用

解决末端物流的难题，除了运营模式的创新，还需要依托技术的进步。在目前的物流实践中，除了智能自提柜应用比较普及以外，还有很多新技术和装备被尝试应用。

1. Citylog项目

2010年，欧盟组织顶级物流研究与咨询机构专家，开始探索城市物流配送的系统创新，提出了城市物流配送Citylog项目计划，并在欧洲几个主要大城市推进，组织实施并进行实际效果验证。Citylog项目是一个解决城市物流的整体系统方案，其中最重要的子系统包括bento配送箱系统、小型集装箱系统、货运巴士和终端配送小车。

2. 无人机配送

近年来，随着无人机技术的不断发展，尤其是轻小型民用无人机技术的逐渐成熟，无人机在各领域的应用也更加深入，“无人机＋快递”的概念已经广为人知。无人机应用于快递配送具有非常明显的技术优势，尤其是对于交通欠发达地区，无人机可以利用空中交通缩短运送里程，提高效率。

亚马逊首席执行官杰夫·贝索斯在两年多以前就提出欲在2017年或2018年推出无人机送货服务的想法，他为这项服务设想的名称是“Prime Air”。目前，这项计划仍在进行大量的测试。在中国，2016年6月8日，京东在江苏宿迁完成了无人机配送试运营的第一单。

3. 机器人配送

2016年3月2日，《金融时报》最先报道一家初创公司Starship自动驾驶机器人进行物流配送。与无人机相比，此款机器人可以一次性搬运自身3倍重量的货物，最高可承载重达13千克的货物。这些机器人的外壳上装有传感器，每当探测到行人及障碍物时，便会发送指令，让机器人减速、停止或者改变路线。机器人操纵者也可以通过麦克风与行人进行远程交流。

菜鸟ET物流实验室研发了新一代智能物流机器人——末端配送机器人小G。小G利用智能感知、智能识别、运动规划等关键技术，实现智能化的末端配送。目前，小G正在菜鸟网络公司总部园区试运行。该项目研发人员表示：由于机器人的高度可扩展性，未来小G不仅仅可以用于末端包裹的配送，还能用于生活中的方方面面。

资料来源：中国电子商务研究中心网站.

任务四 电子商务物流商品的存放

一、电子商务物流仓储

(一) 仓储的定义

"仓"即仓库，是存放、保管、储存物品的建筑物和场地的总称，可以是房屋建筑、洞穴、大型容器或特定的场地等，具有存放和保护物品的功能。"储"即储存、储备，表示收存以备使用，具有收存、保管、交付使用的含义。仓储就是指通过仓库实现对物品的储存与保管。

(二) 电子商务物流仓储服务的类型

一般来说，电子商务企业在网上销售实体商品的前提是要有该商品的库存，有库存就需要相应的管理服务，以实现对订单信息的及时处理、库存量的实时管理和库存损失的控制等。因此，专业化的仓储服务已成为电商商家用来节约成本、提高配送服务质量的一项急需优化的环节。自建仓储和外包仓储是当前电商企业选择最多的两种仓储服务形式。

1. 自建仓储服务

专门做B2C、B2B的电子商务企业几乎都选择了自建仓库，有实力的企业还自行参与配送活动。年销售额在1亿元以上的其他类型电子商务企业也会选择自建仓库，刚起步或销售规模小的电子商务企业会选择外包，但是当有一定实力之后也会选择自建仓库。自建仓储可以利用传统企业的仓库来提供电子商务物流服务，但是传统仓储与电子商务仓储还是有一定区别的，因此大多数企业选择在其做大之后选择自建仓储。

2. 外包仓储服务

外包仓储服务就是将仓储服务外包于专业的第三方物流供应商。在我国电商业较发达的城市有专门为电商企业提供仓储服务的物流企业，将仓储服务外包可以有效地降低物流成本，提高电商企业的核心竞争力。

二、商品存放

商品通过物流企业流向最终消费者的手中，无论电商企业是通过自营物流还是委托第三方物流实现商品流通功能，商品在储运过程中的防护措施是不容忽视的，否则就会出现商品被挤压、受潮等现象，影响顾客的满意度，给企业增加成本。商品在存放过程中的防护措施主要包括以下几种方式。

（一）物品的堆码

▶ 1. 堆码的原则

堆码应在满足安全、方便、多储的前提下，利用散堆法、垛堆法等方法将货物放好，并做到货堆之间，货垛与墙、柱之间保持一定距离，留有适宜的通道，以便商品的搬运、检查和养护。商品堆码需要注意与顶、灯、墙、柱、堆之间的距离，也就是"堆码五距"，分别是：顶距在50厘米以上为宜；灯距不应少于50厘米；墙距应便于通风散潮；柱距为10～20厘米；堆距为10厘米。

▶ 2. 堆码的方式

常见的堆码方式有重叠式堆码、交错式堆码、俯仰相间式堆码、压缝式堆码、衬垫式堆码、栽柱式堆码、直立式堆码、五五化堆码。电商或物流企业可根据商品特性和便于管理等要求选择合适的堆码方式，将物品规整存放。

例如，重叠式堆码是一件压一件的堆码方式，这种方式方便作业、计数，承载压力大，但是稳定性差，如图5-29所示；压缝式堆码也是一层一层往上叠加，但是比重叠式堆码更加牢固，也是常见的堆码方式，如图5-30所示。

图5-29　重叠式堆码

图5-30　压缝式堆码

（二）物品的苫垫

苫垫分为苫盖和垫垛。

苫盖是指使用苫盖材料（如帆布、塑料膜等）对货垛进行遮盖，以减少阳光、雨雪、刮风、尘土等对货物的侵蚀、损害，保证货物在储存期间的质量。

苫盖通常用于对露天物资的保护，如图5-31所示，通过苫盖可以起到防止雨水冲刷、免受日晒，实现对物品的保护作用；在货物运输时，通过使用帆布苫盖还可以减少车上物品因车辆行驶带来的损耗等，如图5-32所示。

图5-31　露天物资苫盖

图5-32　车辆运输苫盖

垫垛是指在物品码垛前，在预定的货位地面位置，使用衬垫材料进行铺垫。垫垛可以起到防止货物受潮及便于叉车挪动商品的作用，如图 5-33 和图 5-34 所示。

图 5-33　货物托盘垫垛

图 5-34　叉车作业

三、商品包装

商品防护主要通过商品包装来实现，商品包装可以保护商品免受日晒、风吹、雨淋、灰尘沾染等自然因素的侵袭，防止挥发、渗漏、融化、沾污、碰撞、挤压、散失及盗窃等损失。此外，商品包装还可以作为增加商品价值的一种手段，起到美化商品、吸引顾客的作用，使商品更具有吸引力或商业价值。

(一) 包装的分类及应用

商品的包装按照不同的标准有不同的形式，以下介绍几种常见的分类标准及相对应的包装形式。

1. 按照包装在流通中的作用分类

按照包装在流通中的作用分类，可分为运输包装和销售包装。

运输包装指为保护商品在储运过程中不受损伤、破坏而采用的包装，也称为工业包装。商品防护是运输包装的主要目标，根据商品性质可选择不同材质类型的包装，材料可为通用材料或特殊定制材料。运输包装不追求包装个性化，注重考虑实用性强、材质轻、成本低等因素。

销售包装是直接接触商品并随商品进入零售网点与消费者或用户直接见面的包装。销售包装仅满足销售目的，例如，饮料需要用容器装，否则消费者无法将其放入购物车。销售包装与运输包装的区别在于，销售包装会连同商品一起卖给消费者，而运输包装则不会。销售包装的设计也多注重突出企业文化及商品特色，实现增加产品价值或使产品区别于其他商品的目的。

例如，红酒类产品的运输包装主要使用泡沫箱或瓦楞纸等材料，如图 5-35 和图 5-36 所示，其包装的作用是减少红酒在运输过程中的碰触，降低运输过程中的损坏。而红酒类产品的销售包装更注重设计，如图 5-37 和图 5-38 所示，多采用高档纸制盒和木质箱，这些材料的价格相对较高，可以提升商品形象，促进商品销售。

图 5-35　泡沫箱

图 5-36　瓦楞纸

图 5-37　纸制盒

图 5-38　木质箱

▶ 2. 根据包装层次及防护要求分类

根据包装层次及防护要求分类，可分为内包装、中包装和外包装。

内包装指用来直接盛装商品的包装，并连同商品一起卖给消费者，起到便于携带和保管的作用。中包装是指将若干个单件商品或将内包装的商品组合成一个小整体的包装，超市里捆绑销售的产品通常采用这种形式的包装。外包装是将一定数量的中包装组合成集装单元的包装，这类包装主要起到便于运输、节省运输成本的作用。

以薯片为例，图 5-39 为薯片的内包装，主要作用是防止薯片污染受潮；图 5-40 为薯片促销时的中包装，进行不同口味的商品促销组合；图 5-41 为薯片以箱为单位的外包装，便于商品从生产商到销售商或消费者的流通。

图 5-39　内包装

图 5-40　中包装

图 5-41　外包装

▶ 3. 按照包装的防护技术分类

按照包装的防护技术分类，可分为防震包装、防锈包装和防潮包装等。

防震包装是指为了减缓内装物受到冲击和震动，使用气泡垫、泡泡棉、珍珠棉，以及二氧化碳、氮气等不活泼气体填充的充气袋进行填充空隙，保护其免受损坏所采取的包装，如图 5-42～图 5-45 所示。

图 5-42　气泡垫

图 5-43　泡泡棉

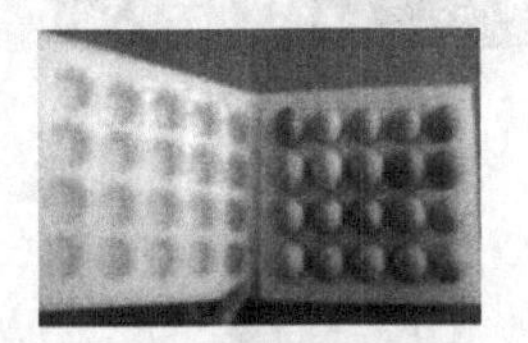

图 5-44　定制珍珠棉模具

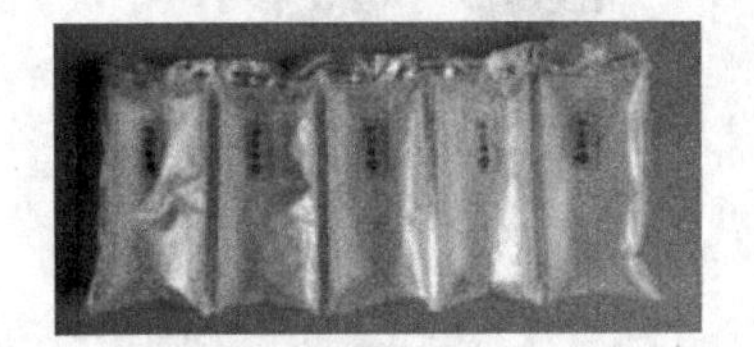

图 5-45　充气袋

防锈包装主要针对金属制品，使用气相防锈袋、气相防锈纸等材料进行防护的包装方式，如图 5-46 和图 5-47 所示。

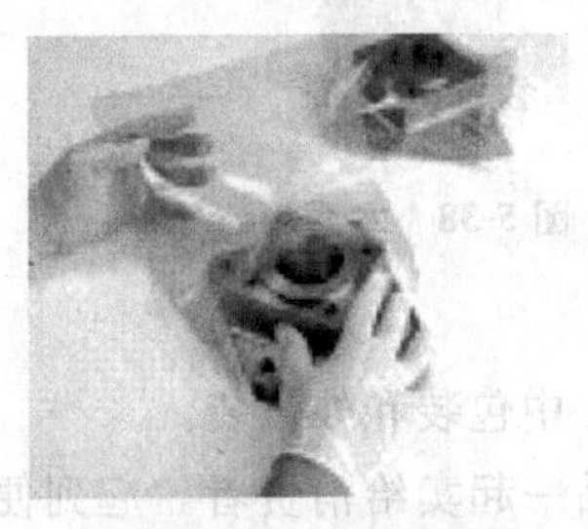

图 5-46　气相防锈袋

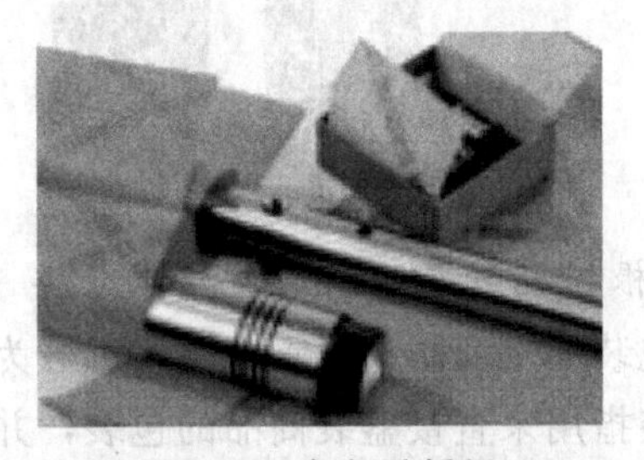

图 5-47　气相防锈纸

防潮包装是指采用密封真空袋、金属罐、玻璃罐等材料对产品进行包封，将物品与空气隔离，以防止包装内部水分增加，达到抑制微生物的生长和繁殖，延长内装物的储存期的一种包装，如图 5-48 和图 5-49 所示。

图 5-48　牛皮纸袋

图 5-49　密封罐

(二) 包装标志

包装标志的作用是便于货物储存与运输、识别特殊物品，以及运输、仓储、海关等部门的检查。在包装的一定位置上常以简单、醒目的图案和文字标明。常见的电子商务物品包装储运指示标志如图 5-50 所示。

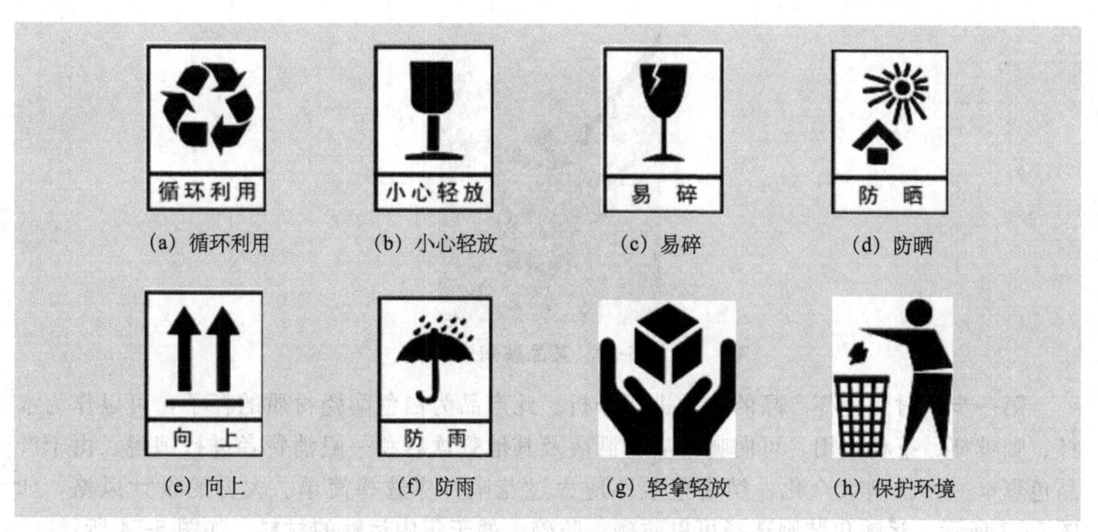

(a) 循环利用 (b) 小心轻放 (c) 易碎 (d) 防晒
(e) 向上 (f) 防雨 (g) 轻拿轻放 (h) 保护环境

图 5-50 常见包装标志

四、商品包装实训

(一) 实训目的

通过对包装进行设计，掌握包装在商品流通中的作用，培养设计商品包装的能力。

(二) 实训工具

网络设备、计算机设备。

(三) 实训内容

从家电、酒类、食品、餐具、服装类物品中选择一种产品，进行包装设计。包装上应包含商品名称、品牌、规格、成分构成、生产日期、有效期、产地等内容，说明该产品使用的销售包装材质和大小。根据该产品的性质选择适当的运输包装，说明使用的运输包装材质、填充物和规格大小。根据各种货物及运输要求，选择相应的标识符号。

(四) 实训步骤

商品包装设计的流程如图 5-51 所示。

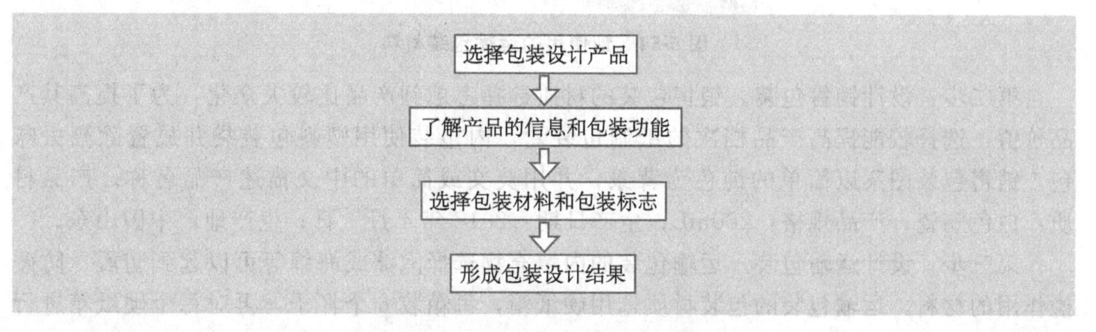

图 5-51 商品包装设计的流程

此处以某品牌陶瓷杯为例(见图 5-52)，进行商品包装设计操作。

图 5-52　某品牌陶瓷杯

第一步：对陶瓷杯产品的性质进行分析。此产品为白色陶瓷材质的杯子，可以作为水杯、咖啡杯、茶杯使用，可向咖啡店、酒店及其他餐饮店和一般消费者进行销售。由于产品色彩单一、款型大众化，销售包装不应太过花哨，应选择简单、大方的设计风格，如图 5-53 所示。运输包装则选择可以防碰、防碎、便于集中运输的材料，如图 5-54 所示。

图 5-53　预使用的销售包装材料

图 5-54　预使用的运输包装材料

第二步：设计销售包装。销售包装的材质选择考虑到产品比较大众化，为了提高其产品价值，选择较能提高产品档次的纸制包装盒，内包装使用塑料包装袋并放置除潮去味包。销售包装图案以简单的纯色为背景，并用英文或简单的中文描述产品名称。产品材质：白色陶瓷；产品规格：200mL；生产日期：2017 年 4 月 1 日；生产地：中国山东。

第三步：设计运输包装。运输包装的内填充物选择泡沫或海绵等可以起到防震、防碰撞作用的材料。运输包装的包装材质选用硬纸箱，每箱装 6 个杯子，再对每个硬纸箱进行集中包装，集中包装的材质使用薄木箱。运输标志使用循环利用、小心轻放、易碎、向上、防雨、轻拿轻放、保护环境等。

班级中，以 2～3 人为一组，完成本包装设计实训，并填写表 5-2 所示的评价表。

表 5-2 包装设计实训评价表

评价内容	考评标准	分值	评价得分
包装材质的选择	销售包装材质的选择	20	
	运输包装材质的选择	20	
包装信息描述	销售包装信息描述	10	
	运输包装标志符号的使用	20	
任务执行团队评价	团队分工的合理性、协同性	10	
	团队执行任务的效率	10	
	完成任务的创新性	10	
本次任务执行结果评价得分总计		100	

拓展阅读

“互联网＋”渐入佳境，智能包装潜在发展机遇大

智能包装涉及多学科技术的研究，如材料科学、微电子科学、化学、人工智能、微生物、计算机等，这些技术的发展推动了智能包装技术的发展。智能包装技术的应用领域为智能电网、智能交通、智能物流、智能家居、环境与安全检测、工业与自动化控制、医疗健康、精细农牧业、金融与服务业、国防军事。虽然这十大应用领域没有包装印刷字样，但里面很多行业都和包装印刷有关系，因为包装是一个载体，以前承载的都是可以看到的图文、信息、结构、材料，但现阶段物联网的发展可能承载更多的信息。其中，按照各类技术应用的比重不同及工作原理的不同，智能包装技术可以分为功能材料型智能包装技术、功能结构型智能包装技术，以及信息型智能包装技术。智能包装技术在印刷工业数字化、全流程、绿色的集成制造与服务等主流技术发展的推动下，正伴随着“工业 4.0”和“互联网＋”渐入佳境。智能包装技术的发展趋势可归纳如下。

一、利用电子标签对商品进行可跟踪性运输包装，反映商品物流信息

包装技术的科学、低成本、合理化是现代物流发展的基本保障，特别是智能化的包装技术在现代物流中发挥了重要的作用。包装信息的不足和错误会直接影响物流业各个环节的发展，包装智能化发展的不足也会对现代物流业中的扫描设备管理、计算机管理等产生制约。因此，包装技术的发展直接影响现代化物流业的发展。

可跟踪运输包装技术作为一种自动化运输管理包装技术，能够对流通线路上的运输容器信息进行全方位的跟踪管理，并利用控制中心对运输线路、运输中的商品信息进行调整和管理，从而实现方便的商品流通管理，有效降低运输成本。同时，还能利用现代信息技术和卫星定位技术来构建一个智能型的物流管理体系。电子标签就是可跟踪性运输包装中的重要应用体现。

二、利用电子信息组合包装反映商品生产和销售的信息

电子信息组合包装是对商品生产和销售信息智能化的反映，主要由具有记录信息功能的电子芯片、软件及条形码组成，能够帮助用户了解商品的使用属性及商品的物流管理问题。电子信息组合包装技术能够将商品的名称、功能、成分、保质期、价格、使用方法等

信息，以数字的形式存储在带有微芯片的包装中。这种带有电子数据信息的包装方式基本适用于所有商品，能够方便消费者对这些信息的读取。

美国一所大学开发出了一种智能化微波加热包装，将商品包装的加工信息编成信息码，利用微波炉的条形码扫描仪和微波处理器来对这些信息码进行识别，通过信息码来获得加工信息，从而对微波炉的加热效果进行控制。这种智能化的微波加热包装技术作为一种载体实现了商品、包装和微波炉之间的联系。

三、数字信息关联服务技术的应用

如今，智能手机等数字识别设备和移动互联网应用已深入大众生活，随时随地为用户提供数字信息关联服务的技术应用将是未来智能包装技术发展的关键。首先，包装印刷企业只有认清数字印刷特有的数字与网络特性，主动从制造向服务转型升级，才能积极引进“互联网+”来改造或重构自身的产品制造流程，使静态产品包装变为动态的智能包装；其次，利用数字印刷成像方式的多样性，为包装用户提供从创意设计到产品制造的集成关联服务，按照智能包装数字信息关联的需求来印制各种数字监管码，如药品电子监管条形码、二维条形码、密钥、水印及特殊纹理，进而为用户提供溯源、比价、配送和支付等服务，实现包装的智能化。

四、专属体验型智能包装制造技术的应用

在当今交互与体验的新市场环境下，将用户体验、移动互联、电商平台与数字印刷技术整合，来引导或创造包装用户的专属感和体验性是创造智能包装需求的前提，更是智能包装制造技术发展的推动力。智能包装制造技术的发展不仅要通过智能包装的全方位设计来诱导或强化用户“触觉、视觉和嗅觉”的体验，增强卷标的体验功能和感受，使卷标具备更多的信息感受。还要能够利用数字印刷来制作出满足特定人群需求的体验型标签，并实时应用互联网技术来推送用户体验的感受，提升用户的交互性、参与感和满足感。例如，在高档礼品或奢侈品上印制满足特定“触觉”的智能标签，在各种金属光泽感、特亮膜、糙面膜、全息膜及喷铝膜、立体三维全息成像等特殊材料上印刷来刺激“视觉”感观的智能包装等。

五、物联网智能包装的未来之路

随着包装个性化、高端化的需求越来越多，如何充分利用互联网技术提供一体化服务显得愈加重要。据包装板块上市公司公告显示，包装企业正努力建设智能包装物联网平台、打造智能包装生态链，在实现稳定增长的同时，有望持续加大向一体化综合包装解决方案转型的力度。

数字化功能印刷与物联网智能包装是数字印刷技术与物联网技术结合的产物，并成为数字印刷产业的重点发展方向。依托集成制造技术，数字印刷技术能够将许多功能性材料和信息嵌入各种测试样品、包装、标签中，不仅使产品具备某些特定的个性化功能，如温致变色，也能使产品具备特殊识别功能及防伪功能，从而使产品具有可追溯性。

在云计算、大数据、移动互联的“工业 4.0”新时代，数字化和智慧化正在成为印刷工业发展的新动力。包装企业只要将已有的印刷技术与新兴的IT技术和新材料融合，创造用户包装的智能化需求和与同行在智能化上的差异，就能抢占智能包装技术的新高地，推动企业高质、高效、可持续的健康发展。

智能化包装与互联网的结合，可使商品生产进入智能化生产阶段，通过实时信息采集

实现自动化的检测、追踪、智能验货等流程，营造新的价值链和生态圈。此模式通过提供个性化需求服务，提升产品的附加价值，从而构建新型产业链商业模式，是目前整个包装行业的大势所趋。

资料来源：中国物流与采购网.

项目小结

物流作为电子商务活动实现的终端环节，是实施电子商务活动的有力保障。在竞争激烈的市场环境下，优质的物流服务可以成为电商企业的核心竞争力。

本项目从物流的产生和物流的定义出发，阐述了电子商务与物流的关系。在电子商务的环境下，物流有了新的延伸与发展，电子商务物流模式主要有5种，分别是自营物流模式、第三方物流模式、第四方物流模式、物流联盟模式和物流一体化模式，每一种电子商务物流模式都有自己的优点与缺点，电商企业可以根据自身的经营情况选择相应的电子商务物流服务。通过三只松鼠公司选择兰剑科技公司的实训，进一步介绍电商企业与物流企业合作的必要性。

随着互联网的发展，电子商务物流因为信息技术的使用已颠覆了原先的传统物流模式。商品信息实时查询、信息的追溯等技术在电子商务活动中起着至关重要的作用。因此，电商企业和物流企业的发展离不开电子商务物流信息系统。电子商务物流信息系统的实现基于物流信息技术，包括物联网技术、无线射频识别技术、全球定位系统技术、销售时点信息系统技术、条形码技术和电子数据交换技术。通往二维条形码技术实训内容，使学生更好地了解电子商务物流技术的应用。

先进的物流信息技术作为电子商务物流活动的基础，商品的配送是电子商务物流活动的核心。本项目中介绍了电子商务物流运输方式及其优缺点，电子商务物流配送的概念和配送中心的概念及类型，并介绍了与配送活动相关的车辆选择与代收货款业务。通过德意通电子商务实训平台的实训，详细介绍供应商与物流商完成商品配送的全过程。

最后介绍了在物流活动过程中，如何对商品进行保管与存放。从商品的储存管理角度介绍了仓储的定义、电子商务仓储的类型，以及商品的存放方式与包装防护，并通过包装设计实训，使学生掌握商品包装的功能与存放知识。

思考与练习

一、单项选择题

1. 下列各项中，属于第三方物流的劣势的有(　　)。

A. 使电商企业对物流的控制能力降低　　B. 物流成本比自营物流高

C. 物理管理不专业　　D. 难以提升电商企业的核心竞争力

2. 下列电子商务物流模式中，京东物流属于(　　)。

A. 自营物流　　B. 第三方物流　　C. 第四方物流　　D. 物流一体化

3. 以下各项中，不属于电子商务物流信息技术的有(　　)。

A. 电子数据交换技术　　B. 全球定位系统技术

C. 条形码技术　　D. 互联网技术

4. 微信二维码名片中使用的二维码属于(　　)。

A. DataMatrix　　B. Code One　　C. Maxicode　　D. QR CODE

5. 下列各项中，不常见的堆码方式有(　　)。

A. 重叠式　　B. 压缝式　　C. 交错式　　D. 垫压式

二、多项选择题

1. 物流企业的类型有(　　)。

A. 运输型物流企业　　B. 仓储型物流企业

C. 综合型物流企业　　D. 外贸型物流企业

2. 物流信息系统的类型有(　　)。

A. 订单管理系统　　B. 配送中心系统

C. 运输管理系统　　D. 仓储管理系统

3. 以下各项中，属于公路运输优点的有(　　)。

A. 运输量大　　B. 方便灵活　　C. 成本低　　D. 速度快

4. 对商品进行苫盖可以起到(　　)的作用。

A. 防风　　B. 防雨　　C. 美观　　D. 防潮

5. 打开从超市买回来的新牙膏包装盒，用来装里面牙膏膏体的包装类型属于(　　)。

A. 内包装　　B. 销售包装　　C. 运输包装　　D. 防潮包装

三、思考题

1. 传统物流与现代物流的区别是什么？

2. 电子商务物流的模式有哪些？分别有哪些特点？

3. 电子商务物流信息系统的构成要素有哪些？

4. 配送中心的功能有哪些？

5. 电子商务企业自营物流和外包物流的优缺点有哪些？

6 项目六 移动电子商务

学习目标

【知识目标】

1. 掌握移动电子商务的基本概念。
2. 了解移动电子商务运作的基本方式。
3. 了解移动电子商务的发展现状及前景。
4. 掌握移动营销的常用方法。

【技能目标】

1. 能够进行简单的移动营销操作。
2. 熟悉微博的各种功能。
3. 了解基本的微博营销方法。
4. 掌握微信的各种功能。
5. 了解基本的微信营销方法。

【素质目标】

1. 养成良好的电子商务职业素养。
2. 了解移动营销需要的能力特质。

项目导入

普通人的移动"双十一"

对于某企业员工周晓聪来说，不论是服装鞋帽、厨房用品、运动器材，还是手机、电脑、家电等，只要网上有卖的，几乎都在网络上购买，他是一个不折不扣的资深网购达人。

"双十一"渐渐临近，机会不容错过。"双十一"还未到，周晓聪已经做足了"功课"，而这些"功课"都是在他等车、等人、吃饭这些零碎时间在手机上完成的。11月11日零点，周晓聪拿着手机开抢，一个多小时之后，收获满满。

从根本上来说，移动智能终端赋予了人们在任何时间、任何地点购物的能力，使消费者的购物行为发生了革命性的转变。

任务一 移动电子商务概述

一、移动通信简介

现代人群越来越依赖移动互联网，更确切地说，依赖移动互联网沟通交流，处理日常事务等。移动互联网的技术基础在于移动通信系统、移动终端(手机)和互联网三者的共同协作。

(一) 移动通信系统的发展历史

20 世纪 70 年代，美国贝尔实验室提出了“蜂窝移动通信”的概念，并在 1978 年成功研制出 AMPS(advanced mobile phone service)，建成了蜂窝移动通信系统。20 世纪 80 年代中期，欧洲和日本也纷纷建立了自己的蜂窝移动通信网络，如 ETACS 系统、NMT-450 系统和 NTT/JTACS/NTACS 系统等。这就是移动通信的初始——1G 时代，但这个时代的移动通信网仅仅具备通话的功能。此后，移动通信网络开始迅猛发展，20 世纪 90 年代，全球移动通信进入 2G 时代，技术标准有欧洲的 GSM(global system for mobile communication)、美国的 IS-95 和 DAMPS、日本的 JDC 等多种，其中以 GSM 最为有名。20 世纪末，3G 的标准开始推进，经国际电信联盟(ITU)认可的无线传输技术主要有 W-CDMA，CDMA2000 和 TD-SCDMA 三种。21 世纪初开始了 4G 网络的研发，2010 年前后，全球的许多国家都开始了大规模的 4G 网络建设，2013 年，中国也正式开始了自己的 4G 网络的架构与建设。目前，有的国家，如美国、日本和英国，已经展开了 5G 网络的架构和建设，甚至已经开始提供 5G 网络的商业运用。

从技术角度而言，2G 网络已经具备了连通互联网的可能性，但直到 3G 网络的盛行，连通互联网才真正具备实用性。

(二) 移动终端的发展历史

1973 年，马丁·库帕(Martin Lawrence Cooper)领导的团队成功研发出第一部手机 Dyna TAC，但直到 1983 年，手机才开始真正的商业运用。此后，随着通信信息技术的不断发展，手机的发展也越来越迅速，不断地推陈出新，但语音通话一直是其最本质也是最显著的应用特征。1999—2002 年，RIM、Handspring、Nokia、Motorola 等手机厂商开始推出自己的智能机，标志着智能机时代的开始，手机具备了连通互联网的功能。2007 年，Apple 公司带来了全新的智能手机 iPhone 和 IOS 操作系统。iPhone 被称为多媒体智能手机，为智能手机市场带来了革命性的影响。由于能够完整浏览 HTML 网页，并且取得与计算机几乎一模一样的效果，从市场和客户使用的角度出发，iPhone 被认为是第一部真正的互联网手机。竞争产生了对抗，Google 公司联合全球 34 家手机制造商、芯片制造商和运营商等，组成开放手持设备联盟，于 2007 年 11 月 5 日，正式向外界推出名为 Android 的开放源代码手机操作系统。至此，目前中国智能机市场最大的两个操作系统——IOS 和 Android 正式出现。

知识链接

Android 系统发展历程

2003 年 10 月，Andy Rubin 等人创建 Android(安卓)公司，并组建团队。

2005 年 8 月 17 日，Google 公司低调收购了成立仅 22 个月的高科技企业安卓公司及其团队。安迪・鲁宾成为 Google 公司工程部副总裁，继续负责安卓项目。

2007 年 11 月 5 日，Google 公司正式向外界展示了这款名为安卓的操作系统，并且宣布建立一个全球性的联盟组织——开放手持设备联盟，该组织由 34 家手机制造商、软件开发商、电信运营商以及芯片制造商等共同组成。这一联盟将支持 Google 公司发布的手机操作系统及应用软件，Google 公司以 Apache 免费开源许可证的授权方式，发布了安卓的源代码。

2008 年 8 月 18 号，安卓获得了美国联邦通信委员会的批准。2008 年 9 月，Google 公司正式发布了安卓 1.0 系统，这也是安卓系统最早的版本。

2011 年 8 月 2 日，安卓手机已占据全球智能机市场 48%的份额，并在亚太地区市场占据统治地位，终结了 Symbian 系统的霸主地位，跃居全球第一。

2011 年 9 月，安卓系统的应用数目已经达到了 48 万个，而在智能手机市场，安卓系统的占有率已经达到了 43%，继续占据移动操作系统的首位。

资料来源：百度百科.

(三) 移动互联网的发展历史

从全球范围来看，智能手机发展到现在不过短短 16 年的历史。如果从手机能够“自由连接网络并浏览完整的 HTML 网页”这个角度来看，移动通信和互联网的有效结合，不过短短的 10 年(2007—2017 年)时间，而在中国，这个时间还要短上 2～3 年。也就是说，不到 10 年的时间，移动互联网已经使中国人的生活发生巨大的变化。这种变化体现在人际关系到消费习惯等多个方面，与从前的生活相比，人们更习惯于用微信聊天、用 App 订外卖、用二维码付款等，现在的消费群体越来越多地依赖移动互联网。

2014 年，中国互联网络信息中心的研究数据表明，在手机的使用方面，87.8%的手机网民每天至少使用手机上网一次，其中，66.1%的手机网民每天使用手机上网多次。各类手机应用软件几乎覆盖了生活的各个方面，带给手机网民便利，增加了手机的使用黏性。手机网民每天使用手机上网的时长不断增加。我国手机网民中，每天手机上网 4 小时以上的比例达 36.4%，其中，每天实时在线的手机网民在整体手机网民中占比为 21.8%，如图 6-1 所示。

此外，越来越多的用户从计算机端向手机端转移，挤占计算机上网时间和传统媒体时间。调查显示，55%的手机网民认为使用手机减少了其对计算机的使用。其中，手机端社交聊天和娱乐类应用对计算机端的冲击最大，如图 6-2 所示。

中国互联网络信息中心的数据(见图 6-3)表明，截至 2016 年 12 月，中国网民模达 7.31 亿，中国网民规模已经相当于欧洲人口总量。中国的手机网民规模达到 6.95 亿，网民中使用手机上网的人群比例为 95.1%，增长率连续三年超过 10%。

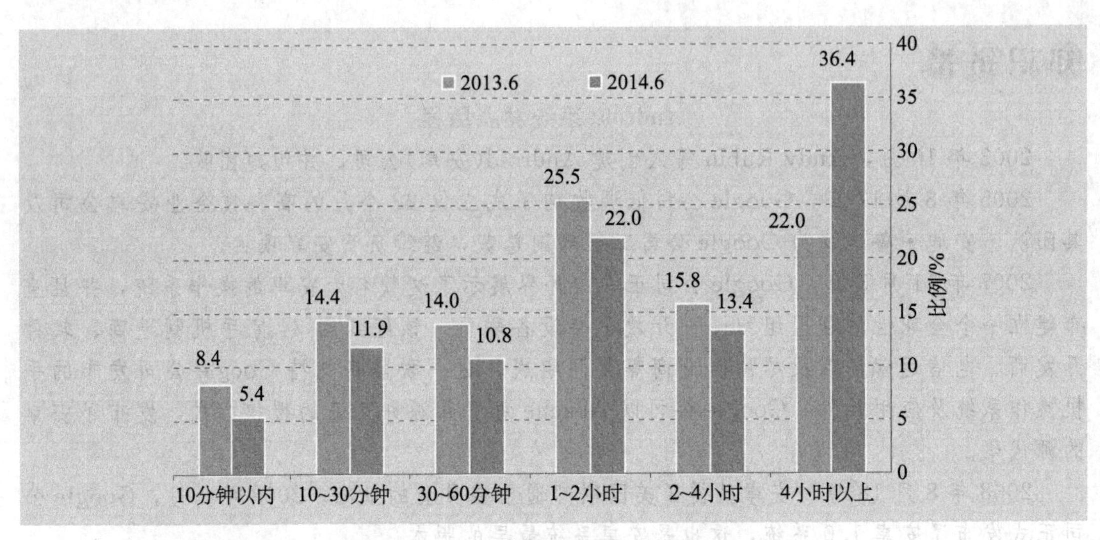

图 6-1　手机网民的每天上网时长

资料来源：中国互联网络信息中心网站．

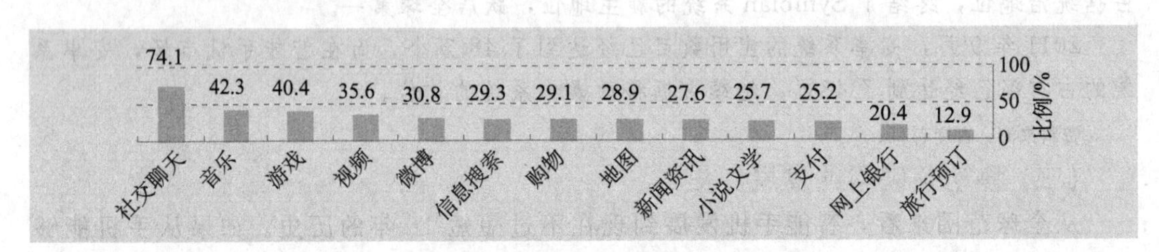

图 6-2　手机使用减少计算机使用的比例

资料来源：中国互联网络信息中心网站．

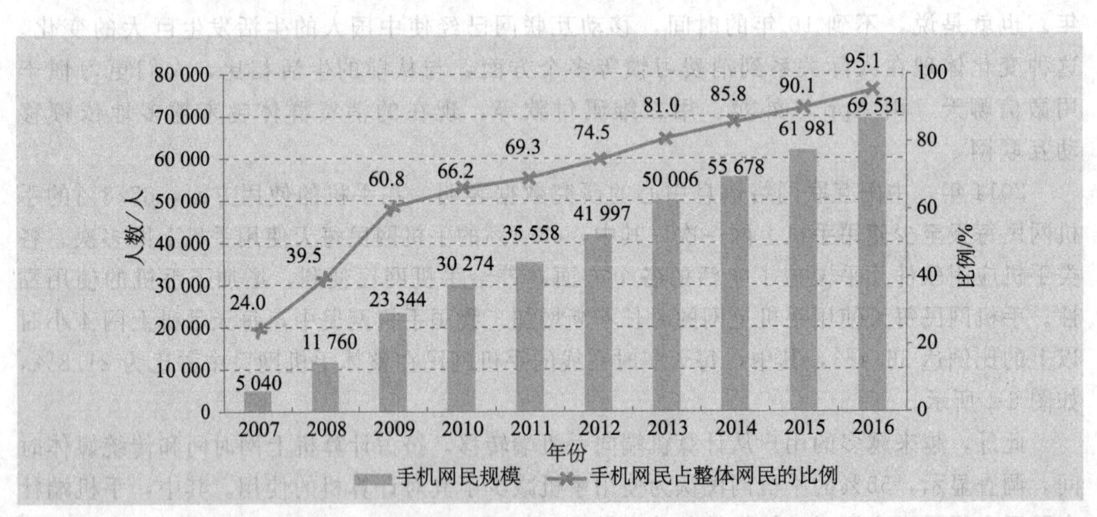

图 6-3　中国手机网民的规模及其占整体网民的比例

资料来源：中国互联网络信息中心网站．

由此可见，移动互联网与线下经济联系日益紧密，并推动消费模式向资源共享化、设备智能化和场景多元化发展。

二、移动电子商务

消费群体消费习惯的改变必然带来商业运营方式的变化。当现代消费者越来越依赖于移动互联网时，移动电商应运而生。

简单来说，移动电子商务就是使用移动设备，如PDA(personal digital assistant)、平板、手机等，进行的电子商务活动。具体来讲，移动电子商务就是将互联网技术、移动通信技术和其他信息处理技术有机结合，实现企业、商家、消费者三者之间，信息沟通、物资流动、货币支付等各种商务和其他相关服务的商务活动。

(一) 移动电子商务的特点与优势

电子商务发展的技术基础在于信息和电子计算机技术，而随着技术的不断推陈出新，移动电子商务的特点和优势也更加鲜明。

1. 便携性

电子商务相对于传统商务活动的优势在于3W(who、when、where)，即任何人在任何时间、任何地点都可以开展商务活动，实际操作上需要有计算机设备的参与；而移动电子商务的载体是手机等移动设备，持有人群远远超出计算机设备的持有群体。此外，在公园、公交车、咖啡厅等公共场合中，移动设备具备更好的可使用性。

2. 消费群体潜力巨大

从各种调查报告中不难发现，使用移动设备接入网络的群体同时也在使用计算机接入网络，因此移动电商具有和传统电商相同规模的消费群体。但从消费能力来看，传统的上网用户中以支付能力相对处于低中端的年轻人为主，而手机用户中包含了消费能力更强的中高端用户，因此消费群体的覆盖范围更广。

此外，由于移动设备的便携性，消费群体的使用率更高，也变相增加了消费的可能性。

3. 支付的方便性

移动通信更加灵活、方便，也促使移动电子商务更容易进入个人消费领域。在移动支付领域，各种类型的支付已经渗透到普通人的生活中，例如，日常收费系统，消费者使用手机缴纳水电费、物业费；半自动支付系统，在商场或餐厅使用微信进行支付；全自动支付系统，停车场的自动计时器、自动售货机等。

4. 定制化

移动通信设备，特别是手机，相对于计算机具有更高的可定位性，因此移动商务的提供者可以更好地发挥主动性，为顾客群体提供定制化的服务。基于移动用户的当前位置，商家可以进行针对性的广告宣传，如旅游景区的短信推送服务；利用服务提供商提供的客户信息，商家可以提供个性化短信服务，如商品打折推送短信。

5. 可识别性

传统电商一直存在一个基本的问题——无法确定或核实消费者信息的真实性，即消费者的信息可能是完全虚假或部分虚假。从商家的角度来看，消费者的消费信用很难确定；从市场的角度来看，会影响营销活动的有效性。而手机号码具有唯一性，这就让移动电商具有了一定的相对优势。随着手机实名制的推行，用户身份的确认更加容易，这就提高了用户信用认证的可能性。

(二) 移动电子商务的特色服务

移动电子商务的发展建立在传统电子商务的基础之上，它几乎具备了传统电子商务的所有服务和功能。消费者可以通过计算机实现的购物、订票、支付、交易、娱乐等活动，也可以通过移动设备实现，甚至在某些方面，移动电子商务能够为消费者提供更好的服务。

▶ 1. 购物

移动电子商务的购物特色主要体现在即时、即兴两个方面。下班的途中肚子饿了，打开 App 搜索美食并下单，这就是即时；和朋友吃完晚餐很高兴，临时决定去看电影，打开 App 查找最近的电影院并选购电影场次，这就是即兴。在这一系列的类似购买活动中，移动购物的高效、快捷促使了消费者从“购买欲望”到“购买行为”的转变。这也是未来电子商务活动的发展趋势和增长点之一。

▶ 2. 订票

电子商务发展到现在，其中的特色行业之一便是网络订票业务。我们可以在计算机端订购机票、车票、入场券，却不可能随时在计算机端查看相关信息。实体性商品本身是确定的，不会发生变化，例如，一件衣服不会变成一只苹果，这就是实体性商品本身的“确定性”。而机票、火车票都属于服务性商品，服务性商品的本身是不确定的，航班和车次可能取消或变更，这就是“变更性”的可能。移动电子商务有效地解决了这种“变更性”，消费者可以在航班和车次取消或变更时立即得到通知，临时变更或取消航班和车次，有效消除其变更带来的不利影响。

▶ 3. 交易

现代商务活动中，特别是在投资领域，如股票、期货、证券等，其交易都具有很强的时效性，这种时效性甚至需要精确到分、秒。而移动电子商务在这些具备即时性需求的商务活动中提供了更高效、更便捷、更方便的服务。

▶ 4. 银行业务

相对于计算机端网络银行的服务，移动端的服务进一步完善了互联网银行体系。用户能随时随地在网上进行个人财务管理，使用移动终端核查账户、支付账单、转账，以及接收付款通知等。特别是在账户信息的变更方面，用户可以通过短信或 App 推送，即时了解个人账户信息的变更，有效地监控自己的个人金融状况。

▶ 5. 应用服务

应用服务是相对于传统电商行业最大的变革和最有益的补充，主要体现在需要即时交流信息或提供精确信息定位的行业。例如，无线医疗服务中，救护车可以在移动的情况下同医疗中心和病人家属建立快速、动态、实时的信息交换，这对每一秒钟都很宝贵的紧急情况来说至关重要；而在建筑工程、通信施工、石油探测等需要现场作业、野外作业的行业，定位技术、WAP 技术和 CallCenter 技术的高效结合，可以为用户提供及时、高效的服务。

(三) 移动电子商务的发展趋势

从发展的现状分析，移动电商在未来一段时间的发展方向集中在以下几个方面。

▶ 1. O2O 模式

随着电子商务的蓬勃发展，吸引了越来越多的传统企业参与到这一行业中，同时，这种趋势也得到了国家在政策层面的肯定和支持。各地“互联网＋”新创公司数量剧增，各种各样的移动 App 大量涌现。市场调查显示，从消费者的角度而言，餐饮外卖、旅游、点评、打车是目前最为流行的 O2O 模式，超市便利店代购和生鲜则是未来发展的方向，零售 O2O 的发展仍具有深厚的潜力。

移动互联网时代，消费者的购物方式已然发生改变，便利性、舒适度和价格成为消费者选择购物方式的重要参考标准。消费者乐于利用线上购物的方便与快捷性，来更好地节约时间和精力，提升自己的生活品质。

▶ 2. 场景化和社交化

由于智能手机终端的快速普及，中国移动端交易保持了高速发展的趋势。2016 年第一季度，移动端交易占比达 54.9％，主要的移动端网购人群分布在 26～35 岁，学历以大学本科以上居多。移动端消费与计算机端消费最大的不同在于其场景化和社交化的特质。

(1) 消费需求场景化。移动购物模式多样，与场景的相关性更紧密。2015 年尼尔森《在线购物者趋势研究报告》显示，美团网、大众点评、携程等与场景相关的应用成为推动流量的新增长点。

(2) 网络营销社交化。社交化的网络营销是指将关注、分享、沟通、讨论、互动等社交元素应用于移动电商交易过程中的一种现象。尼尔森的调查显示，以社交网络作为入口的移动端消费者比例明显上升，“点击好友分享链接进入”的比例从 2014 年 12％上升至 2015 年的 23％，而其他移动消费入口的使用率出现明显下降或勉强持平。

任务二 移动电子商务营销

一、移动营销概述

(一) 移动营销的概念

在现代社会，任何一个行业的发展，都离不开各种各样的营销活动。行业的发展需求促使了营销活动的开展，而营销活动的有效施行又反过来推动行业的发展和繁荣，两者相辅相成，相互促进。电子商务的发展促进网络营销的繁荣，而移动电子商务发展的需求同样促进了移动营销的发展。移动电子商务营销在理念上和网络营销有着类似的特性，但是，作为一种新型的营销方式，它也具有不同于网络营销的特点、传播方式和营销方法等。

从营销的方式而言，传统的营销方式更多地体现了一种理念或一种方法，如事件营销、品牌策略等。而移动营销更多的是一个概念，它体现了一种载体——移动通信工具，以及在这种载体上应用的各种营销手段和方式。传统营销的载体是公众媒体，网络营销的载体是互联网，而移动营销的载体是移动通信工具。

(二) 移动营销的特点

由于载体的不同，移动营销有着与其他营销方式完全不同的特点。

▶ 1. 个性化

现代信息技术的飞速发展带来了个人生活的极度便捷。相对于传统的台式电话、计算机等，手机等移动通信工具的一大特征在于其私密性。我们可能会和别人分享同一台计算机，但不会和他人共同使用一部手机。

利用GPS等技术，可以随时定位消费者身处何处；简简单单的一个记录或查询程序，就可以知晓消费者下载了哪些应用程序，访问了什么网站，购买了什么商品，喜欢什么样的娱乐或新闻。有效掌握个体消费者的消费喜好和生活习惯，针对性地开展营销活动，给每一个客户发送特定的信息，这样的营销方式，无疑可以取得更好的效果。

▶ 2. 精准性

在营销活动中，消费群体的消费数据是区分消费群体的基础，掌握的消费群体数据越多，精确性越高，对不同消费群体的划分也越精确，营销活动的开展也更具有可行性和实效性。网络营销相对于传统营销的优势之一在于数据收集更精确，从而使营销效果更突出；而在移动通信时代，消费者使用手机的行为本身就蕴含了大量的信息，可以从中提取出更多的统计和心理偏好数据。作为营销者，可以充分利用这些信息来设计营销方案。

例如，调查数据显示，我国学生群体和年轻人群注重手机的外观是否时尚，方便通过短信、游戏、即时通信和社交网络与朋友联系。而商务人士则更加注重手机的品质和手机品牌本身的价值体现。

▶ 3. 及时性

手机是现代人随身携带的通信工具，可以用来及时获取信息。而为了保持和外界及时的联系，大部分人群会不定时地检查手机上的信息更新，这种及时性使得移动营销尤其适合具有时效性的产品和服务。同时，手机的移动特性使得潜在目标客户虽然身处不同地方，但仍然可以随时进行消费。

信息在手机端的及时推送可以提升消费者对限时抢购等促销活动的关注程度，扩充潜在消费人群的数量。同时，手机的移动特性也增加了消费群体利用零碎时间进行购买的可能性，这在一定程度上提升了产品的销量，促进了商品总利润的提升。

▶ 4. 直接性

营销活动的直接性依赖于目标市场是否能够直接接收并理解营销信息，而直接性的强弱体现在客户能够直接接受信息的程度和理解信息的深度两个方面。

对营销策划者而言，客户对信息的理解深度是不可控和难以估量的，因此对营销直接性的衡量主要集中于客户是否能够直接接受信息。而与其他直接营销方式相比，手机大大扩展了目标客户获得直接营销信息的可能性。因此，移动营销可以前所未有地充分利用直接营销的优势。

此外，移动营销也可以将传统的营销方式转化为直接营销。例如，电视广告和广播广告主要是单向的信息传递，很少有客户群体的直接反馈。而通过手机，客户可以随时随地联系商家，而当潜在的客户打来电话的时候，营销信息的传播和接收的环路便打通了，强大的客户反馈机制直接提升了营销的有效性。

移动营销的这些特点促进了它在多方面的应用。例如，星巴克(Starbucks)曾经开展过一个旨在提高客户忠诚度的营销活动。它提醒人们用手机发送“Starbucks”到一个简短的号码，发送短信的人会接收到一个二维码优惠券，可以在星巴克的咖啡店扫描使用。这个二维码可以多次使用，每使用一次，下一次的折扣就更低。星巴克第一次发放短信二维码的优惠券就获得了60%的兑现率，这一营销活动也产生了一批新的忠诚顾客。

二、移动营销的推广方式

移动营销出现至今不过十多年的时间，但在这段时间内，随着技术的进步，移动营销的推广方式也从最开始的短信广告，发展到现在流行的社交圈、App推广等。

(一) 短信广告

短信广告应该可以算作是最早的移动营销推广方法。最早的短信广告多是由公司或者移动平台运营商向客户群体发送，推送商品信息，现在的短信广告已经逐渐向多元化的方式发展，以定制信息、电子折扣、互动游戏或调研为主。

短信广告在早期由于推荐内容单一、不适合顾客消费习惯等因素，用户的接受度并不高。但随着这种传播方式的推广，现在已逐渐被很多的用户所接受。短信广告由于其一对一、成本低、覆盖率高、易推送等特点，也被移动电商企业广泛采用。

一般而言，短信广告多为一两句话，简明扼要地说明信息内容，多以临时信息、临时活动或者商品信息为主，如图6-4所示。

(二) WAPPUSH 广告

3G网络和4G网络的高速发展，让用户随时随地接入互联网成为可能。WAPPUSH广告即指在短信中插入WAP网站链接的广告方式，如图6-5所示。用醒目的概括内容和链接将更多的内容呈现在用户的面前，用户点击相应的链接就会自动打开网页浏览器，进入对应的网页，供用户浏览，从而让用户接收更多的信息。

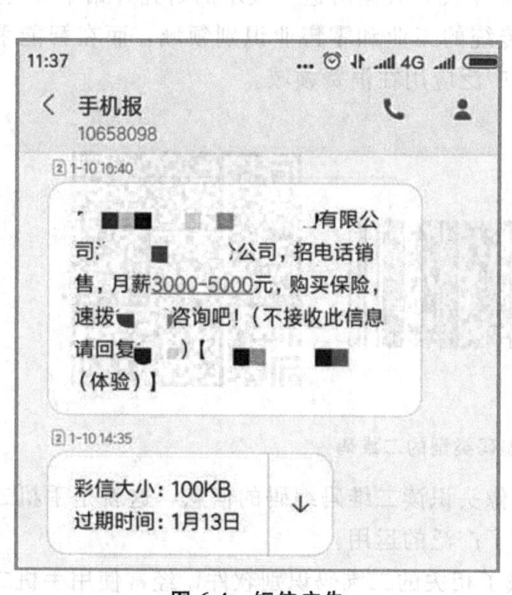

图6-4 短信广告

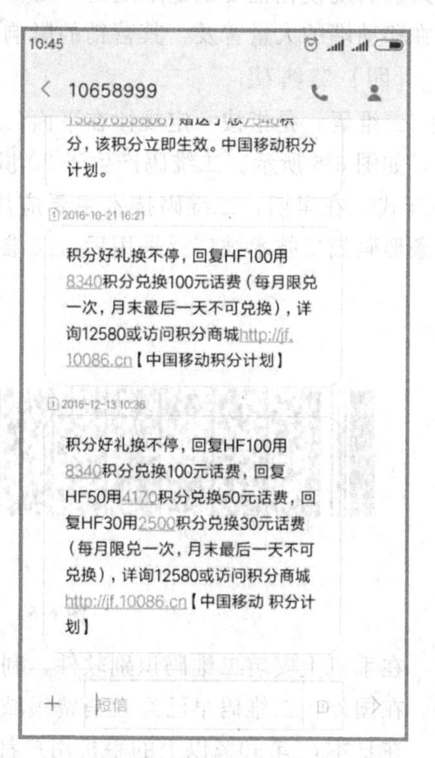

图6-5 WAPPUSH广告

WAPPUSH广告的特点有：首先，用简短而精练的文字吸引用户的注意。传统的短信广告可能是一段完整的商品信息，整个文本的长度为30～50字；而WAPPUSH广告的文本一般在20字左右，通常仅仅是一个简单介绍。其次，由于单条短信的字符限制，传统短信广告的信息含量始终受限，而WAPPUSH广告通过链接来传达具体的信息，用户在WAP网站页面所能得到的信息无疑更加完整、全面和丰富。

（三）社交圈

“社交圈”(social circles)的概念来自社会学中的“社会网络”(social network)。社会网络是指由许多节点构成的一种社会结构，节点通常是指个人或组织，社会网络代表了各种社会关系，经由这些社会关系，把从偶然相识的泛泛之交到紧密结合的家庭关系中的各种人群或组织串联起来。社会网络基于一个或多个特定类型相互依存，如价值观、理想、金融关系、友谊、血缘等。

社交圈在本质上应该是指社交网络服务(social network service)。它可以说是一个基于互联网的服务平台，主要为一群拥有相同兴趣与活动的人建立的在线交流社区。这种社交网络为用户提供了相互交流互动的方式或工具，例如聊天、博客、站内短信、即时通信工具等。由于为信息的分享和交流提供了新的途径，具有社交网络功能的网站通常会有数以百万的用户，并成为用户的常用交流平台。目前世界上有许多社交网络服务网站，比较知名的有Google＋、MySpace、Twitter、Facebook、Instagram、Tumblr等；国内比较知名的社交网络服务网站有猫扑、人人、QQ空间、微博等。

而在移动营销中，伴随着各种社交App的流行与应用，以及功能的日益多样化，使用人群的规模化程度也越来越高，对社交圈的营销也越来越被重视。此外，由于社交型应用在移动端的大量普及，其营销的影响力比其他手段更加强劲。

（四）二维码

二维码，是指按一定规律在平面(二维方向)上分布黑白相间的图形来记录数据符号信息，如图6-6所示。二维码产生于20世纪70年代，我国对这一技术的研究开始于20世纪90年代。在早期，二维码技术主要应用于传统的工业和零售业识别领域，而在智能手机和条形码扫描技术被广泛采用后，二维码才广泛应用在消费领域。

图6-6　不同编码类型的二维码

在手机上安装二维码识别软件，利用摄像头识读二维码编码的信息，这就是手机二维码。在国外，二维码早已经在消费领域得到了广泛的运用。

在日本，有90％以上的手机用户都下载了相关的二维码识别软件，经常使用手机二维码识别功能的用户占手机总用户数的70％以上。在韩国，超市巨头Tesco在地铁车站里设置虚拟商店，通过栩栩如生的超市货架图片，鼓励等待地铁的购物者用智能手机扫描产品的二维码，并把它们加入购物车形成订单，订单中的商品将直接送到顾客的家门口。在美国，Google把超过10万个商家列为“Google上最受欢迎的地方”，每个商家都有一张带有二维码的窗贴，路人可以扫描该二维码以了解更多的商家信息、阅读评论、购买商品等。

我中国，2012年，腾讯总裁马化腾在一次互联网大会上宣称——二维码将成为线上线下的关键入口，此后，微信上线就引入了“扫一扫”功能。同年，广州移动在广州地铁举办“移动闪拍站”活动，利用二维码对移动业务进行营销。由此，我国对二维码的使用进入了高速发展的阶段，用户使用率不断提升。

作为一种新的营销方式，二维码的出现极大地丰富了移动营销的手段，提升了移动营销的优势。

(1) 成本低廉且简单快捷。二维码的制作简单，运营成本比传统的传单广告等更加低廉。通过手机的“扫一扫”功能，其传播方式简单方便，更容易被消费者接受，同时其传播速度也更快。

(2) 客户群体明确。愿意扫描二维码的消费者都对商家的营销内容比较感兴趣，更有意愿接受营销传播的信息。相对于被迫接受营销传播信息(如电视广告)的群体，这样的客户群体更容易接受营销的商品信息，也更可能成为最终的商品消费人群。

(3) O2O的便捷推广。目前，O2O运营已经成为电子商务的一大增长点和看点。如何高效实现线下用户和线上群体的转化一直是O2O运营的核心问题。而二维码的扫描能够即时将用户带到线上，扩大了潜在客户群体，再通过其他营销方式吸引并留住顾客，其中的一部分人又会转化为线下的消费者。

任务三 微博营销

微博是微型博客(microblog)的简称，是博客的一种新方式。博客的文体可以很短，也可以很长，没有字数的限制，其记载方式类似于日记和散文的综合体，侧重于表达在某一时间段内的想法、心情，或者对某些事情的观点；而微博的文体一般很短，基本限制在140字以内(最初的规则，各国运营商有不同规定)，侧重于表达在某时刻、某方面的想法或动态，所发表的信息具有“即时即刻”的特征，是一种分享简短实时信息的广播式的社交网络平台。

2007年，中国出现了国内第一家带有微博色彩的网站——饭否网。随着互联网的发展，用户对社交媒体的需求也使微博也得到了快速的扩张。

一、微博简介

微博从正式出现至今仅10余年的历史，但它却改变了很多人的互联网社交习惯。在全球的范围内，有很多杰出的微博网站，国外的有Facebook、Twitter、Instagram、Tumblr等，国内的有新浪、网易、搜狐、腾讯等，在此分别进行简单介绍。

（一）Twitter

Twitter(推特)是一家美国社交网络及提供微博客服务的网站，是最早的社交网络服务网站之一，如图 6-7 所示。Twitter 的本义其实是一种小鸟的叫声，2006 年，埃文·威廉姆斯(Evan Williams)将其作为自己公司 Obvious 新推出的一项服务的名称，这项服务的核心在于利用互联网向好友的手机发送文本信息。2006 年年末，这项服务进行了升级，诞生了个性化的网站——Twitter，用户可以通过它来接收和发送信息。

Twitter 的诞生得到了大量互联网用户的极度喜爱，用户群体的聚集让很多互联网公司觉察到了其中的商机，促使了大量社交网络服务网站的产生。仅仅在 2007 年，全球就产生了 100 多家类似于 Twitter 的网站。

图 6-7　Twitter 网站欢迎界面

为了更便捷地共享信息，Twitter 发布了一条信息内最多包含 140 个字符的微信息规则。此外，Twitter 还推广了“关注”的功能，让用户可以组建自己的社交圈子，方便浏览朋友最新的动态信息。这些规则至今仍为大部分的微博服务网站所沿用。

截至 2016 年第一季度，Twitter 在全球范围内拥有 3.1 亿人次的月活跃用户。虽然这个数据远远低于另一个全球知名的社交网站 Facebook 的 16.5 亿人次，但它仍旧是全球互联网访问量最大的十个社交网站之一。

国内微博运营网站诞生的早期，Twitter 是该类网站灵感和功能的主要参考对象，这也是 Twitter 对中国互联网的独特意义所在。

（二）新浪微博

新浪微博(已改名为微博)于 2009 年 8 月 14 日由新浪网推出内测，是一个提供微型博客服务的类社交平台，用户可以通过各种新浪微博客户端发布消息或上传图片，如图 6-8 所示。2011—2013 年，经过残酷的市场竞争，新浪逐步确立了自己在中国微博运营商中的“领头羊”地位。2014 年 3 月，“新浪微博”悄然改名为“微博”。2016 年 11 月，微博取消了信息发布的 140 字限制，所有用户均可以发布多达 2 000 字的长微博。

图 6-8　微博的 logo

微博目前主要有发布、转发、关注、评论、搜索、私信六大功能，其用户群中包括大量政府机构、官员、企业、个人认证账号，开放而良好的传播机制促使新浪微博成为中国目前发展最好的微博。

截至2016年9月，微博月活跃人数已达到2.97亿人，日活跃用户达到1.32亿人。截至2016年年末，微博企业账号数量达130万；企业账号覆盖行业超过60个；微博企业账号覆盖有效粉丝量高达5.9亿；企业账号博文阅读量超过6 700亿；2015年7月以来，微博企业账号发布微博活动超过347万个；活动参与量接近3.2亿。

(三) 腾讯微博

腾讯微博是一个提供微型博客服务的类Twitter平台，由腾讯公司推出，于2010年4月开始内测，5月1日正式推出，如图6-9所示。2011年，腾讯微博大力提升服务质量，接连推出了邮件分享、视频上传、开放上墙、一键互通等功能。同年9月30日，腾讯微博平台上的注册用户数超过3.1亿，同时，日活跃用户数已经超过了5 000万人。

图6-9 腾讯微博的logo

2011—2013年，新浪、网易、腾讯、搜狐四大微博网站相继陷入恶战，同期，腾讯微博由于其信息传播的不准确性受到互联网信息管理部门的指名批评，对其运营造成一定的不利影响。2014年7月23日，腾讯网络媒体事业群进行战略调整，将腾讯网与腾讯微博团队进行整合，正式宣告了腾讯微博业务在腾讯内部的地位已经没落。

(四) 网易微博

网易微博于2010年1月20日正式上线内测，但是在新浪微博和腾讯微博的夹击之下，经营不善，用户活跃度非常低。2014年11月4日，网易微博宣布将正式关闭，其页面上提醒用户将其内容迁移，这意味着原网易微博用户关系链的断裂，网易微博在实际意义上已经不复存在。

二、微博营销概述

2009年8月，新浪网成为中国首家提供专业微博服务的网站，从此微博正式进入网络主流用户视野。2010年，微博营销迎来了爆发期，中国市场上涌现出无数的新媒体营销专家和团队，这个势头在2011年达到了顶峰。

2012年，四大微博运营商的激烈竞争日趋恶性化，新浪和腾讯分别受到互联网信息管理部门的指名批评，对其运营造成一定的不利影响。随后，腾讯推出了微信，对市场造成强力冲击。在诸多因素的共同影响下，微博营销遇到了瓶颈，移动端遭遇巨大冲击。

2013年，微博本身的发展并不顺利，用户规模和使用率均出现大幅下降。数据表明，2013年年末，微博用户规模为2.81亿，较上年减少2 783万；网民中的微博使用率为45.5%，较上年同期降低9.2个百分点。但在用户群体缩减的情况下，微博营销却实现了华丽的转身，2013年至今，微博营销发展十分迅速，迎来了第二个繁荣期。

(一) 微博营销的定义

简单来讲，微博营销是通过微博这一平台所展开的各种营销活动的总称。具体地讲，微博作为一种社交化工具平台，每一个浏览者(粉丝)都可能是潜在的客户。一方面，企业或商家可以通过自己的微博向网友传播企业或商品信息，推广或宣传企业文化，宣传或促销自己的商品，树立良好的企业或产品形象；另一方面，作为一种可以直接接触消费者的社交平台，企业可以通过微博直接接触消费者，直接收集消费者的信息或反馈建议，分析消费者对产品的需求特征，增强企业对消费市场需求的预判能力。

如图 6-10 所示，微博聚集了大量的互联网用户群体。移动端的微博营销则是基于移动端微博平台进行的微博营销，是由于移动产品的兴起而衍生出来的一种新型的营销方式。2016 年，新浪微博的公布数据显示，在其近 3 亿的月活跃用户中，高达 77.8%的用户群体拥有大学以上的高等学历。作为中国互联网使用的高端人群，他们同时也是城市中对新鲜事物最敏感的人群、中国互联网上购买力最强的人群。同时，近几年智能手机和平板电脑的兴起使得移动端微博的使用率日益增加。2016 年 9 月的微博用户群体中，移动端用户在月活跃用户总量中占到 89%的份额，计算机端的微博营销已经向移动端大幅倾斜。

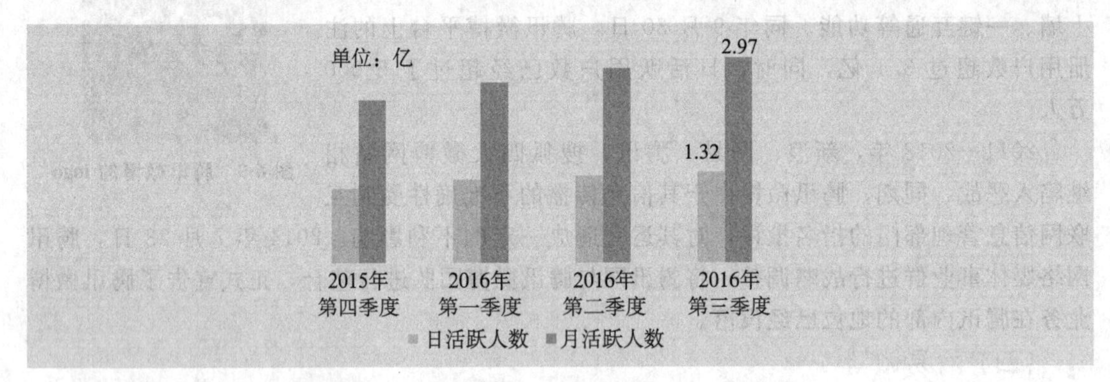

图 6-10 2016 年微博月活跃及日活跃人数发展情况

资料来源：2016 微博企业白皮书．

(二) 微博营销的特点

作为移动营销中的强力营销方式，微博营销受到许多商家的青睐，其特点如下。

▶ 1. 用户广、消费强

用户广、消费强体现了微博用户的群体特点。

(1) 微博用户群体众多，新浪微博有 1.32 亿的日活跃用户(见图 6-10)，这一数据本身显现出微博拥有广泛的用户群体。用户群体的庞大，意味着企业能够更容易和快速地寻找、定位到目标客户。

(2) 营销的信息可以更有针对性，更精准地影响到目标受众。

(3) 在微博中，“一键转发”便能够实现信息的分享，可以提升粉丝的转发积极性，有效利用众多粉丝的关注进行病毒式传播，不断提高影响力。

在微博的用户群体中，另一个显著特征是高学历。新浪微博的活跃用户中，近 8 成拥有大学以上的高等学历。从用户的消费能力进行粗略分析，高学历人群可以分为“已工作人群”和“在读大学生”。“已工作人群”具有固定的经济收入，并且在中国的收入群体中属于中高收入群体，消费能力毋庸置疑；而“在读大学生”从表象上不具备独立自主的收入来源，但综合社会环境、家庭环境等因素考虑，本身也属于互联网的高消费人群。

▶ 2. 低成本、高效益

微博营销不仅仅得到大型企业或品牌的青睐，同时也受到个人商家和小型企业的欢迎，最主要的原因在于营销的成本低廉。微博营销注重线上活动策划，消耗的人力和物力成本较小。同时，因为用户群体广泛，能够更容易地锁定受众目标，因此在营销过程中更加高效，收益更高。

在微博营销中，企业与企业之间、企业与名人明星之间可以进行合作，这样的合作常常能够获得更多微博用户的关注及更广泛的传播，产生更为突出的效益。

▶ 3. 时间短、接受快

如果以出生的年代作为消费者群体的划分标准，“80后”和“90后”消费群体最显著的群体生活特征之一是“快节奏”。

生活节奏的快速化意味着对传统媒体关注的减少，这种趋势至少体现在两个方面：首先，体现在用户数量上的减少。“80后”和“90后”消费群体，对报纸、电视等传统媒体的关注度远低于“60后”和“70后”消费群体。其次，体现在个体关注时间上的减少。“80后”和“90后”消费群体，对报纸、电视等传统媒体的观看时间也远低于“60后”和“70后”消费群体。

生活节奏的快速化也造成了“80后”和“90后”消费群体的另一个特质——时间碎片。简单来讲，时间碎片就是指一个人日常生活中零碎的、无目的的、短暂的时间，如等车的时间、开会的间隙、堵车的时候等。这些时间在客观上短而散，无法安排持续性的活动；在主观上则容易使人懒而惰，人们无聊或者不愿意去安排有目的性的活动。而恰好是主观和客观两方面的结合，形成了微博营销的优势。微博文字篇幅短小，易于阅读，不占用时间；微博内容简单有趣，不需要思考，便于接受，可以休闲放松。因此，从营销的角度来看，微博营销可以有效地利用消费者的时间碎片，并且更容易使消费者接受。

▶ 4. 多媒体、广信息

微博营销过程中注重创意和内容的编排。一条优秀的微博，最基本的要求就是图文并茂，充分利用文字和图片的组合来吸引粉丝群体和消费者。同时，微博中还可以引入声音、视频等展现形式，让所阐述的内容更加形象、生动，从而使潜在消费者更加容易接受信息。

与传统的纸质媒体相比，声音、视频的使用带来了鲜活的感官体验；与电视或广播等视听媒体相比，文字和图片在一定程度上可以加强消费者对信息记忆的深度和持续性。这就是微博在信息传播过程中的多媒体化特征。

此外，丰富多彩的多媒体内容也更容易防止出现审美疲劳，利于用户阅读。

▶ 5. 易传播、速度快

微博的信息传播速度快具有两方面的含义：一方面在于推送的速度，由于“关注”功能的使用，“被关注人”所发送的信息会即时出现在“关注者”的页面上，两者之间的信息传递及时、高效。此外，微博的浏览者常常会对自己感兴趣的消息进行转发，也加速了信息在用户群体中的流通速度。另一方面在于信息的广度，由于微博的使用人群众多，信息发送简单易行，并且其在传播上不需要经过传统媒体的编辑、审核、发送等诸多环节，因此它的信息传播远比传统媒体及时、广泛。

▶ 6. 互动强、开放好

微博中，浏览者通常来自不同的地区，教育背景、生活习俗、亚文化特征等都各不相同。对同一个问题，拥有不同的视角，讨论环境是开放的。此外，微博中的拘束性比现实要小，浏览者更容易表达自己的看法和观点，在不违背法律的前提下，什么都能说，什么都可以说，即讨论话题是开放的。

微博中，经常保持和网友、粉丝之间的互动，是吸引粉丝关注和增强粉丝忠诚度的一个重要方法。在微博上，可以通过提问和回答、征集意见、发起话题讨论、观点的辩论、发起投票、有奖竞答、竞猜等方式进行互动。

三、微博营销基础

微博营销是一种通过微博来执行的营销方式，其目的在于为商家或个人用户创造价值。微博营销的过程中需要注重价值的传递、内容的互动、系统的布局、准确的定位等多重因素。

（一）定位准确

微博可以分为个人微博和企业微博两大类。个人的微博营销主要是通过微博这一媒介，让自己的粉丝了解自己，功利性并不十分明显。而企业一般是以盈利为直接的目的，即通过微博来增加企业的知名度，最后达到提升产品销售量的目的。但对大部分企业来说，首先，企业知名度有限，短短的微博无法给消费者一个直观的商品理解；其次，微博的更新速度快，信息流量大，很容易造成信息的流失。因此，企业在进行微博营销时，应当专注于建立自己固定的消费群体，与粉丝多交流、多互动，有效地维持消费群体的黏性，寻找自己的价值定位，进而进行有效的微博营销活动。

（二）内容制胜

在微博营销中，要在短短的140个字里体现出营销的内容，需要良好的表达技巧。

微博的特点是“互动”与“关系”，所以无论是个人微博还是企业微博，优秀的微博营销文本一定要能够吸引读者的注意力，促发粉丝的互动性，使粉丝参与进来。此外，一般而言，按照创作者的角色不同，可将微博内容分为“原创”和“二次创作”两种方式。无论是“原创”还是“二次创作”，一个好的微博最重要的就在于博文能够保持创新，并且拥有自我的特色。例如，青年作家韩寒的文字风格幽默风趣，在其指导的影片《后会无期》的宣传中，很好地体现了这样的文字风格，其博文常常引起网友一片“神回复”，主题曲《平凡之路》微博的发布更达到转发40万次、评论12万条的惊人数据。

（三）微博矩阵营销

微博矩阵是指在一个大的企业或者团队之下，开设多个不同功能定位的微博账户，与各个层次的网友进行沟通，达到全方面塑造企业品牌的目的。

一般认为，一个好的企业微博通常包括以下几种类型。

官方微博：企业的微博必须是官方的，传播的内容也必须是官方的，内容较为正式，可以在第一时间发布企业最新动态，对外展示企业品牌形象，成为一个低成本的媒体。

企业领袖微博：领袖微博是以企业高管的个人名义注册，具有个性化的微博，其最终目标是成为所在行业的“意见领袖”，能够影响目标用户的观念，在整个行业中的发言具有一定的号召力。

客服微博：与企业的客户进行实时沟通和互动，了解客户对产品和服务的需求，缩短企业对客户需求的响应时间。

公关微博：对于出现的各种事件能够实时监测和预警，出现负面信息后能快速处理，及时发现消费者对企业及产品的不满并在短时间内快速应对。如遇到企业危机事件，通过微博对负面口碑进行及时的正面引导。

市场微博：通过微博组织市场活动，打破地域人数的限制，实现互动营销。

上面几种类型的企业微博可以有效地对不同层次的客户进行针对性的互动或者服务，实现对企业品牌运营的全方位覆盖。

（四）保持交流

和用户之间的互动交流是保持微博人气、吸引粉丝关注的重要方法。微博提供了多种方式来促进用户之间的交流。

▶ 1. 微话题

微话题是微博独有的一个功能，任何人都可以参与话题讨论，也可邀请他人参与讨论，是一个非常好的微博营销的方式。移动端微博方便、快捷的特点，使得微博话题成为一种很有效的营销方式，用户随时随地都可以参与话题讨论。

▶ 2. 微群

微群是微博群的简称，它的功能类似于QQ群，可以聚合有相同爱好或者相同标签的用户，并将所有与之相应的话题聚拢在一起。微群的运用，方便了志趣相投的用户进行交流。

▶ 3. 微评价

在每条微博的下方都有三个按钮，分别表示转发、评论和点赞功能。转发是将别人的微博或者评论显示在自己的微博上；评论是在别人或者自己的微博下面进行评论；点赞则是对某条微博内容表示自己的欣赏或关注。

▶ 4. @好友

@好友是微博上独有的一项互动的功能。@好友在微博中有三个基本作用：第一，在发布“@××(昵称)”信息时，对方能够收到系统的提示、看到发布的信息，并能够回复；第二，点击信息中“@××(昵称)”，可以直接跳转到这个人的页面，方便认识新的朋友；第三，在消息功能中，所有@自己的信息会形成一个汇总，方便用户对自己相关信息的有效筛选和查看。

四、微博营销技巧

创建了自己的微博，圈定了固定数量的粉丝，形成一定的微博运营的基础之后，如何保持现有用户的活跃性、让更多的用户看到、吸引更多的粉丝人群等就需要采取合适的技巧和方法进行一系列的营销扩张活动。

（一）发布时间

每天在微博平台上发布的内容非常多，而用户关注的博主也不止一个，如何增大用户关注微博的可能性？内容的吸引力是基础，而“恰当的时候出现在用户的面前”则是一个重要因素。2011年，新浪微博商务部曾给出了数据报告《企业微博发布时间规律研究》，表明了对企业微博而言，发布时间的重要性。

▶ 1. 企业青睐周一，但用户在周三、周四更活跃

如图6-11所示，用户周一、周二往往面临比较大的工作压力，心理处于紧张期，反应冷淡：对于企业微博的反馈并不是非常积极。周三、周四用户进入一周的稳定期，互动最集中，对于微博的反馈积极性有明显的提高。但是企业目前对于这两天的利用不足，发博比例偏低。周五～周日用户处于对周末的期待中，相对更加活跃，更乐意进行简单的转发。

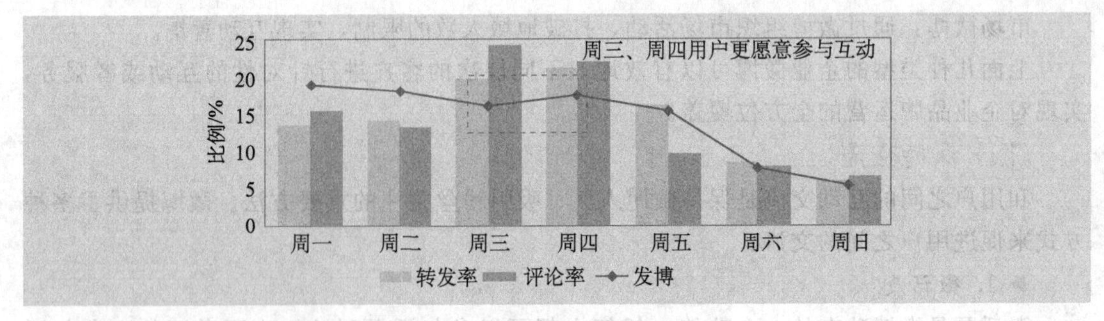

图 6-11　企业微博发布内容反馈

资料来源：新浪微博商务部．

▶ 2. 下班后的时间段营销价值大，企业需关注

如图 6-12 所示，9—11 点、14—15 点用户多忙于工作，互动性不高，但企业发博量非常集中；18—23 点用户互动的热情高涨，但企业微博发布的内容量急剧减少。18—23 点是企业可开发的时间段。

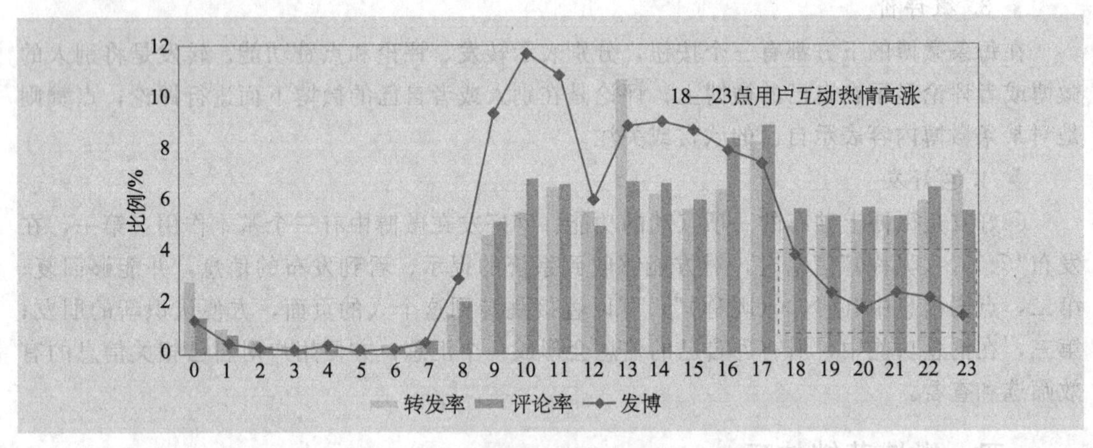

图 6-12　企业微博发布时间分布与反馈

资料来源：新浪微博商务部．

(二) 推广

在微博的推广中，有以下几种高效的方式。

▶ 1. 粉丝头条

使用粉丝头条的功能之后，新发布的博文会在 24 小时内保持在粉丝微博首页的第一条，只要关注此微博的用户一上线便可以看到，大大增强了存在感。

使用微博的粉丝头条功能需要支付一定的费用，价格与粉丝数量、博文质量等有关。一般来说，粉丝数量越多，存在的观看用户越多，价格就相对较高；博文质量越高，容易引发粉丝的微评论，价格越便宜。使用粉丝头条功能在计算价格时会排除垃圾粉、机械粉、僵尸粉及不活跃的粉丝，以确保价格真实合理。此外，带有内生服务链的博文、微博会员或橙 V 都可以享受一定优惠。每次粉丝头条的使用时限为 24 小时，如果需要长时间进行推广，就必须每隔 24 小时购买一次。

▶ 2.“大 V”推广

“大 V”是指在微博平台上获得个人认证，拥有众多粉丝的微博用户。经过认证的微博用户，在微博昵称后都会附有类似于大写的英语字母“V”的图标，因此，网民将这种经过个人认证并拥有众多粉丝的微博用户称为“大V”。一般“大V”的粉丝数都在50万以上。

利用“大V”进行微博推广营销是一个非常好的方式。如果有产品，可以联系“大V”试用自己的产品并进行推广。好的博文也可以@他们，如果他们看到并且感兴趣，或许会进行微评论，不过概率非常低。现在微博上愿意接广告的“大V”不少，可以付费邀请他们推广自己的微博，这也是非常有效的办法，只是成本相对比较高。

▶ 3. 粉丝运营

如何吸引和留住粉丝一直是微博运营的核心问题。粉丝的运营是一个长期的过程，微博的运营也需要一定时间的积累才能有所收获，从用户的周期性来看，可以把微博的运营分作三个周期。

(1) 前期——付费推广和“大V”推广。

微博运营前期，付费推广和“大V”帮助推广是很有效的推广手段，特别是在前期没有粉丝积累的阶段，这样的方式可以快速积累粉丝。

此外，需要强调的是“内容为王”。“大V”们可以利用自己的影响力进行推广，让很多人看到你的微博，可以有效增加微博的曝光率，但不等于用户会选择留下，好的内容才是吸引用户的根本。

(2) 中期——留住新用户，发展老用户。

微博运营的中期，经过前期的大量推广，已经能够吸引一批新的用户，但这些用户还不是忠诚用户，因此需要留住这些已经成为微博粉丝的用户。此时，可以举办各种互动活动，如话题讨论、投票、有奖竞答、竞猜抽奖活动等，维持高水平的内容吸引用户；在适当的时候举办各种活动维系用户的活跃度，增强用户的喜好度；根据分析出的数据，有效规划微博发布的时间、活动举办的方式等。

此外，在资金充裕的前提下，依旧可以进行付费推广和“大V”推广。在把粉丝转化为忠诚用户的同时，源源不断地吸引新的粉丝加入，发展新的客户。

(3) 后期——稳定更新，做好内容。

微博运营的后期，经过前期和中期的推广，已经积累了很多铁杆粉丝，微博可能已经成为粉丝生活的一部分，会每天或周期性地关注是否有新的动态。如果能达到这样的程度，微博营销已经非常成功了。

微博推广在后期进入一个良性循环。在做好内容后进行付费推广，积累粉丝，留住用户，发展新用户，然后做更好的内容，再推广，积累新的粉丝。这就意味着微博的推广已经进入良性、有效的运作。

五、微博数据分析实训

(一) 实训目的

(1) 掌握微博数据的基本含义。

(2) 初步理解数据分析的意义。

(3) 能够使用工具获得微博的相关数据。

(二) 实训工具

网络设备、计算机设备。

（三）实训内容

微博的数据包含三个基本数据和三个辅助数据：三个基本数据分别是关注数、粉丝数和微博数，在整体上体现了微博的活动状态；三个辅助数据分别是转发数、评论数和收藏数，体现了每条博文的活动状态。

通过这些数据，可以从中分析出用户微博的活动状态、人脉、影响力、传播效率等一系列的情况。从而对微博用户进行准确定位，确认用户是否能够成为微博营销的助力，为微博营销打好基础。

（四）实训步骤

第一步：了解微博数据获取的方式。

(1) 使用微博官方授权的数据服务提供商“微风云”来查询微博数据。登录“微风云”的官方网站(www.tfengyun.com)，如图 6-13 所示。

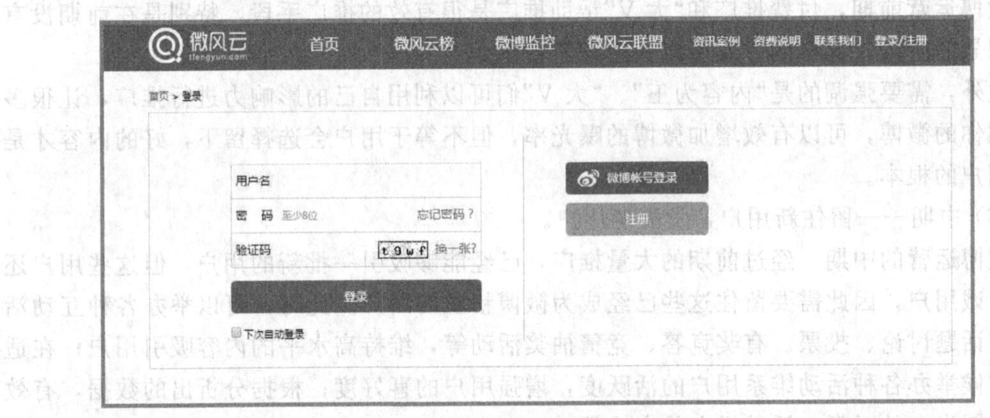

图 6-13 微风云登录界面

(2) 使用微博账号登录(需授权)，或者直接注册成为用户，来到主界面。在搜索栏输入要检测的账号，在此以“Discovery 探索频道”为例。界面中显示基本信息、今日数据、昨日数据、最近 7 日和最近 30 日等多个栏目，每个栏目下还有昵称、微博数、粉丝数、认证粉丝数、评论数、转发数、操作和查看报告等信息，可以很直观地看到查询账号的数据，如图 6-14 和图 6-15 所示。

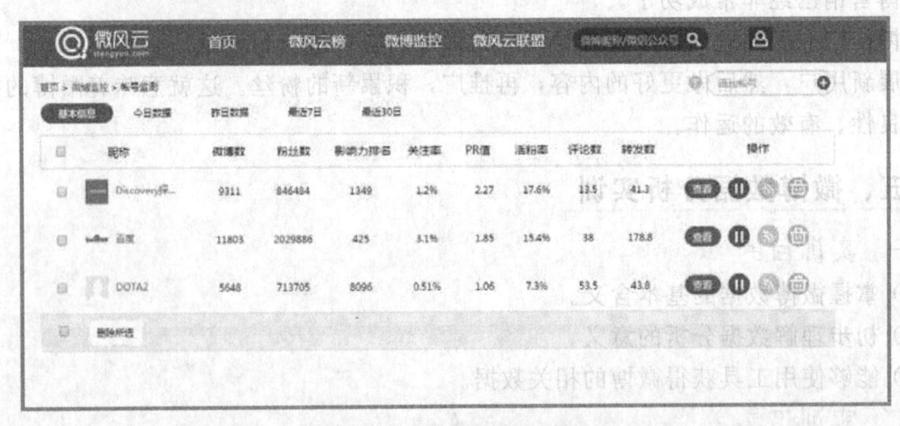

图 6-14 账号查询主界面

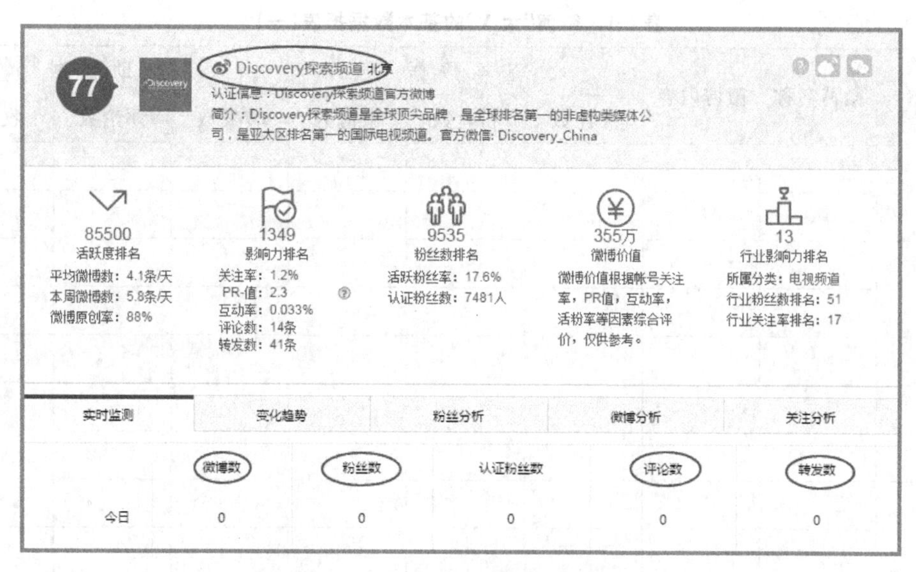

图 6-15　要查询账号的详细数据

（3）同时，直接登录微博，查看“Discovery 探索频道”的微博，可以得到目前的汇总数据，如图 6-16 所示。

图 6-16　查看“Discovery 探索频道”的微博

第二步：收集微博数据。

微博推广中，“大 V”推广是常见的一种方式，在进行“大 V”推广前，需要对其影响力及是否适合本次推广活动做出评估，收集整理其基本数据是必备的工作。

（1）收集整理 10 名“大 V”的微博数据，完成表 6-1。其中，辅助数据采用最近一个月的均值数据。

在完成表 6-1 的基础上，选择其中可能邀请推广的 6 个“大 V”，再次完成表 6-2 和表 6-3。

表 6-1　微博“大 V”的基本数据报表(一)

序号	微博名称	微博内容	基本数据			辅助数据		
			关注数	粉丝数	微博数	转发数	评论数	收藏数
1								
2								
3								
4								
5								
6								
7								
8								
9								
10								
备注								

表 6-2　微博“大 V”的基本数据报表(二)

序号	微博名称	微博数			粉丝数		
		90 天内	60 天内	30 天内	90 天内	60 天内	30 天内
1							
2							
3							
4							
5							
6							

表 6-3　微博“大 V”的基本数据报表(三)

序号	微博名称	转发数＋评论数/微博数			转发数/微博数			收藏数/微博数		
		7 天内	15 天内	30 天内	7 天内	15 天内	30 天内	7 天内	15 天内	30 天内
1										
2										
3										
4										
5										
6										

(3) 结合表 6-1～表 6-3，分析三个表格中的数据的含义和体现的价值，并最终以报告的形式提交。

拓展阅读

微博话题墙

微博话题墙(见图 6-17)可以部署在任何支持 HTML 的网页中，展示话题相关微博、官方账号和转发热榜，并支持置顶一条微博。

图 6-17 微博话题墙

使用微博话题墙的好处：①提供基本版和 PK 版两个版本，根据不同话题、不同场景随心设置；②发布微博携带来源链接，显著提高回流率；③支持分组展示(全部、认证用户、我关注的)话题相关微博，讨论实况一目了然；④展示官方微博账号，带来更多曝光，更多粉丝；⑤支持置顶微博，重要消息居头条，传播效果更给力；⑥展示一周转发榜，直观展示话题热度；⑦PK 版更有双方观点及支持数实时展示，引爆话题讨论。

资料来源：微博官方网站.

任务四 微信营销

一、微信的简介与功能

2011 年，微信走入了中国人的生活。仅仅花了 5 年的时间，微信已经成为大部分中国人手机必备的软件。我们已经习惯于随时都刷一下朋友圈，在手机上打字或语音输入和朋友聊天。微信极大地方便了中国人的生活，同时也创造了不凡的价值。如图 6-18 所示，截至 2016 年 12 月，微信的全球月活跃用户共计 8.89 亿人次，而新兴的公众号平台拥有 1 000万个用户。2016 年，微信直接带动了信息消费 1 742.5 亿元，相当于全年中国信息消费总规模的 4.54%。

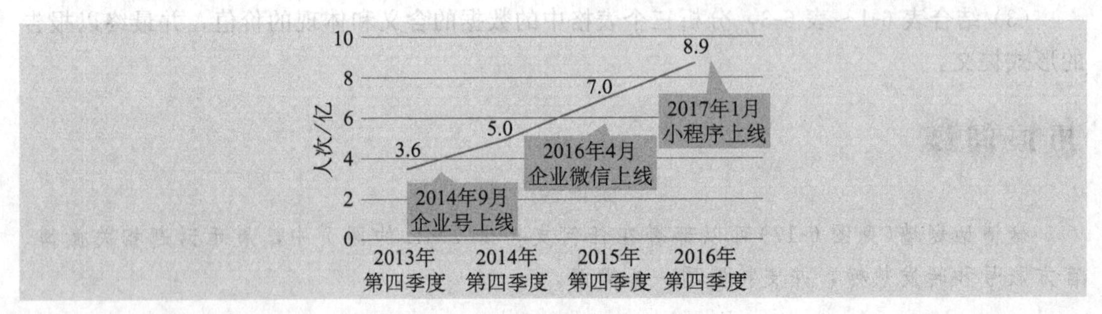

图 6-18　微信月活跃用户数量

资料来源：腾讯报表.

(一) 微信的产生与发展

微信(WeChat)是由腾讯公司开发的 IM 软件。2011 年 1 月，腾讯公司先后发布了 iPhone、S60v3、Android 三个版本的测试版，标志着"微信"这一产品的正式诞生。

如图 6-19 和 6-20 所示，最早的测试版本仅有即时通信、照片分享等简单功能。2011 年，微信的后续版本逐步增加了对手机通信录的读取、语音对讲、对视频的支持、查看附近的人、摇一摇、漂流瓶等功能。这些新功能的增加快速促进了微信用户群体的增加，截至 2011 年年底，微信用户已超过 5 000 万。

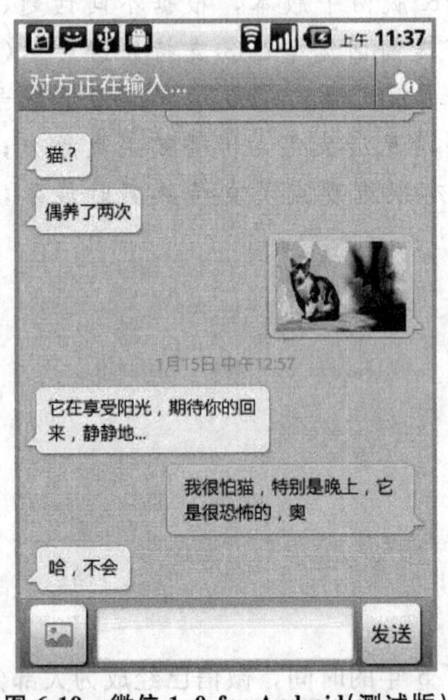

图 6-19　微信 1.0 for Android(测试版)

图 6-20　微信 1.0 for iPhone(测试版)

2012 年，微信 4.0 版本增加了类似 Path 和 Instagram 一样的相册功能，并且可以把相册分享到朋友圈，同时将微信的英文名正式确定为 WeChat。4.2 版本增加了视频聊天插件，并发布网页版微信。2013 年 1 月 15 日深夜，腾讯微信团队在微博上宣布微信用户数正式突破 3 亿。4.5 版本加入了语音提醒和根据对方发来的位置进行导航的功能。2013 年年末，其用户数量超过 6 亿，每日活跃用户数约有 1 亿。

2014 年 1 月，微信在产品内添加由"滴滴打车"提供的打车功能。3 月，腾讯宣布微信支付接口结束内测，正式开放。9 月，取消微信服务号申请微信支付功能须收取 2 万元保证金的制度，微信电商平台开始快速扩张。

上述的历史进程中涵盖了微信各个经典功能的更新信息。从中不难看出，每一次重要功能的推出，都及时满足了用户的需求。这种对用户需求敏锐的感知并即时在产品功能上的响应，无疑对微信用户群体的飞速扩大起到极其重要的作用。

(二) 微信的主要功能

▶ 1. 聊天

为用户提供了文字、图片、语音短信、短视频等交流方式，同时还提供了“群聊”功能以满足多人聊天需求。

▶ 2. 好友添加

除了提供微信号、QQ 号、手机号添加好友的方式外，还提供了有趣、好玩的好友添加方式，如雷达加好友、扫一扫、面对面建群等。

▶ 3. 朋友圈

用户可在朋友圈中分享文字、图片、短视频，或通过其他软件将文章或音乐等内容分享给微信好友，是一个信息分享平台。

▶ 4. 扫一扫

扫一扫是通过摄像头扫描获取信息的功能。目前微信提供了二维码、条形码扫描，街景扫描，封面扫描，中英翻译扫描等多种功能。二维码、条形码扫描是指用户通过扫描二维码或条形码来获取商品信息、网址链接或者商品价格；封面扫描是指用户通过扫描书籍、CD、电影海报等一些商品的封面获取相应的商品信息；街景扫描是指用户通过扫描附近的建筑、街道来获取其所在地的位置、娱乐、商务、生活等服务信息；中英文翻译扫描是指用户扫描需要翻译的英文单词，实现翻译的功能。

▶ 5. 摇一摇

摇一摇是通过摇晃手机，寻找朋友或查询音乐的功能。用户通过摇动手机可以寻找到同时摇手机的用户，还可以通动摇动手机查询正在播放的歌曲信息。

除了以上的功能外，微信还提供了附近的人、漂流瓶、钱包等功能，同时还提供了订阅号、服务号、企业号及开放平台等帮助企业、组织或个人用户实现对客户、员工的服务及管理。

二、微信营销的特点

微信营销是指通过微信平台，利用微信提供的各种功能，针对微信用户进行的一种营销活动。微信营销的特点可以概括如下。

(一) 针对性强

微信中，“交流”的对象大概分为两类：一类是个人好友，微信中对好友的添加需要对方确认通过；另一类是微信运营平台，如公众号、订阅号、服务号，此类微信运营平台需要用户关注后才可以看到其推送的信息。无论是哪一种“交流”的对象，用户都对交流的信息具有选择权。当用户开始观看和阅读交流的信息时，就意味着用户选择“接受”信息中所推广的产品和服务。对微信运营平台而言，“关注”代表了用户对所推广的产品和服务具有一定的好感或兴趣，这也意味着该用户可能是潜在的客户群体。

（二）互动性高

微信本身是一个互动社交平台。与其他推广工具相比，微信具有更好的互动交流机制。用户可以通过服务号等和商家进行交流沟通，将遇到的问题及时反馈给商家，商家又可以通过用户的信息反馈，了解用户的需求及产品推广情况。在这种交流中，用户和商家的信息传播更及时、准确，有利于商家更好地掌握消费者的需求特征，针对性地调整产品和市场的运作策略及方法。

（三）效率更高

微信作为一种基于移动端的应用，方便消费者随时随地查看消息，这种便捷性无疑可以更好地利用消费者的“碎片时间”，无形中增加了消费者接触推广商品信息的可能性，从而提高了营销的效率。

此外，随着微信钱包、微信店铺服务的推出，微信也逐步展开了电子商务活动，越来越多的企业在微信上开店铺、做宣传。腾讯公司的公开资料中表明，截至 2016 年 2 月，微信的公众账号超过 1 000 万，企业账号高达 65 万；微信支付累计绑卡用户数超过 2 亿，接入的线下商店超过 20 万家。微信再也不仅仅是一款简单的聊天工具，其商业价值正日益凸显。

三、微信营销的运营推广

微信提供的诸多功能中，朋友圈、漂流瓶等最初的使用者主要为个人用户；而在微信公众平台中发展起来的订阅号、服务号和企业号中，订阅号的运营者可以是个人或企业，而服务号和企业号的运营者目前限制为企业用户。

微信的多功能性也为微信营销提供了多种手段，微信营销的具体实现都需要依托于某一种或多种功能来综合实现。

（一）朋友圈营销

在微信的发展历史中，朋友圈功能的推出丰富了使用人群的社交方式，为微信聚集了大量的用户人群，高效扩充了微信的用户群体数量。

从普通用户的角度出发，朋友圈中的“朋友”是指相互之间存在某种社会关系的个人，这种社会关系可能是血缘、亲属、同事、友谊等各种关系。而从营销的角度出发，朋友圈营销中的“朋友”指的是拥有某种相同或相近爱好、兴趣，以及对某一类产品感兴趣的人群。两个角度定义的“朋友”可能存在交叉性，并且有可能相互转化。

1. 朋友圈营销的操作步骤

进行朋友圈营销，不仅需要一定数量的好友，而且要与好友建立彼此的信任，具体的操作方式如下。

(1) 朋友圈的组建。朋友圈营销的基础是“朋友”，因此营销的第一步在于添加好友组建朋友圈。而在好友的选择上，应该根据所销售的产品确定可能感兴趣的群体，有目的地添加好友，不能一味地追求数量。在朋友圈营销的过程中，1 个优秀的潜在顾客胜过 10 个默言的个体。

(2) 保持互动。朋友圈组建好后，应该积极地与朋友圈内的朋友进行交流互动，增进双方的了解，构建彼此之间的情感联系。同时，交流互动还可以提高自己在朋友圈中的信任度，因为“是否被信任”对最终的营销效果起着至关重要的作用。

(3) 建立用户数据库。在营销过程中，应关注并收集用户个人的消费信息，建立用户数据库。数据库中的信息至少应该包括用户的消费喜好和消费行为两个方面，这些用户数据可以帮助我们分析、分类消费用户，并且可以一定程度上有助于对其实施精准的营销。数据库中用户消费信息的精确性和全面性，直接影响精准营销的有效性。

2. 朋友圈营销的特点

朋友圈营销是一种强关系营销模式，它的立足点在于通过用户之间的互动交流形成一种长期、稳定的销售关系。得益于朋友圈这一功能的独特性，朋友圈营销也具有自己鲜明的特点。

(1) 传播低成本。任何一种营销方式都需要借用媒介来推广，这就是营销成本中的媒介成本。在朋友圈发送或分享信息这一过程是免费的，微信不对其收取任何费用。媒介成本的减少直接意味着整个营销成本的降低。

(2) 针对性强。朋友圈营销是针对朋友圈中的好友进行的营销。“好友”这一称谓首先就表明了客户群体具有某些相同的特质。另外，微信的朋友圈功能可以让用户在推送信息时提供了全部可见、部分可见和部分不可见等选项，这样就可以在推送时有选择地向某些特定客户传递信息。

(3) 用户黏性强。朋友圈中的个体和用户至少有某种“微信任”的关系，而在这种情感基础上，朋友间推送的信息内容也更容易被接受，推广效果更好。此外，与其他开放性的社交平台相比，朋友圈的关系结构相对闭合，退出率较低，客户关系稳定。

(二) 漂流瓶

微信的漂流瓶功能类似于QQ邮箱的漂流瓶功能，区别在于后者仅能发送文字信息，而前者还可以发送语音信息。微信漂流瓶的使用方法如下。

(1) 扔一个：用户可以选择发布语音或者文字，然后将其投入大海，如果有其他用户“捞”到，则可以展开对话。

(2) 捡一个：用户从投放到大海的无数个漂流瓶中“捞”起一个，“捞”到后可以和对方展开对话。每个用户每天只有20次捡漂流瓶的机会。

漂流瓶的乐趣在于传递出去的信息具有一定的随机性，这种随机性让用户产生了兴趣。对企业来说，这样的随机性也增强了获得新客户的机会和可能性。因此，利用漂流瓶进行营销也得到了某些商家的运用。2012年12月，奇瑞汽车通过与微信合作，对外投递了30 000个“关注官方微信号，就有机会获得iPhone”的漂流瓶，获得了不错的品牌营销效果。

(三) 订阅号

微信订阅号的主要功能是提供内容的服务。订阅号通过向用户推送的每日一条、每条多栏的图文消息，向用户展示优质的内容，如图6-21所示。优秀的内容策划和推送策略能增强用户对订阅号的喜爱和信赖，配合相应的互动设计，还能有效激活沉默用户。由此可见，优秀的内容服务对于企业的品牌塑造和客户静默式沟通都具有突出价值。

对于微信订阅号的运营者而言，大部分操作还需要在计算机端的微信公众平台完成。腾讯针对微信公众平台推出的手机端App——公众助手，只是帮助运营者能够随时随地在手机端回复用户留言，保障公众账号安全，以及为运营商提供获取资讯的交流工具，是计算机端微信公众平台的补充形式。

微信订阅号面向任何政府、媒体、企业、组织和个人，而且是免费注册的。但微信公众平台对企业注册号的管理比较严格，在选择企业类型进行注册的时候，需要提供一系列关于企业的详细信息，而对个人申请设置的准入条件相对较低。订阅号可以登录微信公众平台的官方网站(mp. weixin. qq. com)进行申请。

图 6-21　微信订阅号

资料来源：腾讯公众平台官网.

1. 订阅号的主要功能

(1) 群发消息。运营者可以每日向用户发送一条群发消息。在订阅号的“群发功能”中，进入群发界面，可以选择发送的对象，既可以选择全部的用户，也可以选择几个分组的用户进行消息发送。发送的消息可以是文字消息，也可以是图文消息，一般都采取图文消息的形式进行发送，图文并茂、形式美观，更利于用户接受。

图文消息又分为单图文消息和多图文消息，单图文消息仅仅包含 1 则图文内容，而多图文消息中最多可以包含 8 则图文内容，每则图文内容都拥有独立的标题、作者、封面、正文内容等。

值得注意的是，现在微信公众平台发送出去的消息不能重新编辑和删除，所以切记要审核好后再发出。一般而言，所有关注订阅号的用户都接收到消息需要 10～20 分钟的时间。

(2) 用户管理与消息管理。在订阅号的“用户管理”界面，可以查看已经关注订阅号的所有用户，同时可以通过创建分组的方式，对用户进行分类的管理，还可以修改用户的备注等，操作较为简单。

在订阅号的“消息管理”界面，可以查看全部消息，也提供了多种查看消息的方式。例如，可以按照时间进行查看，或者按照星标消息进行查看，或者通过查找消息内容进行查看等。此外，微信公众平台最多只为运营者保存最近 5 天的消息，所以在需要的情况下，一定要对未回复的消息尽快回复，不然有可能漏掉用户的消息，引起用户的不满。

用户管理和消息管理是订阅号中最基础的两类管理，能够帮助运营者更好地服务用户，提高服务的品质，进而提升用户的满意度。

(3) 自动回复。订阅号的自动回复功能可以通过添加自动回复的内容及关键词，达到自助服务用户的目的，在一定程度上减少人工回复的工作量，提高服务的效率。目前，微信订阅号的自动回复功能包括三个内容：被添加自动回复、消息自动回复和关键词自动回复。

被添加自动回复是指用户首次订阅订阅号后，系统自动发给用户的图文信息，一般是欢迎类的文字内容，告诉用户能给用户提供的帮助。

消息自动回复是指用户发送非关键词的文字时，系统发送给用户的消息，一般为希望用户翻阅历史消息进行查看，或者用户遇到问题可以留言或拨打客服电话等。

关键词自动回复是指对于已经建立的关键词，用户只要回复关键词或者包含关键词的相关内容，系统就会自动回复已经设置好的回复内容。虽然每一条“关键词自动回复”都允许设立多个关键字，但是为了保证回复的准确性，一般只设置一个关键字。

自动回复的设置可以让用户第一时间收到服务性的反馈，提升用户的体验，此外还可以帮助运营者提高效率，减少运营中一些程序化的环节。

2. 订阅号的运营技巧

作为微信公众平台推出的三号“订阅号、服务号、企业号”之一，订阅号目前拥有的使用群体是最多的。成功的订阅号需要遵循以下常用运营技巧。

(1) 有个好名字。订阅号应该取一个有个性和态度的名字，精确体现订阅号的定位或品味。

(2) 内容数量适宜。推送消息的时候最好不超过三条内容。从用户接受的角度来分析，过多的内容并不能带来用户的持续阅读，反而会让用户丧失兴趣。此外，调查也显示，大部分的用户仅仅阅读订阅号的头条信息，而忽略其他。

(3) 发送时间。最佳方案是结合用户群体特点，分析并找出用户空闲的时间段，可以提升用户阅读的可能性。一般认为，发送时间可以选择 8—9 点、18—19 点或者 22 点左右，上述时间段是使用微信的高峰期。

(4) 善用数据。通过“数据统计”，可以清楚地了解粉丝量、每天新关注人数、掉粉数量；通过“用户属性”，可以看到订阅用户性别、省份；通过“图文分析”，可以了解每次信息的推送情况，如送达人数、图文页阅读人数、原文页阅读人数、分享转发人数。通过微信公众平台的数据分析功能，很多运营问题都可以得到改善或解决。

(5) 活用分组管理客户。通过分组管理，可以针对性别、地区、客户组别、会员等级等，有针对性地推送消息，满足不同用户的需求。

(6) 官方认证。企业的订阅号一定要进行官方的认证，以显示其官方性和权威性。

需要强调的是，内容才是订阅号成功的最根本因素。无论运营的技巧有多么优秀，如果内容糟糕，订阅号的用户群体总会逐渐流失。但是，良好的运营技巧无疑会增加订阅号成功运营的可能性。

(四) 服务号

微信服务号是给企业和组织提供更强大的业务服务与用户管理能力，帮助企业快速实现全新的公众号服务的平台，如图 6-22 所示。

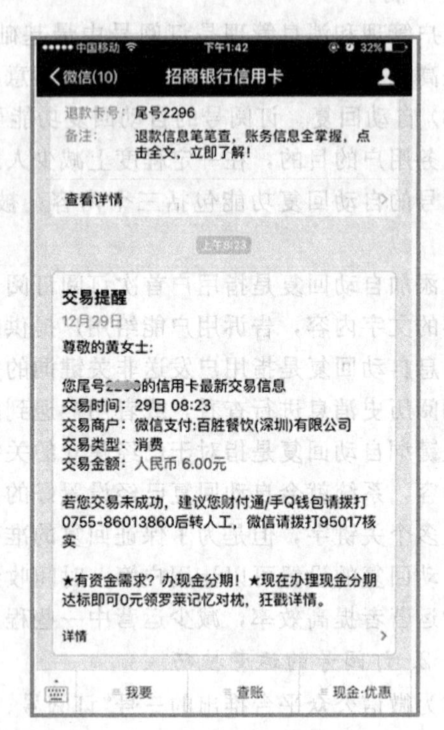

图 6-22　微信服务号

资料来源：腾讯公众平台官网.

微信服务号在本质上还是一种营销的手段。企业利用服务号为客户提供服务，通过关注用户，进而有针对性地提供服务，满足用户特定或个性化的需求，从而提高用户满意度和建立用户忠诚度，营造具有自己特色的企业品牌。其营销的核心是有针对性的服务，这也是微信服务号的突出价值所在。

微信服务号为免费注册，面向任何政府、媒体、企业、组织，但不针对个人用户，一般都以企业身份进行注册。服务号可以登录微信官方网站进行申请，申请完成后，系统需要 7 个工作日进行审核，审核通过后才可以使用。

服务号的大部分功能类似于订阅号，如群发、回复、用户管理和消息管理等，不再重复阐述，在此仅对其重要的特色功能加以介绍。

1. 自定义菜单

运营者可以在服务号中自行确定菜单的名称、功能等。目前，服务号提供的一级菜单内容栏最多为 3 个，每个一级菜单下最多可以创建 5 个二级菜单。一级菜单和二级菜单的字数是有限制的。在每个菜单目录下的栏目设置中，还可以分别设定特定的功能，分别为“发送信息”和“跳转到网页”两类，其中，发送信息可以是文本、图片、声音或者视频等多媒体信息。

自定义菜单的出现，极大地丰富了运营者可以提供的服务类型和服务方式，加强了运营者和用户的互动沟通。

2. 支付功能

服务号的支付功能开通的前提是完成微信公众账号的认证，目前微信公众账号的认证是有偿服务，每次需缴纳一定的认证、审核服务费用。

开通支付功能后，服务号可以使用“商户模块”功能，查看交易相关的统计数据，也可使用财付通的商户号，登录财付通企业版，查看订单流水，进行退款、下载对账单等操作。

此外，在支付功能开通之后，服务号群发功能中的群发消息选项会增加“商品信息”特别选项。商品信息是特殊类型的图文消息，用户打开后跳转到商户网站的商品详情页，不经过公众平台中间页。商户可以通过群发、实时回复、自动回复等方式，把商品消息推送给用户。

除此之外，服务号还有投票和素材管理等功能。对于基本的群发消息功能，订阅号可每天使用 1 次，服务号则是每月使用 4 次。

（五）其他运营方式简介

▶ 1. 企业号

微信企业号是微信为企业客户提供的移动服务，旨在提供企业移动应用入口。它可以帮助企业建立员工、上下游供应链与企业 IT 系统间的连接。利用企业号，企业或第三方服务商可以快速、低成本地实现高质量的企业移动轻应用，实现生产、管理、协作、运营的移动化。

相对于服务号，企业号的消息能力有了明显地提升。服务号只允许运营者每月推送 4 次消息内容，而企业号为每分钟 200 次，满足了企业与员工、企业与合作伙伴之间频繁进行业务沟通的需要。

在功能的多样性上，企业号比服务号的定制能力更强，有实力的企业可以为自己的企业号开发一整套的定制应用，满足企业移动办公的需求或者提升管理效率的需求。

此外，企业号不仅可以应用于企业内部管理，还可以应用于营销。用企业号做营销时，其对象更加侧重于与企业业务有直接关系的上下游合作商、企业的媒体朋友、企业员工等。通过对企业号的有效运用，可以满足企业新闻发布推广、合作商管理、销售培训等诸多方面的需求。

▶ 2. 微信支付

微信支付是继支付宝钱包之后，时下比较流行的移动端支付手段之一。目前而言，微信支付支持 App 应用支付、公众号支付、扫码支付等多种支付方式。App 应用支付即用户在手机应用 App 内使用微信支付消费。公众号支付是指通过接入微信公众平台的合作商户完成支付，这些商户包括微信小店的商户、利用微信服务号交易的商户、其他开通微信支付功能的商户等。扫码支付包括线下扫码支付和 Web 扫码支付。线下扫码主要有两种方式：第一种，用户让商家扫描自己的支付二维码来完成交易支付；第二种，用户扫描已经印制好的带有商品价格信息的二维码，来完成整个商品的支付流程。这两种方式都是通过线下扫码的方式来完成支付的，操作简单、方便快捷。Web 扫码支付是指微信与电子商务平台合作，为平台商品支付提供微信在线支付方式，最主要的电子商务合作平台有京东商城、易迅网、大众点评等。

四、微信订阅号实训

（一）实训目的

（1）初步了解订阅号的功能。

（2）掌握订阅号的申请方法。

（3）为服务号或企业号的申请奠定基础。

（二）实训工具

网络设备、计算机设备。

（三）实训内容

本实训主要完成订阅号的申请操作。

（四）实训步骤

第一步：登录微信公众平台的官网（mp. weixin. qq. com），如图 6-23 所示，单击“立即注册”。

图 6-23　登录微信公众平台的官网

第二步：选择需要注册的账号类型“订阅号”，如图 6-24 所示。目前个人用户仅能申请订阅号。

图 6-24　选择需要注册的账号类型“订阅号”

第三步：跳转到注册页面，如图 6-25 所示，填写基本信息，完成后单击“注册”按钮。

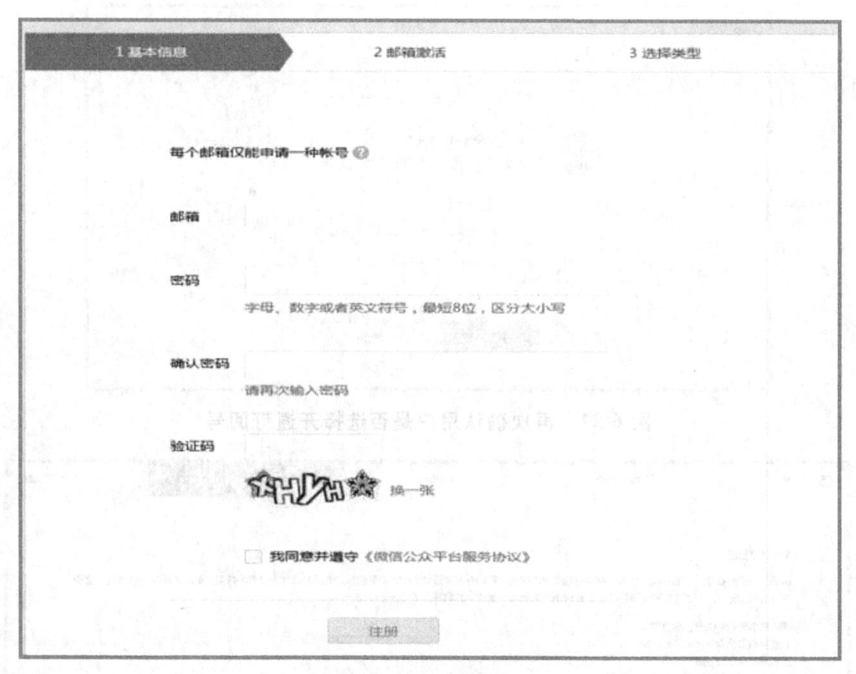

图 6-25　填写基本信息

第四步：微信公众平台会向用户发送一份激活邮件，进入个人邮箱账户，查看微信账号的激活邮件，打开邮件后点击链接激活注册账号。邮箱激活成功后，进入“选择类型”的页面，选择“订阅号”继续操作，如图 6-26 所示。

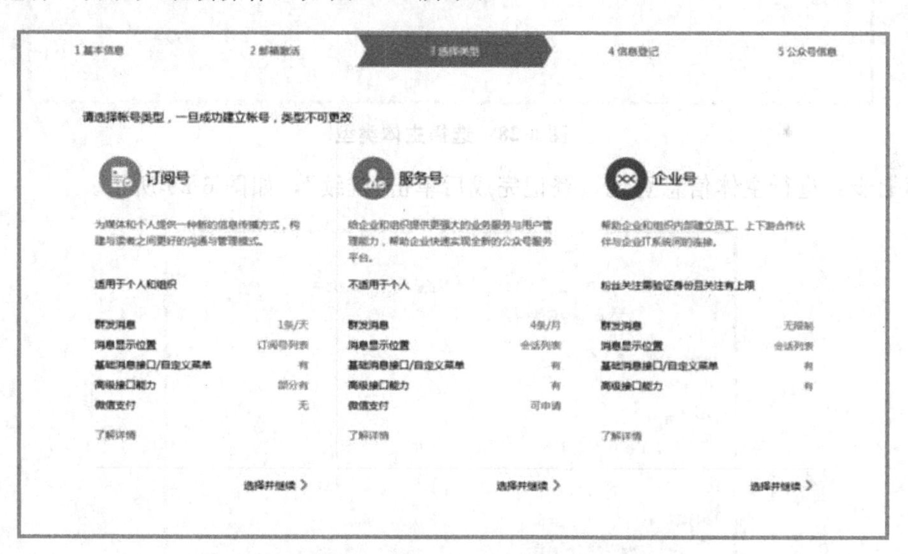

图 6-26　邮箱激活成功后选择“订阅号”继续操作

第五步：再次确认用户是否选择开通订阅号，因为一旦确定公众号的类型将不得进行修改，单击“确定”按钮，如图 6-27 所示。

第六步：选择主体类型，个人申请的则选择“个人”，然后单击“下一步”按钮，如图 6-28 所示。

图 6-27　再次确认用户是否选择开通订阅号

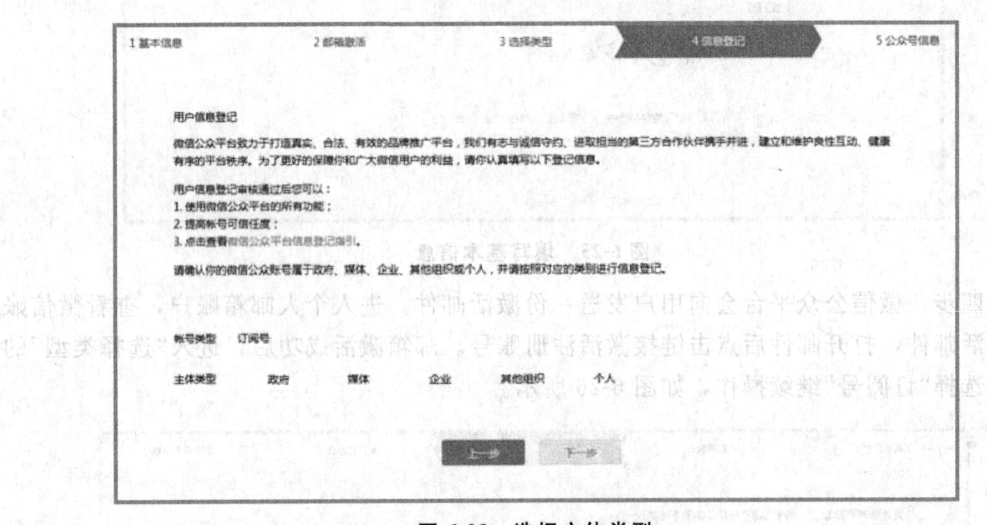

图 6-28　选择主体类型

第七步：进行主体信息登记，登记完成后单击“继续”，如图 6-29 所示。

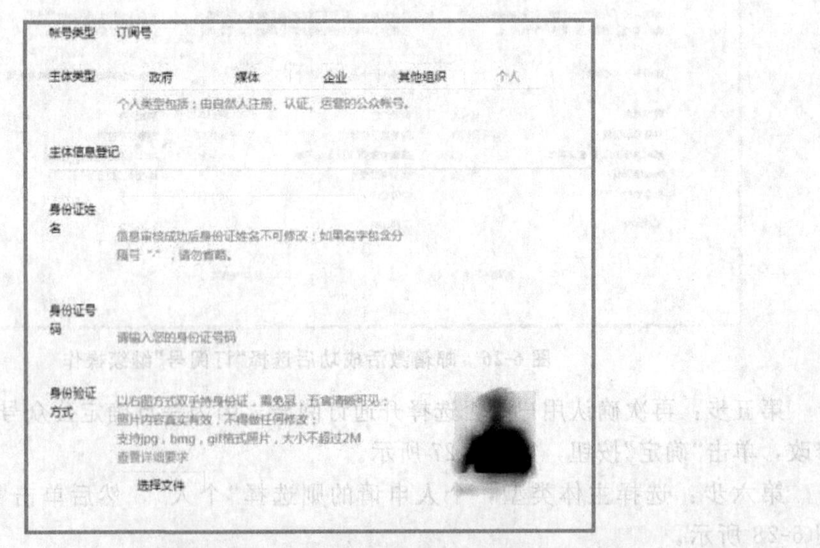

图 6-29　进行主体信息登记

第八步：系统再次提醒用户“主体信息提交后不可修改”，确定无误后单击“确定”按钮，如图 6-30 所示。

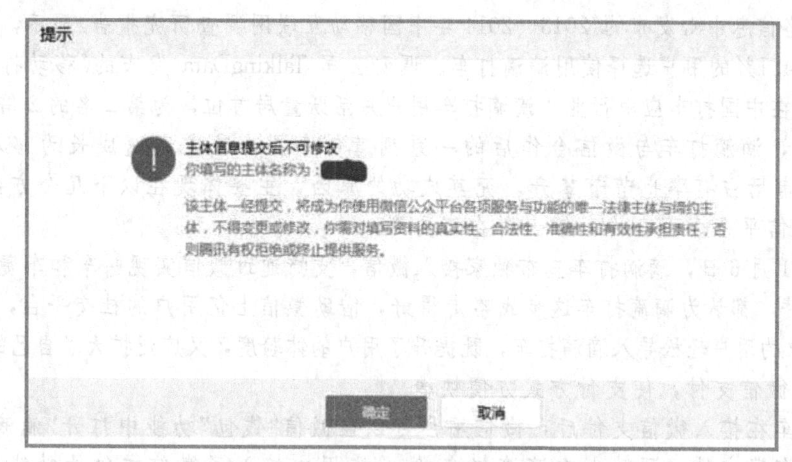

图 6-30 系统再次提醒用户“主体信息提交后不可修改”

第九步：进行公众号信息登记，包括账号名称、功能介绍、运营地区，其中，账号名称一经确定就无法修改了，所以订阅号的名称一定要提前设计好，体现出订阅号的特色，如图 6-31 所示。

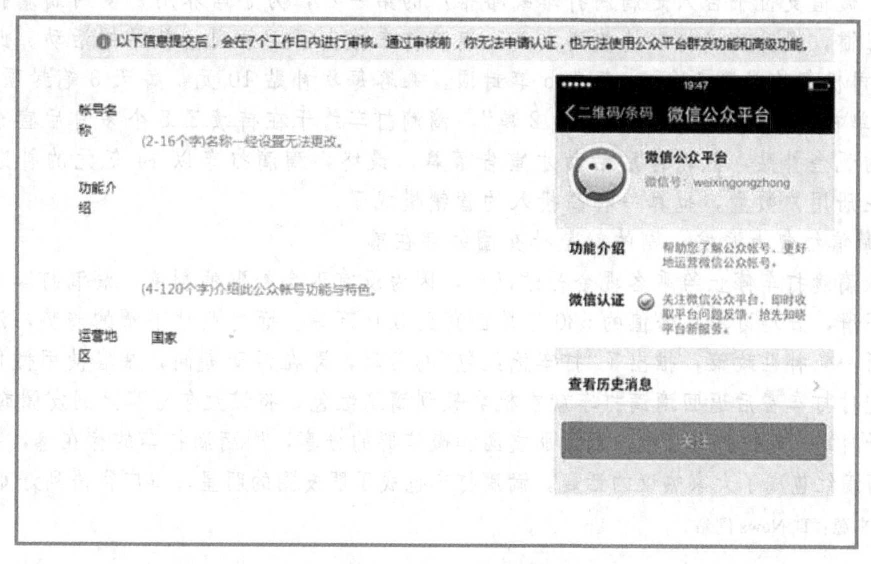

图 6-31 公众号信息登记

完成订阅号的申请后，系统会在 7 个工作日内进行审核，审核通过后订阅号就可以使用。

拓展阅读

滴滴打车获 WeMedia 年度最佳生活服务品牌

在日前召开的 2014 年 WeMedia 中国自媒体年会上，滴滴打车荣获大奖，在大会隆重颁布的 WeMedia 移动风云榜中，滴滴打车成为年度生活服务品牌。

WeMedia 官方评论指出，作为一家创办 2 年多的打车平台，滴滴打车“14 亿红包”把社交元素利用得淋漓尽致，实现了亿级用户积累。而出租车、专车的无缝切换，不仅提供了更为舒适的服务，也提高了司机的运营效率。

在过去的两年时间里，滴滴打车一直傲立潮头，引领着中国移动出行领域的发展。日前，中国互联网络信息中心发布的《2013—2014 年中国移动互联网调查研究报告》显示，在中国打车软件市场，74.1%的用户选择使用滴滴打车。调研公司 TalkingData 发布的《移动打车应用行业报告》显示，在中国打车应用行业，滴滴打车用户月活跃量居首位，为第二名的 2 倍多。

2014 年，滴滴打车与微信合作后的一系列营销举措，让它迅速成长为移动出行平台界的翘楚，市场占有率也节节攀升。究其成功的原因，主要体现在以下几个方面。

1. 与微信平台全面合作，扩大潜在客户群

2014 年 1 月 6 日，滴滴打车宣布独家接入微信，支持通过微信实现叫车和车费支付，业内人士纷纷称赞，都认为滴滴打车这步战略走得好，借助微信上亿用户的社交平台，将微信用户中有打车需求的用户轻松导入滴滴打车，既提升了用户的体验度，又广泛扩大了自己的用户渠道。

2. 依托微信支付，使支付方式方便快捷

滴滴打车在接入微信支付后，微信用户可以在微信“钱包”功能中打开“滴滴打车”，并完成叫车和车费支付，同时也在滴滴打车 App 应用内接入了微信支付的功能，从此滴滴用户和微信用户告别了打车难、找零难的局面。微信支付功能开启当天，使用该功能支付的人次就超过了 6 000 人次，显示出异常火爆的态势。

3. 高额现金补贴，既聚人气，也培养用户习惯

接入微信支付平台只是滴滴打车战略推广的第一步，为了培养用户使用滴滴打车叫车出行的习惯，提升滴滴打车的使用人气，滴滴打车推出了巨额现金补贴的活动。此活动从最初的“司机每次补贴 10 元，每天 5 笔封顶，乘客每次补贴 10 元，每天 3 笔封顶”，到最后的“每单补贴 3 元，每日限制奖励 2 单”，滴滴打车终于在持续了 5 个多月后宣布将停止对乘客的现金补贴，此轮补贴活动才宣告落幕。最终，滴滴打车以 14 亿元的补贴换来了上亿的注册用户数量，也算一种高投入的营销模式了。

4. 微信红包大派发，刷的就是社交圈的存在感

自从滴滴打车停止给乘客现金补贴以后，因为没有现金补贴的刺激，滴滴打车的业绩有明显的下滑，日均订单从峰值的 530 万单回落到 300 万单。面对业绩下滑的趋势，滴滴打车开始了新一轮补贴政策，推出了“打车抢红包”的活动，即在活动期间，乘客使用微信支付功能成功支付打车费后返回滴滴打车就有机会领到滴滴红包，将该红包分享至朋友圈或微信群，可以和好朋友一起抢打车红包。通过朋友圈和微信群的分享，刷滴滴打车的存在感，一时间朋友圈抢滴滴红包成了大家热议的话题，滴滴打车也成了朋友圈的明星，推广得恰到好处。

资料来源：DoNews 网站．

项目小结

移动电子商务就是利用移动智能终端和移动互联网展开的商务活动。

移动智能终端的快速普及，特别是智能手机，带动了移动互联网的高速推广和运用。得益于移动智能终端方便、灵活的特点，移动电商在购物、订票、投资交易等方面的应用发展迅速。O2O 和各种智能服务开创了电子商务新的发展方向，同时也为传统行业带来新的发展机遇。

营销是现代商务活动中一个重要的环节。微博营销，在传统电子商务的营销中仅

仅是一种普通的方法，但在移动营销中，却成为一种重要的方式，是由互联网向移动端转化的代表。微信立足于移动智能终端的应用，由于其数量庞大的使用群体，成为移动电商发展的重要工具，同时也是移动营销中重要的推广方式之一。

移动电子商务作为电子商务一个新的发展方向，至少意味着：①探索和努力。这种探索和努力既包括技术方面，也包括商业操作方面。是否能够把某些成熟的技术应用到这个领域，是否需要新的技术来支持某种应用等是技术问题；而面对移动智能网络下的消费者，他们的特点是什么，用什么样的商业手段来吸引消费者和聚集人群，如何把传统的商业"移植"到移动电商中等是商业操作问题。②机遇和广阔的市场空间。移动电商还在探索发展的阶段，面临诸多问题，相应的，任何一个问题的解决都可能带来市场、商家的发展机遇，开创一个新的发展方向或者开拓出一片新的市场空间，并最终获得财富回报。

思考与练习

一、单项选择题

1. 下列各项中，(　　)不是智能终端特有的广告形式。

A. 短信　B. 彩信广告　C. WAPPUSH 广告　D. 朋友圈推广

2. 截至 2016 年 12 月，中国的手机网民规模达到(　　)亿。

A. 7.02　B. 6.95　C. 8　D. 6.32

3. (　　)是目前全球最大的社交型网站。

A. QQ　B. Instagram　C. Facebook　D. Tumblr

4. MAU 是(　　)的英文缩写。

A. 日活跃用户　B. 月活跃用户　C. 年度活跃人群　D. 存取设备

5. IM 软件是指(　　)软件。

A. 视频通信　B. 语音交流　C. 即时通信　D. 社区交流

二、多项选择题

1. 与互联网时代的电子商务相比，(　　)是移动电子商务的特点。

A. 定位服务　B. 用户数量多　C. 个性化的服务　D. 安全性

2. (　　)是智能手机的操作系统。

A. ISO　B. Symbian　C. Android　D. IOS

3. 移动营销的特点包括(　　)。

A. 个性化　B. 精准性　C. 及时性　D. 直接性

4. 下列各项中，(　　)是微博用户的基本数据。

A. 关注数　B. 转发数　C. 粉丝数　D. 微博数

5. 下列各项中，(　　)属于微信公众平台的公众号。

A. 个人号　B. 企业号　C. 订阅号　D. 服务号

三、思考题

1. 微博营销的优势是什么？

2. 微信在哪些方面改变了我们的生活？

3. "低头族"和"碎片时间"反映了现代消费者的哪些特点。

4. Nokia 作为曾经的全球著名手机生产企业，为什么会没落？

项目七 网店运营

学习目标

【知识目标】

1. 了解我国主要的网络购物平台。
2. 掌握淘宝开店的准备工作。
3. 熟悉淘宝开店的相关条款。
4. 掌握淘宝直通车服务的作用。

【技能目标】

1. 能开设淘宝店铺。
2. 能对淘宝店铺进行经营管理。
3. 会使用淘宝推广工具——淘宝直通车。

【素质目标】

1. 培养学生的网店运营能力。
2. 提高网店运营问题的分析能力。
3. 增强网店风险管理意识。

项目导入

央视曝光网购骗局：淘宝店家刷单被骗千万

浙江诸暨的钱先生从网上订购了一套运动装备，并支付了5 800元左右的货款。然而拍货之后，却迟迟没有收到货，钱先生几次与卖家联系均未果，于是来到了浙江省诸暨市大唐派出所报案。

与钱先生细致沟通并调查之后，办案民警发现，从该卖家处买货却收不到货的远不止钱先生一人。如果是这样，就不是简单的买卖纠纷，而是涉嫌诈骗。

为了弄清事实的真相，办案民警迅速找到了这个店铺的经营者。卖家称自己之前被骗过，骗买家则是因为手头没钱了。这句话引起了警方的注意，一直以来，网络购物被骗案件多出现在买家身上，卖家被骗究竟是怎么回事呢？浙江省诸暨市公安局迅速进行了调查，发现确有其事，但奇怪的是，被骗的商户都不愿意报警。通过初步调查，警方目光聚焦到了一款叫作“涅槃重生”的软件上。

办案民警首先找到了一个涅槃重生软件的受害店主王某。

王某已经做了好几年网店服装生意，为了提高销量，尽管明知平台禁止，王某还是选择了利用行业“潜规则”：刷单。所谓刷单，指的是有人使用卖家提供的购买费用，到指定的网店购买商品，然后撰写虚假好评，提高这个网店的销量和信用度。通过这种方式，网店可以获得较好的搜索排名。

王某仔细考虑之后选择了一种远程刷单的方式，就是刷单手接到任务以后，操作到付钱这一步为止，然后商家自己远程操作刷单手的电脑去支付这笔订单。由于是商家自己给自己付款，这样不仅防止卖家的钱被骗，而且也无须刷单手垫付。王某通过平台找到了刷单手，并通过远程控制来到了刷单手的支付页面，完成支付，但结果却让王某意外：钱扣了，订单却并没有生成。付款之后，王某发现货款一直没有到账，他在QQ上找到刷单手询问，却被对方拉黑了。各方联络无果，王某只能任由此事不了了之。一来金额不多，二来刷单违规，一旦被平台发现，自己会面临严厉的惩处。

经过调查核实，警方发现王某之所以被骗，就是因为刷单手使用了涅槃重生这款钓鱼软件，而警方的调查显示，在网络交易平台上使用涅槃重生这款软件的刷单手超过百人，涉案金额有上千万。因为害怕被平台处罚，很多和王某一样被骗的商家最后都不了了之。

“涅槃重生”背后的操纵者到底是谁呢？经过细致的调查，办案民警终于发现了幕后的始作俑者，并赶往福建莆田，对嫌疑人开始了抓捕。

资料来源：中国电子商务研究中心网站．

任务一 淘宝网上开店

一、网络购物平台介绍

据中国互联网络信息中心的数据显示，截至2015年12月，我国网络购物用户规模达到4.13亿，较2014年年底增加5 183万，增长率为14.3%。随着网络购物用户数量的增大，一方面，传统企业和个体商家都纷纷涌入线上争夺客户资源，借助网络资源把传统产业进行整合已成为新型交易环境下成长起来的成功典型；另一方面，在网络环境下，许多依网络而生的商家，如三只松鼠、裂帛等电商企业应运而生。我国的网络购物平台有100余个，其中用户数较多、成交量较大的网络购物平台主要有淘宝网、天猫商城、京东、唯品会等。

（一）淘宝网

淘宝网(www.taobao.com)由阿里巴巴集团投资，创立于2003年5月10日，是C2C模式的购物网站，也是目前国内最受欢迎的网络购物平台之一。截至2011年年底，淘宝网单日交易额峰值达到43.8亿元，由起初的个人对个人的网络集市模式，演变为包括C2C在内的团购、分销、拍卖等多种电子商务业务模式在内的综合性网络平台。截至2014年年底，淘宝网拥有注册会员近5亿，日活跃用户超过1.2亿，在线商品数量达到10亿。根据波士顿咨询公司的数据显示，淘宝以85%的成交额占据C2C市场首位，现已变成了包括C2C、分销、拍卖、直供、众筹、定制等多种电子商务业务模式在内的网络购物平台。

淘宝购物平台具有以下特点。

▶ 1. 个人卖家开店门槛较低

个人卖家开店必须实名制认证，其他项目卖家可根据情况选择开通。淘宝网吸引了众多的个人卖家入驻，为消费者提供各式各样的产品和服务。但由于平台竞争激烈，所出售商品的价格较低，因此，吸引许多求新求异求廉的消费者光顾。

▶ 2. 内容板块多样化

淘宝平台集合了众多的内容板块，例如，借助阿里云数据，根据消费者浏览和购物记录，为消费者推荐相应产品的“有好货”“必买清单”“猜你喜欢”“每日好店”等板块；限时抢购的“淘抢购”板块；还有话题类和资讯类板块，以及直播类板块“淘宝直播”等。

▶ 3. 独特的信用评价体系

在交易支付方面，为建立交易信任，淘宝网推出了第三方支付工具支付宝、实行实名认证制度和公开透明的买卖双方信用互评体系，使信息共享于网络，起到约束不良交易行为的作用。在店铺运营方面，为约束和激励个人卖家，将买家评价作为评定店铺等级的一个重要的考核标准。

▶ 4. 网店可过户

2013 年 7 月，淘宝网推出网店过户端口，网店经营者只要满足一些必要条件(过世继承、结婚、判决离婚、协议离婚、近亲属)，即可向平台提出过户申请。过户后，网店信誉保持不变，所有经营性的行为都会统一被保留。同时，淘宝对店铺过户双方也有一定约束，如原店铺签署的各类服务协议，过户后一并承接。

(二) 天猫商城

天猫商城(www. tmall. com)亦称天猫，原名淘宝商城，是 B2C 模式的购物网站。天猫商城上汇集了数千家品牌商、生产商、商家用户为消费者提供商品，现经营的内容版块有天猫超市、天猫国际和天猫电器城等，有名的活动是每年的“双十一”活动。2012 年 11 月 11 日，天猫借“光棍节”大赚一笔，宣称 13 小时卖 100 亿元，创世界纪录，随后每年的“双十一”活动的销售额都是节节攀高。2016 年 11 月 11 日，天猫“双十一”再刷全球最大购物日纪录，单日交易 1 207 亿元。

天猫商城的特点在于打造平台商品的“正品化”形象。

(1)“正品保障”服务是天猫商家必须承担的服务内容。当买家使用支付宝购买商家的商品，若买家认定已购得的商品为假货，则有权在交易成功后 14 天内向天猫发起针对该商家的投诉，并申请“正品保障”赔付。

(2) 推出“正品险”。2015 年 11 月，“双十一”前夕，天猫携手蚂蚁金服，与中国人保、平安产险等保险公司推出天猫正品保证险、天猫品质保证险等一系列普惠保险项目，如果消费者买的商品经品牌方检测后，确认为假冒商品，将无条件获得退货退款支持，并可以获得 4 倍赔偿。天猫还将依据平台规则对违规商家做出处罚，除扣除保证金外，还将对涉事商家做出关店、摘牌等一系列严厉处罚。

(三) 京东

京东(www. jd. com)是 B2C 模式的专业综合网上购物商城，在线销售家电、数码通信、电脑、家居百货、服装服饰、母婴、图书、食品、在线旅游等 12 大类数万个品牌的百万种商品。1998 年 6 月 18 日，刘强东在中关村成立京东公司；2007 年 6 月，京东多媒体网正式更为“京东商城”；2013 年 3 月，去“商城”化，全面改名为“京东”并更换 Logo 和域名。京东在 2012 年的中国自营 B2C 市场占据 49%的份额，凭借全供应链的优势继续扩大在中国的电子商务市场。下面从两方面简单介绍京东购物平台的特点。

▶ 1. 平台定位

京东购物平台特色为“正品低价”和“配送及时”。通过对企业商家的筛选，使平台内流通的物品在确保正品的同时，低价销售。通过自有的物流配送系统确保配送速度与物流服务质量。例如，2010 年 3 月，京东推出“211 限时达”极速配送服务，服务承诺：当日上午 11：00 前提交现货订单(以订单进入出库状态时间点开始计算)，当日送达；夜里 11：00 前提交的现货订单(以订单进入出库状态时间点开始计算)第二天 15：00 前送达。京东除了推出“211 限时达”物流增值服务外，还有“极速达”“京准达”和“夜间配”等多种物流服务产品。

▶ 2. 支付结算业务

(1) 京东因其特有的物流配送系统，在支付结算方面提供货到付款业务，并可以通过 POS 机刷卡进行支付。

(2) 京东于 2014 年推出了面向个人用户的信用支付产品“京东白条”。京东白条指消费者在京东购物便可申请最高 1.75 万元的个人贷款支付，并在 3～24 个月内分期还款的一款信用支付产品。

(3) 在支付方式中，推出了公司转账付款方式，方便企业采购。公司转账可通过企业网银和线下公司转账两种方式实现，目前移动端的公司转账支付仅支持线下公司转账的方式。

(四) 唯品会

唯品会是一家专门做特卖的网站，主营业务为互联网在线销售品牌折扣商品，涵盖服饰、鞋、包、美妆、母婴、居家等各大品类。唯品会正由原先的“名牌折扣＋限时抢购＋正品保障”的电商模式，持续深化为“精选品牌＋深度折扣＋限时抢购”的正品特卖模式，这一模式被形象地誉为“线上奥特莱斯”。例如，某品牌产品通过唯品会平台会在有限的几天时间内进行特卖。

唯品会购物平台的特点主要表现在商业模式的独特性方面。

▶ 1. 销售的商品为特卖商品

唯品会在国内走特卖路线，与知名国内外品牌代理商及厂家合作，向消费者提供低价优质、受欢迎的品牌正品。

▶ 2. 销售方式有时间限制

唯品会每天大约有 100 个品牌授权特卖，商品包括时装、配饰、鞋、美容化妆品、箱包、家纺、皮具、香水、3C 电子产品、母婴等多个种类，因有销售时间限制，会促进消费者在活动时间内达成交易。

二、网上开店实训

(一) 实训目的

掌握淘宝平台开店的操作。

(二) 实训工具

网络设备、计算机设备、淘宝网络平台、手机、电子邮箱。

（三）实训内容

▶ 1. 淘宝开店货源

目前，网上交易量比较大的商品主要有虚拟商品、服装、化妆品、家居日用品、数码产品、珠宝首饰等。卖家可以根据商品特色及区域产业特色寻找合适的商品。

（1）线下货源。线下货源包括批发市场和厂家。

① 批发市场的商品种类全、款式多、价位较便宜、能够小额批发，适合以网络零售为主的新手店家在此选择货源，但存在货源不稳定等缺点。

② 厂家进货能够保证稳定的货源，也可以拿到理想的进货价格。多数情况下，厂家是不屑于与小规模买家合作的，更倾向于通过批发商再转销到淘宝店家手中，除非是不算热销的商品。以服装为例，一般来说，服装厂家要求的批发量至少是近百件或上千件，如果满足不了厂商要求，合作就很难进行。所以厂家进货适合有一定店铺经营管理经验的卖家。

（2）线上货源。线上货源包括淘宝网和阿里巴巴。

① 淘宝网（www.taobao.com）上有许多卖家发布代理需求信息，可以寻找店铺信誉度高的店铺代销商品。淘宝网上代销可以不受商品数量的限制，不受款式的约束，但是存在商品与宝贝详情描述不符等进货风险。

② 阿里巴巴（www.1688.com）主要是为实现企业间的采购业务活动而创立的交易平台，为数千万网商提供海量商机信息和便捷安全的在线交易市场，同时也是商家以商会友、真实互动的社区平台。

现开通的“一件代发”“伙拼”等服务，可以满足淘宝小卖家的进货需求。例如，“一件代发”（daixiao.1688.com）中，淘宝卖家可以申请成为要代理商品商家的分销商，有些阿里商家为吸引代理商加盟，提供免费产品图片数据包、营销指导和在线咨询等服务。又如，“伙拼”（huopin.1688.com）中，进货商家可以享受类似“团购”的服务，参与“伙拼”活动的商品价格通常情况下在30天内是最低的，但有的商品会对进货数量有最低要求。淘宝卖家在进货时可以货比三家，尽量选择诚信通用户，并在交易之前对于价格、运费、质量、换货制度等方面与商家进行沟通确认。

▶ 2. 淘宝开店需要的设备

（1）通信设备。通信设备包括计算机、手机及网络，卖家既可以使用通信设备随时更新店铺及产品信息，还可以与消费者保持沟通和联系。随着淘宝直播等新功能的增加，手机作为移动通信设备可以将实时、可移动的信息提供给消费者，增加商品可信度的同时，促进了商品的销售。

（2）数码相机。对于很多的卖家来说，数码相机也是基本的装备之一，可以将产品多角度地展现在消费者面前，使买家更直观地感受和了解商品。

（3）图片处理软件。有些数码相机拍摄出来的照片并不能直接使用，例如，拍摄的商品颜色过于暗沉、需要去除商品背景等，这时就需要通过图片处理软件进行图片处理，达到卖家想要的图片效果（图片效果不应修饰过度）。常用的图片处理软件有Photoshop等。

（4）打印机、传真机。当小店发展成为大店时，业务量会不断增加，卖家可以通过传真机接收一些订单或文件，可以选择使用打印机打印发货单。

（5）辅助软件。一些辅助软件的使用，可以便于管理店铺。例如，淘宝助理是一款安装在淘宝卖家客户端的工具软件，软件上的大部分功能都是免费提供给全网会员使用的，淘宝卖家可以通过淘宝助理实现对店铺管理而无须登录淘宝网站，还可以批量更新发布商品，对于商品种类多的店铺来说，使用淘宝助理更便于管理。此外，还有淘宝卖家手机端店铺管理软件千牛，既可以用文字或语音的形式与客户沟通，还可以通过手机查看经营数据、下载使用经营工具，同时可通过手机牛吧查看淘宝官方动态、最新资讯等。

▶ 3. 淘宝平台开店流程

(1) 店铺申请注册阶段。需先准备好电子邮箱、支付宝账户、身份证等资料，按提示进行操作，待验证后，完成开店操作。

(2) 发布宝贝。按要求填写“宝贝详情页”信息，编辑描述内容，完成发布宝贝操作。

(四) 实训步骤

第一步：淘宝平台开店。

(1) 登录淘宝网卖家中心(openshop. taobao. com)页面，选择左侧菜单栏店铺管理中的“我要开店”，如图 7-1 所示。

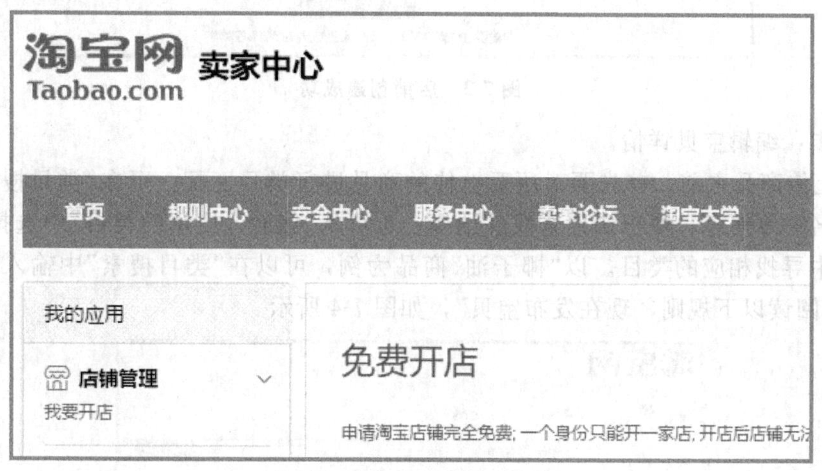

图 7-1　淘宝网卖家中心页面

(2) 首先选择开店类型，然后阅读开店须知，最后申请开店认证，待支付宝实名认证与淘宝开店认证显示为“通过”时，单击“下一步”按钮，如图 7-2 所示。

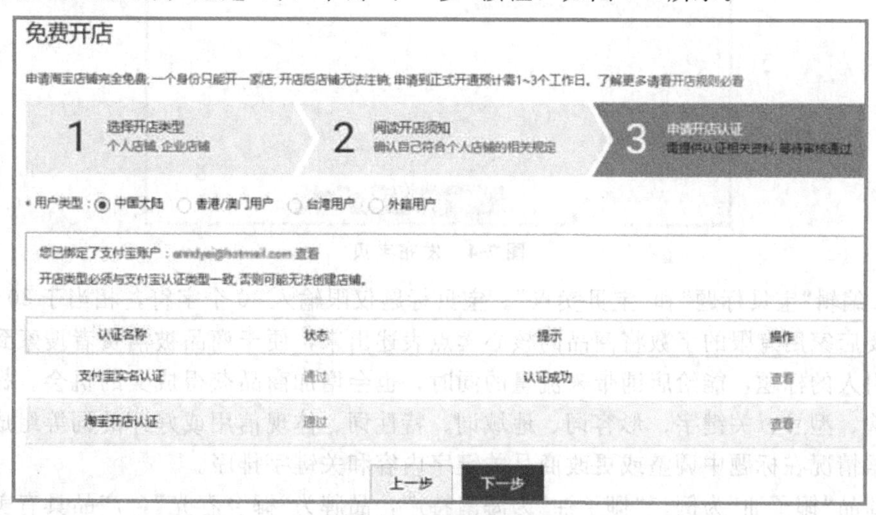

图 7-2　申请开店认证

(3) 阅读开店协议并选择“同意”，开店协议中包括诚信经营承诺书、消费者保障服务协议、支付服务协议、国际支付服务规则等内容。店铺创建成功后单击“立即发布宝贝”按钮即可发布宝贝，如图 7-3 所示。

图 7-3　店铺创建成功

第二步：编辑宝贝详情。

（1）上传商品之前，首先要对所要上传的商品进行类目匹配。可在“类目搜索”中，输入商品的名称等信息，便于快速查找并选择；也可从“您最近使用的类目”中选择，或从左侧菜单栏中寻找相应的类目。以“椰子油”商品为例，可以在“类目搜索”中输入“椰子油”，选择“我已阅读以下规则，现在发布宝贝”，如图 7-4 所示。

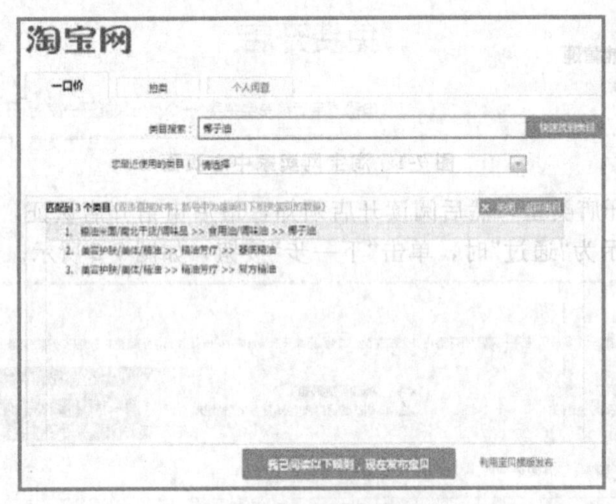

图 7-4　发布宝贝

（2）编辑“宝贝标题”和“宝贝卖点”。宝贝标题仅限输入 60 个字符，相当于 30 个汉字，这就需要店家用有限的字数将商品的核心卖点表述出来，便于商品被消费者搜索到。设置一个吸引人的标题，能给店铺带来流量的同时，也会增加商品获得成交的机会。标题内容常由品牌、型号、关键字、形容词、地域词、特性词、体现信用或好评的词等组成，店家可以根据情况在标题中调整或更改商品关键字内容和关键字排序。

以商品“椰子油”为例，“椰子油”为海南特产，品牌为“椰乡春光”，产品具有美容护肤的效果，产品为初榨油，使用方法为可食用、可涂抹，容量为 60ml。店铺是新店，不存在信用等级或好评，可以“新品优惠”或“新品包邮”吸引消费者的注意。结合这些要素，输入宝贝标题“新品包邮 海南椰乡春光初榨椰子油 可食用可涂抹 美容护肤 60ml”。在“宝贝卖点”中，可详细地对商品特色、商品功效、优惠力度等内容进行描述。如图 7-5 所示。

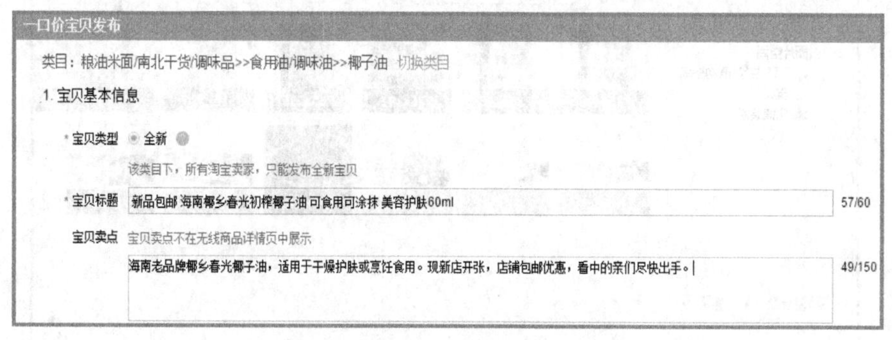

图 7-5 编辑“宝贝标题”和“宝贝卖点”

（3）编辑“宝贝属性”和“生产许可编号”，按照产品包装上显示的内容填写，如图 7-6 和图 7-7 所示。

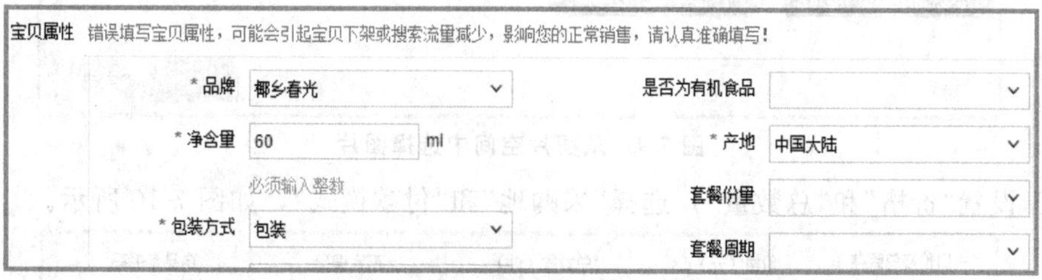

宝贝属性 错误填写宝贝属性，可能会引起宝贝下架或搜索流量减少，影响您的正常销售，请认真准确填写！
* 品牌 椰乡春光
是否为有机食品
* 净含量 60 ml
必须输入整数
* 产地 中国大陆
套餐份量
* 包装方式 包装
套餐周期

图 7-6 编辑“宝贝属性”

食品安全
* 生产许可证编号 QS460402010003 14/25

图 7-7 编辑“生产许可编号”

（4）上传商品图片。可“上传新图片”到空间中，如图 7-8 所示；也可将图片预先保存在图片空间中，然后选择“从图片空间中选择”进行图片上传，如图 7-9 所示。为了防止盗图，还可以给照片“添加水印”。

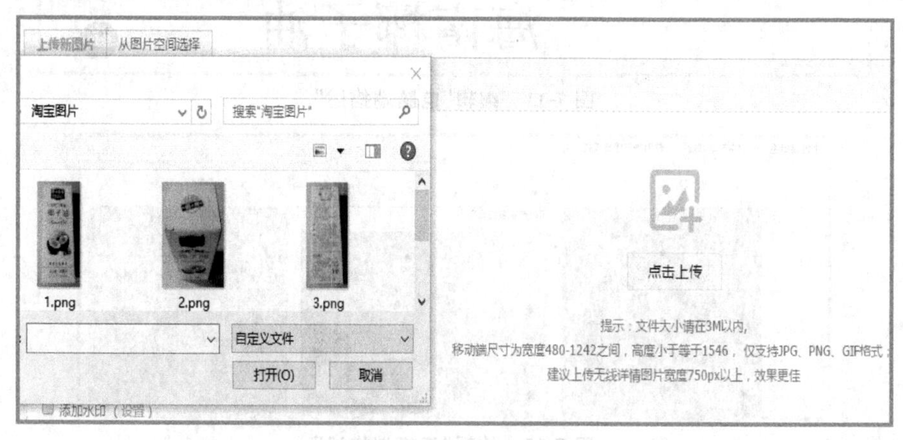

图 7-8 上传新图片

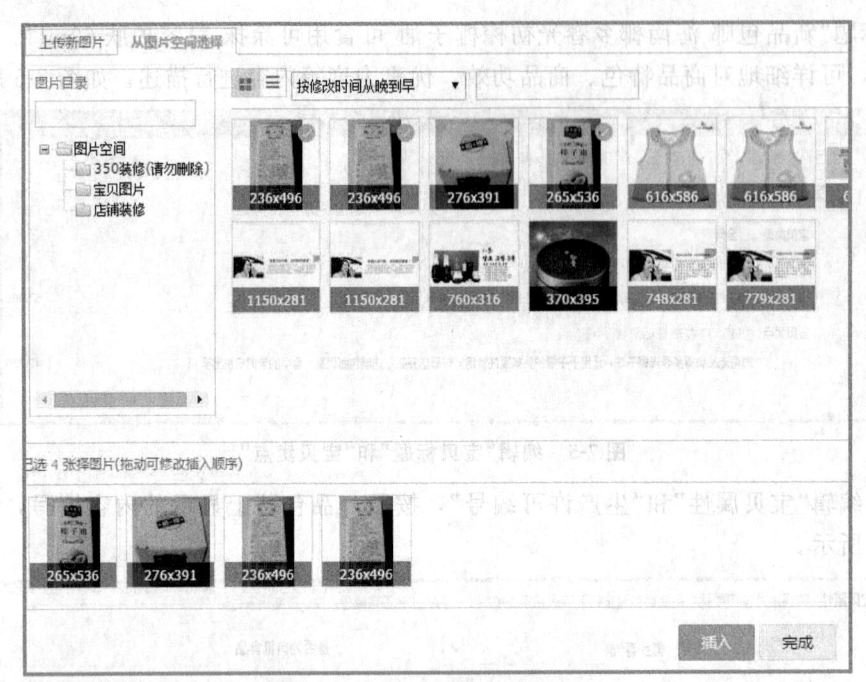

图 7-9　从图片空间中选择图片

（5）设置“价格”和“总数量”，选择“采购地”和“付款模式”，如图 7-10 所示。

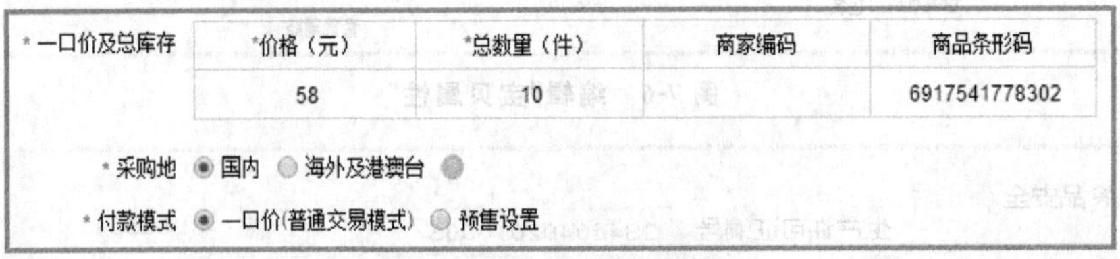

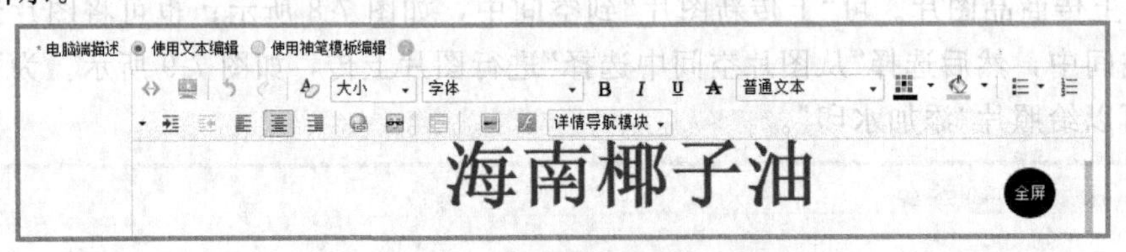

图 7-10　编辑“价格”等信息

（6）分别编辑“电脑端描述”和“手机端描述”(可从电脑端描述中导入)，如图 7-11 和图 7-12 所示。

图 7-11　编辑“电脑端描述”

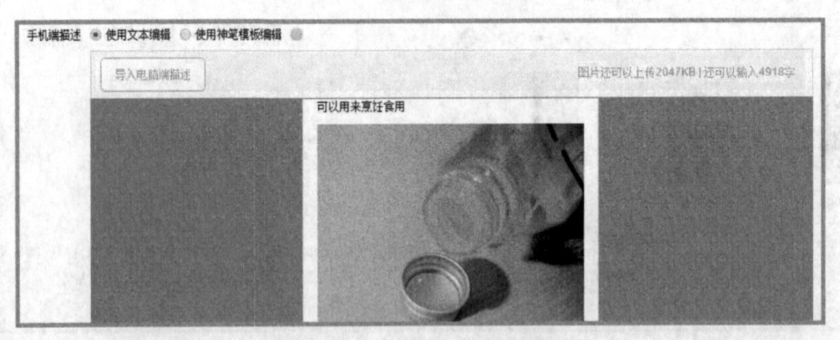

图 7-12　编辑“手机端描述”

(7) 选择宝贝物流服务，设置运费模板，如图 7-13 和图 7-14 所示。为了避免偏远地区运费较高，店家可以选择地区制定运费模板，如图 7-15 所示。

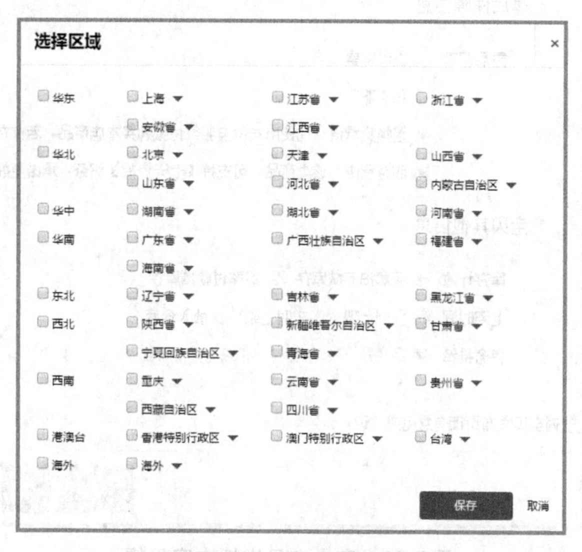

图 7-13 设置运费模板

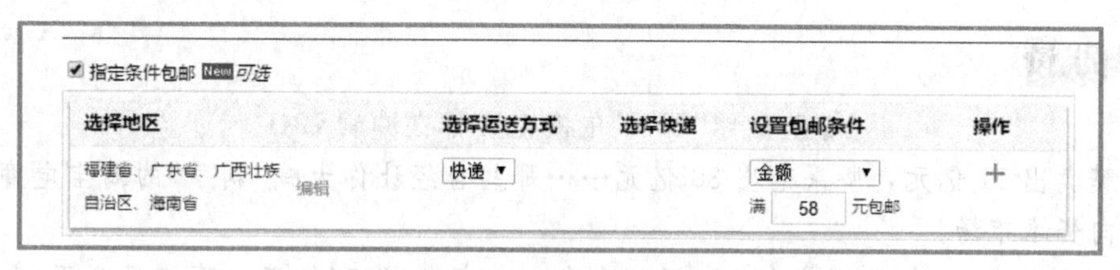

图 7-14 设置包邮条件

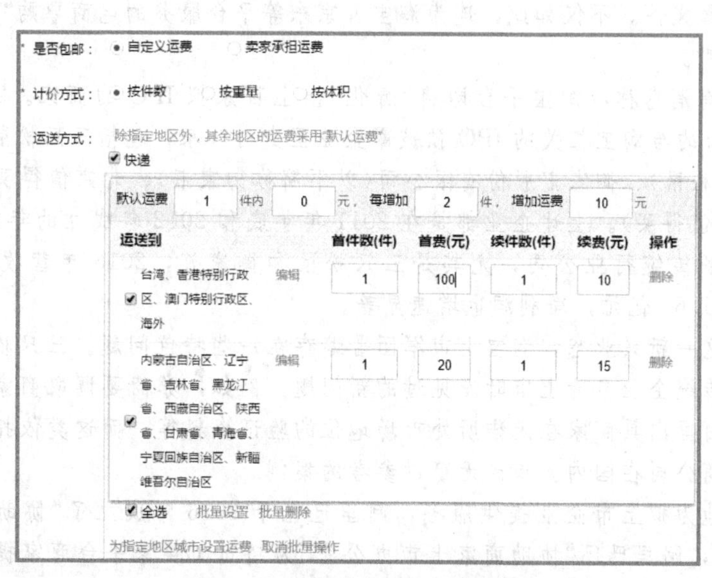

图 7-15 选择地区制定运费模板

(8) 设置售后保障信息，选择好上架时间，单击"发布"，完成宝贝详情内容编辑，如

图 7-16 所示。

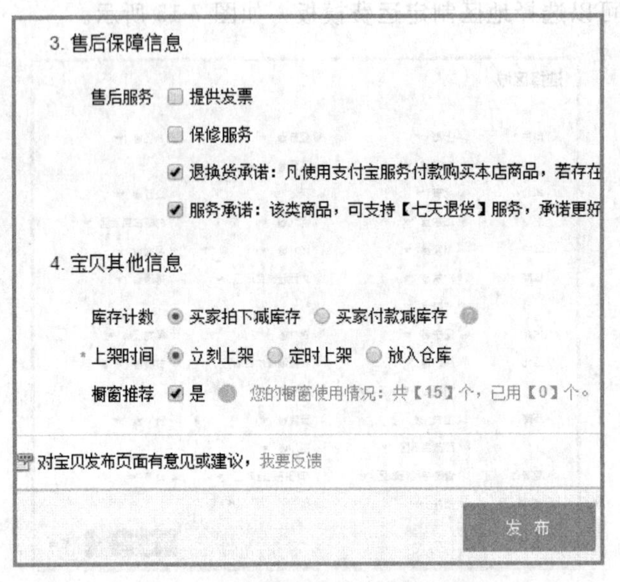

图 7-16 完成宝贝详情内容编辑

拓展阅读

那些让你“剁手”的淘宝店都在冲刺 IPO

面膜卖出 11 亿元，坚果砸出 30 亿元……那些曾经让你大喊“剁手”的淘宝电商，现在又要冲向资本市场。

2017 年 4 月 21 日，证监会公布了知名淘宝电商御家汇(御泥坊面膜母公司)和三只松鼠的 IPO 预披露文件。不仅如此，连为淘宝、京东等平台服务的电商导购“什么值得买”也发起了 A 股冲刺。

2016 年就有消息称，淘宝平台即将“孵化”出上百家拟 IPO 的商家。2017 年 4 月 21 日，证监会公布的与淘宝相关的 IPO 预披露企业至少有 3 家，包括三只松鼠股份有限公司(以下简称三只松鼠)、御家汇股份有限公司(以下简称御家汇)、北京值得买科技股份有限公司(以下简称值得买)。上述企业都是在 2011 年年底和 2012 年成立的年轻公司，不过，业绩已超越很多传统行业公司，尤其是三只松鼠和御家汇，2016 年营收规模分别达到 44.23 亿元和 11.67 亿元，净利润也增速显著。

因为电商这一新兴业态，淘宝上市军团普遍存在一些特色问题。三只松鼠在启动 IPO 时，就遇到了传统企业申请上市时没见过的新问题，例如，券商要调取商家与阿里的月度对账单，需要阿里出具商家在天猫所处市场地位的验证资料等。而这类依托第三方平台而发展的品牌电商公司在国内上市尚无可供参考的案例。

为了更好地为拟上市企业提供服务，阿里巴巴于 2016 年成立了“协助商家上市办公室”。截至目前，阿里巴巴“协助商家上市办公室”为超过 124 家平台商家提供协助商家上市等服务，其中，目前已有 37 家企业(含服务商)上市或挂牌新三板，拟上市企业还有 87 家。

资料来源：王雪青．那些让你“剁手”的淘宝店都在冲刺 IPO[N]. 上海证券报，2017-04-25(005).

任务二 淘宝网店管理

一、店铺流量

流量(page view，PV)表示浏览网页的数量。淘宝店铺商品交易的前提是商品被客户知晓，淘宝店铺流量的大小影响着商品的成交量，因此，淘宝卖家需要通过一些方式给店铺引入流量。流量的引入通常有免费流量引入和付费流量引入两种。

(一) 免费流量引入方式

免费流量引入方式包括淘宝自然搜索结果和网络社区平台等。

1. 淘宝自然搜索结果

淘宝自然搜索结果是指通过在淘宝搜索引擎中输入关键词后，所呈现出来的相关搜索结果。淘宝用户在淘宝搜索引擎中输入商品的关键词，淘宝搜索结果会根据关键词的匹配程度、店铺情况、销售情况等因素综合后给出排名顺序。如果商家售卖的商品结果出现在搜索结果的几页或十几页，店铺或商品信息很容易被浏览者忽视。因此，淘宝搜索引擎优化(SEO)就显得尤为重要。影响淘宝搜索引擎排名的因素有很多，简单介绍以下几种。

(1) 消费者保障服务。淘宝个人卖家缴存 1 000 元保证金，即可开通消费者保障服务。加入消费者保障服务的店铺商品排名会优先于没有加入的店铺。

(2) 金牌卖家。淘宝网根据店铺的开店时间(≥183 天)、店铺信用分值(≥251 分)、加入消保服务保证金、一年内一般规则处罚分值和买家喜爱度等情况给予金牌卖家资格。被授予金牌卖家的店铺商品会优先搜索到。

(3) 橱窗推荐。使用橱窗推荐的商品排名会优于非橱窗推荐的商品。店家可以在商品信息编辑的过程中选择“橱窗推荐”，也可在“卖家中心”的“宝贝管理”中管理“橱窗推荐”的商品，使之添加或取消该功能。

(4) 违规降权。淘宝推出了许多规则便于管理卖家市场，没有读懂规则很容易被淘宝系统判定违规并降权，商品被判定违规并降权后，在排名时将被置放于所有商品排名的末位。

(5) 商品标题。商品的标题是由若干个关键词构成的，将和商品相关的、用户喜欢搜索的词放入标题中，可以增加被搜索到的可能性，有时关键词的排序也会影响到搜索结果。例如，消费者喜欢韩国女装的款式，在搜索女装商品时就会输入“韩版女装”，如果在女装商品标题中加入“韩版”两个字，则被搜索到的排名就会靠前一些。

(6) 类目和属性。发布商品时须先对商品类目进行匹配，商品类目的匹配度也会影响商品排名，因此需准确填写类目及属性信息。

2. 网络社区平台

网络社区平台包括论坛、微博、微信、聊天群组、QQ 空间等，在淘宝网中也有淘江湖、圈子、淘画报和淘女郎等网络社区。店家通过参与各网络社区活动，保持社区的活跃度，实现对店铺及商品的推广。目前，随着网络直播的兴起，利用直播平台进行商品营销活动，也能起到引入店铺流量的效果。

(二) 付费流量引入方式

虽然大多数的淘宝买家是通过搜索引擎寻找他们想要的商品，但通过一些推广服务在一些站点进行广告宣传，也可以起到给店铺引入流量的作用。目前，常见的付费广告推广方式有以下几种。

▶ 1. 淘宝客

淘宝客(click per sales)属于效果类广告，付费方式有别于淘宝直通车，淘宝客可推广单个商品和店铺，按照实际的成交金额计费，淘客佣金=实际成交金额×佣金比例。淘宝客的推广可将广告投放到淘宝站外，其广告位置通常以橱窗展位的形式出现在各门户类网站、搜索引擎、影音娱乐、社交网站、浏览器等网站上，增加了广告的曝光范围，为广告主提供了更多选择。

▶ 2. 淘宝直通车

通过搜索引擎优化，在一定程度上可以改善商品的排名，给店铺带来流量，由于自然搜索的结果排名变动性较大，卖家想要长期占据第一页甚至前三页比较困难，这时就需要使用淘宝直通车来提高排名。淘宝直通车是使用关键词竞价的效果营销工具，其广告位资源包括淘宝网、天猫、一淘网等合作网站，核心价值在于增加广告主在淘宝网、天猫、一淘网等网站上的曝光率和转化率。

▶ 3. 钻石展位

钻石展位是针对淘宝网图片类广告位的一种竞价服务，以设定定向人群、竞价投放、价高者得的方式，在展示付费的基础上，增加按点击付费进行结算。能够提供精准定向、创意策略、效果监测、数据分析、诊断优化等一站式全网推广投放解决方案。展示位置包括淘宝网、天猫、新浪微博、网易、优酷土豆等几十家上百个大流量优质展位。核心价值在于增加广告主在淘宝网等网站上的曝光率和转化率。

▶ 4. 淘宝无线推广

淘宝无线推广是基于无线推广，将广告投放到各种 App 和 WAP 网站上，其广告位资源包括淘宝系在内的 App 与 WAP 网站，本质上增加了广告的曝光范围，也为 App 开发者提供了变现渠道。

二、转化率

转化率(take rates)是指在一个统计周期内，完成转化行为的次数占推广信息总点击次数的比率。淘宝卖家引入流量的最终目的是实现转化，也就是将店铺中的访客变成客户，让访客完成交易。提高淘宝店铺转化率的途径主要有以下几个。

(一) 商品描述

淘宝店铺商品和线下商品有所不同，消费者无法更直观地观察商品，如何将商品信息准确地传递给客户，是淘宝卖家提高转化率的一个重要途径。

为了方便买家了解产品信息，淘宝卖家可以通过文字、图片、视频等方式，在宝贝详情页面对商品进行描述。商品描述不需要长篇大论，但应能使买家通过商品描述对商品有一个大致了解，所以应包括商品的基本信息与客户关系等内容。同时，商品信息的描述也不能单一无彩，应充分利用色彩、图像、文字等造成的冲击力吸引潜在客户的关注，增加商品和店铺的吸引力。

文字类商品描述包括详细的商品信息，如品牌、产地、售后服务、生产厂家、商品的性能等；还包括从客户的角度描述客户关心的问题，如材质、规格、市场价、重量、颜色、适合人群、寓意、宝贝相关赠品、服务承诺、支付方式等内容。

图片类商品描述包括商品的外观、色泽、大小、用途、使用方式等内容，图片的添加可以让商品描述更加生动，尤其是女性消费者对图片的要求比较高。

视频类商品描述主要包括品牌形象内容、商品使用方法内容、商品展示内容等，尤其在介绍商品的使用方法方面，插入一小段视频比用大幅的文字和大量的图片描述更加直观、生动。

（二）促销

淘宝网店的促销活动是网店营销的重要环节，当淘宝买家进入宝贝详情页面时，淘宝卖家需要在适当的位置展示促销信息，通常包括商品的价格打折、活动促销、搭配销售、包邮促销、单品推荐等。

(1) 价格打折表现在商品“价格”的下方，显示为“参加促销”价格，表示商品处于促销期，实际价格低于原价。

(2) 活动促销表现在利用各种节日或者以各种名义开展的促销活动，如“双十一”活动。

(3) 搭配销售表现为按件搭配或按价搭配，以变相降价的方式刺激买家的购买欲望，如跨店购满 399 元减 100 元、两件 129 元等。

(4) 包邮促销是淘宝店铺最常见的促销形式，如一件包邮、满 2 件包邮和满 99 元包邮等。

(5) 单品推荐一般出现在宝贝详情页的顶端或底部，主要推荐店铺中的同类商品和热卖商品，因为展示位置较为醒目，也可以提高转化率。

（三）客服

如果浏览宝贝详情页的内容仍不能解答买家疑问，买家会通过旺旺软件联系客服寻求解答。良好的客户服务会给潜在客户带来良好的印象，也是影响转化率的关键因素。有些买家购买商品后就曾有因对该店铺的客服不满意而申请退货的情况。因此，从提高转化率的角度来说，客服需要做好售前买家咨询、商品推销、售后客户投诉处理、产品使用指导、老客户维护等工作。

三、淘宝推广实训

（一）实训目的

掌握开通使用淘宝直通车服务的操作。

（二）实训工具

网络设备、计算机设备、淘宝平台、手机、电子邮箱。

（三）实训内容

淘宝直通车是根据商品特点，设置关键词进行排名展示，按点击进行扣费。淘宝卖家在推广某一商品之前，会为其设置相应的关键词和商品标题。关键词是该商品的潜在买家可能搜索的关键词，一款商品可以设置多个关键词。淘宝卖家根据每个关键词的质量得分，对每个关键词进行出价。当买家在淘宝网中输入关键词搜索商品时，如果卖家在直通车推广设置中添加了该关键词，并完成出价，该卖家的商品就会出现在合适的排名位置。买家点击该直通车推广位的商品时，系统就会根据卖家设定的关键词出价及匹配关键词的质量得分进行扣费。

▶ 1. 淘宝直通车服务开通要求

(1) 开店时长大于 24 小时。

(2) 店铺状态正常，用户状态正常，近 30 天内成交金额大于 0，且店铺综合排名良好。

(3) 店铺主营商品所属的类目需要先加入消费者保障服务并缴纳保证金。

▶ 2. 淘宝直通车服务的优势和劣势

淘宝直通车服务的优势：使用淘宝直通车服务，买家主动搜索商品时，可以在最优位置展示店铺的商品。展示是免费的，只有买家点击才会产生推广费用，并且可以自由设置调控支出，合理控制成本。

淘宝直通车服务的劣势：淘宝直通车服务需要对关键词进行出价，在淘宝活动期间，对关键词的出价相对较高，给淘宝小卖家带来很大压力。

开通淘宝直通车服务，首先要了解淘宝直通车服务内容，满足开通要求后，进入相关链接完成开通服务。完成新建推广计划，并设置推广计划。

(四) 实训步骤

第一步：登录淘宝卖家中心(myseller.taobao.com)，单击左侧菜单栏“营销中心”中的“我要推广”，如图 7-17 所示。

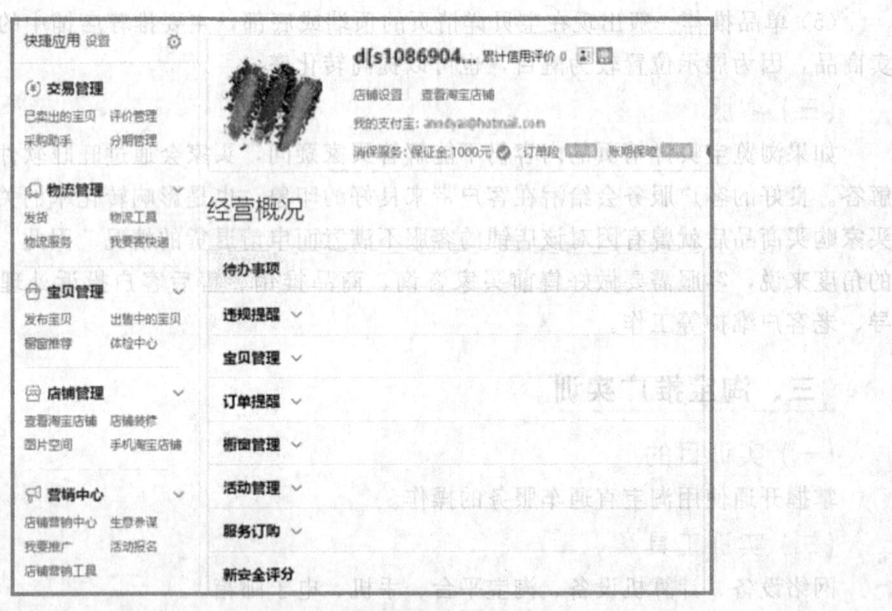

图 7-17 登录淘宝卖家中心

第二步：在“淘宝/天猫直通车”处单击“即刻提升”按钮，如图 7-18 所示。

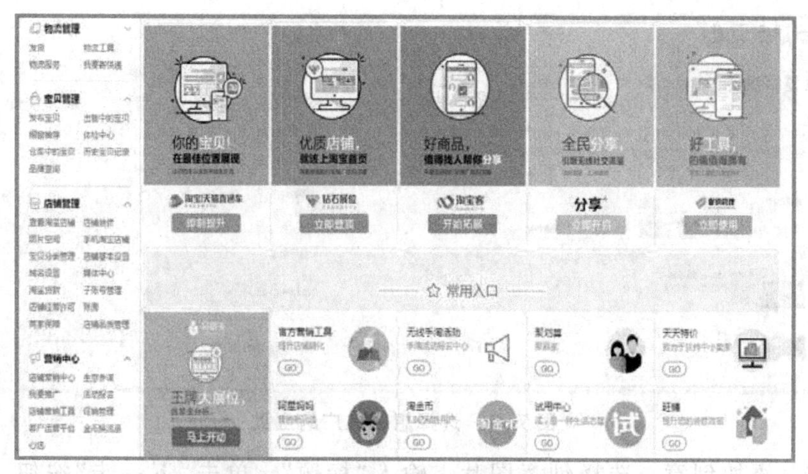

图 7-18 选择“淘宝/天猫直通车”

第三步：在“我的推广计划”单击“新建推广计划”，如图 7-19 所示。

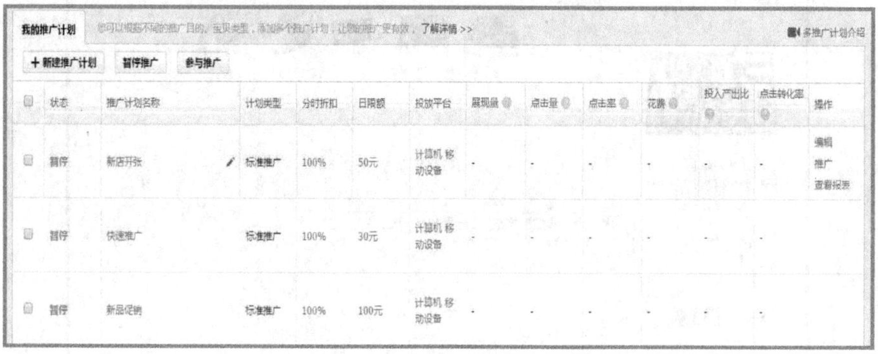

我的推广计划 了解详情 >>　多推广计划介绍

+ 新建推广计划　暂停推广　参与推广

状态	推广计划名称	计划类型	分时折扣	日限额	投放平台	展现量	点击量	点击率	花费	投入产出比	点击转化率	操作
暂停	新店开张	标准推广	100%	50元	计算机 移动设备	-	-	-	-	-	-	编辑 推广 查看报表
暂停	快速推广	标准推广	100%	30元	计算机 移动设备	-	-	-	-	-	-	
暂停	新品促销	标准推广	100%	100元	计算机 移动设备	-	-	-	-	-	-	

图 7-19 新建推广计划

第四步：在“新建标准推广计划”中输入“推广计划名称”，如图 7-20 所示，输入“新货推广”，单击“提交”按钮。

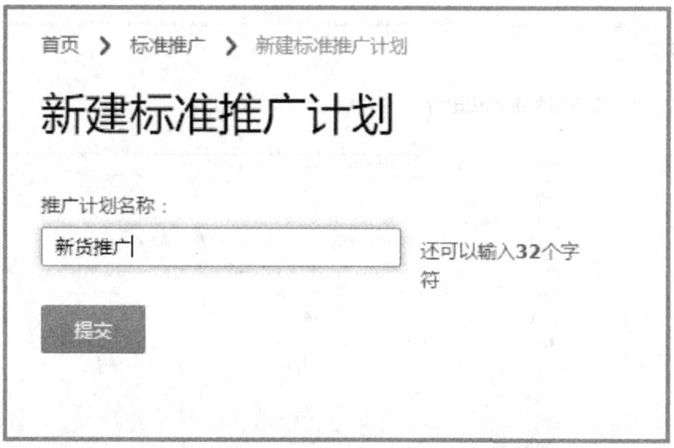

首页 > 标准推广 > 新建标准推广计划

新建标准推广计划

推广计划名称：

新货推广　　还可以输入32个字符

提交

图 7-20 新建标准推广计划

第五步：选择想要推广的宝贝，如图 7-21 所示。

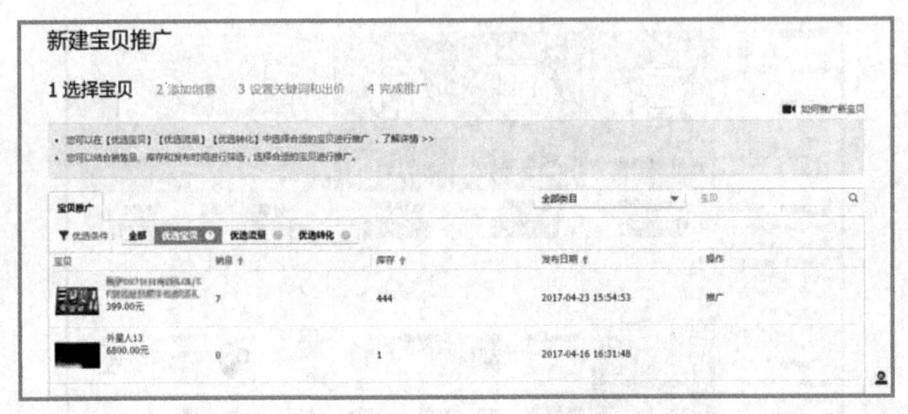

图 7-21　选择想要推广的宝贝

第六步：添加创意，选择创意图片，输入“标题”，单击“下一步”按钮，如图 7-22 所示。

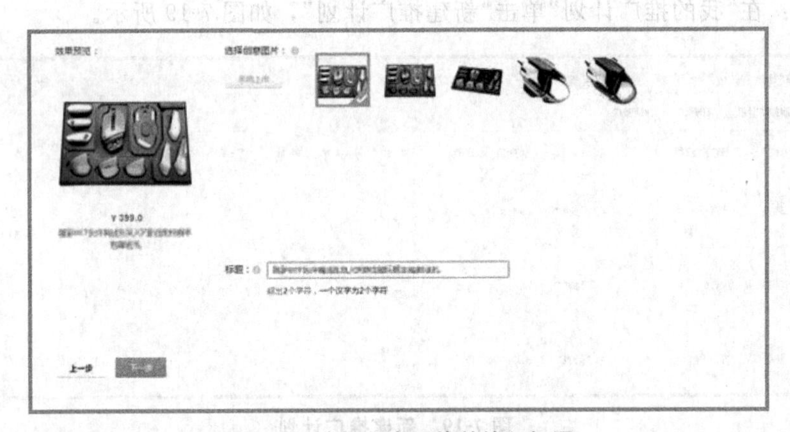

图 7-22　选择创意图片并输入标题

第七步：设置关键词和出价，可以通过“搜索关键词”进行匹配，设置出价，完成推广，如图 7-23 所示。

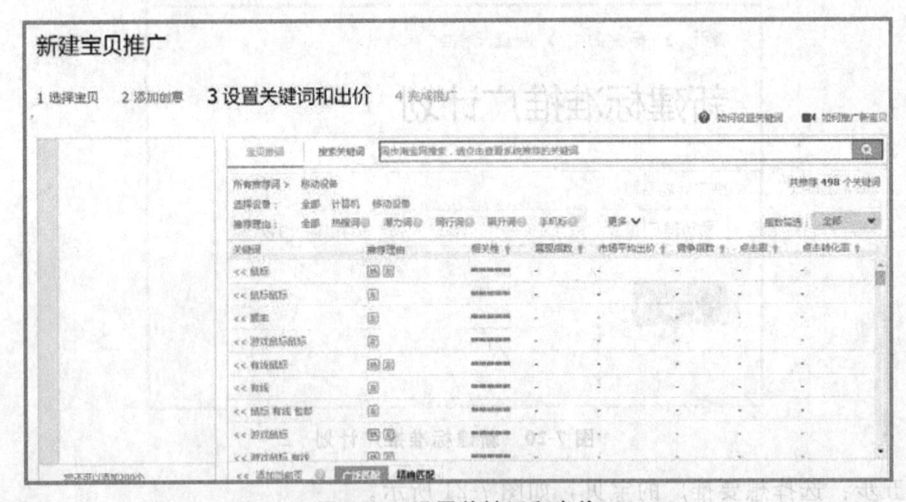

图 7-23　设置关键词和出价

第八步：如果推广余额不足，可返回淘宝直通车首页进行充值，自定义充值金额或选择固定的充值金额，如图 7-24 所示。

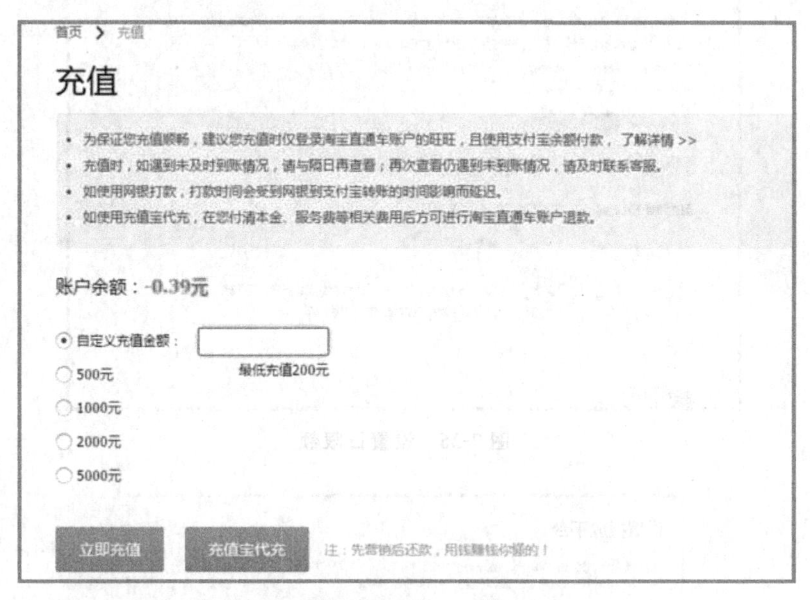

图 7-24　充　值

第九步：新建宝贝推广完成后，需要对新货推广进行设置，可分别“设置日限额”“设置投放平台”“设置投放时间”和“设置投放地域”，如图 7-25 所示。

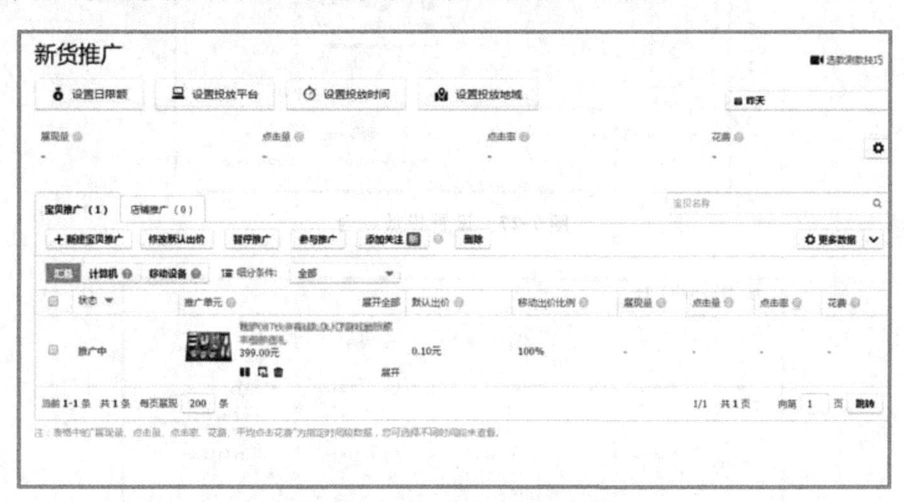

图 7-25　对新货推广进行设置

第十步：可根据店铺情况，在“预算”中设置日限额，如图 7-26 所示。

第十一步：设置投放平台，如计算机设备和移动设备的“站内”推广和“站外”推广，如图 7-27 所示。

第十二步：设置投放时间，可选择“全日期投放”“行业模板”或“自定义模板”，如图 7-28 所示。

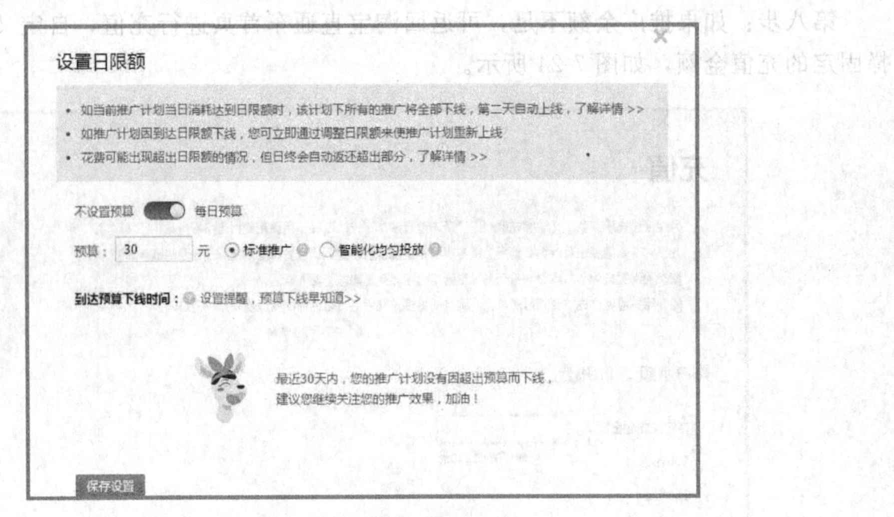

图 7-26　设置日限额

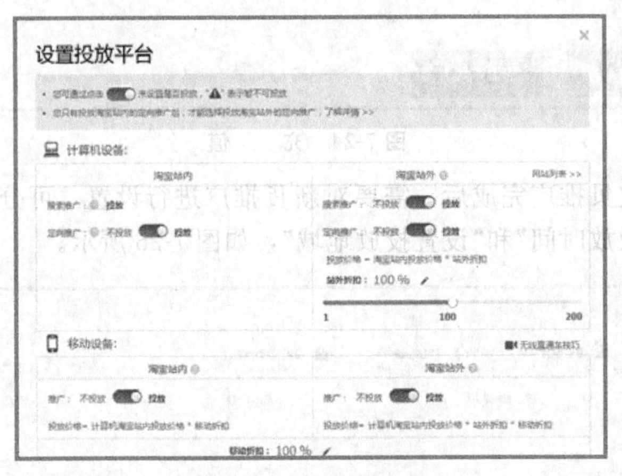

图 7-27　设置投放平台

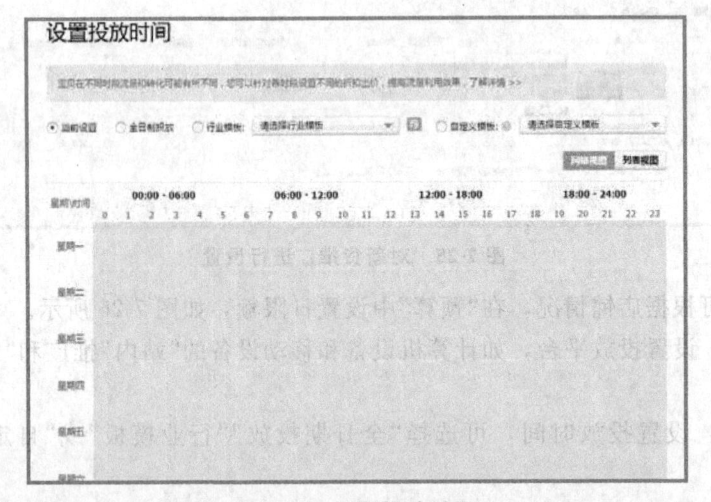

图 7-28　设置投放时间

第十三步：设置投放地域，勾选要投放的地域或省市，完成产品推广设置，如图 7-29 所示。

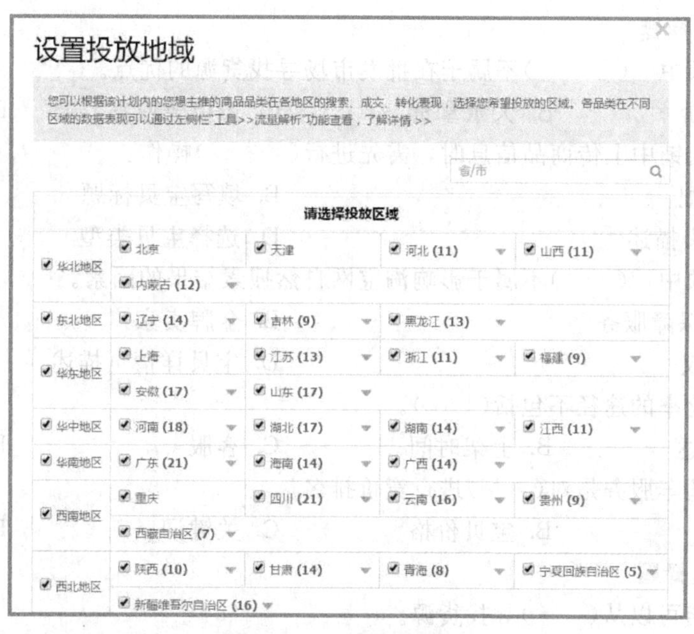

图 7-29 设置投放地域

项目小结

我国目前的网络购物平台有数百家，常用的网络购物平台有淘宝网、天猫商城、京东、唯品会等，每个网络购物平台都有其自身的特点。其中，淘宝网可谓是家喻户晓的网络购物平台，在每一年的数据分析报告中，淘宝网的业绩一直都遥遥领先。淘宝网通过推出第三方支付软件支付宝消除了个人对个人交易的顾虑，建立了相应的信用评价体系，同时众多淘宝规则约束着个人卖家的行为，吸引着众多个人卖家和个人买家在淘宝上进行交易。

开展网上销售业务，稳定的货源是电子商务业务能持之以恒的关键，可以通过线上和线下两种方式获取货源。网上店铺是网上业务开展的载体，因此网上开店环节必不可少。本项目通过网上开店实训，介绍在淘宝网上开店的准备工作和以个人身份开设网店的操作步骤。

开设网上店铺是涉足电子商务领域的第一步，网店后期经营是网店管理的核心，为提高网店曝光率，本项目从免费流量引入方式和付费流量引入方式两个方面介绍如何提高网店的知名度，并从商品描述、促销、客服三个方面介绍了提高转化率的途径。在淘宝推广实训中介绍了淘宝直通车服务的内容、优缺点及开通流程。

思考与练习

一、单项选择题

1. 下列各项中，(　　)不属于在批发市场寻找货源的优点。

A. 可以砍价　B. 大量拿货　C. 价位较便宜　D. 款式多

2. 在淘宝店铺中上传商品信息时，需先进行(　　)操作。

A. 类目匹配　B. 填写宝贝标题

C. 填写宝贝描述　D. 选择宝贝类型

3. 下列各项中，(　　)不属于影响淘宝网自然搜索结果的因素。

A. 消费者保障服务　B. 金牌卖家

C. 违规降权　D. 宝贝详情页描述

4. 提高转化率的途径不包括(　　)。

A. 商品描述　B. 上架时间　C. 客服　D. 促销

5. 淘宝直通车服务是对(　　)进行竞价排名。

A. 宝贝名　B. 宝贝价格　C. 关键词　D. 宝贝标题

二、多项选择题

1. 淘宝开店可以从(　　)寻找货源。

A. 批发市场　B. 厂家　C. 淘宝网　D. 阿里巴巴

2. 从阿里巴巴网站进货具有(　　)等优点。

A. 可以小量拿货　B. 有商品图片信息　C. 不需要压货款　D. 款式较新

3. 淘宝开店需要的软件设备有(　　)。

A. 打印机　B. 数码相机　C. 图片处理软件　D. 传真机

4. 付费流量引入方式包括(　　)。

A. 淘宝客　B. 淘宝直通车

C. 钻石展位　D. 淘宝无线联盟

5. 商品描述中可以使用(　　)等方式。

A. 文字　B. 图片　C. 视频　D. 语音

三、思考题

1. 淘宝网具有哪些特点?

2. 淘宝开店的货源有哪些?

3. 店铺流量引入的方式有哪些?

4. 通过哪些途径可以提高转化率?

5. 简述开设一家淘宝店铺的流程?

8 项目八 跨境电子商务

学习目标

【知识目标】

1. 掌握跨境电子商务的含义、基本框架和分类。
2. 了解中国跨境电子商务的发展现状和发展趋势，以及相关政策。
3. 熟悉出口跨境电子商务的含义、流程、模式和主要平台。
4. 熟悉进口跨境电子商务的含义、生态圈和主要平台。

【技能目标】

1. 能完成全球速卖通平台店铺注册操作。
2. 能在天猫国际平台上顺利购买进口商品。

【素质目标】

1. 加深对跨境电子商务领域的了解。
2. 认识跨境电子商务的发展前景。
3. 能够分析当前跨境电子商务发展中存在的一些问题。

项目导入

Ocean Spray 通过跨境电子商务的模式进入中国市场

早在2000年，美国进口品牌Ocean Spray(优鲜沛)就通过传统贸易渠道进入了中国市场，并活跃于调酒或其他餐饮渠道，在零食和果汁领域却少有人问津。2010年，随着海淘和代购的兴起，蔓越莓果干进入了人们的视线，销量才有所增加。2013年，Ocean Spray开始向中国直接供应商品，并投入更多营销成本，对中国市场进行直接管理。

Ocean Spray的大中华区总经理Daisyhong在与亿邦动力网的谈话中说道："以前，我们的产品通过传统渠道进入中国，经过了代理商、各级分销商的层层加价，不仅没有价格优势，产品也没有直接触及消费者市场，而是在餐饮渠道停留。通过跨境电商的模式，我们跳过了中间商，不仅让消费者更加了解我们的产品，也去掉了无用的中间环节，大幅缩短了供应链。"

Ocean Spray通过与京东全球购合作的模式，迅速增强了其在消费者用户中的知名度，销量也逐渐增加。根据京东全球购提供的数据，2015 年“黑五”，Ocean Spray 的蔓越莓干仅用 58 分钟就卖出了 10 000 袋。

但这种模式也有其弊端。首先，品牌方需要投入一定的人力与平台进行对接，当合作越做越大，还需要品牌方在国内设立部门或办事机构，增加大量成本。在这方面，Ocean Spray 通过一个 10 人左右的团队管理包括中国在内的整个亚太地区，并逐步向中国大陆地区倾斜。其次，除非做到真正的垄断，否则，平台对品牌做的任何宣传和推广，都会成为其他平台的“嫁衣”，增加该品牌在所有平台上的知名度和销量。为此，京东全球购不断宣传与 Ocean Spray 的官方合作，并通过促销活动黏住更多的用户。

尽管并不完美，但 Ocean Spray 在跨境电商方面的投入相当大胆并收到了一定成效。

资料来源：福步外贸论坛 .

任务一 跨境电子商务概述

一、跨境电子商务的含义与运作流程

(一) 跨境电子商务的含义

跨境电子商务(cross-border electronic commerce)简称跨境电商，是指分处于不同关境的交易主体，基于互联网技术，通过电子商务平台发布和选择商品，达成交易并进行支付结算，然后通过跨境物流将商品送达境外目的地，最终完成交易的一种国际商业活动。

跨境电商具备全球性(跨境交易主体)、无形性(数字化产品和服务)、匿名性(交易的消费者不显示真实信息)、即时性(发送信息和接受信息几乎同时)、无纸化(电子信息取代书面文件)、快速演进(互联网等技术超速发展)等特点。

(二) 跨境电子商务的运作流程

跨境电子商务的整体运作包括跨境的信息流、物流和资金流。

信息流是指一个国家或地区的供应商将产品或服务数字化，然后通过跨境电商平台在互联网上发布产品或服务信息，另一个国家或地区的购买者(采购商或个人消费者)在平台上搜索浏览相关商品信息。

物流是指交易双方经过磋商成交生成订单后，供应商选择合适的国际物流方式，将货物发往境外购买者所在地。

资金流是指交易双方成交后，购买者通过各种国际支付方式按时支付货款，供应商实现资金回笼。

跨境电子商务的运作流程如图 8-1 所示。

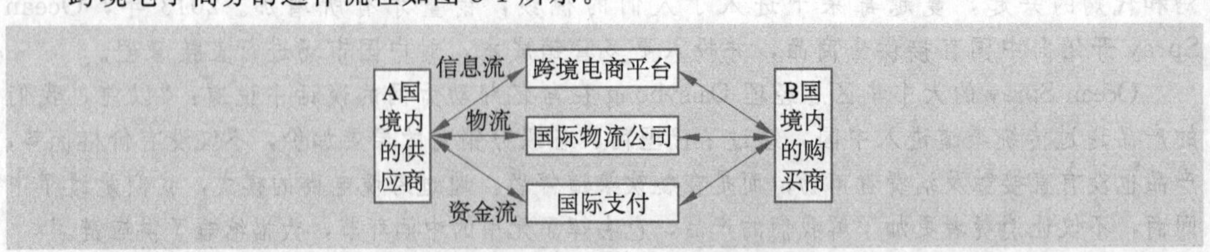

图 8-1 跨境电子商务的运作流程

二、跨境电子商务的分类

（一）根据贸易流向不同划分

根据贸易流向不同，可分为出口跨境电子商务（如全球速卖通、敦煌网等）和进口跨境电子商务（如天猫国际、洋码头等）。

（二）根据平台服务类型不同划分

根据平台服务类型不同，可分为信息服务平台（如阿里巴巴旗下 1688.com）和在线交易平台（如速卖通、亚马逊、eBay 等）。

（三）根据交易模式不同划分

根据交易模式不同，可分为 B2B 跨境电子商务、B2C 跨境电子商务、C2C 跨境电子商务、B2B2C 跨境电子商务等。

B2B（企业对企业）跨境电商是早期发展的一种模式。以中国出口跨境电商 B2B 模式为例，中国卖家可以将产品信息发布到跨境电商平台上，境外的买方可以通过平台了解到所需信息，然后有交易意向的双方在线下进行磋商，最终达成交易。交易环节多数在线下完成。

B2C（企业对消费者）跨境电商是中国最近两三年快速发展起来的模式，简单地说，这是一种跨境的网络零售业务。以中国出口零售电商为例，众多中国卖家（企业身份）可以在各类 B2C 跨境电商平台上注册开设店铺，然后将产品信息发布到线上，境外的消费者直接通过平台浏览产品信息并下单，卖家根据订单要求安排国际物流，买卖双方完成网上付汇收汇。

C2C（个人对消费者）跨境电商的基本操作流程与 B2C 跨境电商相似，只是卖家不是企业身份而是个人身份。

B2B2C 跨境电商是把 B2B 和 B2C 模式相结合，把商品和服务供应商、跨境电商企业和消费者融合在一个链条内，实现供应链整合的一种模式。

三、中国跨境电子商务的发展现状和发展趋势

改革开放后，中国对外贸易快速发展，尤其是东部沿海地区，制造业发达，对外贸易量大。目前，中国已经成为世界公认的制造业大国，但要想成为制造业强国还有很长的路要走。近几年，我国对外贸易形势更加复杂严峻，下行压力加大，传统贸易模式阻力颇大，“物联网＋外贸”的跨境电子商务将为中国外贸打造新的经济增长点。

（一）中国跨境电商发展的现状

▶ 1. 中国跨境电商起步晚，但增速快

跨境电子商务是互联网时代国际贸易发展的一大趋势，其在大多数发达国家和地区已经发展得比较成熟。相对欧洲、美国、日本等发达国家而言，中国的跨境电子商务起步比较晚。自 1999 年阿里巴巴成立，中国跨境电商开始起步。

2008—2016 年，中国跨境电商交易规模从 0.7 万亿元人民币增长至 6.3 万亿元，且每年都保持较快的增长速度，预计到 2018 年，中国跨境电商交易规模将达到 8.8 万亿元，如图 8-2 所示。

▶ 2. 跨境电商以出口为主、进口为辅

从中国跨境电商起步到目前为止，出口电商在跨境电商总体交易规模中的占比很大，

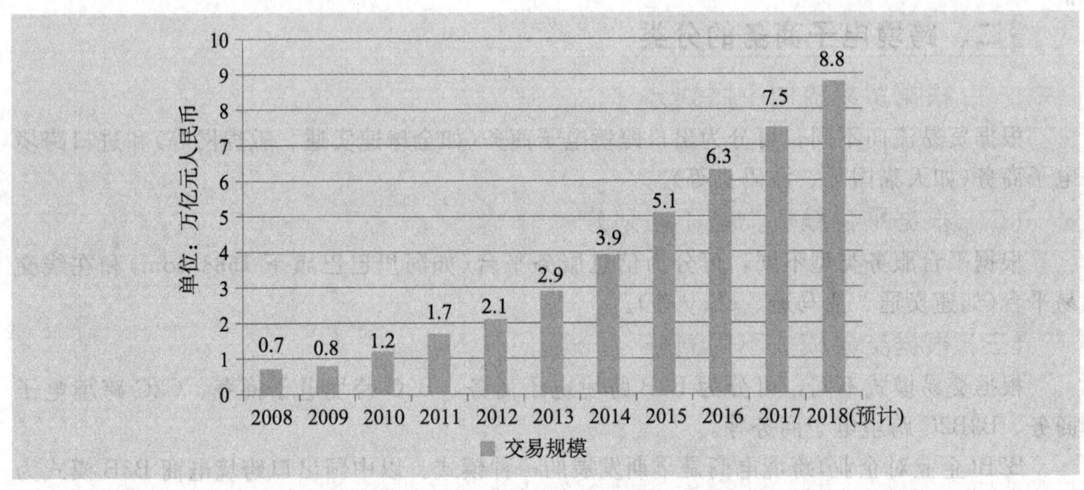

图 8-2　2008—2018 年中国跨境电子商务交易规模

资料来源：中国电子商务研究中心网站.

虽然近几年这一比重有所下降，但 2015 年出口电商交易规模占比仍有 83%左右。2008—2015 年中国跨境电商进出口交易的占比情况如图 8-3 所示。其中，进口电商比重较小，还处于起步阶段，但近些年发展速度较快，从 2008 年的 4.2%发展到 2015 年的 17.7%，有较大的发展空间。

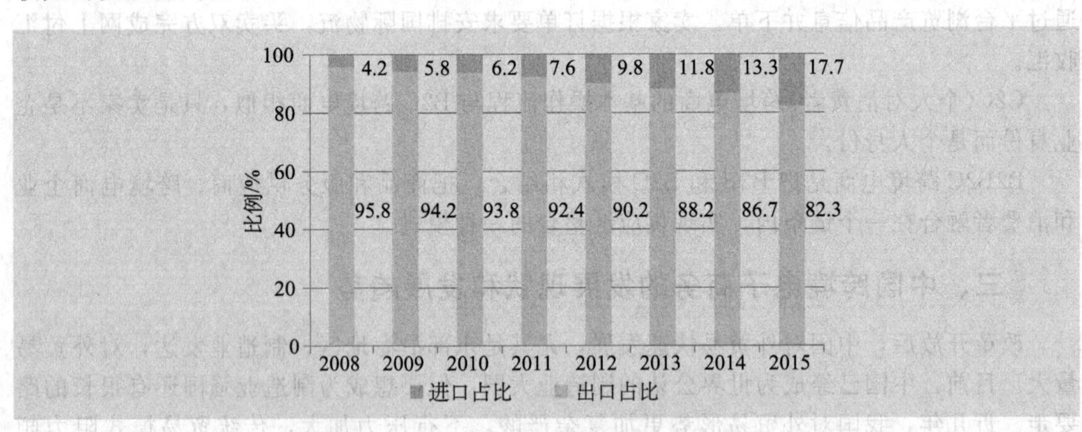

图 8-3　2008—2015 年中国跨境电商进出口占比

资料来源：易观国际·易观智库.

▶ 3. 跨境电商业务以 B2B 模式为主

中国跨境电商业务以 B2B 模式为主，占比超过 90%，而 B2C 模式仅占不到 10%。跨境电商 B2B 模式的交易量较大、订单较为稳定，因此，短期内 B2B 仍将占据主要地位。但随着消费者购物方式的转变，国家对跨境电商的政策支持及国际物流条件的改善，B2C 模式将有很大的增长空间。

▶ 4. 跨境电商的交易品类较集中

我国跨境电商的交易品类主要集中在服装服饰、3C 电子产品、家居园艺和汽车配件等行业，其中 3C 电子产品占比高达 41.2%。这些产品与我国现有制造业匹配度较高，能够实现大规模标准化生产，质量有保障且货源充足。而且这些产品本身具有市场需求量大、退货率低、便于运输存储等特点，适合通过电商渠道销售。

▶ 5. 进出口跨境电商的贸易对象国家分布多元化

中国跨境出口电商的贸易对象主要为美国、欧盟和东盟，三者的交易额能占到将近半数。此外，一些新兴市场(如俄罗斯、巴西等)的交易量也在迅速增长。

▶ 6. 跨境电商配套服务不断完善

(1) 完善的国际物流体系是中国跨境电商发展的主要因素之一。长期以来，国际物流费用高、时效低等问题一直困扰着大部分的中国卖家。随着这几年的发展，中国跨境电商的国际物流体系也得到了进一步的发展和完善，可供选择的国际物流方式越来越多样化，如邮政体系(中国邮政小包、大包、EMS、ePacket等)、商业快递(UPS、DHL、FedEx等)、平台推出的物流渠道(速卖通平台的无忧物流、FBA亚马逊物流等)，以及海外仓等。每种国际物流方式均有其特点，一般情况下，买卖双方可以根据自身对运费、时效、物流信息服务的不同需求来选择合适的物流方式。

(2) 国际支付也是跨境电商操作中必不可少的环节。目前，B2B模式跨境电商由于是以线下交易为主，所以主要选择信用卡、银行汇款等支付方式。B2C模式跨境电商则是以线上交易为主，所以第三方国际支付成为首选的支付方式。当前，美国的第三方支付系统PayPal已经成为最广泛应用的跨境支付工具，许多跨境电商的买卖双方都默认选择PayPal来完成货款的收付。近几年，中国本土的一批优秀的第三方支付工具(银联电子支付、支付宝等)也逐步迈进国际支付领域。

(二) 中国跨境电商快速发展的原因

中国跨境电商的崛起和快速成长，是当前中国经济发展阶段中众多因素综合作用的一个必然结果。

▶ 1. 科学技术进步

互联网、移动智能终端(如智能手机)的普及和发展，使得电子商务备受世界范围内买家和卖家的青睐。此外，云计算技术的完善和实际应用、网上支付的完善和安全性能的提高、国际物流信息系统的日臻完善等都为跨境电子商务的发展提供了有力保障。

▶ 2. 在线交易信用保障体系逐步完善

通过对在线交易主体进行严格审核，制定较完善的信用管理机制，提升在线交易的信用保障，促进在线交易的良性循环发展。例如，全球速卖通平台通过交易评价等级体系对买卖双方的信用进行评级，然后以一种比较直观的方式(勋章、钻石、皇冠)展现出来，以便买卖双方在交易时对交易对象的信用等级有一个大概的判断。

▶ 3. 具有雄厚的产业基础

改革开放后，我国外贸得到快速发展，尤其是东部沿海地区，中小企业云集，制造业发展迅猛，创造了对外贸易总额的60%左右，被誉为“世界工厂”。这为跨境电商的发展奠定了雄厚的产业基础。

▶ 4. 传统对外贸易转型

2008年全球金融危机后，世界市场呈现大规模萎缩，中国的出口受到很大冲击。许多中国企业，尤其是中小企业发现大额外贸订单急剧减少，逐渐转变为小批量、零散的订单，贸易呈现出零散化趋势，集装箱转变为小包裹。这就要求供应商能够根据国外客户的要求及时处理这些小额订单，实现小批量、多频次地生产，并充分发挥国际物流的作用。这在很大程度上推动了跨境电子商务的发展。

（三）中国跨境电商的发展趋势

▶ 1. 中国跨境电商仍将保持快速增长的趋势

伴随着中国经济的转型升级，在国际人均购买力的提升，互联网和移动终端的普及，消费者购买习惯的转变，国际物流、国际支付等配套服务的完善等多方面力量的推动下，未来几年内中国跨境电子商务仍将保持30%左右的复合年均增长率，预计2017年交易额将达到进出口贸易总额的20%左右。

▶ 2. B2C跨境电商将有较快发展

目前中国跨境电商B2C模式的交易规模还很小，体系还不是很完善，但近几年发展速度很快。埃森哲预计，全球B2C跨境电商将于2020年达到近1万亿美元，年均增长高达27%；全球B2C跨境电商消费者总数也将超过9亿人，年均增幅超过21%。在这一大的预测背景下，加上中国政府政策的支持和配套服务的不断完善，中国的B2C跨境电商将有很大的发展空间。

▶ 3. 出口占主导，进口增长极快

未来一段时间内，中国仍是制造业产品出口的主力军，出口大国的地位短时间内不会动摇，因此跨境电商中出口电商仍将保持较高的占比。随着我国对跨境电商进口货物税收体系的进一步规范化管理，以及进口物流配套的持续升级，加之越来越多的境内消费者有购买境外产品的需求，预计未来几年，跨境电商进口的份额占比会进一步提高，成为跨境电商的重要增长点。

▶ 4. 商品进出境监管更加阳光化

中国跨境进口电商从起步至今一直存在灰色通关现象。由于历史因素和机制不完善，海关对邮包的综合抽查率较低，难以对每个邮包进行拆包查验货值和商品种类，导致大量的海淘快件邮包实际上不征税或只征收较低的行邮税，甚至还存在不符合条件商品利用政策漏洞通关的现象。

随着跨境电商规模的扩大，海关等有关部门对跨境电商商品的监管会越来越规范化和阳光化。跨境电商监管的阳光化不仅保障了国际贸易市场的公平竞争，而且有助于保障正品销售、降低物流成本、完善售后制度，是未来跨境电商发展的必然方向。

▶ 5. 保税模式潜力巨大

保税模式是商家通过对市场数据进行分析判断，将可能热卖的商品通过海运等物流方式提前大批量进口到保税区，国内消费者通过网络下单后，商家直接从保税区发货。与散、小、慢的国际直邮方式相比，保税模式不仅物流成本大幅降低，而且发货速度快，大大提升了买家的网购体验。此外，保税模式也有利于提高海关税收监管的便利性。

虽然保税模式会对商家的资金实力提出更高要求，但目前来看，保税模式是最适合跨境电商发展的集货模式，也是国内进口电商平台选用的主要模式。

四、中国跨境电商发展的相关政策

中国跨境电商的发展离不开政府政策的支持。相对国内电子商务而言，跨境电子商务复杂很多，其在交易方式、货物运输、支付结算等方面与传统贸易方式也有较大差异。同时，跨境电商是一种快速发展的商业模式。国家现行管理体制、政策、法规及现有环境条件必须不断更新以满足其发展要求。2012年至今，国家有关部门陆续出台了众多跨境电商相关的政策。

（一）中国跨境电商相关政策发展大事件

2012 年 12 月 21 日，国家发改委、海关总署召开“中国跨境贸易电子商务服务试点”工作部署会。会议为上海、重庆、杭州、郑州、宁波 5 个国家跨境贸易电子商务服务试点承建单位授牌，并指出这 5 个示范城市应在海关总署的统一指导下，进一步推进跨境电子商务试点工作，完善相关法规政策。

2013 年 8 月，商务部、国家发改委、海关总署等 9 个部门联合发布《关于实施支持跨境电子商务零售出口有关政策意见》，指出应将跨境电子商务零售出口纳入海关出口贸易统计，并提出了对跨境电子商务零售出口的支持政策及出口检验、收结汇等 6 项措施。从 2013 年 10 月 1 日起，这些政策和措施将在全国有条件的地区全面推广。

2013 年 12 月 30 日，财政部和国家税务总局发布《关于跨境电子商务零售出口税收政策的通知》，指出跨境电商企业（自建销售平台或利用第三方平台开展电子商务出口的企业）出口货物符合条件的，可适用增值税、消费税退（免）税政策。这将在很大程度上打破传统零售出口的障碍坚冰，有利于解决跨境电商所面临的信息流、物流、资金流等一系列瓶颈问题。

2014 年 1 月 24 日，海关总署发布《关于增列海关监管方式代码的公告》（总署公告〔2014〕12 号），表明海关增列海关监管方式代码“9610”，全称为“跨境贸易电子商务”，监管范围为境内个人或电子商务企业通过电子商务交易平台实现交易。这一举措的主要目的是促进跨境贸易电子商务零售进出口业务发展，方便跨境电商企业通关，规范海关管理，实现贸易统计。

2014 年 7 月 29 日，海关总署发布《关于跨境贸易电子商务进出境货物、物品有关监管事宜的公告》（总署公告〔2014〕56 号），指出境内个人或电子商务企业通过经海关认可并且与海关联网的电子商务交易平台（如天猫国际）实现交易的货物、物品，应接受海关监管。

2014 年 7 月 30 日，海关总署发布《关于增列海关监管方式代码的公告》（总署公告〔2014〕57 号），表明海关增列海关监管方式代码“1210”，全称为“保税跨境贸易电子商务”，监管范围为境内个人或电子商务企业通过电子商务交易平台实现交易，并通过海关特殊监管区域或保税监管场所进出的电子商务零售进出境商品。

2015 年 3 月 12 日，国务院发布《国务院关于同意设立中国（杭州）跨境电子商务综合试验区的批复》（国函〔2015〕44 号），同意设立全国首个跨境电商试验区——中国（杭州）跨境电子商务综合试验区。

2016 年 1 月 15 日，国务院发布《关于同意在天津等 12 个城市设立跨境电子商务综合试验区的批复》（国函〔2015〕44 号），同意在天津、上海、重庆、合肥、郑州、广州、成都、大连、宁波、青岛、深圳、苏州 12 个城市设立跨境电子商务综合试验区。

2016 年 3 月 24 日，财政部、海关总署和国家税务总局发布《财政部海关总署国家税务总局关于跨境电子商务零售进口税收政策的通知》（财关税〔2016〕18 号），指出为营造公平竞争的市场环境，促进跨境电子商务零售进口健康发展，跨境电子商务零售进口商品按照货物征收关税和进口环节增值税、消费税，购买跨境电子商务零售进口商品的个人作为纳税义务人。

2016 年 4 月 6 日，海关总署发布《关于跨境电商零售进口商品有关监管事宜的公告》（总署公告〔2016〕26 号），指出电子商务企业、个人通过电子商务交易平台实现零售进出口商品交易，并根据海关要求传输相关交易电子数据的，按照本公告接受海关监管。

2016 年 4 月 7 日，财政部发布了由 11 个部委共同拟定的《关于公布跨境电子商务零售进口商品清单的公告》，俗称“正面清单”。4月15日，财政部联合13个部委发布正面清单的“补充清单”，即《关于公布跨境电子商务零售进口商品清单(第二批)的公告》。

2016年5月24日，海关总署发布《关于执行跨境电子商务零售进口新的监管要求有关事宜的通知》(署办发〔2016〕29号)，表明新的监管要求过渡期为1年，截止期为2017年5月11日。

2016年11月15日，商务部发布通知，指出为稳妥推进跨境电商零售进口监管模式过渡，将跨境进口电商新监管政策的过渡期进一步延长至2017年年底。

(二)中国跨境电商政策引导的重点方向

根据中国跨境电商相关政策发展大事件，可以了解政府政策引导的重点方向集中在以下几个方面。

▶ 1. 跨境电商试点范围不断拓展

目前全国多地都在进行跨境电商试点，从最开始的5个试点城市，陆续增加，还设立了多个跨境电商综合试验区。随着试点工作的稳步推进，将为下一步政策的精准出台和推广提供鲜活经验，也为其他地区跨境电商的发展提供宝贵的经验。

▶ 2. 跨境电商税收体系不断完善

国家税务部门通过出台一系列税收相关政策，对跨境电商进出口货物、物品进行更加规范化的税收管理。出口方面，为进一步降低电商企业的税负，政府出台了跨境电商零售出口货物增值税、消费税退税或免税政策；进口方面，为了促进进口跨境电商的健康有序发展，保证我国进口货物的税收规范化管理，有关政策规定跨境电商进口商品应征收关税和进口环节增值税、消费税。

▶ 3. 海关监管服务水平不断提升

相对传统外贸而言，海关对跨境电商进出口商品的监管较难实施。为此，海关总署出台了相关监管政策，增列了两个跨境电商相关的监管方式代码(9610和1210)，将跨境电商企业的交易纳入海关监管范围。此外，为了提高跨境电商进出口商品的通关效率，海关优化了跨境电商进出口通关作业流程，确保商品到达海关监管场所24小时内办结海关手续。

综上所述，中国政府对跨境电子商务的发展给予高度的重视，政府通过政策引导跨境电商企业实现公平竞争，规范化管理，指导地方开展试点并及时总结推广经验。各级地方部门也纷纷出台配套措施，努力探索符合本地经济发展的跨境电商模式，积累跨境电商发展的先发优势。更多的跨境电商企业也开始思考如何实现长期可持续发展，加速上市和转型的步伐。

拓展阅读

跨境电商零售进口政策过渡期后如何监管

2017年3月17日，商务部新闻发言人就跨境电商零售进口过渡期后监管总体安排发表谈话。谈话指出，我国跨境电商零售进口过渡期政策到期后，将于2018年1月1日起采取新的监管模式。经国务院批准，现阶段，保持跨境电商零售进口监管模式总体稳定，对跨境电商零售进口商品暂按照个人物品监管。

此次表态涉及四大要点：一是明确了跨境电商零售进口商品“个人物品”的性质；二是试点城市从10个扩大到了15个；三是进一步完善监管模式，做好质量安全风险防控；四是新政从2018年1月1日起实施，并将持续有效。

资料来源：界面新闻网站.

任务二 出口跨境电子商务

一、出口跨境电子商务概述

（一）出口跨境电子商务的含义

出口跨境电子商务是指中国境内的个人或企业依托互联网，通过电子商务平台发布产品信息，与境外交易主体达成交易，并进行国际支付结算，货物通过国际物流从中国运送至境外买方，最终完成跨境交易的一种商业活动。

（二）出口跨境电子商务的操作流程

出口跨境电子商务是一项综合性很强的业务，其涵盖了跨境电商平台管理、跨境支付、跨境物流、客户服务等多个层面，形成了一个多主体、多功能的跨境电商生态圈。出口跨境电商的操作流程如图 8-4 所示。

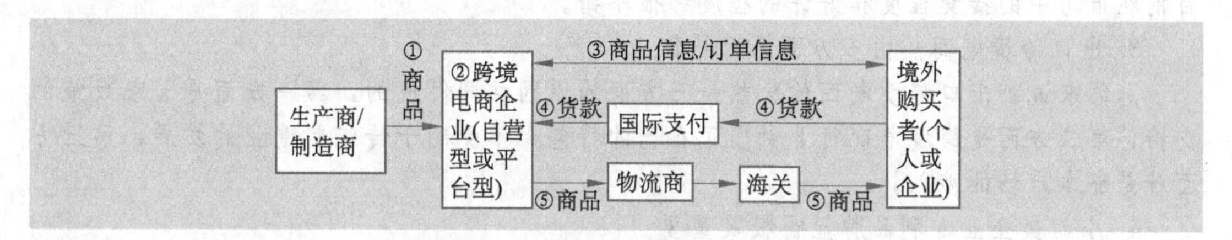

图 8-4 出口跨境电商的操作流程

① 境内生产商或制造商生产提供符合境外购买者需求的商品。

② 跨境电商企业开展跨境电商业务。跨境电商企业分为自营型和平台型。自营型跨境电商企业会自主向境内生产商或制造商采购商品，然后通过跨境电商渠道发布商品信息；平台型跨境电商企业只提供配套的跨境平台服务，境内生产商或制造商利用平台发布商品信息进行销售。

③ 境外购买者（个人或企业）通过互联网在跨境电商平台上搜索浏览商品信息，进行线上或线下的交易磋商，然后选择合适的商品下订单。

④ 境外购买者通过各种国际支付方式将货款支付给跨境电商企业。

⑤ 境内跨境电商企业选择合适的物流商将商品通过中国海关运往国外。

知识链接

价之链 CEO 甘情操：打造三位一体跨境电商生态闭环

深圳价之链跨境电商股份有限公司（以下简称价之链）成立于 2008 年 9 月，是一家以“电商贸易＋电商服务”为主营业务的跨境生态企业，提供跨境电商一体化解决方案、生态产品和服务，致力于构建一个共享共赢的跨境电商生态圈。

近年来，受益于政策、环境、资本等助力，跨境电商蓬勃发展。在出口跨境电商市场，各大平台纷纷帮助外贸企业由代工向品牌转型，强化终端营销与体验。而整个行业存在什么问题、竞争情况如何？出口跨境电商新三板挂牌企业价之链 CEO 甘情操分享创业经历，探寻行业前景。

1. 品牌化经营是企业做大做强的关键

贸易领域始终是一个中间商，到工厂去采购然后卖给消费者。作为中间商，最大的困难就是利润空间越来越小，而要解决这一瓶颈就需要增加产品内在的价值，让产品真正能够被消费者所喜欢、接受。所以，做跨境电商一定要拥有专属品牌，然后赋予此品牌独一无二的价值，哪怕是价格上涨一点，哪怕是更新换代并不像其他产品那么快，但是一旦消费者认定这个品牌和品质，就会成为忠诚的客户。

2014年年底，价之链就开始了战略转型，从以前单纯的贸易商转型为品牌的营销商，打造属于自己的品牌和爆款。2015—2016年，在品牌的运营方面，价之链的销售额和公司的利润获得了很大的改观。

2. 借势发力跨境生态服务

价之链以B2C跨境电商为核心业务，核心盈利点就在于自营业务，目前主要通过亚马逊、eBay、速卖通等平台，采用海外仓储物流方式，将3C电子产品等销往境外。

价之链的特点在于它是新三板跨境电商行业第一家做生态服务的经销商，也就是跨境电商生态服务第一批提供商。价之链做的两款服务，DTAS支付系统和人工智能研发部，目前在市场中的接受程度和好评的程度都很不错。

3. 出口跨境电商热由多方面原因导致

总体来说，出口跨境电商的火热是三方面的原因共同促成的，第一方面是国家政策的支持，第二方面是跨境电商行业做出了自己的特色，不受制于传统制造业的发展，第三方面就是资本市场的涉入。

4. 小而美企业专利品牌显得极其重要

对于跨境电商行业而言，注重自己品牌的建设是一个巨大的挑战。对于中小型的跨境电商企业来说，把自己有特色的细分品类去做好知识产权保护，维护品牌，才能维护住顾客。企业要么做得很大，涉及各个层面，要么是小而美。

5. 传统企业挑战：如何演绎品牌价值

传统外贸企业本身具有产品设计制造能力，要适应"互联网+"的大趋势，不仅从市场体制机制上创新，更要从产品设计制造能力上提升。这对传统外贸企业来说是一个机遇。

传统制造商转型的过程中，要把握的重点还是自己的品牌价值。如果说企业能够建立起自己的品牌并演绎属于这个产品的附加价值的时候，那么这个转型才能够取得成功。如何把握品牌价值对于传统外贸企业来说是一个挑战。

资料来源：中国电子商务研究中心网站.

(三) 出口跨境电商的主要模式

中国出口跨境电商根据商业模式的不同可以分为B2B模式和B2C模式。其中，B2B模式根据平台功能的不同可分为信息服务平台和交易服务平台；而B2C模式根据平台经营主体的不同可分为开放平台和自营平台。

▶ 1. B2B模式信息服务平台

B2B模式下，中国卖家可以在第三方跨境电商平台上发布商品交易信息或搜索有关的采购信息，然后进行线下交易，平台的主要盈利模式包括会员服务和增值服务。会员服务是指卖方每年向平台缴纳一定的会员费用，然后享受平台提供的各种服务，会员费是平台的主要收入来源，目前该种盈利模式市场趋于饱和。增值服务是指买卖双方免费成为平台会员后，平台为买卖双方提供增值服务，主要包括竞价排名、点击付费及展位推广服务，竞价排名是信息服务平台进行增值服务最为成熟的盈利模式。

代表性的平台有阿里巴巴、全球资源网、中国制造网等。

▶ 2. B2B 模式交易服务平台

B2B 模式下，中国卖家可以直接在第三方跨境电商平台上发布商品信息，与境外企业达成网上交易并完成在线电子支付，平台的主要盈利模式包括收取佣金费及展示费用。佣金制是按照成交金额的一定比例收取佣金。展示费是上传产品时收取的费用。

代表性的平台有敦煌网、易唐网、大龙网等。

▶ 3. B2C 模式开放平台

B2C 模式下，第三方跨境电商平台开放买家和卖家数据，并开放交易相关的商品、店铺、物流、评价、仓储、营销推广等各环节和流程的业务，卖家与消费者直接通过平台对接完成整笔贸易。开放平台更多地作为管理运营平台商存在，通过整合平台服务资源同时共享数据，为买卖双方服务。

代表性的平台有全球速卖通、亚马逊、Wish、eBay 等。

▶ 4. B2C 模式自营平台

B2C 模式下，平台对其经营的产品进行统一生产或采购、产品展示、在线交易，并通过物流配送将产品投放到最终消费者群体，是整合了供应链综合服务的在线 B2C 交易模式。这一过程中，自营平台可以根据消费者需求量身定做产品，并且平台通常以可靠品牌为支撑点突显出自身品牌的可靠性。

自营平台在商品的引入、分类、展示、交易、物流配送、售后保障等整个交易流程各个重点环节管理均发力布局，通过互联网 IT 系统管理和建设大型仓储物流体系实现对全交易流程的实时管理。

代表性的平台有米兰网、兰亭集势网等。

二、主要的出口跨境电子商务平台

中国跨境电子商务正步入快速成长期，据北商研究院 2016 年 5 月 18 日发布的《跨境电商 20 强名单》显示，出口跨境电商行业呈现巨头林立与百花齐放的局面，既有全球速卖通、eBay、亚马逊等老牌电商雄踞市场，也有敦煌网、兰亭集势及 DX 等进一步分羹，伴随 Wish、小笨鸟等后起之秀的崛起，百花齐放局面逐渐显现。

(一) 全球速卖通

全球速卖通(Aliexpress)是阿里巴巴旗下唯一面向全球市场打造的跨境电商出口平台，成立超过 6 年，覆盖全球 200 多个国家及地区，海量资源助力中国品牌出海。中国卖家可以把商品编辑成在线信息，通过速卖通平台发布到海外。境外买家在线下单并完成在线支付后，卖家通过国际快递将商品运输到买家手上。

速卖通已经成为许多国家消费者主要选择的购物网站之一，成交量很大，2015 年“双十一”当天，成交订单数达 2 124 万笔。速卖通订单最多的国家和地区包括俄罗斯、巴西、以色列、西班牙、白俄罗斯、美国、加拿大、乌克兰、法国、捷克共和国、英国等。

全球速卖通平台的优势：①入驻简单便捷，免费注册，用企业支付宝账号即可认证开店；②中文后台界面，不懂专业英语也能轻松操作；③拥有成熟的物流体系，可进行无忧物流、在线发货等；④只需将包裹交给物流商操作，卖家无须亲自报关；⑤通过国际支付宝收取货款。

全球速卖通平台的劣势：①价格战比较激烈，利润空间有限；②产品质量难以保证，物流、售后、退换货等客户体验方面一般，因此最初的目标市场欧美地区(服务要求较高)占比逐渐下降，新兴国家占比上升。从 2016 年开始，速卖通平台开始进行从企业化到商标化的转型，2017 年全行业开始启动商标化。这意味着平台的产品质量将得到较大幅度提升。

(二) eBay

eBay 是全球最大的电商平台之一，创立于 1995 年 9 月，当时 Omidyar 为了能帮助女友和全美的 Pez 糖果盒爱好者交流，建立起一个拍卖网站，这就是 eBay。eBay 是一个可以让全球民众上网买卖物品的线上拍卖及购物网站，它将全球买家与卖家连接起来，创造一个永不休息的市场。如今 eBay 已有近 3 亿注册用户，每天都有数以百万的家具、收藏品、电脑、车辆在 eBay 上被刊登、销售、卖出。只要物品不违反法律或不在 eBay 的禁止销售清单之内，即可以在 eBay 刊登销售。服务及虚拟物品也在可销售物品的范围之内。

在 eBay 上，卖家可以选择"拍卖"或"一口价"的销售方式。以"拍卖"方式刊登物品是 eBay 卖家常用的销售方式，卖家通过设定物品的起拍价及在线时间，开始拍卖物品，并以下线时的最高竞拍金额卖出，出价最高的买家即为该物品的中标者。以"一口价"方式刊登物品是以定价方式刊登，大大节省了卖家的刊登时间，也简化了卖家的刊登工序。

eBay 的优势：①品牌认同度高，买家资源丰富，在全球范围内拥有近 3 亿用户(其中有 1.2 亿的活跃用户)，流量大，质量较好；②品类丰富；③支付系统强大，PayPal 拥有超过 1.32 亿活跃用户，支持 26 种货币；④为吸引中国卖家入驻，成立专业团队提供一站式外贸解决方案，并提供跨境交易认证、业务咨询、专场培训、洽谈物流优惠等服务。

eBay 的劣势：①对产品掌控能力较弱；②平台售后服务质量一般。

(三) 亚马逊

亚马逊(Amazon)是美国最大的一家网络电子商务公司，成立于 1995 年，一开始只经营书籍的网络销售业务，现在涉及的产品范围极广，已成为全球商品品种最多的网上零售商。亚马逊是一家典型的 B2C 电子商务平台，以个人消费者为交易主体。卖家遍布世界各地，包括美国、德国、英国、法国、意大利、西班牙、加拿大、中国及日本，其中，在美国、英国、日本的市场份额最大。卖家要选择这个平台，产品的质量过硬才合适。

亚马逊为卖家提供专门的物流配送渠道——亚马逊物流(FBA)。操作流程：①卖家将商品发送到亚马逊运营中心；②亚马逊各国的仓储中心接收并扫描录入商品，并进行存放；③卖家在亚马逊商城上发布产品，客户在线订购商品；④亚马逊根据订单信息从仓库中拣货并包装商品；⑤通过庞大而高效的物流配送网络将商品配送到客户手中。

亚马逊的优势：①整个供应链的完善程度较高，产品质量把关严格，品牌认同度高，用户流量大，质量较好；②品类丰富，可选品种超过 500 万；③对入驻卖家要求较高，品质相对优于其他平台，是消费者比较信赖的电子商务网络平台；④自建物流中心，在全球有超过 80 个物流中心，除自营商品外，也为第三方卖家提供物流服务，物流体验较好。

亚马逊的劣势：①尽管对卖家要求较高，但依然无法 100%保证平台商品的质量；②若第三方卖家不选用亚马逊物流，物流体验也无法保证。

(四) Wish

2011 年，Wish 公司在美国旧金山硅谷成立。2013 年 3 月，Wish 加入商品交易系统，进入外贸电子商务领域，同年6月推出Wish移动App。2014年，Wish年经营收益率超过4亿美元(约合人民币24亿元)。可以说，Wish是跨境电商领域的一匹黑马。

Wish的优势：①抓住了当前网购的主流趋势——移动电商，平台绝大多数的流量和订单都来自平板、智能手机等移动端。②利用搜索引擎匹配技术，根据用户的个人信息、浏览行为，或者根据关联的Facebook和Google等社交平台上的信息，将用户和商品、商家进行匹配，并为用户进行针对性的推送。③依靠匹配来产生流量，不像其他平台要靠关键词额外收费来增加流量。在Wish平台上上传任何商品都是免费的，只有交易成功后，商户才需要支付一定比例的佣金。

Wish的劣势：由于Wish平台针对的是移动端客户，消费者在移动端的浏览习惯和购物习惯与计算机端有很大区别，这对于习惯淘宝和速卖通思维的卖家而言需要进行很大的转变。

(五) 兰亭集势

兰亭集势(Light in the box)成立于2007年，是中国整合了供应链服务的在线B2C平台。公司拥有一系列的供应商，并拥有自己的数据仓库和长期的物流合作伙伴。2013年6月6日，兰亭集势在美国纽交所挂牌上市。兰亭集势用户来自200多个国家，网站访问和页面浏览主要集中在意大利、法国、西班牙、美国等国家。

兰亭集势的优势：①供应链管理能力较强，在婚纱和礼服类产品领域为消费者提供个性化定制；②拥有2个海外采购中心，快递服务商包括Fedex、UPS、DHL、TNT，以及中、美邮政，消费者可以针对个人需求选择；③客户服务和市场营销方面均由母语国家的员工执行，物流、售后用户体验较好。

兰亭集势的劣势：①流量成本较高，质量一般，运营成本较高；②核心品类不够突出。

(六) 敦煌网

敦煌网成立于2004年，是亚洲第一家建立诚信安全标准、全球第一家全供应链跨境服务的平台。敦煌网是国内首个为中小企业提供B2B网上交易的网站，致力于帮助中国中小企业通过跨境电子商务平台走向全球市场，开辟一条全新的国际贸易通道，让在线交易变得更加简单、安全、高效。目前，敦煌网已经实现140多万家国内供应商在线，4 000万种商品，遍布全球230个国家和地区的1 000万买家的规模，11种语言运营覆盖，每小时有10万买家实时在线采购，每1.6秒产生一张订单。

敦煌网的优势：①整合了跨境交易涉及的各个环节并提供配套的服务，使交易简单化。②采取佣金制，免注册费，只在买卖双方交易成功后收取费用。③为卖家提供买家数据支持，卖家能提供个性化定制服务，满足更多海外买家的需求，提高成单量。④提供拼单砍价服务，通过集合货物一起发送来节省物流成本。

敦煌网的劣势：敦煌网是B2B跨境电商平台，面对的是全球的采购商，与个人消费者不同，采购商对客户体验、客户服务的要求往往较高，对于中国公司而言，这是一个比较大的挑战。

三、出口跨境电子商务实训

(一) 实训目的

能完成全球速卖通平台店铺注册操作。

(二) 实训工具

网络设备、计算机设备、手机、电子邮箱。

(三) 实训内容

由于全球速卖通平台注册方便，操作界面简单，已经成为众多中国卖家向境外销售商品的一种选择。企业入驻全球速卖通平台可分为四个阶段。

(1) 了解账号注册的有关信息，包括招商标准、入驻需准备的资料等。资料准备齐全后，按步骤完成卖家账号注册及认证。

(2) 入驻三步走。①等待类目入驻资质审核(包括初审、复审)；②缴纳类目技术服务年费；③申请商标资质权限(注：2017 年 1 月 1 日开始，新发产品“品牌属性”必须选择商标)。

(3) 完善店铺信息。进入“店铺资产管理”界面进行相关资产设置，提升店铺曝光度，包括选择店铺类型、设置店铺名称、设置店铺二级域名等相关操作。

(4) 开始经营。①发布商品；②装修店铺；③店铺上线。

(四) 实训步骤

第一步：登录全球速卖通卖家(seller. aliexpress. com)网站，单击右上方“立即入驻”。

图 8-5　全球速卖通卖家界面

第二步：填写有效的电子邮箱，拖动滑块完成验证，单击“下一步”按钮，如图 8-6 所示。速卖通平台的订单等信息都会以邮件的形式发送到注册用的邮箱，所以注册时务必填写常用且准确的邮箱地址。

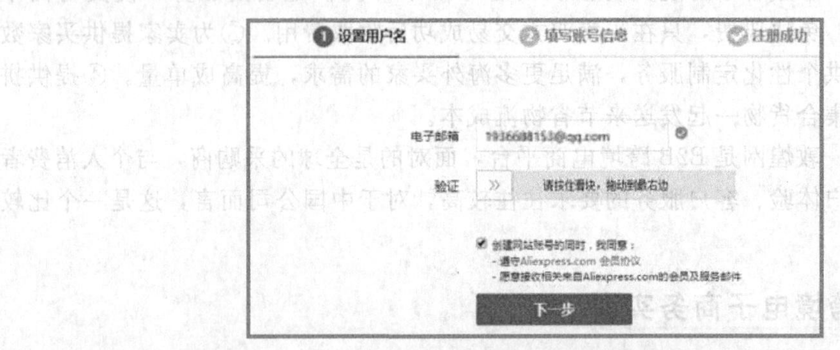

图 8-6　填写有效的电子邮箱并验证

第三步：系统反馈验证邮件已送达指定邮箱，单击“请查收邮件”，如图 8-7 所示。如果没有收到邮件，请检查垃圾邮件箱或更换邮箱重新发送邮件。

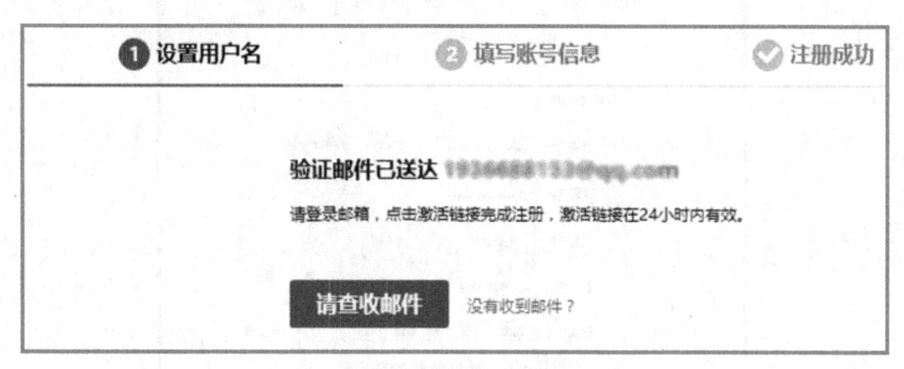

图 8-7　查收验证邮件

第四步：进入邮箱后查看速卖通发来的邮件，单击“完成注册”按钮，或点击邮件中的链接即可完成注册，如图 8-8 所示。

图 8-8　打开验证邮件

第五步：按要求填写账号信息，填写完成后单击“确认”按钮，如图 8-9 所示。注册时务必保证所填写的个人信息准确和真实，以便成单以后可以顺利收款。手机号码必须为正在使用的真实有效的号码，以便接收验证码。

第六步：将手机收到的验证码输入“验证码”文本框中，然后单击“确认”按钮，如图 8-10 所示。

第七步：注册成功，如图 8-11 所示。如果要在速卖通平台上发布产品进行销售，必须先完成实名认证。2017 年 1 月 1 日起，平台关闭个人账户转为企业账户的申请入口，所有新账户必须以企业身份注册认证。

第八步：全球速卖通的认证是通过绑定支付宝账号来实现的，目前只有企业支付宝账号才能进行速卖通认证。

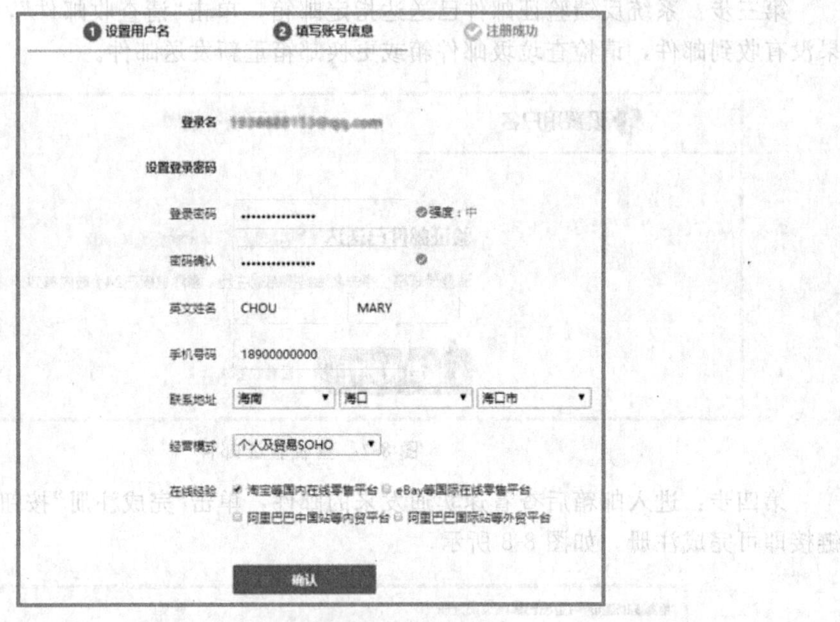

图 8-9 按要求填写账号信息

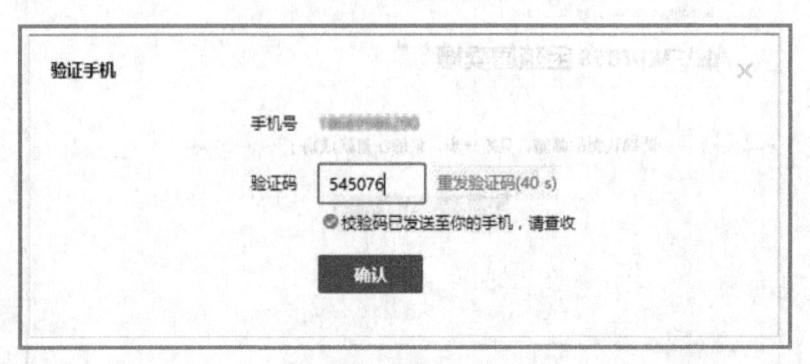

图 8-10 验证手机

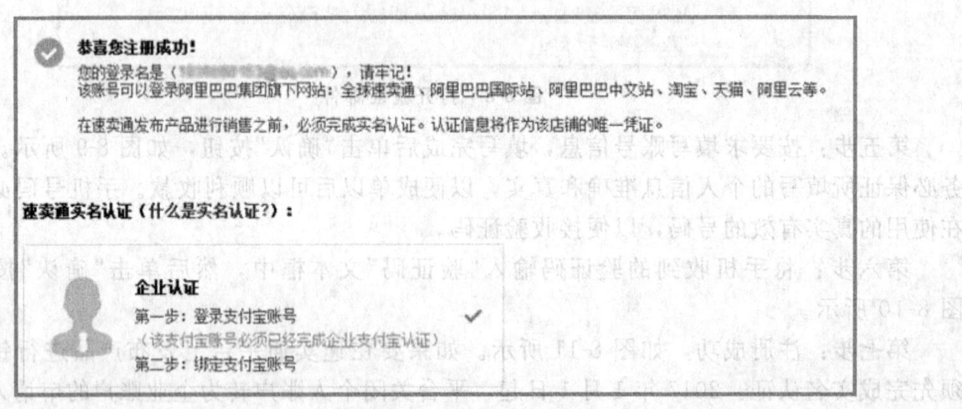

图 8-11 注册成功

任务三 进口跨境电子商务

一、进口跨境电子商务概述

(一) 进口跨境电子商务的含义

进口跨境电子商务是指中国境内的个人或企业通过电子商务平台选购境外商品，达成交易后进行国际支付结算，货物通过国际物流从境外运送至境内买方手中，最终完成跨境交易的一种商业活动。目前中国的进口跨境电商主要是跨境零售进口，本书中如果没有特别说明，进口跨境电商均指跨境零售进口。

(二) 进口跨境电子商务的发展

中国进口跨境电商起步较晚，交易规模还比较小，但是近几年发展速度很快，未来也将保持较快的增长速度。

进口跨境电商的前身是海外代购。2000 年以来，随着海外留学和旅游人士增多，亲属帮忙在海外代购的现象越来越常见。2005 年，“海淘族”开始兴起，一些有较高外语水平的人士通过互联网检索海外商品信息，并通过电子订购单发出购物请求，由海外购物网站通过国际快递发货，或是由转运公司代收货物再转寄回国。然而，各国的海关政策、税收政策和物流规则各有不同，这对很多“海淘族”来说都存在一定困难。

2014 年，海关发布了《关于跨境贸易电子商务进出境货物、物品有关监管事宜的公告》(总署公告〔2014〕56 号)和《关于增列海关监管方式代码的公告》(总署公告〔2014〕57 号)，意味着中国进入进口跨境电商元年。

近年来，国家各部门陆续出台相应政策来完善对进口跨境电商的管理。2016 年，财政部、海关总署等发布了跨境电商零售进口税收新政、正面清单等通知，这意味着进口跨境电商步入改革期，未来的进口跨境电商会越来越规范化，境内消费者通过跨境电商渠道购买外国商品将更有保障。

知识链接

实施新的跨境电子商务零售进口税收政策的影响

2016 年 4 月 8 日起，我国实施新的跨境电子商务零售进口税收政策。不少跨境电商平台已悄悄上调了部分产品价格，其中，母婴用品、百元以下化妆品涨价较为明显。据悉，此次新规最受关注的年限额 2 万，针对的是跨境保税进口限额，海外直邮暂不受此次新规影响。

1. 奶粉、尿不湿价格齐涨

在崔小姐提供的交易记录中看到，3 月 27 日，她购买了两盒德国爱他美 2＋奶粉，价格共计 198 元，折算下来是 99 元/盒，而目前同样奶粉的售价折算下来是 150 元一盒。“如果不打折不促销，这种奶粉在各大跨境电商平台上的价格应该是 110～120 元/盒，现在一下子涨价这么多，有点承受不起。”崔小姐说。此外，崔小姐还提供了自己 3 月 28 日购买尿不湿的记录，显示成交价为 139 元/包，而目前售价为 145 元/包。

对此，某跨境电商负责人表示，不是跨境电商的商品涨价，而是过去“税费 50 元以下免征”的免税历史结束了，由免税或 10％的税率增至最低 11.9％，消费者购买成本也相应增加了。这类商品包括奶粉、尿不湿、食品、饮料、书刊、低价化妆品等。

2. 也有一部分商品降价

不是所有商品都面临涨价。例如 1 000 元的高端化妆品，按之前的行邮税税率为 50%，应纳税额 500 元；新政之后，在增值税 17%及消费税 30%的基础上打 7 折，那么应纳税额就是 329 元，显然比 500 元要低。

天猫国际表示，母婴用品、食品、保健品等品类税负会有所增加，但化妆品、电器类根据价格区间不同，税负有升有降。

蜜芽相关负责人说，母婴和日用品虽然在新政后加税 11.9%，但作为刚需品而言，预计对销售的影响不大，反倒是 100 元以下的化妆品和 2 000 元以上的单件商品可能面临一定冲击。

唯品会相关负责人也称，税制调整影响最大的是需要缴纳消费税的低价格化妆品，这类商品的税率从零提高到了 47%，而这些商品又是原来跨境电商行业的所谓“爆款商品”。

资料来源：重庆晨报，2016-04-08.

(三) 进口跨境电商生态圈的构成

进口跨境电商生态圈涵盖了从商品生产、流转到消费使用的全过程，涉及多个主体，主要包括境外商家、进口零售电商企业、跨境物流商、跨境支付平台、境内用户，如图 8-12所示。

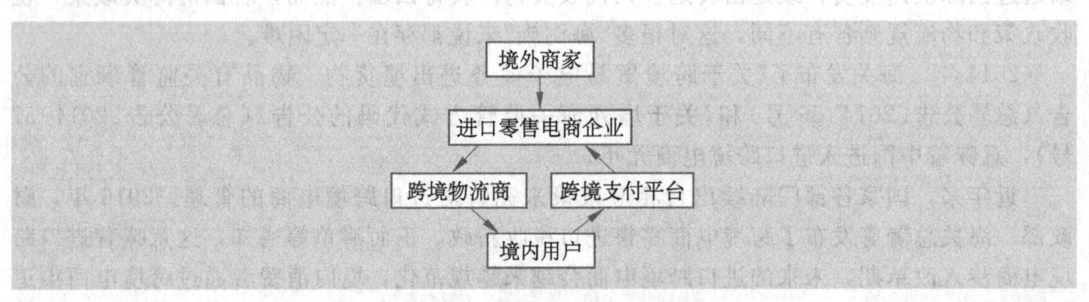

图 8-12 进口跨境电商生态圈

1. 境外商家

境外商家是整个进口跨境电商生态圈的起点，通过与中方跨境电商零售进口平台进行合作，在平台上销售各类商品。境外商家主要包括：①境外连锁店，如 Macys 梅西百货(美国)、EKOPLAZA(荷兰)、FOODWORKS(澳洲)等；②境外大超市，如沃尔玛、乐天、麦法龙等；③境外品牌直营，如 COACH、Sulwhasoo、花王等；④海外免税店，如 KING POWER 王权免税(泰国)、THE SHILLA duty free 新罗免税店(韩国)等。

2. 进口零售电商企业

进口零售电商企业是整个进口跨境电商生态圈的核心。目前，中国进口零售电商企业有很多家，且都各有特色。根据经营模式不同，可将进口零售电商企业分为自营类和平台类。

(1) 自营类进口零售电商企业，采取自营直采模式，平台大规模采购海外商品，运输并存储于国内保税仓内，境内消费者在平台上选购下单后，商品从保税仓发出送达消费者手中。根据经营范围的不同，又将其划分为综合自营类和垂直自营类。

综合自营类进口零售电商企业拥有丰富的商品和资金资源，经营多品类海外商品销售。代表性企业有网易考拉、亚马逊海外购、达令、小红书等。

垂直自营类进口零售电商企业专注于母婴、美妆等垂直品类或垂直人群，经营品类集中。代表性企业有蜜芽、唯品会(唯品国际)等。

(2) 平台类进口零售电商企业，境外商家入驻跨境进口电商平台，通过在线店铺发布商品信息供境内消费者选购，平台提供多种跨境物流形式和一系列配套服务，卖家可根据自身情况进行选择。根据经营范围的不同，也可以划分为综合平台类和垂直平台类。

综合平台类进口零售电商企业通常会利用自身强大的流量优势为平台引流，平台吸引众多境外商家入驻，并经营多品类商品。代表性企业主要为国内电商巨头，如京东全球购、天猫国际、洋码头等。

▶3. 跨境物流商

跨境物流是开展跨境电商零售进口的关键节点。跨境物流的费用高和时效慢一直是困扰跨境电商买卖双方的问题。境外商家和境内进口零售电商都在积极探寻更高效、合理的物流方式，以促进进口跨境电商的发展。目前，跨境电商零售进口常用的物流方式有进口保税和海外直邮两种。

(1) 进口保税。进口保税是指开始销售商品前先提前备货，并运送至中国的保税仓，经中国海关检验清关后，将货物存储于保税仓。境内消费者在跨境电商平台上购物下单后，货物从保税仓发出，由国内快递送达买方。进口保税物流模式的开启会大大减少消费者从订单到接货的时间，破解仓储物流难题，是对目前传统海淘模式的一次革命，让商品流通不再有渠道和国家之分。

跨境电商进口保税的操作流程如下。

① 国外采购。境外商家根据市场行情批量采购热销货物。

② 货物入境。海外供货商通过海运、空运或国际快递将货物大批量运送到目的国。

③ 普货查验。货物到达中国国内保税仓监管中心的卡口，海关对照进口货物报关单进行普货查验。

④ 理货。保税仓的仓储物流工作人员需要拆开每一箱货物的外包装，然后给每一个货物贴上对应的条码标签。

⑤ 上架。工作人员将贴有条码标签的货物摆上保税仓的货架，并将每个商品对应的存储信息录入系统。

⑥ 用户下单。境内用户在跨境电商零售进口平台上选购货物并下单。

⑦ 拣货。根据订单显示的货物，物流工作人员进行拣货。

⑧ 打包。物流工作人员根据每笔订单的要求，将拣好的货物装箱打包，并贴上相应的订单信息。

⑨ 海关、国检查验。海关随机抽取5.5%的包裹进行查验。通过X光机时，海关会比对商品内容、数量等信息，检验检疫部门也会进行查验。经查验没有问题，包裹就会被放行。

⑩ 国内物流配送。包裹在通关放行后，会经由国内物流(如圆通、申通、邮政等)运往全国各地的消费者手中。

进口保税的优点：节省物流时间，国际物流环节在用户下单前已经完成，用户下单后商品从国内保税仓发出，物流时间大大缩短，提升消费者体验度。

进口保税的缺点：对平台资金、出货速度要求较高，容易造成货物在保税仓积压。

(2) 海外直邮。海外直邮是指消费者在网上下单后，境外商家选择邮政、顺丰或者国际商业快递(如 DHL)将商品直接发出，不经过第三方停留直接送达境内消费者手中。

跨境电商海外直邮的操作流程如下。

① 用户下单。境内用户通过跨境电商零售进口平台选购货物并下单。

② 国外采购。境外商家根据用户的订单采购相应的商品。

③ 订单分拣、包装贴标。境外商家将货物打包好，准备好相关的资料，贴单。

④ 国际物流。境外商家根据运费、时效等因素选择国际快递或邮政方式，将货物发空运到境内机场。

⑤ 机场提货。货物进入机场，提货到清关场地。

⑥ 货物清关。货物在机场海关清关，根据物流方式不同进行快递清关或邮政清关。

⑦ 国内配送。清关后，2 小时入网派送，货物通过国内快递送达买家。

海外直邮的优点：平台不碰货，货物与订单完全匹配，无须囤货。

海外直邮的缺点：物流耗时较久，用户体验下降。

4. 跨境支付平台

境内用户在平台上购买商品后需要完成跨境支付，可以使用的跨境支付方式有银联支付、国际支付宝、国际信用卡支付、第三方平台支付等。其中，第三方平台支付逐渐成为主流，常见的第三方国际支付平台有 PayPal、支付宝、财付通、银联电子商务、快钱等。

进口跨境电商业务中，中国第三方支付机构主要为用户提供购汇及跨境付汇服务。购物流程与国内电商购物流程基本一致，仅在资金流方面增加了换汇的步骤。

随着第三方支付机构人民币支付牌照的试点发放和人民币跨境支付系统的上线，进口跨境电商资金支付过程将会更加便捷。

5. 境内用户

境内用户是整个进口跨境电商生态圈的终端但也是推动者。境内用户通过平台选购货物，收到货物后做出评价。其购买行为反映了市场动向，其反馈信息往往能反映商家的信誉和商品品质。可以说，境内用户是一笔交易的推动者，也是一笔交易的反馈者。

二、主要的进口跨境电子商务平台

近年来，进口跨境电商发展得如火如荼，天猫国际、苏宁海外购、1 号店“1 号海购”、京东全球购迅速上线，成为了第一批进口跨境电商企业。电商巨头间的“跨境之战”已经打响。下面介绍主要的进口跨境电子商务平台，并分析其模式。

(一) 国内电商企业建立的平台

1. 天猫国际

2014 年 2 月 19 日，阿里宣布天猫国际正式上线，为国内消费者直供海外原装进口商品。

早在 2012 年“双十一”的时候，天猫就推出了针对国外品牌的国际分会场，发现中国消费者对国外商品的需求很高，通过电子商务平台购买进口商品的欲望很强烈。2013 年 7 月，天猫国际悄然上线。当时第一家入驻的店铺是日本最大的网上药妆店 Kenko，主营各类护肤品、化妆品等，以 EMS 直邮方式运输货物。最开始的时候，天猫在海外的名气并不大，很多国外知名品牌和零售商都对这一方式存有疑问，不愿意轻易尝试。2014 年 2 月天猫正式上线的时候，并没有多少国际零售商和品牌商入驻，大部分都是一些华人代购商。

2014年下半年，阿里巴巴上市，天猫在全球的知名度迅速攀升，天猫海外招商取得了突破性进展，大量海外大型超市(如德国的麦德龙、西班牙的Diaz、意大利的Coop、韩国的乐天玛特、美国的梅西百货等)、品牌商(日本的资生堂、澳大利亚的Blackmores、德国的Brita等)、免税店等入驻平台，还有国外电商网站也陆续与天猫国际开展合作。

天猫国际成功的主要原因是平台在中国电商市场上拥有绝对的流量优势，吸引了很多海外商家入驻。这样一来，整个进口跨境电商生态圈的关键部分就具备了，从上游货源到下游流量都有保障。

天猫国际为国内消费者提供原装正品、跨境物流、海关监管、专业仓储、环球必达、金牌服务和售后无忧七项服务保障。

天猫国际做的是B2C跨境电商零售进口，其国际物流模式采取的是“保税进口+海外直邮”。保税进口方面，天猫通过和自贸区的合作，在各地保税物流中心建立了跨境物流仓，用于保税存储境外商家发来的货物。这种模式最大的优点是缩短了用户从网购下单到收到货物的时间。海外直邮方式物流环节的时间会拉长很多。

天猫国际平台对货物质量的控制比较弱，主要由海外商家把控，因此因货物质量问题而要求退货的现象时有发生。

▶2. 京东全球购

2014年年初，刘强东宣布京东国际化提升，并作为其“扬帆远航”五大计划之一。2015年4月，京东全球购业务正式推出，挤进了进口跨境电商行列。

京东全球购与eBay联合，eBay提供境外货源，京东提供境内流量，在一定程度上解决了京东全球购的货源难题。但是由于天猫国际先行抢占了大量海外品牌商，货源还是难以满足需求。2016年6月，京东与沃尔玛合作，获得了沃尔玛境外货源的支持，很大程度上解决了京东全球购的货源问题。

京东采取的是自营而非纯平台模式，京东全球购不断增加自营商品的比例，尤其是畅销商品、并控制商品的品质，确保发出的包裹能够得到消费者的信赖。久而久之，消费者对京东自营的境外商品的品质更加信赖，客户体验明显提升。此外，京东自营商品是以集中采购方式进行的，能够降低商品成本。

物流仓储方面，京东通过在国内跨境电商试点城市设立保税仓和在海外建立仓储基地，逐步构建全球的物流仓储网络，借此大大提升整个跨境电商物流配送的效率。

▶3. 苏宁海外购

2014年7月，苏宁易购正式成立跨境电商项目组。2014年12月，“海外购”频道上线试运行。2015年10月，苏宁海外购专属App“小海狮”正式上线。与国内其他几个电商巨头相比，苏宁在进口跨境电商领域有着与众不同的突破性探索：一是推出进口跨境电商O2O模式；二是布局自己的报关和国际快递，苏宁于2014年2月拿到了国内电商企业第一张国际快递业务经营牌照，2015年年初成立了苏宁物流报关代理服务有限公司；三是推出海外购独立App“小海狮”。

苏宁海外购的缺点是产品种类少、门槛高、对各方面要求较高。

从运营方式来看，苏宁海外购选择的是“自营+招商”模式。苏宁通过发挥其供应链、资金链的内在优势建立自营的海外供应链，并在全球范围内招商来弥补国际商用资源的不足。

苏宁自营商品的货源地主要是日本、中国香港和美国，在这三个市场上都有自己的直采团队，能够在很大程度上满足货品的需求。

但是，苏宁在国内的流量相对较小，苏宁海外购要想打开进口跨境电商的市场有很大的难度。

▶ 4. 唯品会全球特卖

2014 年 9 月，唯品会的“全球特卖”直接以子频道的形式亮相网站首页。目前，唯品会已经在全球多个国家建立了买手团队，实现海外产品的最优化配备。2015 年，唯品会加大对海外电商的股权投资，如投资了东南亚特卖电商 Ensogo，入股法国网上购物网站 Showroomprive.com，购入英国时尚特卖电商 BrandAlley 的少数股权。由此可见，唯品会正在逐渐布局全球市场。

唯品会全球特卖采取的是“海外商品闪购＋直购保税”模式。这种模式对货源、物流的把控能力，以及对前端用户引流、转化的能力要求比较高。唯品会全球特卖与广州海关签署了《关于跨境电子商务通关监管合作备忘录》，全程采用海关管理模式中级别最高的“三单对接”标准，实现了将消费者下单信息自动生成用于海关核查备案的订单、运单及支付单，并实时同步给电商平台供货方、物流转运方、信用支付系统三方，形成四位一体的闭合全链条管理体系。

▶ 5. 聚美极速免税店

2014 年，聚美优品推出聚美极速免税店（www.jumeiglobal.com），转型跨境电商。2015 年，聚美极速免税店开始发力，其在保税进口业务中处于领先地位。2015 年 4 月，聚美进军母婴品类，其母婴商品的跨境电商保税出货量成为行业第一，从化妆品垂直电商转型为母婴产品跨境电商。

聚美极速免税店采取的是“自营＋保税区”模式。聚美投资大笔资金用于自营保税仓建设，河南保税物流区已为聚美优品开建上万平方米自理仓，聚美优品和河南保税物流中心在 2014 年 9 月完成对接。

（二）国外电商企业建立的平台

▶ 1. 亚马逊海外购

亚马逊海外购包括“海外购・直采”“海外购・直邮”和“海外购・闪购”三部分。其中，“海外购・直采”是指亚马逊直接从商品的原产地采购，然后通过一般贸易的方式进入中国境内，再在中国境内进行销售，本质上来说，这种方式并不属于跨境电商业务。“海外购・直邮”属于进口跨境电商的直邮模式。“海外购・闪购”属于进口跨境电商的保税模式。

2014 年 8 月，亚马逊启动“海外购・直邮”，在上海自贸区内合作开展跨境电商业务，并下调了部分商品直邮中国的运费。2015 年 8 月，亚马逊启动了“海外购・闪购”，使国内消费者下单后平均 3 天就能收到货物。

亚马逊海外购采取“直邮＋闪购”的模式。亚马逊在全球主要国家（如美国、日本、澳大利亚、英国等）都开通了站点，在线商品数高达几个亿，拥有丰富的海外货源。亚马逊在跨境物流仓储方面有很大优势，有遍布全球主要国家的 100 多个仓储基地，还能够整合国际航空物流。亚马逊可以充分利用这些已有的资源开展跨境电商。

亚马逊海外购的弱势在于流量相对不足，很难跟国内的几大电商巨头比拼。

▶ 2. 1 号店

2014 年 9 月，1 号店正式上线“1 号海购”。2015 年 7 月，沃尔玛宣布全资收购 1 号店。2016 年 6 月，沃尔玛与京东战略合作，1 号海购不仅享有沃尔玛的资源补充，还能获得京东的流量注入。

1号店采取的是“自营跨境B2C平台”模式。1号海购所售商品通过上海自贸区的保税进口模式或海外直邮模式入境，可以提前将海外商品进口至上海自贸区备货，消费者下单后，直接从自贸区仓库报关报检后发货。

1号店借助战略投资方沃尔玛的供应链优势，极大降低了采购成本，在终端可以打出更低的零售价格。

（三）非电商企业建立的平台

▶ 1. 网易考拉海购

2015年1月8日，网易切入跨境电商，考拉海购正式上线。2015年，考拉海购成为进口跨境电商最大的黑马，其在杭州下沙保税区的出货量曾一度超越业内老大天猫国际。

网易将考拉海购定位为“100%自营”。境外货源方面，考拉海购在10多个主要国家设立了分公司或办事处，以开拓货源。国内仓储方面，考拉海购在杭州、宁波、郑州等跨境电商试点城市拿下十多万平方米的保税仓库。流量方面，网易在游戏、门户、邮箱等领域积累了7亿多的用户规模，这为考拉海购的流量注入提供了强劲支持。此外，网易拥有充足的现金储备，这为其建仓囤货和打价格战提供了资金支持。

▶ 2. 顺丰丰趣

2015年1月9日，顺丰海淘正式上线。顺丰海淘上线后，整个团队在项目推进方面进展比较慢。2015年10月，顺丰海淘正式更名为“丰趣”。这个时候的丰趣已经比较成熟了，交易量也开始明显提升。

顺丰丰趣采取的是“保税备货＋海外直邮＋O2O”模式。丰趣在杭州拥有自建保税仓库，可以利用顺丰的跨境物流渠道运送货物，如针对个人用户的海淘转运公司海购丰运及针对商户的跨境物流产品“全球顺”。丰趣的O2O有着与众不同之处：一是在境外免税店内放置二维码，中国消费者扫描二维码后可以在线上选购和店内一模一样的商品，再由丰趣负责运送回国；二是在国内构建大型线下实体店，还原国外购物场景，中国消费者可以在国内获得出国购物体验。

（四）创业者建立的平台

▶ 1. 洋码头

2011年7月，洋码头网站上线，正式切入进口跨境电商领域。洋码头迈入这一领域很早，但是苦于没有资金，其在招募商家买手入驻和国内推广获取流量方面没有什么进展。2013年，国家对跨境电商的风向转好后，洋码头得到了大量关注。2013年12月，洋码头扫货神器App上线，首创海外代购直播模式。2013年年底，洋码头顺利拿到了约1 000万美元的投资资金。2014年10月，洋码头推出聚洋货App，开展B2C业务，但由于多种原因洋码头最终关闭了聚洋货，这意味着洋码头暂时放弃了B端商户的拓展。2015年，洋码头用户增长很快，平台交易额达15亿元左右。

洋码头是一家面向中国消费者的跨境电商第三方交易平台。该平台上的卖家主要是个人买手，主攻模式是C2C，主要通过海外个人买手在境外直接购买商品，然后通过国际物流运送回国送达国内消费者。这一模式的缺点是买手资质难以确保，产品质量审核困难，难以保证。

▶ 2. 小红书

2013年10月，小红书购物攻略在国庆假期前诞生了，但是当时还属于纯粹的攻略。2013年12月，小红书香港购物指南App上线，随后更名为“小红书购物笔记”。2014年12月，小红书上线“福利社”频道，切入跨境电商领域。此后半年时间，福利社就实现了2

亿多元的销售额。此后，小红书开启一系列营销活动，用户数和销售额快速攀升，一时间，小红书火遍整个跨境电商圈。

小红书采取“100%自营+社区”的模式，自行从国外品牌商、品牌代理或大型贸易商处采购，以保证货源的正品性。物流方面，小红书在郑州、深圳自建保税仓，提升发货速度。

小红书拥有强大的社区数据，可以根据这些数据判断用户的真实需求，然后基于这一判断来选购海外商品。此外，小红书通过推出很多创意营销活动吸引流量，通过“30天无理由退货”提升客户体验。

3. 达令

2014年，达令正式从时尚门户网站Yoka中独立出来。2014年6月，达令礼物店App上线。在发展初期，达令的商品以创意生活类的家居、饰品为主，初衷是引导式的移动电商平台，满足用户利用碎片化时间“闲逛”的需求。2015年，达令引入零食、美护品类商品。

明星入股为达令带来丰富的用户资源，鹿晗在2014年年底入股达令，其个人粉丝纷纷成为达令的用户，2015年，达令注册用户突破1 000万。

达令主要的运营方式有两种：一是达令币，用户购买商品后获得相应的达令币，可兑换成人民币消费；二是达令帮，通过激励措施活跃达令帮社区，增加用户黏性。

三、进口跨境电子商务平台实训

（一）实训目的

能够在天猫国际平台上顺利购买进口商品。

（二）实训工具

网络设备、计算机设备、手机、电子邮箱、身份证。

（三）实训内容

天猫国际平台可使用支付宝账户进行购买和支付，是中国消费者购买境外商品的一种选择。本实训主要介绍通过天猫国际购买境外商品的步骤。

（四）实训步骤

第一步：直接登录天猫国际网站（www.tmall.hk）或从天猫网站（www.tmall.com）点击“天猫国际”进入，如图8-13所示。

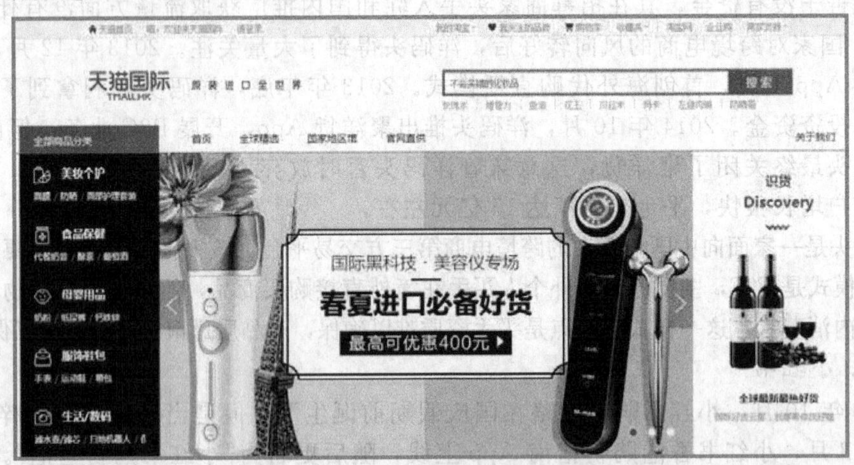

图8-13 天猫国际网站

第二步：单击主页左上角“请登录”按钮，进入登录界面，如图 8-14 所示。买家可以通过已有的淘宝、天猫账号直接登录。

图 8-14 登录界面

第三步：选择心仪的产品。可以通过产品标题上的注释判断产品的物流模式，如图 8-15所示，例如，该产品为“进口保税”产品，则将从国内保税区发货。此外，买家还须注意，除了产品价格外，部分商品的进口税由买家负责。

图 8-15 选择心仪的产品

第四步：单击“立即购买”后，买家需要创建收货地址并保存，如图 8-16 所示。这里需要注意，天猫国际订单的收货人需要提供真实姓名，以保证后续通关流程。

第五步：确认价格信息无误后单击右下方“提交订单”按钮，如图 8-17 所示，如有其他问题可以通过旺旺与卖家进行协商。

第六步：如果登录的账号已绑定支付宝，则进入支付界面，如图 8-18 所示；如果未绑定，则需要先进行账号绑定，再进行付款。

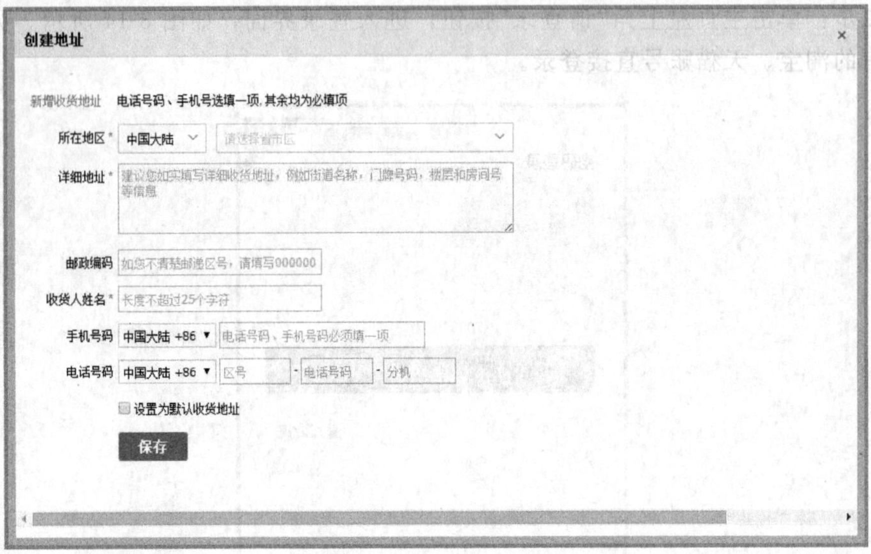

创建地址
新增收货地址 电话号码、手机号选填一项，其余均为必填项
所在地区* 中国大陆
请选择省市区
详细地址* 建议您如实填写详细收货地址，例如街道名称，门牌号码，楼层和房间号等信息
邮政编码 如您不清楚邮递区号，请填写000000
收货人姓名* 长度不超过25个字符
手机号码 中国大陆 +86 电话号码、手机号码必须填一项
电话号码 中国大陆 +86 区号 - 电话号码 - 分机
设置为默认收货地址
保存

图 8-16　创建收货地址

138.00
1
69.00
店铺优惠：
0.00
运送方式：普通配送 运费 免邮
商家自行 发货
0.00
进口税
商家承担
0.00
店铺合计(含运费) ¥69.00
实付款：¥69.00
寄送至：
收货人：
提交订单

图 8-17　确认价格信息

支付宝 ALIPAY
我的收银台
支付宝账户：
95188
意大利费列罗进口食品巧克力零食T30粒 喜糖礼物 进口巧克力礼盒
汇率：1.00 USD = 6.9011 CNY [?]
69.00 CNY
订单详情
余额宝
支付 69.00 元
其他付款方式
添加快捷/网银付款
你在安全的环境中，请放心使用！
支付宝支付密码：
忘记密码？
确认付款

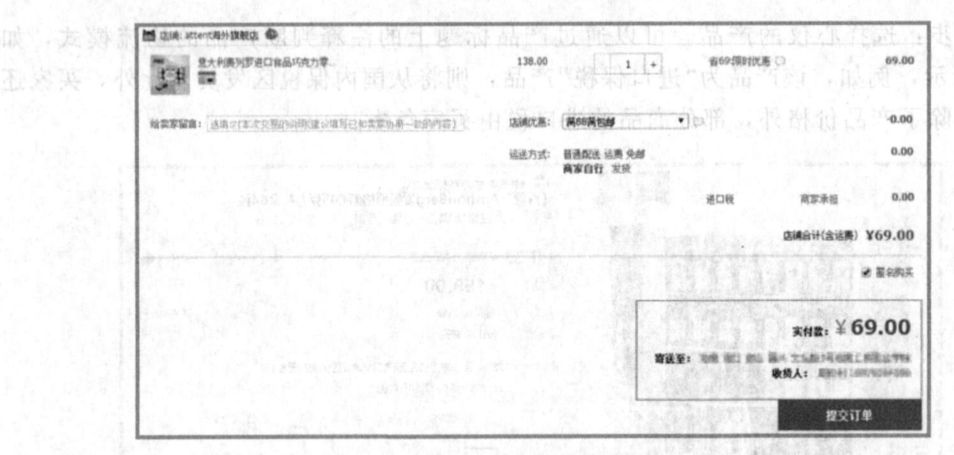

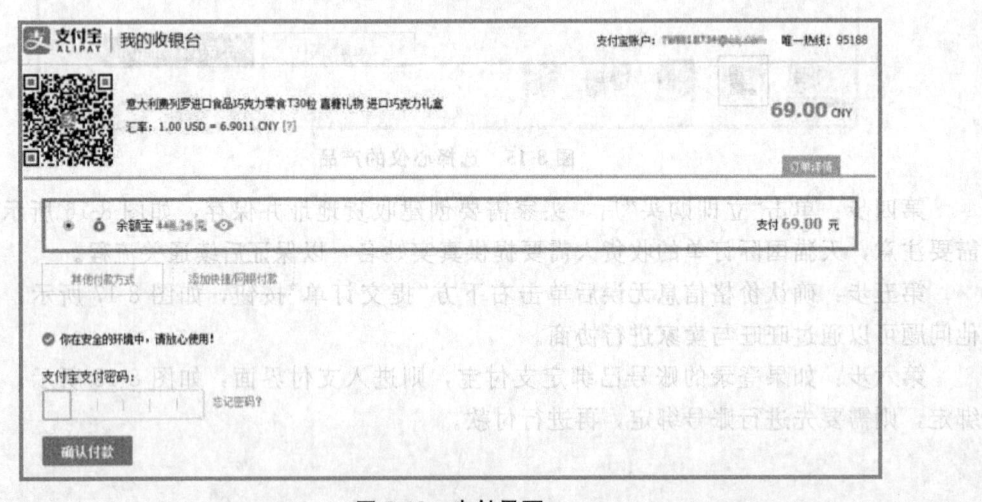

图 8-18　支付界面

第七步：付款成功后，订单中如有直邮商品，付款后需要补充收货人本人的清关信息，否则商品无法清关，如图 8-19 所示。单击“填写清关信息”按钮，按要求上传收件人的身份证信息，并确认提交，如图 8-20 和图 8-21 所示。

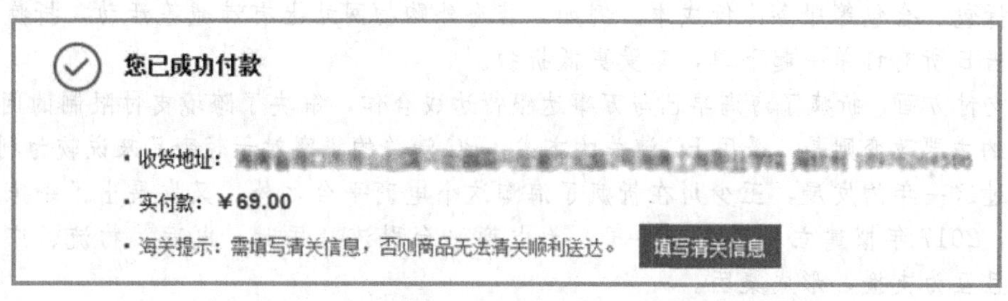

图 8-19 付款成功

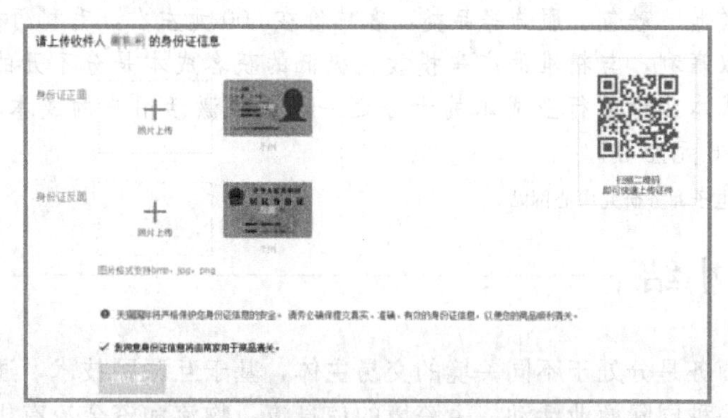

图 8-20 按要求上传收件人的身份证信息

图 8-21 确认收件人信息

拓展阅读

折疯了海淘：自建海外仓储＋打通支付环节

随着消费升级，人们海淘的热情逐渐增长。各商家都早早意识到了其中的商机，依托大平台的有淘宝的全球购频道，此外还有小红书、洋码头、么么嗖等，市场已是一片红海，“折疯了海淘”应如何找到属于自己的路呢？它选择了做跨境直邮电商，直邮的形式不同于全球购的平台模式，也不同于小红书，消费者可查询到货物购买自哪个海外供应商、详细的购买信息等，购买源头更透明。

这家直邮电商隶属于杭州橙子信息科技有限公司（以下简称橙子科技），创始人王少川透露，公司可能将于 2017 年“升级”成集团。

2016 年，折疯了海淘干了两件大事：自建海外仓储、打通支付环节。

橙子科技搭建的跨国物流公司逐步接手了平台所有订单，在美国铺设了超过 4 000 平方米的仓库，实现跨境电商的闭环交易。“与竞争对手的差距一下子拉开了”，王少川骄傲地说道。

海外仓储提高了转运能力，将物流配送周期缩至 12～18 天。此外，它使公司得以灵活运用拆包、合包等服务降低成本。例如，若海外购物网站上有满减等活动，折疯了海淘可集合当日所有订单一起下单，享受更低折扣。

在支付方面，折疯了海淘早已与万事达银行达成合作，解决了跨境支付限制的问题。而 2016 年的主要改变则是，采用 BC 清关的方式，BC 清关的税率对于轻奢品来说较为利好。

经过这一年的发展，王少川在折疯了海淘这个电商平台之外，又发展出了一家跨国物流公司，2017 年拟建立一家广告公司，为电商平台引流。届时，电商、物流、广告，三足鼎立且互为支援，形成集团。

目前，折疯了海淘已实现赢利，平台每月有 1 万多个订单，抓取 90 多家海外官网、300 万个 SKU，包含美妆、鞋包、服饰等品类，客单价在 500 元左右，毛利润在 10%以上。

平台能够获取赢利，与精准的广告投放、极低的获客成本是分不开的。王少川说，折疯了海淘的获客成本约为同行业成本的十分之一，获取激活用户的成本在 1.8～3 元，注册用户成本在 3～6 元左右。

资料来源：中国电子商务研究中心网站 .

项目小结

跨境电子商务是分处于不同关境的交易主体，基于互联网技术，通过电子商务平台进行交易的一种国际商业活动，由跨境的信息流、物流和资金流有机结合而成。根据不同标准，跨境电子商务有不同的分类。根据贸易流向不同，可分为出口跨境电子商务和进口跨境电子商务；根据平台服务类型不同，可分为信息服务平台和在线交易平台；根据交易模式不同，可分为 B2B 跨境电子商务、B2C 跨境电子商务、C2C 跨境电子商务和 B2B2C 跨境电子商务等。

中国跨境电商的发展虽然起步较晚，但近几年增速很快。在 2008 年全球金融危机和中国经济转型升级的大背景下，跨境电商成为大批外贸企业开发国外市场的重要手段。未来很长一段时间，中国跨境电商仍将保持较好的发展势头，其相关的政策和法律体系将会越来越完善。

本项目分别对出口跨境电商和进口跨境电商进行讲解。目前，出口跨境电商占中国总体跨境电商交易规模的比重很大，它是一项综合性很强的业务，涵盖了跨境电商平台管理、跨境支付、跨境物流、客户服务等多个层面，形成了一个多主体、多功能的跨境电商生态圈。出口跨境电商的主要模式分为四类：B2B 信息服务平台、B2B 交易服务平台、B2C 开放平台和 B2C 自营平台。中国跨境电子商务正步入快速成长期，出口跨境电商行业呈现巨头林立与百花齐放共存的局面。中国进口跨境电商虽然规模较小且制度还不够完善，但近几年呈现飞速发展的势态，政府政策上也给予了很多支持。进口跨境电商生态圈涵盖了从商品生产、流转到消费使用的全过程，涉及多个主体，主要包括境外商家、进口零售电商、跨境物流商、跨境支付平台、境内用户。跨境电商零售进口常用的物流方式有进口保税和海外直邮两种，其中，进口保税是进口跨境电商发展的主要趋势。

思考与练习

一、单项选择题

1. 跨境电子商务的整体运作中不包含(　　)。

A. 信息流　B. 物流　C. 资金流　D. 电子流

2.(　　),海关总署发布《关于增列海关监管方式代码的公告》(总署公告〔2014〕12号)。

A. 2014年7月30日　B. 2014年1月24日

C. 2016年1月15日　D. 2016年4月6日

3. 中国卖家可以直接在第三方跨境电商平台上发布商品信息,与境外企业达成网上交易并完成在线电子支付,该模式为(　　)。

A. B2B模式信息服务平台　B. B2B交易服务平台

C. B2C开放平台　D. B2C自营平台

4. 2017年1月1日起,速卖通平台所有新账户必须以(　　)注册认证。

A. 企业身份　B. 个人身份　C. 个人或企业身份　D. 行业身份

5. 亚马逊海外购、达令、小红书属于(　　)进口零售电商,京东全球购、天猫国际、洋码头属于(　　)进口零售电商。

A. 自营类、平台类　B. 平台类、自营类

C. 自营类、自营类　D. 平台类、平台类

二、多项选择题

1. 根据平台服务类型的不同,跨境电商可分为(　　)。

A. 出口跨境电商　B. 信息服务平台

C. 信息服务平台　D. 进口跨境电商

2. 跨境电商零售进口常用的物流方式有(　　)。

A. 第三方物流　B. 进口保税　C. 国内物流　D. 海外直邮

3. 进口跨境电商生态圈包括境外商家和(　　)。

A. 跨境支付平台　B. 境内用户　C. 进口零售电商　D. 跨境物流商

4. 下列各项中,属于非电商企业建立的进口跨境电商平台是(　　)。

A. 网易考拉海购　B. 洋码头　C. 天猫国际　D. 顺丰丰趣

三、思考题

1. 根据交易模式不同,跨境电商可以分为哪几类?分别具有什么特点?

2. 结合实际分析中国跨境电商快速发展的原因有哪些?

3. 简述出口跨境电子商务总体操作流程。

4. 比较分析进口保税和海外直邮两种进口跨境电商物流方式。

5. 谈谈你对未来进口跨境电商发展趋势的看法。

参考文献

[1] 上沼克德．マーケティング学の生誕へ向けて[M]．同文舘出版，2004.
[2] 恩藏直人监译，藤井清美译．コトラーのマーケティング3．0ソーシャル・メディア時代の新法則[M]．朝日新闻出版，2010.
[3] 李洪心，马刚．电子支付与结算[M]．北京：电子工业出版社，2010.
[4] 李洪心，马刚，杨兴凯．电子商务概论[M]．大连：东北财经大学出版社，2014.
[5] 陈月波．电子商务实训教程[M]．西安：电子科技大学出版社，2010.
[6] 黄岚，王喆，陈海平．电子商务概论[M]．北京：机械工业出版社，2015.
[7] 孙学文，王晓学．电子商务基础与实训[M]．南京：东南大学出版社，2010.
[8] 李再跃，电子商务概论[M]．北京：教育科学出版社，2013.
[9] 王艳霞．网络经济学[M]．成都：西南财经大学出版社，2010.
[10] 梁冰，李燕．电子商务概论[M]．广州：华南理工大学出版社，2014.
[11] 祝凌曦，陆本江．电子商务安全与支付[M]．北京：人民邮电出版社，2013.
[12] 曹彩杰，臧良运．电子商务支付与安全[M]．北京：电子工业出版社，2014.
[13] 冯英健．网络营销基础与实践[M]．北京：清华大学出版社，2016.
[14] 闫建华，杨庆丰，吴伟．网络营销与策划[M]．北京：人民邮电出版社，2006.
[15] 尹世久．电子商务概论[M]．北京：机械工业出版社，2008.
[16] 何建民．网络营销[M]．合肥：合肥工业大学出版社，2005.
[17] 宋文光．市场调查与分析[M]．北京：高等教育出版社，2015.
[18] 陈头喜．电子商务用教程[M]．北京：北京邮电大学出版社，2012.
[19] 董淑华，黄惠良[M]．北京：中国传媒大学出版社，2012.
[20] 光志强，邓子云．物流信息技术与应用[M]．北京：电子工业出版社，2012.
[21] 李卫东．物流管理基础实训[M]．北京：北京交通大学出版社，2010.
[22] 黄雪琴．电子商务实务实训指导书[M]．海口：海南出版社，2013.
[23] 孔祥柱，夏培勇，王彩梅．淘宝开店一点通[M]．北京：中国青年出版社，2014.
[24] 吕廷杰．移动电子商务[M]．北京：电子工业出版社，2011.
[25] 柯林，白勇军．移动商务理论与实践[M]．北京：北京大学出版社，2013.
[26] 唐芳芳，付翔．移动商务与网络营销案例分析[M]．北京：北京大学出版社，2013.
[27] 刘东明．微博营销：微时代营销大革命[M]．北京：清华大学出版社，2012.
[28] 王易．微信营销与运营[M]．北京：机械工业出版社，2014.
[29] 杜一凡．微信营销实战手册[M]．北京：人民邮电出版社，2014.
[30] 夏雪峰．微信营销应该这样做[M]．北京：机械工业出版社，2014.

[31] 葛存山．淘宝网开店、装修、管理、推广一册通[M]．2 版．北京：人民邮电出版社，2013.
[32] 李鹏博，马峰．进口跨境电商启示录[M]．北京：电子工业出版社，2016.
[33] 肖旭．跨境电商实务[M]．北京：中国人民大学出版社，2015.
[34] 易传识网络科技，丁晖．跨境电商多平台运营[M]．北京：电子工业出版社，2015.
[35] Erik Brynjolfsson • Yu (Jeffrey) Hu • Michael D. Smith. Consumer Surplus in the Digital Economy: Estimating the Value of Increased Product Variety at Online Booksellers[J]. Management Science, 2003, 49(11).
[36] 上沼克徳．マーケティング定義の変遷が意味するところ[J]．商経論叢，2014，49(2-3).
[37] 冯芸，严畅，杨冬梅，张晶晶．基于网络支付的电子商务环境中洗钱行为的识别与监管[J]．系统工程理论与实践，2008(12).
[38] 孔栋，左美云，孙凯．O2O 模式分类体系构建的多案例研究[J]．管理学报，2015(11).
[39] 卢益清，李忱．O2O 商业模式及发展前景研究[J]．企业经济，2013(11).
[40] 猎人网．365 邮件群发操作手册[EB/OL].
[41] 沃通官网：www.wosign.com
[42] 艾瑞咨询：www.iresearch.com.cn
[43] 中国互联网中心：www.cnnic.net.cn
[44] 中国电子商务研究中心：www.100ec.cn
[45] 中国金融认证中心：www.cfca.com.cn
[46] 环玺信息科技(上海)有限公司：www.globalsign.cn
[47] 360 公司：www.360.cn
[48] 瑞星公司：www.rising.com.cn
[49] 北京费尔之盾科技有限公司：www.filseclab.com/zh-cn
[50] 淘宝官网：www.taobao.com
[51] 天猫官网：www.tmall.com
[52] 京东官网：www.jd.com
[53] 唯品会官网：www.vip.com
[54] 中国电子商务研究中心：www.100ec.cn
[55] 全球速卖通卖家平台官网：www.aliexpress.com
[56] 全球速卖通大学：university.aliexpress.com

教师服务

感谢您选用清华大学出版社的教材！为了更好地服务教学，我们为授课教师提供本书的教学辅助资源，以及本学科重点教材信息。请您扫码获取。

教辅获取

本书教辅资源，授课教师扫码获取

样书赠送

电子商务类重点教材，教师扫码获取样书

清华大学出版社

E-mail: tupfuwu@163.com
电话：010-83470332 / 83470142
地址：北京市海淀区双清路学研大厦 B 座 509

网址：https://www.tup.com.cn/
传真：8610-83470107
邮编：100084